『十一五』國家重點出版規劃項目

主編 陳智超

陳垣全集

CHEN YUAN QUANJI

第十八册

明季滇黔佛教考

清初僧諍記

南宋初河北新道教考

北京师范大学出版集团
BEIJING NORMAL UNIVERSITY PUBLISHING GROUP
安徽大学出版社

圖書在版編目(CIP)數據

陳垣全集. 第 18 册,明季滇黔佛教考 清初僧諍記 南宋初河北新道教考/陳垣著. —合肥:安徽大學出版社,2009. 8(2021. 3 重印)

ISBN 978-7-81110-388-5

Ⅰ. ①陳… Ⅱ. ①陳… Ⅲ. ①陳垣(1880～1971)—全集 ②佛教史—史籍—概論—中國 Ⅳ. ①C52 ②B949. 2

中國版本圖書館 CIP 數據核字(2009)第 155474 號

陳垣全集 第十八册

明季滇黔佛教考 清初僧諍記

南宋初河北新道教考

陳 垣 著 陳智超 主編

安徽大學出版社出版發行

(合肥市肥西路 3 號 郵編 230039 電話 0551-65107716

網址 www. ahupress. com. cn)

合肥遠東印務有限責任公司印製

責任總編輯 楊應芹 彭君華

本册編輯 朱寒冬 封面設計 孟獻輝

開本 880×1230 1/32 印張 17 字數 331 千

2009 年 12 月第 1 版 2021 年 3 月第 3 次印刷

ISBN 978-7-81110-388-5

定價 2480. 00 圓(全二十三册)

1942年4月在輔仁大學返校節運動會上演講,痛斥漢奸

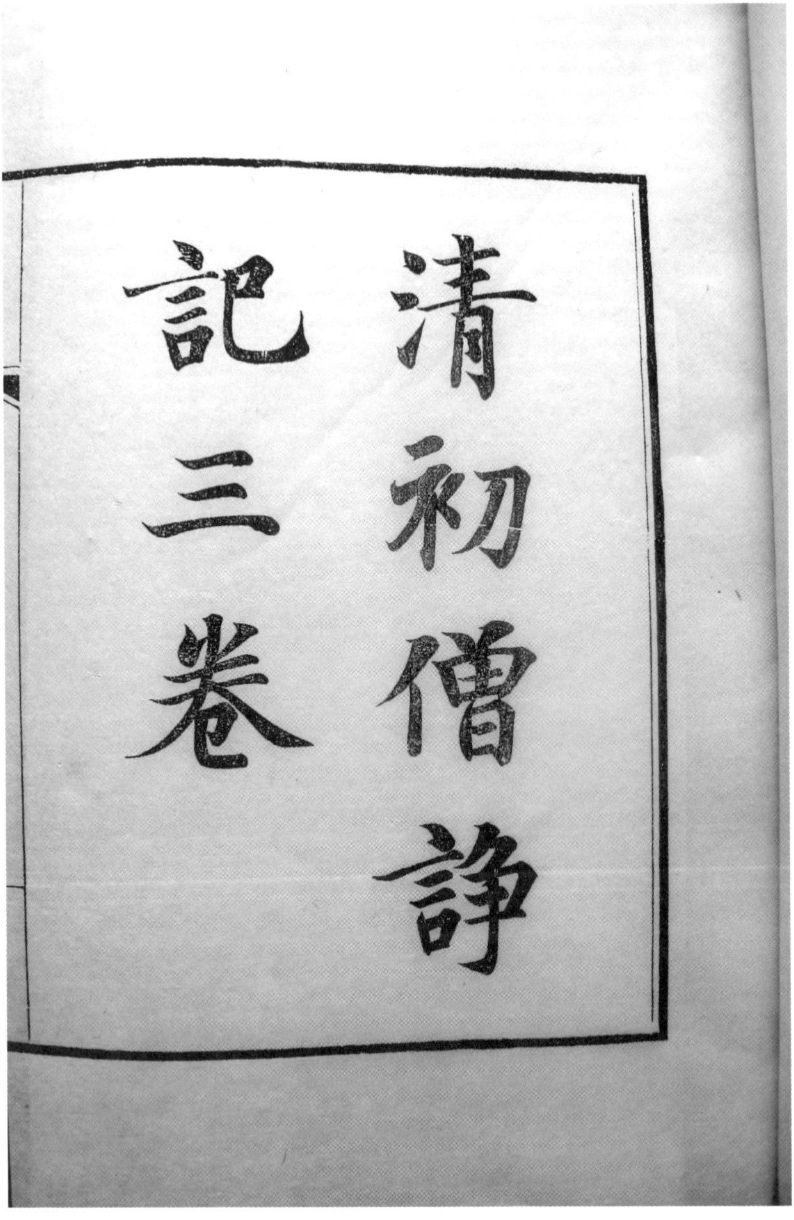

《清初僧諍記》書影

目次

明季滇黔佛教考

右六卷，十八篇，附一篇，凡十五萬餘言，專論明季滇黔佛教之盛。推其致盛之原因有三：一、佛教復興之波動也。有明中葉，佛教式微已極，萬曆而後，宗風復振，東南為盛，西南亦被其波動，今於前三卷論之。二、僧徒開闢之能力也。滇黔建省較後，其開闢有賴於僧徒，此節近始發覺，益顯宗教與文化之關係，今於第四卷論之。三、中原喪亂之影響也。明季中原淪陷，滇黔猶保冠帶之俗，避地者樂於去邠居岐，故佛教益形熱鬧，今於末二卷論之。惜予固陋，所據多習見之書，諸語録搜集稍難，亦皆刊布之本，並無珍奇祕籍，足以自憙。僅將故事整齊，庶當時士習禪風，有可考見云爾。博雅君子，幸進而教之。

一九四〇年三月新會陳垣識於北平勵耘書屋。

南宋初河北新道教考

卷三　大道篇……四六九

卷四　太一篇……四九七

右三篇四卷廿三章，都七萬餘言，述全眞、大道、太一三教在金元時事。繫之南宋初，何也？曰三教祖皆生於北宋，而創教於宋南渡後，義不仕金，繫之以宋，從其志也。靖康之亂，河北黌舍為墟，士流星散，殘留者或竟為新朝利用，三教祖乃別樹新義，聚徒訓衆，非力不食，其始與明季孫夏峰、李二曲、顔習齋之倫講學相類，不屬以前道教也。迨儒門收拾不住，遂為道家扳去，然固汴宋遺民也，而録宋遺民者多忽之，豈入元以後有遺民，入金以後非遺民耶，可謂大忘也矣。六十年前，東莞宗人友珊先生撰長春道教源流，始稍稍闡明之，今更發篋攤碑，究其本末。三教祖皆北方學者，而能以寬柔為教，與金元二代相終始，殆所謂化胡工畢，於以西昇者耶，不然，何其適也。嗚呼！自永嘉以來，河北淪於左衽者屢矣，然卒能用夏變夷，遠而必復，中國疆土乃愈拓而愈廣，人民愈生而愈衆，何哉？此固先民千百年之心力艱苦培植而成，非倖致也。三教祖之所為，亦先民心力表見之一端耳，故樂得而述之。元史釋老傳語焉不詳，可以此為之注，宋金元史講義闕者，願以此為補一章也，其諸君子亦有取於是歟！憶去年余撰明季滇黔佛教考成，曾以此編要旨語老友高閬仙先生，先生河北大儒，深韙其議，惜余稿未集，而先生已一瞑不視也，悲夫！

一九四一年七月新會陳垣識於北平勵耘書屋

陳垣全集之二十七

明季滇黔佛教考

安徽大學出版社

内容提要

明季滇黔佛教考與作者另一著作南宋初河北新道教考是姐妹篇，皆作於抗日戰爭時期。內容敘述明末清初雲、貴兩省佛教發展情況，及明末知識分子懷念故國、抗節不仕的精神。作者將從未被利用過的嘉興藏和續藏閱讀一過，專注意其中遺民逃禪的語録，此外並收集許多藏經未收的散本、寫本語録，在紛雜的材料中，鈎稽出明末清初滇黔知識分子的愛國思想和民族氣節。今重行出版，不僅有助於滇黔佛教史跡的研究，並可作為研究明清史的參考。

一九六二年七月

明季滇黔佛教考卷一

明以前滇黔佛教第一

雄辯　玄堅　普瑞　玄鑑　普福　道元　普通
圓護　本帖　月溪

近人石屏袁樹圃嘉穀著滇南釋教論，凡萬言，附臥雪堂文集末，於明以前滇南佛教，浩乎其言之矣。吾茲所論，祇明季自萬曆至永曆一段，與袁著範圍不同，敘述方式亦異。惟欲述明季事勢，不得不略溯明以前以爲之導。元郭松年大理行記有曰：「此邦之人，西去天竺爲近，其俗尚浮屠，家無貧富，皆有佛堂，人不以老壯，手不釋數珠。一歲之間，齋戒幾半，絶不茹葷飲酒，至齋畢乃已。沿山寺宇極多，不可殫紀，中峰之北有崇聖寺，中有三塔，大者高三百餘尺，凡一十六級，樣製精巧，中峰之南有玉局寺，又西南有蕩山寺。凡諸寺宇，皆有得道者居之。得道者非師僧之比也，師僧有妻子，今則不爾。其得道者戒行精嚴，日中一食，所誦經律，一如中國。所居灑掃清潔，雲煙靜境，花木禪房，水濺濺循堂廚，至其處者使人名利之心俱盡，此大理之大觀也。」讀此可略知明以前滇南佛教之盛。其始自西傳入，多屬密教，其繼自東傳入，遂廣有諸宗。然僧史缺略，文獻無徵，崇禎間汰如明河撰補續高僧傳，號稱「踏破鐵鞋，殘碑斷碣，搜采殆遍」。惟因未至西南，所著録滇黔名德僅四人，曰無照、古庭、鏡中、廣能，附録二人，曰淨倫、何清。初曾約滇僧蒼雪讀徹分任，蒼雪序亦曾舉盤龍、古庭、念庵、再光、定堂諸人爲例，「誓與畢命蒐羅，了此公案」。然結果蒼雪所舉五人，僅古庭一人有傳，則史料搜集之不易可想也。同時徹庸周理與陶不退居士倡言：「欲爲滇南從前大善知識出些子氣。」乃取古庭高足大巍所著竹室集，及朗目和尚所著浮山法句，合滇南諸名德小傳，彙爲一編，以示陶無學居士，題曰曹溪一滴。其取材多屬方志稗史，神話連篇，且考證多疏，未足據爲典要。後圓鼎撰滇釋紀，搜羅較衆，然雜亂無章，弊亦與曹溪一滴等。

黔省僧史尤缺，康熙間善一如純輯黔南會燈録，曰：「予行脚東南，經諸大剎，每於休夏之際，披閱傳燈，見古今尊宿名目，多在江浙諸省，黔中未見點墨片言，不禁掩卷歎曰：『聖賢不擇地而生，佛法徧一切處，何吾黔之獨無也？是人以地囿耶，抑佛法有偏耶？』抱此念十數年。及至歸里，每思唐宋時所集者，謂吾黔宗教未訖，泯泯無傳，固無論矣。若自明迄清，風聲所樹，吾黔宗教已廣，各家語録，亦有流行，較量諸省，不相上下，何近代竟無傳也？深究其源，總以關山迢遞，郵篙莫及，令操觚者無由收集爾。予不敏，敬矢厥志，不憚寒暑，躬歷諸郡，彙收全黔諸家語録，綴以管見，編輯成書，名曰黔南會燈録，庶幾後世披覽，無遺憾焉。」然其書限於傳燈，且多載機緣，未詳行跡，又未追溯明以前古德，仍不能無憾也。茲篇所述，既非燈録，亦非僧傳，不能爲各個僧徒之臚列，僅取其足以證明明以前滇黔佛教大勢，及前人所忽略、舊説有沿誤者，順爲訂正而已。

右概論

盤龍崇照、古庭善堅，滇人所豔稱也。昆池瀰漫數百里，盤龍肉身峙於南，古庭肉身峙於北，方志載之詳矣。惟筇竹寺雄辯、玄堅兩法師，方志不載。蓋憑靈跡者奇，奇則易入；恃人事者淡，淡則易忘，雄辯、玄堅固不以奇跡著者也。

滇釋紀一：「洪鏡雄辯法師，生善闡城，姓李氏。少事國師楊子雲爲上足弟子。世祖破大理之明年，師始至中國。留二十五年，更事四師，皆當世大德，最後登班集之堂，嗣壇主之法，其學大備，乃喟然嘆曰：『佛法種子不絶於世，矯矯龍象，豈擇地而行，吾其南歸。』遂詣壇主，以其言告帝師，爲璽書以賜之曰洪鏡。歸國，國人號雄辯法師。師解僰人之言，爲書，其書盛傳，習者益衆。時梁王爲雲南王，以天屬之尊，事師甚嚴。後逝於大德五年，塔玉案山陽。」按此傳未著所本，雲南阮志金石下據筇竹寺歷代碑鈔，有雄辯法師大寂塔銘，至大三年翰林修撰浦城楊載撰文，僉雲南諸路肅政廉訪司事魏郡張元書丹，滇釋紀當即本此。惟阮志既載其目於金石，不爲補傳於仙釋，何也？

滇釋紀一又有：「玄堅雪庵宗主，姓王氏，古滇龜城人。年逾童，善屬文，以己所見，解法韻爲歌訣，獻雄辯法師，師覽而異之，由是諸方企仰，爭傳誦焉。至元甲申，禮雄辯法師披剃，親授指南，曉夕講習摩訶衍四絶論，并圓覺等論，又受宗教禪師衣鉢。大德庚子，雄師畀以山門法席，時有高僧節思朸爲梁王師，乃頒令旨并法旨，命師住持玉案山。至元癸巳，雲南行中書省平章蒙古督魯彌實創大德寺，奏聞延師爲大德寺主。庚戌，南省大臣奏請大藏以新荒服，特旨於古杭，命僧録司管巴領琅函三藏，傳至善闡，分供筇竹、圓通、報恩三刹，以畀僧尼轉閲，乃命師主教法門，護持經藏。延祐己未卒，塔筇竹寺。」碑銘現存。阮志徵引繁博，亦未補傳。

右雄辯　玄堅

普瑞著華嚴懸談會玄記，長水以後，蔚爲大宗，明萬曆十二年特頒入藏，題「蒼山再光寺比丘普瑞集」，嘉興藏收之，清龍藏收之，日本續藏亦收之，然普瑞事跡無考。汰如、蒼雪，皆善講華嚴，時稱蒼汰，然補續高僧傳竟不能爲普瑞撰一小傳。曹溪一滴乃以妙觀和尚當之。妙觀阮志仙釋類有傳，藝文類言妙觀名定住，所著爲華嚴心鏡、玄談輔翼等，與普瑞無涉。李元陽雲南通志十三妙觀傳，言妙觀諱定，亦不言爲普瑞。嘉興藏又有華嚴懺儀四十二卷，云：「南中木道人于葉榆崇聖寺中得此，傳自唐一行沙門。據父老傳説，因大唐兵燹，有禪師普瑞傳來，付在寺中。」其説不甚可信。滇釋紀乃本曹溪一滴説，混妙觀、普瑞爲一人，似非多聞闕疑之義。通志仙釋類應補普瑞之名，言其「住蒼山再光寺，集有華嚴懸談會玄記四十卷在藏」可矣，行跡不能空構也。密藏禪師藏逸經書標目云：「華嚴會玄，雲南某師因懸談中意義事實，艱深渺邈，人多不曉，乃搜考諸内外典籍，爲之音釋，別録其本。後講席無智者，遂亦羼入玄談，名之曰會玄，甚爲雜亂，宜出之，仍其舊本。別刻玄談音釋數卷，或流行，或入藏皆可。」即指普瑞此著。

右普瑞

玄鑑字無照，曲靖人。素習教觀，見中峰後，始易爲禪。滇南之有禪宗，自玄鑑始。補續高僧傳廿四有傳，然無特别史料，僅採宋本撰中峰道行碑，及中峰祭文，聯綴而成。阮志仙釋類則一人重見，在雲南府題曰無照，在曲靖府題曰元鑒，前者採舊志，後者採碑記，不知其本一人也。岑、唐二志因之，殊失考。阮志所採之碑，當即現存之無照玄鑑禪師行業碑，碑有玄鑑生卒年，爲新史料。然曹溪一滴玄鑑傳，已云有行紀碑存，則崇禎間此碑未仆也。此碑與中峰廣録大異之點，在玄鑑卒地，據廣録玄鑑卒於吳，據此碑則玄鑑卒於滇，然吾寧信廣録而不信此碑，因此碑可疑之點甚多，今先述廣録之史料，而後辨此碑之真僞。

中峰廣録廿九有示玄鑑講主二偈，并引云：「雲南鑑講主，知有教外别傳之旨，越一萬八千里而來西浙。自相見至相别，恰三載。一日尋我客中，夜話湖山間，因舉宗門下數段陳爛葛藤，不覺咬斷拇指。臨别匆匆，不欲徵其罪犯，且放過一著，異日抵匡廬而之故鄉，却不得出露醜惡，被人叫罵而累及我也。就以二偈贈之，其一云：狂心未歇爲禪忙，萬八千程過遠方，喪盡目前三頓棒，揮開腦後一尋光。陳年故紙渾無用，今日新條亦頓忘，見説雲南田地好，異時歸去坐繩牀。」卷二十又有寄玄鑑首座四偈，其二云：「一萬八千家未遠，六根四大病何多！撥開眼裏瞳人看，當體潛消佛與魔。」其四云：「山中無路不須來，病足難禁著草鞋，寸步未離言見了，如何真箇到忘懷！」據此，是玄鑑見中峰後三年，曾返雲南。然廣録廿六有祭玄鑑首座文，略云：「佛祖之道未易墜兮，吾無照遠逾一萬八千里江山以來兹；佛祖之道失所望兮，吾無照負三十七春秋而云歸。屈指八載之相從兮，靡有間其毫釐。我閲人之既多兮，求如無照者非唯今少，於古亦稀。我不哀無照之亡兮，哀祖道之既墜。而今而後，孰與扶顛而持危！」補續高僧傳云：「讀此文酸鼻，苟其人非真有大過人者，不足致老子惜之至是也。」然前云相見恰三載，此云八載相從，則玄鑑返滇後，曾重訪中峰，以至於死，故廣録七爲諸禪人秉炬入塔條，有鑑首座一則，云：「鑑首座，末後一句子，你未跨闊一萬八千里路時，已嘗説了也。今日古鑑發光，露出晴空閃電，團團無縫塔門開，收取眉間三尺劍。」並注云：「雲南人。」則玄鑑之卒，不在滇而在吳，故祭文云「無照遠逾一萬八千里江山以來兹」也。又宋本撰中峰道行碑，有云：「南詔僧玄鑑，素明教觀，辯博英發，每曰：『吾聞大唐有禪宗，使審是耶，吾將從其學；使或未當，吾將易其宗旨，而俾趨教觀。』由其國來，一聞師言，便悟昔非，洞法源底，方圖歸以倡道，而殁于中吳。鑑之徒畫師像歸國，南詔遂易教爲禪。」則玄鑑之卒於吳，又多一證。五燈全書五八玄鑑傳乃循舊説，謂其卒於滇，吾頗疑其歸靈骨於滇耳。

佛嚴寺無照玄鑑禪師行業碑，余未見，僅在阮志金石類見其名，云：「得自昆明縣採訪，在縣西太華山腹。延祐二年乙卯重光大荒落，佛成道日，嗣法弟子宗嶼、鏡中、湧海、智福、道元、山月、戒融，監寺湧泉等同立，按察使趙世延撰，御史官楊耀卿書。」既書甲子，又書歲陽歲名，非金石例，可疑者一。即兼書歲陽歲名，然乙卯亦非重光大荒落，可疑者二。嗣法弟子有鏡中，見補續高僧傳十九，乃明正統間人，相去百二十餘年，可疑者三。趙世延元史一八〇有傳，至元二十一年授雲南諸路提刑按察司判官，二十六年擢監察御史，延祐元年拜中書參知政事，何能於延祐二年仍署按察使銜，可疑者四。謂撰文在前立石在後耶，則阮志曲靖府仙釋載碑内容，明言「玄鑑皇慶間卒」矣，何能於至元間爲之撰文，可疑者五。且志據碑云「玄鑑至元十三年生」，則世延任雲南按察司時，玄鑑年僅九歲至十四歲，又何行業之可言，可疑者六。謂用舊銜耶，則元史八六百官志，言：「國初設提刑按察司，至元二十八年，改曰肅政廉訪司。」元典章卷二臺綱，載改設經過尤詳。延祐二年，久已廢去按察司名目，何用舊銜之必要，可疑者七。有此七疑，加以玄鑑卒地，並不在滇，有中峰廣録爲證，則此碑爲元以後不學釋子杜撰顯然矣。景邃堂題跋一跋此碑云：「民國元年秋，居碧雞山，游太華羅漢壁，太華佛嚴寺頽圮，於敗壁間獲本寺開山祖無照行業碑。趙世延撰。文研雅，字剛健如柳誠懸，爲元碑中精品，不僅爲滇石珍」云，蓋未細考耳。門人方君國瑜謂碑文兩見至正紀年，斷爲至正以後人僞作，可稱有識。惟阮志據碑謂「玄鑑至元十三年生，皇慶間卒」，與中峰祭文三十七春秋之説正合，此則傳説之可信者，不能謂此碑一無足取也。

右玄鑑

玄鑑之後，滇僧謁中峰者有福、元、通三講主。普福楚雄人，道元永昌人，普通趙州人。中峰廣録廿七有即心庵歌，引云：「雲南福、元、通三上人，遠逾萬里，訪余窮山，坐夏未了，欲歸故鄉，結庵爲禪居，以圖究明己事，預乞爲庵立名，余以『即心』二字示之。蓋大梅常和尚參馬祖，聞『即心是佛』，一住空山，誓不再出。既有志於住庵，當追古風，以繼芳躅，庶幾吾道之有望也。」廣録四有示雲南福、元、通三講主法語，及示雲南通講主法語，廣録九又有雲南通講主請像求讚。祖順撰中峰和尚行録云：「南詔沙門，素聞教觀，東來問法，自玄鑑始。鑑嘗於師言下有省，繼而普福等五比丘畫師像南歸，至中慶城，四衆迎像入城，異光燭天，萬目仰觀，翹動傾信。由是興立禪宗，奉師爲南詔第一祖。」是三人者，於雲南禪宗，均極有影響。阮志三人惟普通有傳。普通外有照本，云：「嘗謁中峰，留數年，盡得法要，歸日贈以歌序。中峰嘗語趙孟頫：『雲南有三僧，皆堪負荷，照本其一。』」是照本即三人中之一，未知其普福乎？道元乎？李元陽通志十三，則直以即心庵歌繫之照本，疑照本即普福也。曹溪一滴作智福，云：「與蒼山道元爲友，雖弘經論，而常慕南宗，其名不著於當時，蓋篤守中峰『一住空山，誓不再出』之訓也。」

三講主外，謁中峰者尚有圓護，世稱玉腕禪師，阮志有傳。中峰廣録四有示雲南護上人求示三聚淨戒法語，廿五又有無念字說，云：「雲南護藏主，自號無念。謂無念者，心體靈知，湛寂不動，如鏡鑑像，如燈顯物，其像之妍醜，物之纖洪，鏡與燈不知也，雖曰不知，未嘗毫髮少隱也。其照體本空，而能顯物，曾何念慮於其間」云。

右福元通三講主及護藏主

明代滇南高僧，首推法天無極，有朝天集。其次爲古庭善堅，有山雲水石集，大巍淨倫，有竹室集。古庭、大巍，續燈存稿、續燈正統等皆有傳。又次爲何清，爲鏡中長老，補續高僧傳有傳，何清阮志未收，鏡中能辟盜，見神話篇。又次爲定堂本帖，本帖姓楊氏，阮志引舊志作本鐵，嵩明李氏，誤。民國初元，趙樾川藩、李印泉根源遊雞山，發見李元陽撰本帖塔銘，刻入雞足山志補四，名寂光開山定堂禪師塔銘，爲蔪新史料，足結滇南明代前期佛教史。略云：「師諱本帖，號定堂，俗姓楊，世爲雲南楊林人。年二十，偶聽雪山偈，感悟浮生，嫁妻出家，從瑶玲山白齋耆宿剃落，理信自開，不學而能習誦。白齋門下百餘人，師獨穎出，受具足戒，志向堅確，發誓立禪，二十餘年，脇不沾席，遇夜行，立廡下，風雨寒暑不變。聞蟠龍有先哲軌範，往造焉，立禪三年如一日，往住嵩縣伏牛，行至貴州不果去，乃回入大理雞足山，立金龍庵以處徒衆。三年復建寂光寺，道俗相從者甚衆。後至點蒼山三塔寺講楞嚴，一時士大夫知理學者，咸謂不可及，因以楞嚴開示人天，凡侍講席者莫不泠然有得。又刻楞嚴會解貯三塔爲常住。其徒興徹、海慧、興叢輩，皆爲時聞僧，不墜其緒。其在大理，在曲靖，與濟軒唐中丞、雪屏趙中丞友善，二公與余各留住竟不肯，乃返嵩明清水塘，結彌陀庵以居。隆慶四年十二月坐化，塔寂光之右。師爲人剛直簡易，早得無念法門。雲南自古庭之後，得道可數，師其一也。」

右本帖

黔南僧史闕略，通志仙釋，寥寥數人，遠不如雲南阮志之能旁搜博引。明以前無可述。宣德間有月溪，江安人，住藺州印山永洪庵。嘗被召，有奇跡，跡不奇不易傳也，是以田雯黔書下論之曰：「凡爲浮屠家言，類多神明其説以張之，而釋氏之教，遂易中於人心。月溪之事近幻，爲儒者所不屑道，然其事亦有足録者。昌黎表佛骨而友大顛，固不盡廢也。」丁煒又復論之曰：「欒巴噀火，葉令飛舄，往往見於傳記，月溪之事，非必盡出於誕，然道不同不相謀，存之以資譚麈可也。」觀田、丁二人之態度，可見佛教史跡之被刊落者衆矣，無怪黔南史料之稀也。全部補續高僧傳，黔僅一人，曰廣能，正統間月潭寺僧，戒行精嚴，能伏虎，見神話篇。徑石滴乳集一人，曰雪光，黔中正法寺僧，潔空通嗣。計明自宣德以後，隆慶以前，百餘年間，教律淨禪，皆聲聞闃寂，全中土如此，不獨滇黔然也。

右月溪

明季滇南高僧輩出第二

朗目本智　水月儒全　本無釋禪　徹庸周理
蒼雪讀徹　見月讀體　密行寂忍　知空學蘊

中明佛教之衰，既如上述，然自萬曆後高僧輩出，雲棲、紫柏、密雲、湛然，各闡宗風，呈佛教復興之象。流風所被，遠及滇黔。其時滇僧與之馳驅中原者，首推朗目本智。智號慧光，曲靖李氏，落髮朗目山，故人稱朗目大師。初遊方，參不二、徧融等八大善知識，其後乃登天目蘭風和尚之門，故徑石滴乳集稱爲蘭風法嗣，徑山下第十三世也。興復浮山，刻九帶集，名動京師，當時宰官如汪可受、陶望齡、袁宗道、王元翰等，咸執弟子禮。萬曆乙巳，慈聖太后召開堂於蘆溝橋廣慈寺，因與衆説楞嚴，至同分別業二種妄見處，忽下座告衆曰：「緣盡矣！」跏趺而逝。訃聞，慈聖震悼，憫卹賜金，返靈骨塔浮山妙高之南麓。所著有法句行世。桐城吳應賓撰塔銘，稱爲浮渡山大華嚴寺中興尊宿朗目禪師，曰：「浮山華嚴寺，宋圓鑑大師遠録公爲歐陽永叔因碁説法處也。其在國朝，則古亭和尚，以山雲水石作大師子吼，去而還滇，百年許而朗目禪師復自滇來浮渡，稱中興尊宿」云。古亭即古庭，序凡二千六百餘言。憨山復爲撰傳，見憨山集三十，亦一千二百餘言。而安慶志寺觀類僅以一行了之，曰：「浮山寺，朗目禪師與吴宗一居士重建，神宗勑賜藏經。」此古文家闢佛風度也。阮志仙釋類則又一人兩見，前曰本智，後曰慧光，前採滇繫，後本舊志，與玄鑑無照之重出同，然彼則雲南、曲靖異府，此則同在一葉，博採而未加檢照也。雞山志補書畫詩禪人表以朗目隸清朝，亦誤。

右朗目智

與朗目同時者有儒全。儒全字用周，號水月，晉寧杜氏。萬曆初禮古林爲師，後與朗目同參，遍歷海内宗匠。一日至峨眉山四會亭，得瑠璃三昧，胸中瑩徹，因偕寶山德住返錫滇中，於邵甸普賢寺鍵關樂道，羅近溪訪之，以爲世所希有，乃送之雞山主寂光寺。朗目寄詩云：「雞山古寺初逢處，楚國長途復遇時，三十六年成久别，而今題作一聯詩。」又：「華首峰頭大寂禪，煙霞養得慧身堅，有時坐到忘言處，迦葉重來展笑顏。」滇釋紀、阮志均無傳。曩讀南來堂集附蒼雪寄徒三和書云：「汝水月師祖，塔建何處？塔銘行狀，皆曾有否？我一生得力受用處，全得汝水月師祖些些子。」又蒼雪塔銘云：「幼從水月道人管書記。」初不知水月爲何人，既而讀雞足山范志，始知水月名儒全。又嘗讀徐霞客滇遊日記六，己卯正月十九日條，謂：「克心爲用周之徒。」不知用周爲何人，既而讀雞足山志補，有傅宗龍撰寂光三世水月禪師道行碑，始知用周即水月，定堂本帖之嫡孫，住水月庵，因號水月，而碑又未言其名儒全也。宋元以後，釋子多有號，故每易析名號爲二人。與儒全由峨眉同返之德住，阮志亦大理府與麗江府重出，一作德住，一作寶山，而不知德住其名，寶山其號耳。後之修志者，幸毋效岑、唐志之照本鈔謄也。

右水月全

儒全之後有釋禪。釋禪字本無，昆明張氏。年十九，禮通海秀山妙空祝髮，稟具於大方，得法於所庵，後棲雞足。研窮經藏，二十餘年。與所庵同註肇論，口述筆授，一字未妥，當仁不讓。萬曆丁巳，麗江土知府木增題建悉檀寺，延之開山，並奏請藏經。光宗特旨頒賜，授秩僧録左善世，兼錫紫衣。所著有楞嚴懺法、風響集、因明論隨解標釋，及老子玄覽、禪宗贊頌等。崇禎壬申寂。楞嚴懺今在藏，其自跋云：「懺法度世，繇來尚矣。而華嚴懺卷帙富博，彌月方竟，不甚傳布。法華懺、金光明懺，南中人目所未覩。今之流通者，梁法雲、僧祐諸師以齊竟陵王子良夢感所撰淨住子二十卷，節爲十卷，即梁皇懺也。南宋孝宗之世，左街僧錄若訥摭取佛名經十五卷之文，爲水懺三卷。兩懺詳略雖殊，理無不該，事無不盡，無所容置喙。然人心輕佻，於祭祀之誠，肅敬難久。今梁懺竭蹶四日，已屬倦怠，中下之家，以費鉅阻辦，而水懺一日有拜三部者，似乎繁簡未中。釋禪既獲退居牟尼山，止觀之際，覺根塵之宿業偏重，思欲湔洗，乃依楞嚴經修次懺法二卷，四百餘拜，終日可畢，持以澡雪罪垢，揩磨靈臺，未必不爲淨土禪悟之助」云。徐霞客滇遊日記六，己卯正月十一日條：「弘辯、安仁出其師所著書見示。」即釋禪所著老子玄覽等也。阮志藝文類既採舊志録釋禪著述於前，又採霞客此條而加案語云：「遊記不言著者之名，蓋崇禎以前僧也。」然遊記七日條，已明言：「弘辯、安仁爲本無弟子。」則此條自不必復舉其師之名。按語又疑秀山寺僧與悉檀寺僧不同，不知僧未嘗限住一寺也。阮志語必有據，可爲世法，非他志比，故諍之。

與釋禪同時者有周理。理字徹庸，雲南縣杜氏，即著曹溪一滴者也。陶珽有徹庸小傳，稱爲妙峰山開山善知識徹庸禪師。徹庸舊號徹融，易融爲庸，自珽始。年十一，入雞山禮大覺遍周爲師，長往姚城參密藏，密藏印證讚嘆者久之，曰：「滇中佛法幢在茲也。」比得古庭録，心師之，恍若付囑者。語言文字外，卓有覷入，得大自在，一時道風旁暢。得法弟子有無住洪如等，聲震雞山。又嘗請藏南都，時密雲説法天童，入室請益，相視莫逆，欲留不可，辭歸妙峰。説者謂：「滇南自古庭後，二百餘年，祖燈再焰，實賴斯人」云。所著有谷響集，陶珙爲之序，徑石滴乳集四有傳，稱爲朗目智法嗣。阮志仙釋類誤理爲禮，誤徹爲澈，然自鄂志已然也。

右本無禪　徹庸理

儒全之徒有讀徹，世所稱蒼雪法師，固夫人知之矣。然人之知蒼雪者多以詩，鮮知其爲華嚴宗匠，詩特其餘事耳。錢謙益有學集三六有中峰蒼雪法師塔銘，云：「清涼一宗，自長水晉源，不絶如綫。勝國時滇南蒼山再光瑞師，表明華嚴懸談，輯會玄記，開鍵啓鑰，蔚爲教宗。萬曆中蒼雪法師自滇適吴，得法巢、雨，爲雪浪之玄孫，一燈再焰，人謂滇南萬里，邈若天涯，兩師代興，交光繼照，豈非華嚴法界中分身接踵乘願輪而至者耶！師號蒼雪，又號南來，非偶然也。師滇省呈貢趙氏子，父碧潭，爲都講僧。師幼從雞足山水月道人爲沙彌，管書記。年十九，慨然遠遊，孤笻萬里，叩楞嚴於天衣，受十戒於雲棲，受滿分戒於古心律師，聞雪浪晚棲望亭，往參焉。浪没，巢松浸開講甘露寺，師年廿餘，古貌稜然，敝衣下坐，除夕，奮筆呈詩，大衆驚異。依一雨潤於鐵山，與汰如河師，竝爲入室弟子。雪浪之後，巢講雨筆，各擅一長，二師殆兼有之，諸方所謂巢、雨、蒼、汰者也。丙申夏，應見月律師請，講楞嚴于寶華山，老病人扶，氣息支綴，登座開題，圓音落落，至第二卷末，命弟子代講，無何，遂不起。見律師護龕歸葬，塔中峰寺後二百步。余老歸空門，與師結契尤篤，每執手語余，魔外昌披，法眼澌滅，黯然欲泣者久之。嘗告其徒，風雪當門，孤立不懼者，虞山一人而已，然則師之銘，非余其誰！」錢集乾隆中被禁，滇繫藝文六載此文，題吳偉業撰，並序末「虞山一人」句，亦改爲「婁江一人」，假令錢集不復出，後之人又孰從知爲錢撰哉！

右蒼雪徹

與讀徹同時者有讀體，中興南山宗巨子也。然數滇僧者多稱讀徹，而鮮知讀體。讀體即見月，讀徹本字見曉，故可稱爲滇僧之二讀，又可稱爲滇僧之二見。然徹阮志誤作澈，體則鄂志已誤作禮。一夢漫言上曰：「余名讀體，體者身也。」又御史李模撰見月律師塔銘云：「昔盛唐之世，有龍興寺大律師體公，律宗推爲第一，李華撰碑，稱其道行貫天地，或者乘願示現，異世而同名歟！」李華體公碑，見文苑英華八百六十，則體之不作禮明矣。尤侗艮齋倦稿六有華山見月律師傳，云：「予童子時，嘗禮三昧和尚於北禪，後聞華山嗣法有見月師，恨未之識也。老至西湖，晤其高弟宜潔，示予一夢漫言，乃循覽贊歎而爲之傳。師諱讀體，雲南楚雄許氏子，少好遊覽，嘗至金沙江甸尾山，寓浪穹，遷赤宕邑，矢志修真，爲黃冠三載。一日偶行松下，遇茅庵老僧，與語甚契，授以華嚴經，持歸，閱至世主妙嚴品，翻然有省，遂詣寶洪山亮如法師剃度。已聞江南有三昧律師開戒，慨然慕之，重繭而行，先入南嶽，再渡大江，始遇昧公于海潮庵，計往返二萬餘里，行脚六年矣。既圓戒，充上座，講梵網經，析義敷文，四座稱善。師猶欿然不自足，乃於藏中檢四分廣律六十卷讀之，深思研究，由是毗尼大暢。距金陵七十里有寶華山，爲誌公道場，年遠頹廢，郡人迎昧公主之。師莞院務，庀材鳩工，堂構一新，至今巨刹甲東南。師性剛直，遇非意事，輒正色折之，即師友小過，規諫無隱。昧公嘗語人曰：『老人三十年戒幢，若非見月，幾被摧折。』臨歿，取紫衣戒本付師曰：『以此囑汝，總持三學。』師既嗣席，以十事誓衆，門人日進。國初山寇竊發，入寺蹂躪，師誘致渠魁十人，設齋供畢，以大義責之，賊相顧失色，逡巡遁去。有譖于大將軍者，謂華山通賊，遣數百騎執師與衆僧至軍前，劍戟如林，駢戮鄉民無數，血濺緇衣，人人惴恐。師獨整威儀，緩步歷堦，合掌而立，具陳華山大路，不能禁賊往來，并前日留食解散之故，凡三問三答，辭氣從容，顏色不變。巴厫二將軍、陳中丞異之，悉解衆僧之縛，又欲殺監院克修等三人，師爭之曰：『我是寺主，有罪當殺我，勿累彼也。』將軍益異之，並釋不殺，還其田地，給帖護持，寺乃復安。師既解難，彌勤戒律，躬修般舟三昧，不坐不臥，不旁倚，壁立者九旬。以其餘力重建殿閣，築石戒壇，別搆慈應禪林，隨處説戒，如常州之天寧、真州之五臺、江寧之碧峰紫竹林、宿遷之極樂。所至男女老幼，闐咽道路，戒子一千四百人，堂食三萬指，法席之盛，近古以來未有也。論曰：學佛而不學律，猶欲其入而閉之門也。今禪教二家，塞破四天下，而律道中衰，古心草創，三昧代興，至見月而集大成，南山一宗，於今爲烈矣。聞師修軀肉髻，貌類古佛，自滇雞足山來者，云師是迦葉尊者化身，固宜有此，惜乎吾未見其微笑時也。」

體公行跡，余所見尤侗此傳外，有體公自撰一夢漫言，李模撰塔銘，方亨咸撰傳，又有得依釋序文緣起，及南山宗統所載傳。曾爲黄冠一節，緣起諱之，然一夢漫言未嘗自諱也。師性剛直，規過無隱一節，尤侗含渾言之，李撰塔銘則直書其事云：「明末甲申，昧和尚奉命開戒于大報恩寺，盛啓法筵，懺薦大行皇帝，賜紫衣金帛，僧録及諸門人廣延護法，將集梨園演戲，師正色拒之，昧和尚喜曰：『逆流把柁，須是見教授始得。』」所謂賜紫衣金帛者，弘光帝也。懺薦大行皇帝何事，而可繼以梨園演戲耶！當時僧俗之無心肝，可慨已！華山通賊一節，順治三年事，一夢漫言之甚詳。清人所謂賊，即明人所謂義，師雖明之遺民，而實華斯時，已陷於敵，師處其間，卒能鎮靜從容，使華山不至於封閉，非具至誠無畏之精神，曷克臻此！

王士禛漁洋山人文略四，有遊寶華山記，云：「誌公始居此山，名未甚著。歷千餘載，至明有妙峰上人者，再興初地，三昧律師繼來卓錫，見月大師親承付囑。予比聞其具戒精嚴，爲人天師，至是始相見山中，一燈夜坐，往復叩擊，乃知浮屠之説，與吾儒道德仁義之旨，了然不殊。」徐枋居易堂集十一，有寶華大律師見月小影題語，至推爲「古佛現身，大千世界衆生之標領」，而數滇僧者輒及徹公不及體公，何也！木陳忞目空一切，對公亦備極推崇，寶華山志十一有木陳撰見翁大和尚七十序云：「海内尊宿之壽，臻七十者多矣，未嘗以詩文爲之祝也，今獨於和尚之壽若是殷殷者何哉？是未可以舉世之壽概論之也。夫天之生吾二人者非無意，而吾二人之同生於此時者亦非偶然，余之所以祝和尚者有深意焉！法運凌替，非余則誰爲破魔兵而正法統？非和尚則誰能秉佛制而飭僧紀？終南濟北，雖各弘宗旨，而尸羅禪那，實互闡度門，此和尚之壽，余不能不爲之申祝者也。」亦可見體公當年之重望矣。石奇雲語録十四有見月和尚像贊云：「髮白顔童，眉横目秀，戒光爍天，是大明呪。咦！儼然只個須菩提，趺坐蒲團絶滲漏。」浮石賢語録九亦有見月律師像贊云：「持戒但束身，非身何所束？當頭能坐斷，是名真見月。」百愚斯語録十八亦有見月律師像贊云：「絳衣斜搭半横身，高豎光幢啓後塵，道繼南山知有在，千華臺上再來人。」石奇、浮石，天童大弟子，百愚則洞宗宗匠也。寶華山志十三有弘儲、戒顯、蔣超三家贊，而此三家贊獨未收，故備録之。

右見月體

盛極之後難爲繼，欲於體公後，舉滇僧一人殊不易，無已，則有破山弟子密行寂忍，錦江禪燈有傳：「宜良谷氏，年十四，禮竹子山竹林寺順語老師剃度。十七住雲臺山，有僧自雞足來，示以無字話頭，參究五載，無入處。後遇濟凡禪師，謂之曰：『參禪到無可奈何處，便是得力處。譬如戰士，失却寶刀，雖則赤手空拳，奮不顧身，直前奪取敵人手中器械，便殺入去也。』即於言下有省。當時闡化滇黔尊宿，以其力量過人，皆欲致之座下，燕居申邀之尤力。後往參破山，一日砌下偶見蜈蚣，以石斷之，兩頭齊動，山問曰：『他性命在那頭？』答曰：『一舉兩得。』山曰：『否否。』即呈偈曰：『者個蜈蚣太煞奇，戰場不怕斷頭皮，攔腰一擊重開眼，正是當場種毒時。』山肯之，乃付以源流曰：『蚊子喁喁上鐵牛　無容下嘴處難酬，紛紛一夏歸山去，遇虎逢龍且出頭。』後駐錫衡州南雲寺，更弘法於雲南會城妙音、慈雲諸刹，有語録三卷在藏，嘗自題慈雲常住請像贊云：『宜良不幸，出者妖怪。性急人遺，心平人戴。君王不事，父母不拜，忠孝兩忘，閻羅倒賣。一條白棒没人情，魔佛直教心膽碎，慈雲禪子切莫言，臨濟第三十二代。』」又知空蘊語録下，有本師密老和尚贊云：「此老無狀，走在紙上，漏逗不少，好與痛棒。吐舌低聲曰吁，者是開峰密和尚的模樣。獅象叢中出一頭，龍蛇陣上誰敢撞，佛祖見而含羞，天魔聞之膽喪。穿人鼻孔不用繩，倒嶽傾湫一條棒，今日遇著滅眼之逆兒，明月清風爲供養。」

右密行忍

知空學蘊，洱海王氏。徐霞客滇遊日記十三己卯九月初九日條：「入野和静室。野和爲克心徒，向居寂光，以其徒知空居此。年少而文，爲詩雖未工，而志甚切，以其師叔見曉寄詩相示，并己稿請正，且具餐焉。」即此人也。幼入寂光寺祝髮，初從大力、野愚、徹庸及西蜀了凡諸宿參究，雖并承其教，而疑情不釋。後居玉霖軒，閉關習静數年，隨參無住，住深許之，欲付以法，俄而辭去。永曆至滇，命晉王李定國平楚雄永昌叛軍，凱旋時學蘊遇於道中，因止晉王至雞山，請免山中徭役，晉王允之，復隨至昆明，表貢山果，明帝嘉之，賜勅寂光爲護國興明之寺。國變後，入九臺，把茅三載，而大方廣法席巍然起於萬山密箐中，密行老人神契，百城之外，忽命僧持卷至山，蘊欣受之，由是開法領衆，常數百人。擔當和尚贈詩云：「别久休嗟路不通，九臺高峙在空中，怪來聞問無温語，獨有凝寒可贈公。」曾於水目大寺爲衆授戒，陞座曰：「水目佳山，是出佛産祖之地，聲傳六詔，燈續五天，人傑地靈。昔之淨妙、皎淵、阿標、普濟諸大老，曾於此處此刹此座之上，大闡玄風，揮弘祖道。若論道之一字，彼諸大老亦不曾前，山僧今日亦不曾後。大衆會麽，會則蓋天蓋地，無古無今，運水搬柴，盡是神通妙用；不會則禮佛看經，都成業識茫茫，無本可據。今日諸人既於山僧處求受心地戒法，須知即心是戒，即戒是心，心戒無二，萬善從生。」因擊桌一下，拈香説戒。有語録二卷在藏，古風然序之曰：「從上祖師出興，利生弘化，建法幢，立宗旨，必有爲之才，具天然逸格之資，有堅忍不拔之志。如雪峰初出嶺，三登投子，九上洞山，未嘗不得投子洞山之力。後嗣德山鑑，大行德山道，仰山早年依忠國師，得其圓相機緣之要，後嗣潙山，而振起潙仰之宗。浮山遠禪師曾依太陽玄，深得洞山宗旨，太陽玄欲遠爲嗣，以繼太陽之脈，遠終却之，而嗣葉縣省，意契臨濟之宗而然也。九臺知空蘊公，於雞足上和禪師脱白，投水目和尚秉戒，水勉公擔荷法任，以繼水之宗，公堅却不受，遂隱靜九臺山。開峰密行和尚與公舊有契好，然公素慕天童法脈，惜不曾親見悟老人爲言。密行和尚專人持悟祖頂相源流法物，勉公任其事，公欣然，即日陞座，拈香出世，大闡密和尚之道。蓋已往三大宗師，數百年後，知空蘊公亦相近其事」云。此即黄梨洲漢月藏塔銘所謂附不附也。語見南雷文案六。附不附者，猶言加入此團體否耳。當時天童派勢力最大，不附即幾無所立足，故雖有豪傑之士，亦不得不舍小團體而加入焉，反是則謂之未詳法嗣，知空蓋未能免俗也。

右知空蘊

按本篇所舉，不限一宗，皆無害其爲宗匠，然此特旁觀之論耳，局中人所見未必爾也。蒼雪之華嚴，見月之南山，固足與秦晉匹，朗目所附之蘭風，已有小晲之者矣。儒全、釋禪雖强，能免「蠻夷大長」之譏耶！退翁儲嗣輪庵揆，曾住大理文殊寺，著洱海叢談，言：「洱海水目山，有非相大師，年八十，修建梵宇數百，剃度弟子萬人，迤西僧徒，皆其眷屬，亦說戒參禪，滇南法席之盛，無過於此。自云其師祖曾參天童老人，歸滇出世，即瓣香遠供，萬里徼荒之地，能以正法教化，稍有淆訛，亦當寬其吹求。智光寺南溟兄，爲破山孫，敏樹子，於同坐屢見辭色，余力勸之。及余東還，至普淜道中，忽邂逅相師，舉手携湘竹杖贈行，余口占絶句答之：『吾師福德冠人天，況有兒孫滿膝前，細看道容深敬仰，從今不駡野狐禪。』」夫非相非滇僧之傑哉！南溟且屢見辭色，小師將何堪？宜知空之不願爲滕薛大夫也。

明季黔南傳燈鼎盛第三

破山派一百十人　浮石派一人　木陳派二人

漢月派一人　未詳五人　洞宗二人

明以前黔南佛教無考，果無考耶？抑無記載耶？有記載而不傳，或傳而爲吾人所未見，均謂之無考。自善一純撰黔南會燈録，而明季黔南傳燈之盛，始可考見。使無此録，或此録爲吾人所未見，不亦謂之無考耶？且燈録與僧傳不同，僧傳例分十科，燈録僅述習禪一門，其他九科固未之及，而吾人於黔南禪宗以外，遂亦謂之無考，以是知記載之足貴也。杜臻序會燈録曰：「黔南遠在天末，去中原萬里，其民風樸遬，山川嶮巇，聲教幾所勿及，即拈花一脈，自唐宋以迄勝國，是少聞焉。天龍善禪師慨然起任其事，蒐羅散失，取明季諸老以至於今，行、超、明、實四輩語録共若干卷，裒然成大集，少室一燈，於是偏照乾坤矣。余因慨黔南佛法泯没數百年，不謂顯揚之時，乃在今日。」記載之足貴如此。然亦必有可記載而後能記載，明季黔南傳燈之盛，固自有原因，一佛教復興，二中原喪亂也，二因缺一，不能成其盛。貴陽程春翔序曰：「黔居邊鄙，佛法罕聞。明末寇亂，四方禪侶咸避地乞食於其間，或著衣持鉢，不墜家風；或挂板懸槌，洪宣法教。於是諸家各有語録，於中片語接人，吐辭見道者不乏也。但以遠在天末，不獲廣播中州，流傳海内耳。」然則今日之所以能考黔南佛教者，純恃此録。此録所載機緣，皆據各家語録，雖深淺精粗不一，概能自完其説。惟至今諸録已十不存一，使非當日之及時收集，誰能保其不與荒煙蔓草同歸湮没耶！又吾今所收集，有山暉、蓮月、不厭三家，皆爲此録所未備。其中山暉一家，或爲有意排除，將於法門紛爭篇論之；其蓮月一家，則以遵義舊隸四川遺之；不厭一家，則明係收羅未及，故今特爲補入。其丈雪、聖可、半月三家，曾闡教遵義綏陽，與蓮月同例。乾御一家，久住黔西，端鼻一家，曾住長松，均見錦江禪燈，因并補入，成黔南燈系表如左：

明季黔南燈系表

凡僅著名號，不冠地名者，未嘗闡教黔南者也。

破山海明——婺川西禪象崖性珽——永寧中和雲腹道智——永寧中和會也益省
　　　　　　　　　　　　　　　　　　　　　　　　——普陽金鳳慧月益眼

- 開州龍音余山道瑞
  - 開州永興渠山妙隨
  - 平遠南林鈍峰　運
- 思南海雲純一道源
  - 思南海雲無涯昌太
- 石　谷　慧
  - 平越龍山竹航　海

- 石阡三昧敏樹如相
  - 石阡中華天隱道崇
    - 定番九龍古源海鑑
      - 定番九龍月恒真昇
    - 思南太平大凡昌宗
    - 石阡中華識竺海倫
    - 湄潭白筠以四德教
  - 思南中和天湖正印
    - 都勻　別南傳旨
    - 安平天台月峰性琰
      - 安平天台省參海寧
  - 思南安化穎秀真悟
  - 安順長壽天語　懷
    - 習安雲鷲頂相道慕
      - 習安雲鷲禪那廣靜
    - 貴筑永興桂魄智頂
    - 普陽長壽桂鉉傳慧
  - 江口香山聖符道越
    - 思南天慶福圓　滿
    - 石阡鳳凰衡嶽行規
      - 鎮遠迎仙濟庵普靜
  - 貴陽興國祿藜覺甫

清鎮雲天燕居德申

黃平雲居述中合舜
黎峨末佛赤旛幢
清鎮九龍鐵梅珍

貴筑中興逈然明月
習安石佛浮月福海
清鎮普化古月明濟

貴筑華光聖圖道行
偏橋雲臺淨空性明
貴陽黔靈赤松道領
偏橋福雲天機道通
天吼廓

湄潭鳳凰大拙淨霞
貴陽雲石明源
黔西乾御宏源

習安玉丹語聖弘正
習安獅山語賢弘英
萬德語林弘先

習安溪脈照一
貴陽玉龍鏡天宗照
鎮寧列峰大千宗月

習安永峰慧鏡照常
清鎮普興慧知寂雲

- 安順靜樂靈隱印文
  - 貴陽法雲大慈悟度
  - 貴陽東山梅溪福度
    - 鎮寧金鳴慧穎慶緒
    - 貴陽　霞章海偉
    - 貴陽東山紹南真解
    - 習安南山法雨照潤
  - 鎮遠雲臺慈濟海舟
    - 黃平觀音六行海鑑
  - 甕邑龍山鶴林性賢
  - 密　參　山
    - 貴陽指月爍吼　八
- 黃平九龍半雲如慧
  - 黃平九龍三能性柔
- 遵義禹門丈雪通醉
  - 安籠玉泉月幢徹了
    - 安南龍山劍端　祖
    - 普安蘭溪祖鼻達最
      - 安順靜明嵋霽　宗
    - 普安松歸善權達位
      - 貴陽觀音普濟大闡
      - 普安松歸天一大悅
      - 安南廣福虛峨大照
      - 安南萬壽審實本照
      - 普安碧雲恒暐聖目
      - 習安天龍善一如純

- 綏陽嘉瑞聖可德玉
  - 黃平長松端鼻　萬
    - 安籠伏龍極乘道真
    - 安籠玉泉顯今達古
  - 遵義禹門半月常涵
  - 半　生　襄
    - 習安玉真竺懷　印
      - 習安石霞厂石如聖
      - 習安玉真玄一如海
  - 麻哈觀音雪林超化
  - 都勻　續燈寂常
  - 都勻　無瑕性玉
  - 甕安穿雲不厭道樂
- 遵義東印蓮月道正
- 雪　臂　巒
  - 貴陽西山語嵩傳裔
    - 黔西東山嵩目佛宗
      - 黔西東山古雪海智
    - 貴筑雙林嵩眉佛海
      - 貴陽慈雲蒼龍道語
      - 威寧華嚴長靈道祐
      - 石阡黃菊濟川佛普
    - 貴陽西山宗風佛定
      - 貴陽西山實行慧真
      - 貴陽西山無滅慧穎
    - 修文知非剖石佛鏡
      - 修文知非雲峰祖高

密行寂忍—新城圓通萬德佛開—普安　印海學偦
　　　　—普安紫霞用愚源哲
竹帆波—枕石徹—普安鸚鵡廣成普陞
雲幻宸—恒秀發林—安南永興藍田光碧
　　　　　　　—永寧廣福明輝淨月
浮石通賢—黄平長松山暉行浣
木陳道忞—芥庵琛—貴陽乾明行之顯篤—安南萬雲卓庵明閒
漢月法藏—退翁弘儲—輪庵超揆—習安　雲庵智量

又有統系俟考者七人，其末二人爲洞宗湛然澄下第四代。

楚眼襄—貴陽法華慧林如英
壁林門—平越慈門竺崖心性
　　　　貴陽觀音梵行傳性
　　　　貴陽興國祖融法印
　　　　貴陽白雲西識清見
月印慶—安南　淡雲明光
　　　—安南金獅弗會傳知

右表凡百二十有一人，除統系待考者七人外，雖分破山、浮石、木陳、漢月四派，然皆天童悟子孫，觀其所住地名，幾於無府不有，可謂盛矣。然不盡黔人也，其中以蜀人爲最多，將於次篇論之。其所住不止一寺，亦不限於黔，在黔言黔，特標舉其一耳。如燕居申先住會城大興寺，次遷清鎮之九龍，後遷平越之福泉，其他僦居開法之所，不計其數。雲腹智歷住雲歸清涼長壽，復興永寧中和。語嵩裔先開法於牟尼山，又闢西山傳法寺，後住鼎州德山乾明寺，化後門人扶靈骨歸黔，均見會燈録，不能一一數也。

會燈録著者善一純，亦自有語録，超嶼叙之曰：「黔地向聞無佛法也，今若是，疇謂黔無佛法乎！純公黔人也，自居學地，便負逸羣志，矢兼濟願，已而徧參吴越楚蜀，凡諸名望宗匠，莫不親披運斤之風。仍反黔中，習安道俗，遂翕然相推戴，不減西河之於昭叟也。初出世住普安之天龍，次遷松巋，惟務以本分鉗錘激勵來學。其接人也，機徑截而不涉廉纖，其説法也，語渾璞而不事雕琢，故能感貴築三十餘城，靡不響道皈信。所謂居人所不居之邦，弘人所難弘之法，今於純公見之矣。純得法於善權位，位嗣月幢了，了嗣丈雪醉，醉嗣破山明，明嗣天童悟，其源清流潔，根大叢茂，夫復何言。」按純可謂附而能纘其緒者也，然則不附者遂無立錐之地乎？恐亦無記載焉耳！表中洞上人數之少，亦緣是也。

滇黔僧多蜀籍第四

丈雪通醉　半月常涵　懶石覺聆　破石悟卓　雲腹道智

梅溪福度　山暉行浣　野竹福慧

黔南會燈録所載之黔僧，蜀人居十之七八，不獨黔南然，不獨禪宗然。雲南阮志所載之仙釋，各科僧徒遊方滇南者，亦以蜀僧爲多。謂蜀與滇黔毗連乎？則湘桂何嘗不毗連！謂蜀有峨嵋，佛教獨盛乎？則湘有南岳，贛有廬山，佛教何嘗不盛！然史實所昭垂者如此，此可證川滇黔夙昔之關係矣。今舉數僧爲例，其散見各篇者，隨在皆是，不能一一復出也。

遵義一州四縣，明隸四川，清雍正五年改隸貴州，今言滇黔佛教，不能遺遵義也。遵義禹門寺著名之僧爲通醉，字丈雪，蜀内江李氏，破山海明大弟子。破山亦蜀人，曾勸李立陽止殺，李曰：「和尚喫肉，我即不殺人。」遂爲喫肉數片。同時有蕪湖僧亦名海明，順治二年，休寧金聲抗清被殺，海明乞貸市棺，徑前抱公屍而斂，滿漢兵呵之，不爲動，卒斂歸蕪湖庵中。見魏叔子文集十七江天一傳，史外六金文毅傳因之，此別一海明也。青門簏藁十五以爲僧慧源，雪交亭正氣録二又以爲蜀僧明慧，乾隆初盧見曾撰漁洋感舊集小傳，乃誤爲破山海明，嘉慶四川志仙釋亦沿其誤。不知是年蜀道未通，破山無東下至蕪湖事，有年譜可據，僧同名者衆也。丈雪嘗隨破山過白兔亭觀瀑，破山書一偈與之云：「畫斷蒼巖倒碧岑，紛紛珠玉對誰傾？擬將袋鉢橫攔住，只恐蟠龍丈雪冰。」由是遂號丈雪。後走天童參密雲，一日上太白頂拖柴，竹篾傷足，血迸污地，聞密雲自打普請梆，椎急聲厲，忽契香嚴擊竹之旨，豁然大悟，入拜呈一偈云：「兩脚行來古路平，通身棒眼血淋淋，而今始識牛和馬，鼻孔分明搭上脣。」遂歸蜀住昭覺寺。永曆元年丁亥，避亂由銅梁至遵義，旋去。己丑再至，遂即樂安江上龍興禪院易名禹門爲道場，集四方禪子，盛講別傳，住十二年。門人徹綱等爲編紀年録，康熙元年條云：「時泰西天主教穆革我，倚許方伯勢，諸當道信其邪說，有圖廢釋教之舉，師有上許方伯、席文宗、王郡守，闢天主滅佛教書，當道公議而止。」又康熙三年條云：「時秉鈞者奉天主教，湯若望仍行左道，又有沙汰之說。聞玉林國師密札進京，欲保全大雄、報恩，師致書曰：『既膺一國之寵，當此魔强法弱之際，正宜挺身利濟，俾寧謐海內諸山，焉得只顧自己，豈稱法門柱石哉！』」此清初天主教史料，可由佛教史而得之者也。

右丈雪醉

丈雪弟子常涵，字半月，蜀鄰水張氏。黔詩紀略後編三十引鄭珍播雅云：「雪師自順治庚子歸昭覺，禹門棒喝寂然。至康熙己酉，乃遣月自昭覺來禹門，復整法幢，月浦汀聲，又振廣長矣。」戎州宋肆樟序其語録云：「月主席時，惟作本色衲子，受用實地風光，一粒一粟，取之耕耘，行住坐卧，不染纖垢，誠雪師止禮三拜者也。」黔詩紀略卅二又引播雅云：「兩生曾致書半月，爲遵義令高洪借禹門大阿彌陀經，言高護法有念佛超宗之集，欲得此經印證。半月復書云：『邇聞高公苛政非刑，無絲毫惻隱，若慈閔殘黎，即達摩老子覿面現在。其念佛超宗之集，明明指出家常茶飯，不待超而處處皆宗也。冀和尚曲垂方便，導其良策，使播地回春，法門多幸。莫隨水放舟，誘壞人家男女。』」夫貌學佛而行貪惡者衆矣，「不直則道不見，我且直之」，半月有焉，亦僧中之錚錚者也。

丈雪弟子有闡教滇南者曰懶石聆，蜀忠州張氏。丈雪語録十有送懶石首座之滇詩云：「漢南忽別已三稔，破霧歸兮話煖冷，每因路遠過河來，喜以春初惟日永。一鉢軍持縮地回，千雲弗隔昆明請，斗光山色甲牂牁，錫卓時有萬人井。」懶石語録有嘉禾汪挺序，略云：「懶石禪師住錫漢中靜明，再遷寶林，又應滇南商山之席，從此道播南天，雖窮峕絶壑中，咸思皈向，洵不可思議因緣也。所有語録四卷，于語言酬答之外，得拈花擊竹之機。諸有已空，空都擲去，一真獨領，領輒宣來。豈不勺水知源，寸臠飫味！覩懶石如覩丈雪、破山，竝覩密老人于勿替也。」聆在漢中，即與吳三桂稔，入滇而後，不見有藩府往還之跡，蓋記載闕如耳！

右半月涵 懶石聆

有黔南會燈録所未載，而確知其曾闡教黔南者。破石卓亦蜀人，今所傳錦屏破石卓禪師雜著一卷，有恒秀林撰行狀云：「師諱悟卓，蜀果城宕渠望族陳氏子。受天童悟祖戒，嗣香林禪師。生萬曆己酉，年七歲，詣本邑羅漢寺依母舅學應佛，舅没即薙髮淨身。年十三，會本邑余隱洪先生公車北上，依赴京師參學。至江陵，辭余住白衣庵，持水齋三年。一尊宿云：『師妙年行願如此，何不廣參宗匠？』師如指遍參，謁天童悟祖，祖號師破石，居六載，仍還羅漢寺，年三十有五矣。遭申酉蜀亂，避地入黔，三住名刹，後受武陵侯楊公請，住石阡旃檀禪院。癸巳臘八偶恙，衆乞垂示，師云：『諸公之見如斯，有負依吾年久，道人家還有者箇在？』乃豎指云：『會麽？』衆作禮，師云：『其來也無礙自在，其去也自在無礙，呵呵呵！入泥入水，無在不在，了無了處隨他去，毗盧頂上任優游。』示畢而逝。師性介乏嗣，而侍座者英俊瞻依，請益者名公斗仰。語録諸稿未及剞劂，兵燹失之，僅搜殘編，刊行於世。」有贈别阡陽趙元一使君詩云：「棠蔭謳歌戴所遺，荒城蕭寺賴君支，洋洋聲重三千價，歷歷民懷萬里思。金馬度雲嘶晚泊，錫泉坐月訂先期，萍蹤奚以酬清況，但把重岩作玉碑。」又有答天虞鄭少司馬書，天虞，平溪鄭逢元也，見遺民篇。

右破石卓

雲腹智，順慶李氏。有語録二卷，秀水曹溶爲之序，曰：「雲腹禪師，蜀人也，爲破山之裔，象崖之子。振曹源之宗，豎滹沱之幟，數十年來，爲法門龍象。雖不以文字新天下之耳目，亦不以無言祕大法之真傳，故其開法川黔，一皆以惡辣鉗錘，本分艸料，不帶枝葉而超無上者也。迨後乘槎泛楚，緇素遮道，如失怙恃，其德法相深以入人者如此。余雖未親炙面顔，但與吾里古新庵清白老師交深，清師亦蜀人，常道其真操實履。及讀其語録行狀，機趣觸法，直赴横奔，于開口不得處説法，從下手不得處施爲，天風木葉，流水行雲，總屬全提，舉大法於一喝之中，揭宗旨於辣棒之下，誠令緇白咸臻祖域矣。」觀此知蜀僧聲氣滿東南，不獨西南一角而已。

梅溪度，永川張氏。得法於靈隱文，曾住安順清源、普安圓通、貴陽東山，又住蒙化等覺、雲州玉閣、宗州觀音，復還貴筑之棲霞，敷教滇黔數十年。語録十有雲州復諸儒士詩云：「釋教儒宗天下傳，何分西蜀與南滇，欲知月指當空處，須識吾無隱爾篇。居易親僧因重道，長公解玉爲逃禪，了知彼此非同異，文字憑拈入大圓。」語録六又有爲藩憲玉鉉柯護法舉火文。柯鼎旗人，康熙初任黔布政，卒於黔。梅溪爲舉火，足證清初旗人火葬之俗，曾達滇黔也。

右雲腹智　梅溪度

滇黔法席之傾軋，將於次篇論之。然其主要人物爲山暉浣、燕居申，皆蜀人。燕居語録余未見，山暉語録有永嘉張仁熙撰傳，千八百餘言，其略曰：開聖璧禪師，夔州新寧南莊人，姓侯氏。明天啓辛酉生，總角隨父遊嵩呼伽藍，遂懷出塵志。時破山明嗣棲靈拙和尚，兼精教學，從游者衆，師禮之。甲戌春，遭寇亂，里有無藉者，誣父從寇拘繫，師鬻身李氏，贖父於獄。父出，還李氏金，贖師歸，即求出家。戊寅春，拙受指月請，師往謁，命名完璧。及祝髮，即命參堂充行者。己卯隨拙還棲靈具戒，職司衣盋。秋侍拙上萬峰覲破山。是年拙應荆州天皇請，明年侍拙歸川避寇，夏六月抵開州棲靈。時明和尚在大寧，師往覲，求法語，明示師曰：「昔去棲靈心尚酸，今來揮麈意悲歡，與君携手登雲室，甎鏡照人心膽寒。」因字甎鏡。甲申夏，復隨拙遷游龍，未幾寇大至，衆皆星散，師獨扶拙上廣福。廣福四面懸絶，鄉人立栅守禦，寇圍急，將不免，忽寇營有慕拙道德者，以書射廣福曰：「送拙和尚來供養，圍可解。」由是隨入寇營，雖敬事，然嚴密難脱。乙酉，隨至梁山金城，三月一日，拙厭世，將明和尚信衣付師，辭衆而逝。師爲茶毗，收靈骨設利，藏胡氏庵。丙戌三月，脱走渝城，時明和尚在石柱，師往省，明曰：「天童法衣，知在汝處，老僧久失天童小照，且汝弱病，奔走未定，將衣暫留老僧處供養，待汝住院來請。」師如命。丁亥辭往巴臺，復陷賊營，以白刃加頸，勒師更衣，師厲聲曰：「吾爲佛祖兒孫，斷頭碎骨不渝也」賊爲改容，然終被羈留者五載。辛卯冬，始脱難到平越，四衆知名，請住開聖。時同門有嫉之者曰：「信衣已爲明和尚收去矣，何及門邪！」由是復謁明和尚領原衣，明曰：「數年不見，人傳汝死賊難，原衣已別付人，汝既來，老僧造衣還汝。」師不悦，遂別明東下，至金粟見弘覺老人，及古南牧雲和尚，復至吳江見報恩賢和尚，恩命秉拂小參，衆咸悦服，遂以如意源流付師，偈曰：「四十九年說不著，拈花微笑屬兒孫，報恩不惜重分付，打鳳羅龍杖一根。」更名行浣焉。癸巳，還平越開聖。甲午春，楊總府請住黃平之長松，乙未涂大參楊太守請開法護國禪院，丙申遷萬壽，戊戌甕安張大尹請住聖恩，己亥還長松。庚子川平，俶裝上夔州，登梁山，望梓里，道路荆棘，目擊心傷。到南莊，徒見劫灰瓦礫，鄰里親戚，遭戮殆盡，沈吟久之，詩曰：「情深世外下夔門，亂後歸來失舊村，草野有骸疑弟妹，鄉園無路問椿萱。潺湲淚灑青松死，煢獨人悲白露翻，望斷西江風雨急，寃魂日暮叫秋原。」復裹糧露宿，埽祖墓，葬拙和尚靈骨設利，復還長松。甲辰去長松，闡教江浙，二十餘年。丁卯寂，塔蘇州虎丘山涌泉禪院。外史薚灣張氏曰：「師從幼顛沛瑣尾患難中，及枕戈鋋，混腥穢，莊敬奉持，矢死不二，續佛慧命，此與古之雜玁人，受羈械，至引頸臨白刃者何異！宜兇頑之徒，久而彌化也。儒者稱無入不得，而佛氏喜蹈苦魔以自鍛鍊，蓋師之陶鉗異類，深且密矣。以是擦手稠林，坦蕩生死，又豈易易者哉！」

右山暉浣

山暉弟子野竹慧，亦蜀人，久住嵩山，嵩山居昆明城南，咸豐中寺毀於兵，惟野竹塔獨存。光緒末築滇越鐵路，僧覺幻乃遷其塔於三華山陽，請昆明李厚安坤爲之銘。厚安訪其語録，大半散佚，謂：「禪師遺書，視塔尤重，能訪而更刊之，則禪宗當再振於吾國，不獨扶濟宗之頹於滇。」文見思亭文鈔一。野竹語録今尚存，其前録有劉蓀、李仙根序，劉序云：「吾鄉野竹和尚，行道滇南迤東西，法乳殆遍，最後泊會城，憩嵩山寺。追余自戊戌臘底，與師晤於沙橋百萬衆中。庚子春，自絶域旋，復握手昆池。非劍戟叢中，即通都大郡，古所謂出世而能入世者，意在斯乎！」劉蓀見遺民篇。戊戌永曆十二年，庚子永曆十四年。所謂「自絶域旋」者，蓋嘗隨永曆播遷緬甸也。李序云：「余幼在江寧，長居帝里，親朋耆舊，久闊星霜。一日偶過渝州雙山劉子案頭，見有嵩山野竹禪師語録，詢之知嵩山爲益之名藍，而野竹禪師爲吾長壽之名産，實蘇雙塔甎鏡璧公之世適也。闡道德之深微，醒人心之本有，縹緗數帙，等於貝文，不幾爲吾鄉江山生色邪！」蓋李亦蜀人也。後録有合肥龔鼎孳序，爲定山堂集所未收，歷數蜀中高僧，自馬祖以至山曉晳、野竹慧，推崇備至，未知其言果由衷否也。序云：「世祖朝今天童山曉晳公説法長安，余無事必過從，過則曉公必埽一室，坐余其右，燒香瀹茗，發五嶽之高論，於是法門細大，古今得失，歷歷可見。乃知馬師以還，東山父子而後，至卧龍仰山，及金陵翼善、海舟慈公，凡八世，皆鍾岷秀，吐詞爲經，真大有爲宗工宿衲。張子謂：『儒門澹泊，收拾不住，皆歸釋氏。』至此益信。一日曉公惠嵩山野竹慧公語録一部，凡十四卷，讀之，言詞峭俊，多發爲名理，詩頌清新，盡黜瑕垢，其果得天童悟、報恩賢之家法，長松璧之血骨，爲輓近一翹楚也邪！且桑梓巴渝，與曉公同邑，又曉公猶子，前謂『儒門收拾不住』，今又見於此也。無何曉公抗疏南還，十年來不得再晤，使人夢寐不置，兼想竹師，如想曉公久矣。今秋竹師門人集後録八卷，不辭萬里，走力就正曉公於天童。曉公聞余念己，亦念竹師，乃馳一函爲介，并以後録寄余，讀竟喜曰：較前録則潤而色，老而蒼，益知竹師所詣，近日知解宗師斷斷不可及也。」序撰於康熙八年。山曉晳，木陳弟子，蜀人。長松璧即山暉浣，山暉其號，長松其所住院。報恩與木陳爲法門昆弟，故山暉與山曉亦爲法門昆弟，而野竹則山曉猶子也。論行輩如此，論年歲則山曉長山暉一歲，山暉僅長野竹兩歲。野竹塔銘謂山暉崇禎中住開聖禪院，誤也。永曆五年，山暉始住平越開聖，崇禎末，山暉年才廿四，詳見拙著釋氏疑年録。野竹才氣奮發，自負不凡，後録八有讀升庵集感賦一首，序云：「昔升庵公謫滇，而滇之煙瘴險惡，公履之自若也。余至滇，觀其景物，絶不相謬。壬寅，主法嵩山，問公遺跡，有僧乳峰者，言公儀表類余，余笑曰：『公誠大儒，才學俱高，余一陋質，何言類邪！』又言高嶤有祠，亦可證也，待訪之不果。己酉，方伯李公去官浙，惠公内外全集，展閱至續坡翁『浮雲妒佳月』，奇怪世傳坡乃戒公後身，今又言余似楊，豈升沈之言絶不虛邪！遂感而賦之。」蓋以升庵自比也。不磷堅語録卷中有嵩山慧老人贊云：「手裏乾坤，腰間寶劍。剔雞足三千年不夜之鐙，續滹沱三十世冰稜之餤。坐昆明斥狂禪而埽文翰，創少室肅紀綱以定鐵案。弄福海之神珠，賣天童之破綻。王侯際會，闊論高談，僧俗歸依，傾心瀝膽。」此則弟子尊師之言，不免阿其所好，分別觀之可矣。

右野竹慧

明季滇黔佛教考卷二

法門之紛爭第五

通論明季法門之爭　破山吹萬及燕居雲腹之爭　山暉與燕居之爭　陝西僧與河南僧之爭　水月田租之爭

南雷詩曆三峰與熊魚山夜話：「脱得朝中朋黨累，法門依舊有戈矛。」慨法門之紛爭也。紛爭在法門爲不幸，而在考史者視之，則可見法門之盛。嘉隆以前，法門闃寂，求紛爭而不得。紛爭之興，自崇禎間漢月藏著五宗原密雲悟闢之始，是爲宗旨學説之爭，上焉者也。順治間費隱容著五燈嚴統，三宜盂訟之，是爲門户派系之爭，次焉者也。有意氣勢力之爭，則下焉者矣。有墓地田租之爭，斯又下之下矣。

密雲闢五宗原後，潭吉忍著五宗救，學者喜之，密雲復著闢妄救。越九十年，雍正更著揀魔辨異録，不惜以人天子與匹夫搏，其視潭吉爲大敵可知也。嚴統之爭，在順治十一二年，劉獻廷廣陽雜記言：「二宗互相是非，浴血而戰，兵連禍結，至今未已。」則亦綿亘數十年也。牧雲門嬾齋後集六，有雜詩一首詠其事曰：「階前忍草向春芳，何事緇流怒目張，白社鐘魚新定霸，黄池旗鼓舊爭長。致詞當路金何畏，假手公堂木遂殃，天定久之風浪息，不知兩虎鬭誰傷。」注：「甲乙之歲，兩宗大鬨，其後有大權金湯結案云：『僧爭門户，與士子何干！』從是好事者無能下石，福嚴老人得吐氣矣。然板不火，諍亦不息，斯亦梨棗之不幸也。雖然，今之與乎統者，果皆是其人歟？統是而人非，斯又統之不幸也。」牧雲與費隱同出密雲門下，其言如此，則嚴統之作，牧雲不以爲然也。惟丈雪語録十二有重刊嚴統序，對費隱極表同情，則費隱與破山二派，當時頗受木陳派排擠。丈雪紀年録順治十三年丙申條云：「師上天童掃墖，適山翁和尚寓三墖寺，誤聽讒言，謂師弗從萬峰來，當是假攀。師聞之，即至三墖，時值譚埽庵、朱葵石、張菊存、汪爾陶、施易修、孫起伯、高子修、高念祖諸護法，及本寺堂頭自閒和尚在座，師與山翁及士大夫相見畢，遂云：『貧道有椿不平事，舉似衆護法，可爲千古龜鑑。昔山翁法叔在天童職書記，號木陳，貧道寓藏堂，聚首數年，彼此同參，無何今日不認爲同參，而并不認爲法姪，種種謔刺，欺法門太甚。想昔撻隱元爲不孝，今視丈雪爲假攀，法叔獨霸諸祖庭，欲抹殺破山、費隱兩家矣。』山翁見師卞急，對衆舉誓。衆護法勸解，師怒方息。」此所謂意氣勢力之爭也。費隱語録十一，有與徐心韋、張客卿書，對木陳深致不滿。木陳爲張勢力，不惜趨附新朝，卒受「宗門罪人」之誚，見雍正五年硃批李衛奏摺，可爲僧人大戒。

右通論明季法門之爭

滇黔法門雖盛，未聞有宗旨學説之爭，惟門户派系之爭則有之。丈雪語録八，復茆坡燕居兄書，言：「古宿云：『凡接東山師兄書，未嘗言世諦事。今接茆坡師兄書，未嘗言佛法事，似出古人一頭地也。』」此書大有諷意。山暉語録十二有復昭覺丈和尚書云：「今夏虎丘人來，得大教與禹門語録讀之，喜法門佛日又中天也。及見復燕居申公書，不覺泫然涕下。審梁山老人傳人衣盋，實爲祖宗慧命耳，人不自重，内蘊蛇心，怒目攘臂，識者不無竊笑。我平越結冬，伊走僧將雲天所集糞屑，徧散平越，取閲之，始知脱空之極，因而知以梁山示偈爲傳偈，諸方非浪傳也。至叙行脚，未見徹法源底，與師資扣激承接等事，但節節自譽，節節非人。烏乎！無惑乎佛道之湮也！伊立身行事，自以爲真，殊不知祇誑愚昧未見者當作實事。伊常謂『梁山不宜筆佛道聲價一書以病聚雲吹萬。』夫梁山爲一代宗盟，主張大法，自合典御四方，權衡一世，有真當褒，有僞當斥。我自戊寅春見吹萬集，約十八人，打鼓上堂燒香，願續大慧，伊名已在數内。及庚辰又見一集，以朝陽爲師，溯源而上，十代至大慧，自嬾葊需、木葊永下，僞作六代，此見佛道聲價畏而爲之也。又謂『象崖珽公不見吹萬。』然珽此時已承嗣人，領衆又數歲，是時在忠南居説法位，若使棄衆再見，是麟龍之卑，蛇兔之尊也。三尺童子，指犬豕令拜，尚見怒色，況號爲法王，而顛倒若此！伊常稱『吹萬如銀漢無極，真大慧後，不須源流。雖永公下六代無語録可考，無塔廟可據，尚懸絲不斷。』不知何據爲此。觀伊當日在吹萬時，數有爭論，今日假梁山爲師，實欲扶吹萬，真業種也。我常言之，如欲扶吹萬，以吹萬爲師可也，區區以梁山爲師，而又侮其師以扶他人，則何不責吹萬禀受一師承，流行祖道，何得謂吹萬『不消授手，自然精確』！倒置可笑。又常誣『雲腹假寫來源』，謂『象崖死者無對』，然雲腹嗣象崖有年，而語録見有印證雲腹之語，實象崖子無疑也，却以師承有據爲不是，以吹萬無師妄接爲是，狂肆若此，嗟嗟！縱使吹萬見道真，守道實，只可作自了，如欲出世，須待印證也。不見之古人乎？間有見道穩實，師資不確，亦不收入傳燈，但曰『未詳法嗣』耳！種種狂肆，難盡枚舉，姑竢後人褒斥也。」

按虎丘，遵義虎丘也。禹門，丈雪所住院。梁山，破山所住院。吹萬廣真亦蜀人，不附密雲而自謂得續大慧之傳，破山攻之，見破山全録二十。丈雪著錦江禪燈，專載蜀僧，獨黜吹萬一派，若不知有是人者，不承認其纘統也。燕居先附吹萬，因吹萬不甚顯，又附破山，故山暉揭之如此。然其後吹萬再傳而得三山燈來，道遂大行，三傳而得普陀性統，更著續燈正統四十卷以張之。其視密雲，駸駸乎如大理南詔，與唐宋分疆而治矣。一派一系之興，必有後先奔走疏附禦侮，而後能致其光大，「人能弘道」，誰曰不然！

山暉録十二又有與虎丘況禪師二書云：「前接禹門書與語録，見復燕公書，不覺五内震裂。想法門寖盛，賴作者以振燿之。孰知其人有此妄誕，則害法不細也。因走一緘以復禹門，然末法時只合逆來順受，惡來慈受，似此愚妄，倘再縱之，必視法門無人也。可惜其人歷年參學，將謂是好禪和子，原來未曾徹見源頭，故説話直逞鬼聰明，於宗要焉有一毫。若不趁斯剪除，則師狐竝啌，石玉并稱，將必有日。」其二云：「法門故弊，殆不堪言。昨聞禹門遁跡，不勝悲感，蓋川東法道，賴此老及虎丘維持之，而禹門既隱，則寂寥之風，將見吹人矜懷矣。我雖行道於黔，而力孱弱，不能張之，惟覬有光明爍大者整刷之，啓迪之，是所願耳。四方載記，有堪聞，不堪聞，然盡在適己之意，而私其心，私其行，不公乎道，公乎言，爲法門觀瞻也。近日爲法重人，不私聞見，在虎丘得之矣。二月四日著笠拄杖，欲度江過虎丘，又因初治長松，事理未就，不能速行，特專使，想虎丘必爲我謦之。」又與湄水昷禪師云：「客冬茅坡使無臧僧送所刻雜録二卷，分布平越，及觀之，皆非法門體裁，害及者非細事也。其以聚雲五百餘年遠接大慧禪師爲的據，而以斑公手傳雲腹諸人爲妄傳，於人甚重，於法甚輕，真不識尊法而不尊人也。其人如此，只不過欲抹殺我輩，渠得以獨步爲快，安知我輩豈其人能抹去之邪！倘見渠語，宜語法門垂援，不可只是袖手。」

虎丘況，湄水昰，均見黔詩紀略三十二，即大冶況，書雲昰。大冶嗣敏樹相，書雲嗣雪臂巒，雲腹智嗣象崖珽，皆蜀人，又皆破山再傳。燕居既附破山，仍祖吹萬而排雲腹，故山暉致書各方聲討之。然破山攻吹萬，在崇禎十三年，吹萬已卒，故吹萬語録無反聲。燕居攻雲腹，在永曆初，雲腹正開法黔南，而雲腹語録對燕居不還一矢，似雲腹度量，較山暉爲大。惟雲腹録二有復清涼衆護法書云：「來書欲山僧再打鼓笛，此意甚佳。但病軀疏僻，不諳世禮，恐弗能應酬人事，秖可於林下嚼橡飲泉，以終餘生，惟高明諒之。」其詞若有憾焉，疑即受燕居攻擊，拂然舍去也。然此皆派系之爭，尚不失所謂次焉者。

右破山吹萬及燕居雲腹之爭

至山暉與燕居，其始亦派系之爭，其繼則流爲意氣勢力之爭，爭斯下矣。然其後又回到派系之爭，情形複雜，關於此項史料，山暉録輯存甚衆，今分五節說明之。

一、初爭

語録十一有復楊將軍書云：「江外僕夫來，促我行裝，不及軍門揖辭，適接來書。有某人者，責我近無一字相聞，則人情中有不可廢者。常聞師弟猶人父子，父子不容少僞，師弟豈容少僞乎！某人者，以法門論，猶昆弟也，阡陽之難，自可致唁，然有不可致者，我之情難以陳也，若陳之，衹增老婆舌耳。雖然，今日又不可不一言於左右。我生新寧侯氏，戊寅十一月，禮石蒲揆和尚落髮。其後往來梁山與卧龍兩大師之門，在楚蜀承琢磨之功，雖雷霆爲舌，不能宣其少分。毅廟崩之明年三月，卧龍歸寂，始離左右。此三大師實能生我，我何一日忘也。來諭未徹源頭，何能彊定是非？是又不可不再進一言。我自丙戌三月，脱難東走南賓，再見梁山破老人於三教。至戊子十月，爲兵所逼，南避忠路，某人者時住靜於此，因過訪之，扣及堂奥，尚未知者，今欲師人，何不知量也！比承黄文合公接住雙照二載，雖與之相去半舍，然未常往來，今云『五六載相依』，妄語何如是之甚也！然某人固是僧，亦有不可言於人者，倘言之，則黔地恐不能安頓手足。烏乎！我知悦謗者無所不至，只不與之作理會，則其怪自壞。某人俱無一字真實，又常輕侮梁山，是不孝也；常欲徒人之徒，是無義也；一面之遇，而云六七年，是不信也。有此三事，公忍聞乎？」卷十二又有復開聖諸門人書云：「今時事舛，人我相多，不獨耳不靜，舌亦勞矣。聞某人妄語排擠山僧，山僧知悦謗者無所不至，安可與之面釋，使俗人掩鼻啞啞邪！且斯人語言醜態，實有不可觀，亦有不可言者，吾即言之何難，但恐我法壞耳！烏乎！悼法門之不幸，莫斯爲甚也。至於斯人欲置騰騰烈焰中，此累劫常事，吾何懼哉！昨有書復楊護法及丁護法，可親往面道一番，足見平日與吾徒道及從來事也。」按二人始因同鄉，互知底藴，相輕而不甚周旋。故人之見之者，以爲同門同開法黔南，而若不相識，何也！山暉之詆燕居曰：「是曾附吹萬而侮破山者。」燕居之詆山暉也，曰：「是破山收回信衣者。」固已成爲意氣之爭矣。

二、奪徒　爭收門徒，自古有之，少正卯在魯，孔子之門，三盈三虚，惟顔淵不去。陳相見許行而大悦，盡棄其學而學焉。明季佛教中興，此風極盛，方漢月之陵轢密雲也，密雲曰：「漢月欲收羅學人耳。」雲外澤語録十四有安刻續燈諸録説，言：「近代據師位者，往往急於求嗣，效閭巷庸俗之所爲，以勢利相傾，名位相誘。」又云：「瞎眼宗師，見學者稍具天資，如籠生鳥一般，生怕走了别人家去，急忙付拂付卷，稱賞讚揚，互相欺瞞。」靈峰宗論五之三有法派稱呼論，言：「爲師者但貪眷屬，爲徒者專附勢利，遂以虚名互相覊縶，師資實義，掃地殆盡」云。彼蓋深知得人者昌，莫爲之後，雖善弗揚，故汲汲以延攬門徒爲務，不計其道之是否足傳，其人之是否可授，雲外、藕益，誠痛乎言之也。不意頹風所播，達於黔南，而有燕居、山暉之事。山暉語録十一有與羅總府世安書，言：「昔者知遇於平城，承外護故山僧得行其道，是千百年來奇緣也。夫薄道之徒，今日信之，明日疑之，雖嘖嘖有口，實不敢以蠱毒加害，屬在外護，深防此輩，不然，何以鎮厭邪心，垂光末運！長西堂，聞監寺，山野許入室，其以大法屬傳六七年也。適聞燕居奪爲弟子。燕居自稱正人，而欲壞千百年成規，使人倫一倒置，甚可笑也。前閱燕居集，其毀人處，欲正人之不正，是何言之如此，行不如此，何異口誦孔孟，心實盜跖邪！常聞人倫之大，盜跖亦不敢廢。燕居有親棄之，有師侮之，有兄長辱罵之，有骨肉剥削之，或行劫，或妄言，或災木石，使師友爲法受惡，真梟獍也。烏乎！世間亂倫，出世間亂法，雖立天地間，恐人神必共怒也。成敗之理，有數存焉，我知之矣，即居加害如丘山，亦何損於山僧，但再傳西堂監寺，此天地絶無之事，居士任外護，以爲何如？」卷十二又有寄德山裔禪師書云：「過湄水大雲葊，得佳集讀之，見公深入祖室，所以開發衲子，其精意宛有古人意，不得不使人愛慕也。余自甲午春，誅茅高藍，諸方愈加憎嫉，甚至記載，總不足懼，獨憂者法門一事耳。當永曆初，我開法平越，有人毁之曰：『此必教人學上堂語，問答如流，然後爲禪者。』然不知己之不能，而妒人之能，實一狐媚流輩也。及我印大雲之記，又謂失眼，戊戌春，其人來不十日，即惑大雲，使喪所守，而即印爲弟子，初何見罪之深，今何謬爲之甚也！然十年苦心教訓之大雲，承接我又七年來，一旦奪爲己嗣，即使蹠蹻肆毒，未必若是。其人何以爲人師？實可恥也。前謂『教人學上堂』，及瞎傳等事，今又取斯人，何首尾之亂邪？ 烏乎！ 其言正之於前，其亂繼之於後，不知泥犁中將何以置此人也。 法門如是，亂規如是，公又何以教我？」

按君子絶交不出惡言，山暉之言惡矣，抑何怨毒之深也！ 長西堂即大雲長，聞監寺即石琴聞，見下文。 燕居所爲，有少正卯、許行之風，惜燕居語録余未見。 錦江禪燈十載其機緣語句，有可玩味者，楞嚴寺上堂云：「臨流終日不抛鈎，志在雙鯨得便休，珍重漁人休放手，再抛香餌釣獰龍。」又高真觀示衆云：「古佛不揚眉，高真解拱手，烏龜撞著蚍，欄腰齩一口。 痛殺吕純陽，三丰脚後腫，帶累僧綱司，向外揚家醜。」編者是否有意指其奪徒及與山暉搆釁事，不然，何談言之微中也。 禪燈主編者爲丈雪，山暉、燕居之爭，丈雪親見之，丈雪弟子月幢了語録三，有復醉舌上座書云：「目來書並佳稿，信曹溪一滴，賴以不涸，但恐世人飲之者死，沾之者亡，善須調治。 邇來宗匠，門户各開，風化獨扇，倘涉見聞，慎勿鬬勝，及至誘引處，毋露圭角爲佳。」月幢曾開法滇黔，與燕居、山暉同時，其曰「及至誘引處，毋露圭角」者，亦防燕居再抛香餌乎？ 殊可噱也。 山暉録十有因事示衆一絶云：「麻衣瓦盋到平城，十載匡徒已闢荆，何事南來狐媚種，依然勾引落深坑。」即指此也。 至燕居毀山暉，謂「此必教人學上堂語，問答如流，然後爲禪者」，亦當時風習。 昭代叢書别集載木陳奏對機緣，有張潮跋語云：「大和尚上堂，師徒問答，皆預爲撰製，如優伶讀脚本，臨時演唱。」

此猶是門外人語。牧雲門式古論，言：「今保社中正同演戲，平時串習，臨時你知我知，你拍我應，謂之明大法，智者定不入此局。」則當時實有此弊，特智者不爲耳，張潮之言非無據也。

三、與舊徒書　山暉語録十二有與大雲長西堂書云：「欲爲人，必先審可否，然後行之，始無委曲事。近聞汝受燕公惑，深用痛恨，然昔者仝吾，何如是之重厚？今者異吾，何如是之涼薄？夫好惡異仝，道人之不取也久矣，吾奉先師之言，一毫不敢妄爲，實欲正法門之不正，何吾正之如此，吾徒亂之如此？眼前或可彊爲，百千年後何以處其身也！吾徒思之。」又與石琴聞監寺云：「春王十日必南行，不知能到長松一叙否？想此一别，後會不可知也。聞近日著悶，以告者過也，我此行原爲刻書，定將分鐙偈收入集中，以爲萬古法系，豈以十年來父子，一爲燕居惑亂，便不取邪！倘應龍不處汙池，可明一言，自不久羈門牆，以辱上座。」又與岳樵崇侍者云：「黔中賴左右之教門，始有觀光，不然，黔人何知有此題目，故以法器期之，終不作黔驢待也。客冬省親，此仁人之禮，山僧毫無拒意，何一往梓里，便不來邪？」其詞哀以淒，山暉此時誠可憐矣。大雲長不可知，石琴聞則錦江禪燈十二已大書於燕居法嗣下。黔南會燈録三，燕居法嗣，尚有赤幡幢，亦依山暉圓具，參燕居印可，合之岳樵崇之一去不復返，山暉在黔十餘年經營之法席，至是已有不能不捲之勢，而抑知不盡然也。

四、與忠徒順孫書　嵩山野竹慧，已見前篇，此山暉惟一弟子也。康熙三年，山暉離黔東下，客姑蘇雙塔，遂終老於吳。録十二有寄嵩山野竹長老書數首，其一云：「到吳越三年，絶無可語者，真入無人之境，每懷西還，輒不如意。前年天童賢老人收余爲法嗣，此非去蜀歸吳，蓋不得已也。梁山既收回棲靈信具，而燕公又奪我二子，敏公亦取我一孫，十五六年苦訓之人，皆爲同門間絶，睹此能不痛心乎！若只苦守，後之人疑之，則上負前人所望，下辜吾徒支撑，即余一身，罪大莫贖矣。吾徒其思之！還樸來，問吾徒無恙外，又問嵩山集，云已梓行，然固美矣，但不可艸艸，須深酌之。今秋不還，明春必歸，到家定有鷄足之行，吾徒竢我梁城間可也。」其二云：「客吳越四年，未嘗一日不繫念嵩山，蓋黔南苦心教人，止得此一席，以慰吾望。今夏七月，浮老人圓寂於吳江，聞訃即自高郵還蘇，爲奔喪之舉，及送龕上徑山，適竹元孤身二千里來省吾雙塔，此非嵩山以孝法人，何以壯元孫此行！且眉孫留廣嗣，元孫苦遠涉，吾又憐二人孤苦中猶不置吾，此不獨二人孝，猶見二人珍重吾道未薄耳。人得一夔足矣，况雙珠乎！故吾願嵩山不如二人者勿收，以敗厥事。近日法門委傳如市，未見有如禪和子也，不過取虚聲，襲虚名，真可笑耳！人或從滇來，即問之嵩山爲人何如？或曰：嵩山爲人，不減平越，但委付微異耳！因書此言爲嵩山誡。明年吾不親來，即當遣人慰公於方丈。」

竹眉、竹元，楚藩裔，能文章，國變後兄弟避亂入滇，得法於野竹，詳亂世信仰篇。竹元住鄂州龍光，有鷄肋集一卷，集石門文字禪詩一卷，在藏。山暉得此賢孫，宜其道不墜也。録十二有寄竹眉、竹元兩孫書云：「汝弟兄往崇陽，省二十餘年喪亂未封之厝，吾以病軀不能同去，終爲慊然。後於漢口待之二十餘日，竟未有耗，且既過江，安能再緩，是以得舟便長行矣。一瞬三年，音書杳絶，汝二人如念吾左右無知事者，可議一人前來，助吾梓舊集諸稿，即是汝二人報嵩和尚慈蔭也。客歲汰僧，汝二人何策守之？吾爲汝慮，想高蹈之人，自有確守，非仝淺淺者可仝日語也。」又云：「鄂渚相别三年過矣，每念汝兄弟初歸故里，囊無一物，豈能封二十餘年未封之骨！雖有戚氏，恐亦不能大助，中夜深思，情不能已。自入吳歷越，所見名宿，費亦不輕。且久逸之人，一旦服膺叢席，動即勞極，不得已乃寓雙塔，但先卧龍録與開聖諸稿未傳梓，萬里南來，欲完此兩者，將尋丘壑之樂，而又因循若此，能不傷哉！前冬往吳江報恩寺見浮老人，即許入室，豈我無良，而恧顔若此！總之是梁山父子使之然，汝兄弟亦熟之矣。烏乎！寤窮達之有命，窺捷徑之無益，我之謂也。汝兄弟可一下江南，則吾事備矣。」其言煦煦如老嫗，與前攻燕居之言大異。「客歲汰僧」，指康熙元年，數月即取銷，故官書鮮載，而滇黔諸僧録恒見之，所謂「禮失可求諸野」也。

五、答勸返粱山書　山暉與燕居之爭，此爲最後一幕。語録十二有復德山語嵩禪師云：「禪師不以萬里行券，破暑轉蘇，顧我雙塔，此法門念重矣。乃復鐙前榻上，屬之如許。我豈犬馬忘德者！蓋粱山不仁，誤聽左右，燕居又彊取我二子，敏老亦取我一孫，我故去之，雖遭物議，任之而已。嗟嗟！三十年法乳，豈恰然一斬乎！所以小隱古吴，蓋實有去就良難之意。禪師愛我如此，我極思之，不得已爲隱焉庶幾也。如再欲我還粱山，我則在汶上矣，禪師幸原之。」又復天隱禪師云：「貴筑晤後，四年不奉吾友手教，間關修阻，非朝遺夕至可能。還樸至自粱城，手持吾友三月四日書，拜讀數四，愛我如昔，末又勸勉懇懃，若非天隱厚道，絶不至此也。每自思之，三十年方外，心還不歇，此豈有所樂爲也！蓋人皆笑我狂且愚，而不知我大爲人棄，竝奪其所授，甚至覆巢取子，毫不容置足其間，顧此能不疾首痛心乎！是有吴越之役，雖棲靈亦不得怪我常寂中矣。今吾友猶不投畀，返將歸我粱山，以續舊好，此情濃且渥矣。奈何一入趙，竟不能再奉德教於燕也。用是方命，知吾友必晵而原之。」語嵩名傳裔，破山再傳，與錢邦芑、鄭逢元友善，有贈邦芑、逢元詩，見遺民篇。天隱崇，敏樹相嗣，亦破山再傳，皆蜀人，同開法黔南。二書無年月，然在山暉離黔後，勸返粱山，則必在破山未卒之前。破山以康熙五年卒，不久語嵩亦寂，則此書當作於康熙三四年間也。山暉斤斤以燕居奪其二子，敏樹取其一孫爲恨，然則山暉之去破山而附浮石，破山亦可謂浮石奪其一子，故語嵩等勸返梁山耶！此門户派系之見也。今錦江禪燈浮石賢嗣著磚鏡矣，而黔南會燈録則竟闕山暉，黔南録凡例謂黔南宗風，興自明末，自燕居老人暨語嵩、雲腹和尚三人入黔爲破天荒，不知山暉之入黔，亦破天荒也。山暉録十一與羅總府書云：「黔州自生民以來，不惟不知聖人之道，亦不知道之題目，若非外護，安得説法幾會如南方耶！」則山暉與黔南開教關係大矣。而黔南録獨黜山暉，與錦江禪燈之黜吹萬，同出一轍，豈山暉録未之見耶，毋亦黨燕居而排磚鏡云爾！牧雲門著續五燈三難論，曰：「一文章，二佛法，三大公無我，三者不具，不足以續五燈。」今黔南録之黜山暉，其大公耶？不公耶？野竹後録七云：「辛亥春，見好事者作僧史，信意喜怒，略無公心，不覺浩歎，因覽升庵公集載西遊雜述云：『虎穴猶能入，猿梯亦可臨，把關猫子面，開店主人心。』乃感和二首：『佛魔相出入，坦路不登臨，可歎如來後，翻爲取舍心。喜怒憑出入，顛倒亦登臨，弘法真有意，當秉祖佛心。』」辛亥康熙十年，黔南録未出，此詩固非指黔南録，然可爲黔南録詠矣。

右山暉與燕居之爭

至陝西僧與河南僧之爭，見徐霞客遊記。所爭純爲意氣或勢利，本無足述，然考滇南僧習，此亦佳史料也。霞客滇遊日記五，戊寅十二月二十七日條云：「迦葉殿，舊土主廟基也。舊迦葉殿在山半，歲丁丑，張按君謂絕頂不可不奉迦葉，遂捐貲建此，而移土主於殿左。其前之天長閣，則天啓七年海鹽朱按君所建。後有觀風臺，亦閣也，爲天啓初年廣東潘按君所建，今易名多寶樓。後又有喜雨亭，亦張按君所建，貌其像於中，殿亭四圍，築城環之。張君於萬山絕頂，興此巨役，沐府亦伺其意，移中和山銅殿運致之。但一城之內，天長以後，爲河南僧所主，前新建之迦葉殿，又陝西僧所主，惜兩僧無道氣，不免事事參商，非山門之福也。余一入山，即聞河南陝西二僧名，及抵絕頂，將暮，見陝西僧之叔在迦葉殿，遂以行李置之。其姪明空，尚在羅漢壁西來寺。河南僧居多寶樓下，留余晚供，觀其意殊憒憒，余於是皆腹誹之。還至土主廟中，寒甚，陝僧爇火供果，爲余談其姪明空前募銅殿事甚悉，今在西來，可一顧也，余唯唯。」又日記六，己卯正月初二日條云：「陝西僧明空所結庵，今名西來寺。北京、陝西、河南三僧，俱以地名，今京陝之名幾並重。以余品之，明空猶俗僧也，其名之重，以張代巡鳳翮同鄉，命其住持絕頂迦葉殿，而沐府又以中和山銅殿畀之，故聲譽赫然。然在頂與河南僧不協，在西來惟知欵接朝山男婦，其識見猶是碧雲諸徒流等，不可望幻空後塵也。然其寺後倚絕壁，屏擁天際，巍峭大觀，此爲第一。寺東有三空靜室，亦倚絕壁。

三空與明空，俱陝人，爲師兄弟，然三空頗超脱，有道氣，留余飯其廬，已下午矣。」鷄山范志十，僧無盡宿三空靜室詩，有「禪關水徑繞微茫，一榻虚危倚壁旁，夜坐下看星斗亂，諸天鐘磬散燈光」之句，即此人。無盡俗名陳起相，見遺民篇。鷄足山僧多矣，兩僧無道氣，不足以概滇僧也。

右陝西僧與河南僧之爭

蒼雪法師南來堂集，附有寄徒三和書。三和誠可代表俗僧一切，所慮者衣食，所爭者田租，爭之最下者也。此等史料，各詞訟案卷多有之，然不若出自高僧之口爲可貴，特采以佐吾説，書曰：「倘國家一時有不寧，法門有難，正未可知，是以僧莫若無田之爲愈也。世道如此，深山窮谷，草衣木食，願自粗足矣，更復何爲？前汝來書，切切以居處衣食之道不得其所爲告，此亦見汝無遠大之志。世間但有衲子蒲團外餓死者多，幾曾見蒲團上餓死的人？況天地爲屋廬，何處非我有！而必戀戀於一隅，老死鄉曲，其他盡失。我不愁汝無飯喫、無衣着，但恐汝衣暖食飽已。向者分囑水月田租，並我自治衣鉢田，以世法論之，皆汝承受，何故與汝無分，吾不得知！量汝師輩必有高明，定不謬也。汝亦但隨時隨分可耳！我雖在方外，創業治産，於祖宗分上毫無有補，言之慚愧，汝亦何苦升合相爭？」書作於崇禎十四年辛巳，而云「衲子蒲團外飽死者多」，可見時僧之豪侈矣。

右水月田租之爭

按勢利及田租之爭，猥瑣誠不足論，若山暉、燕居之爭，其無道氣去河南、陝西僧幾何？然嘗閲玉林琇語録附年譜，崇禎十四年，洞宗鉅子瑞白雪卒，玉林撰辨魔説以斥之，兩派遂成嫌隙。康熙元年，瑞白弟子百愚斯住荆溪善權，玉林門人謂其起憎嫉見，盜葬祖塔。康熙十三年，鄉人燬善權，白松豐死於難，年譜又指爲百愚弟子寒松操所唆使。而寒松操語録指迷普説，則有「王林刼繼緑林風，慣占叢林伐己功」之句，王林即玉林也。夫崇禎辛巳，至康熙甲寅，已三十四年，瑞白至寒松，已三世，春秋國有九世之仇，佛家亦有三世之仇乎？乃始爭學説，繼爭墓地，卒至放火殺人，所謂新朝國師者如斯，何怪燕居、山暉之無道氣哉！

靜室之繁殖及僧徒生活第六

貴陽白雲山靜室　普安丹霞山影修　曲靖護國寺大乘朝陽庵

總持　雞山大靜室野愚碧雲寺幻空　蘭陀寺與莘野靜室

白雲諸靜侶　九重崖河南師止足　永平萬佛堂了凡

順寧龍泉寺講經　雞山華嚴寺野池

始吾閱雲南阮志寺觀類，凡六卷，庵寺一千六百五十餘所，即驚雲南寺院之衆，然志爲道光間所修，不足以概明季。後閱大錯和尚撰雞足山指掌圖記，言雞山大寺八，小寺三十四，庵寺六十五，靜室一百七十餘所，又驚嘆雞山一隅，靜室何如此之盛？然此爲大錯修志時住山半載所親勘，其言至可信據。庵寺且勿論，其中靜室最多者爲羅漢壁，四十九所，獅子林四十二所，九重崖十五所，旃檀林十四所。夫靜室之名，不始於釋氏，北宋僧道誠撰釋氏要覽，其解禪齋也，曰：「齋者肅靜義，如儒中靜室，謂之書齋。」則靜室不屬於釋氏明矣。然雞山靜室，多爲釋子潛修之地，與儒者無涉。蓋其地開闢最後，僻則陋，故生斯地者多往外參求，朗目、蒼雪，遂成名於外；亦惟僻則靜，故修苦行者多來此習靜，禪齋精舍，遂獨冠於世。然尋其歷史，並不悠遠，據雞山范志五，獅子林靜室條：「觀音崖室，在藏海蓮居之下，萬曆年僧大力習靜於此，爲諸靜室之始。」又卷六人物門：「儒施號大力，宜良人，所庵法裔。初入山時，四林茂密，人跡罕至。是時山中無住靜者，創建靜室，從師始。」是雞山之有靜室，始於萬曆。至徐霞客遊山時，不過數十年，而已遍於各地。今欲考滇黔靜室及僧徒生活，霞客遊記爲最佳史料。其他遊記，多記山水，間記寺宇，少寫僧徒。其記寺宇也，多録扁額楹聯，殊無生趣。若方志之志仙釋，又多以白齋苦行，胁不至席等事，概括生平，未可爲日常生活之證。惟霞客善寫僧家生活。當其至雞山也，適在李元陽創建放光寺，木增創建悉檀寺，興復各刹之後，爲雞山極盛時代；霞客又盤旋獨久，與僧侶往還獨密，計其所與遊之僧，有名可籍者凡五六十人，蒔花藝菊，烹茗談詩，別有天地非人間矣。雞山而外，如曲靖翠峰山大乘之苦行，永平萬佛寺了凡之禪機，形容批評，非霞客不能適當。僻遠如順寧龍泉寺，竟有講經之會，僧俗雜遝，喧動一時，猶可見當年盛況。惜其於黔所經僅由桂入滇之道，又未嘗久住，故黔僧史料尚少。然其寫貴陽白雲山靜室一段，及普安丹霞山影修一段，山蔬嶺豆，亦足見黔南靜室，及黔僧生活一斑，特逖采於篇，以佐吾說。

黔遊日記一：「戊寅四月十五日。貴陽白雲山，流米洞後，即山之絶頂。逾而北，開坪甚廠，列徑分區，結靜廬數處。而南京井當其中，清洌異常，不減不溢，靜室僧置瓢勺之。以其側有南京僧結廬住靜，故以南京名，今易老僧，乃北京者，而泉名仍舊也。是日下午抵白雲庵，主僧自然供餐後，即導余登潛龍閣，憩流米洞，命閣中僧導余北逾脊觀南京井，北京老僧迎客坐。廬前藝地種蔬，鶯粟花殷紅千葉，豐艷不減丹藥。對談久之，薄暮乃返。自然已候於庵西，復具餐啜茗，移坐庵後石壁下。十六日，仍從潛龍閣北逾嶺至南京井，東北攀崖，東南度壑，皆窈渺之極。壑東有遺茅一龕，度木橋而入，爲兩年前匡廬僧住靜處，今茅空人去，將度木披之，而山雨大作，循舊徑返。雨霽，復由庵東登嶺角，度石隙而上，得一靜室，其室三楹，東向寥廓。室前就石爲臺，綴以野花，室中編竹繚户，明潔可愛。其處高懸萬木之上，可望而不可陟，故取道必迂從白雲，蓋與潛龍閣後北坪諸靜室取道皆然，更無他登之捷徑也。此室曠而不雜，幽而不閟，峻而不逼，呼吸通帝座，寤寐絶人寰，洵棲真之勝處。靜主號啓本，滇人，與一徒同棲，而北坪則獨一老僧。白雲之後，共十靜廬，因安氏亂，各出山去，惟此兩廬有棲者。十二廬旁，各有坎泉供勺，因知此山之頂，皆中空醞水，停而不流，又一奇也。晚返白雲，暮雨復至，自然供茗爐旁，篝燈夜話，半晌乃卧。」

右貴陽白雲山靜室

黔遊日記二：「戊寅四月廿九日。普安州南三十里，有丹霞山。丹霞山南十里有洞，曰山嵐洞。水從洞出，北流爲大溪，土人避寇，以舟渡水而進，其中另闢天地，可容千人，而丹霞則特拔衆山之上。昔有玄帝宫，天啓二年，毁於蠻寇，四年，不昧師復鼎建，每正二月間，四方朝者駢集，日以數百計。僧又捐貲置莊田，環山之麓，而嶺間則種豆爲蔬，以供四方。但艱於汲水，尋常汲之嶺畔，往返三里，皆峻級，遇旱則往返十里而後得焉。五月初一日，余抵普安南門，西南一峰特聳，形如天柱，而有殿宇冠其上。躋級登峰，其上甚峻，崖間懸樹密蔭，無復西日之爍。直躋半里，始及山門，時僧方種豆隴坂間，門閉莫入。久之，一徒自下至，啓門入，余遂以香積供。既而其師影修至，遂憩余閣中，而飲以茶蔬。影修又不昧之徒也，時不昧募緣安南，影修留余久駐，且言其師在，必不容余去，以余乃其師之同鄉也。余謝其意，許爲暫留一日。初二日甚晴霽，余時徙倚四面，憑窻遠眺，與影修相指點。是日余草記閣中，影修屢設茶，供以雞葼菜、藠蕣花、黄連頭，皆山蔬之有風味者也。初三日飯後，辭影修，影修送余以茶醬，遂下山。」

右普安丹霞山影修

滇遊日記三：「戊寅九月十二日。曲靖翠峰山，其山自絶頂垂兩支，如環臂東下。兩臂之内，又中懸一支，當塢若臺之峙，則朝陽庵踞其上。其南腋又與南臂環阿成峽，則護國舊寺倚其間。自西峽入半里，先達舊寺，然後東轉上朝陽。舊寺兩崖壁夾而陰森，朝陽孤臺中綴而軒朗。余先入舊寺，見正殿亦整，其後遂危崖迴峭，藤木倒垂於上，殿前兩柏甚巨，夾立參天。寺中止一僧，乃寄錫殿中者，一見即爲余爇火炊飯，余乃更衣叩佛，即乘間東登朝陽。桂芬菊艷，念此幽境，恨無一僧可托，還返舊寺，即欲登頂爲行計，見炊飯僧慇勤整餉，雖瓶無餘粟，豆無餘蔬，殊有割指啖客之意，心異之。及飯，則己箸不沾蔬，而止以蔬奉客，始知即爲淡齋師也。先是橫山屯老嫗爲余言：『山中有一僧，損口苦體，以供大衆。有予衣者，輒復予人；有餉食者，己不鹽不油，惟恐衆口不適。』余初至此訊之，師不對，余肉眼不知即師也。師號大乘，年甫四十，幼爲川人，長於姚安，寄錫於此，已期年矣。發願淡齋供衆，欲於此靜修三年，百日始一下山。其形短小，而目有瘋癢之疾，苦行勤修，世所未有。余見之，方不忍去，而飯未畢，大雨如注，其勢不已，師留止宿，余遂停憩焉。是夜寒甚，余宿前楹，師獨留正殿，無具無龕，徹夜禪那不休。十三日達旦雨不止，大乘師復留憩，余見其瓶粟將盡，爲炊粥爲晨餐，師復即另爨爲飯。上午雨止，恐余行，復强余餐。忽有一頭陀入視，即昨朝陽入庵時曳杖而出者，見余曰：『君尚在此，何不過我，我猶可爲君一日供，不必噉此也。』遂挾余過朝陽，共煨火具餐。師號總持，馬龍人，爲曲靖東山寺住持，避囂於此，亦非此庵主僧也。此庵主僧曰瑞空，昨與舊寺主僧俱入郡，蓋皆蠢蠢，世法佛法，一無少解者。大乘精進而無餘貲，總持靜修而能撙節，亦空山中兩勝侶也。已而自言其先世爲姑蘇吳縣籍，與余同姓，昔年朝海過吳門，山塘徐氏欲留之放生池，不果而歸，今年已六十三矣。是夜宿其西樓。十四日下午飯後，伺雨稍息，遂從朝陽右登頂。西眺絶頂之下，護國後箐之上，又有一庵，前臨危箐，後倚峭峰，有護國之幽而無其逼，有朝陽之塏而無其孤，爲此中正地，是爲金龍庵。又西半里逾北嶺，望見後數里外復一峰高峙，上亦有庵，曰盤龍庵，與翠峰東西駢峙。於是南向攀嶺脊而登，過一虛堂，額曰『恍入九天』。又南上共半里，而入翠和宫，則此山之絶頂也。翠和頂高風峭，兩老僧閉門煨火，四顧霧幪峰瀰，略瞰大略，遂東南下。由靈官廟東轉半里，入金龍庵，庵頗整潔，庭中菊數十本，披霜含雨，幽景凄絶。是庵爲山東老僧天則所建，今天則入省主地藏寺，而其徒允哲主之，肅客具齋，暝雨漸合，遂復半里，東還朝陽。欲下護國看大乘師，雨滑不能，瞰之而過。十五日達旦雨止，而雲氣靉靆，余復止不行。日當午獻影，余遂乘興往看大乘，大乘復固留，時天色忽霽，余欲行而度不及，姑期之晚過，爲明日早行計，乃復上頂，環眺四圍。又還過八角庵，仍返餐於朝陽，爲總持所留，不得入護國。」按王元翰凝翠集文，有送總持上人入終南說，即此人。

右曲靖護國寺大乘　朝陽庵總持

滇遊日記五：「戊寅十二月二十五日，在雞足山，自悉檀北上，經無息、無我二庵，一里過大乘庵，又從左峽過珠簾翠壁，躡臺入一室，則影空所栖也。影空不在，乃從其左橫轉而東一里，入野愚靜室，所謂大靜室也。有堂三楹橫其前，下臨絶壁，其堂窗欞疏朗，如浮坐雲端，可稱幽爽。室中諸老宿具在，野愚出迎，余入詢，則蘭宗、影空及羅漢壁慧心諸靜侶也。是日野愚設供招諸靜侶，遂留余飯。飯後見余携書篋，因取篋中書，各傳觀之，蘭宗獨津津不置，蓋曾雲游過吾地，而潛心文教者。既乃取道由林中西向羅漢壁，從念佛堂下過，得碧雲寺，寺乃北京師諸徒所建，香火雜沓，以慕師而來者衆也。師所栖真武閣，尚在後崖懸嵌處，乃從寺後取道，宛轉上之，半里入閣，參叩男女滿閣中，而不見師。余見閣東有臺頗幽，獨探之，一老僧方濯足其上，余心知爲師也，拱而待之，師即躍而起，把臂呼『同聲相應，同氣相求』，且詮解之，手持二襪未穿，且指其胸曰：『余爲此中忙甚，襪垢二十年未滌。』方持襪示余，而男婦聞聲湧至，膜拜不休，臺下莫容，則分番迭換。師與語，言人人殊，及念佛修果，娓娓不竭。時以道遠，余先辭出。見崖後有路可躡，復攀援其上。轉而東，得一峽，上緣有龕可坐，梯險登之，復下碧雲庵。適慧心在，以返悉檀路遥，留余宿，主寺者以無被難之，蓋其地高寒也，余乃亟下。」

按野愚名廣慧，嵩明人，水月法嗣，行脚江南數十年，著有頌古百則，漚花集一卷。蒼雪寄徒三和書，言：「聞汝野師翁近習靜雞山，亦是名山之寶，汝當時時就教，執侍巾瓶，勝見吾也。」即此人。初野愚與蒼雪同事水月，後蒼雪詩名震海内，野愚息影鷄山，嘗記其鷄山觀風一絶云：「遊徧蒼崖盡法身，誰云門内更藏真！相逢欲問拈花事，千古空傳獻笑人。」王元翰有與野愚書，見禪悦篇。敏樹相語録九，有過埜愚山房詩云：「登峰曉色開，曲徑任徘徊，曳杖隨山轉，奇雲入岫來。林深聞犬吠，花落點莓苔，此景誰能及？溪鳴有辯才。」又知空蘊語録下有野愚禪師真讚云：「唯吾師祖，王者氣相，佛祖門中，出將入相。臨濟、德山，逢之不讓，不涉門庭，用超宗匠。自覺肖孫，寫真供養，蘊欲讚之，出言成謗。」北京師，名幻空，北直人，入滇憩鷄足大覺寺，戒行孤高，諸方敬仰，更創碧雲寺。鷄山范志六載：「直指姜思睿入山叩訪，見像懸壁間，身在龕中，因云：『和尚和尚，業障業障，既在龕中，又在紙上。此處爲真，彼處爲妄；彼處爲真，此處爲妄。速道速道，免喫吾棒。』空應聲曰：『業障業障，不止和尚，赤條牀頭，冠裳輿上。這也不真，那也不妄，真則俱真，妄則俱安。如此是説，請收尊棒。』姜改容禮之，爲建寺勒碣。」乾隆三十三年，王昶曾至鷄山，春融堂集四九遊鷄足山記云：「過大覺寺西齋，山茶盛開，旁有姜思睿詩石。姜明監察御史，與僧幻空交，空有墓志，係隆武二年兵部觀政進士曾高捷所撰。」即此人也。

右鷄山大靜室野愚　碧雲寺幻空

又日記五：「戊寅十二月二十九日，飯於悉檀，同沈公及體極之姪同遊街子，余市鞋，顧僕市帽。遇大覺徧周亦出遊，欲拉與俱，余辭歲朝往祝，蓋以其届七旬也。既午，沈公先別去，余食市麵一甌，一里餘從大乘庵上幻住，一里入幻住，見其額爲福寧寺，問道而出，猶不知爲幻住也。由其右過峽西北行，一里而入蘭陀寺，寺南向，由正殿入其東樓，艮一師出迎，問殿前所卧石碑，曰：『此先師所撰迦葉事跡記也。』昔暨華首門亭中，潘按君建絶頂觀風臺，當事者曳之頂，將磨鐫新記，艮一師聞而往止之，得免，以華首路峻，不得下，因紆道置此。余欲録之，其碑兩面鐫字，而前半篇在下，艮一指壁間挂軸云：『此即其文，從碑謄寫而出者。』余因低懸其軸，以案就録之。艮一供齋，沈公亦至。齋後，余度文長不能竟，令顧僕下取卧具，沈公別去，余訂以明日當往叩也。迨暮，録猶未竟，顧僕以卧具至，遂卧蘭陀禪榻。顧僕傳弘辯、安仁語曰：『明日是除夕，幸爾主早返寺，毋令人懸望也。』余聞之，爲悽然者久之。三十日，早起盥櫛，而莘野至，相見甚慰，同飯於蘭陀，余仍録碑，完而莘野已去。遂由寺循脊北上，其道較坦，一里轉而東，一里出莘野廬前小静室，又半里而入莘野樓，則沈公在，而莘野未還。沈公爲具食，莘野適至，遂燕其樓，父子躬執爨，煨芋煮蔬，甚樂也。莘野懇令顧僕取卧具於蘭陀，曰：『同是天涯，何必以常住静室爲分？』余從之，遂停寢其樓之北楹。其樓東南向，前瞰重壑，左右抱兩峰，甚舒而稱。樓前以桫松連皮爲欄，製樸而雅，樓窗疏櫺明淨，度除夕於萬峰深處，此一宵勝人間千百宵。薄暮憑窗前，瞰星辰燁燁下垂，塢底火光遠近紛挐，皆朝山者，徹夜熒然不絶，與瑶池月下又一觀矣。」按徧周名可全，大覺寺僧，鶴慶李氏，爲山中老宿。徹庸周理，亦其孫行。破山全録十九，有訪徧周上人一絶云：「貪幽獨坐小齋中，話及當年有異同，拄杖到山開正眼，依然還是舊家風。」艮一名如常，宜良人，學華嚴法界觀，戒行威儀，無與爲比。弘辯、安仁，爲悉檀寺四長老之二。蒼雪寄徒三和書，言：「安仁、弘辯師，及諸山耆德，見時一一皆爲申念。」即此二人。

右蘭陀寺與莘野静室

滇遊日記六：「己卯正月初一日，在鷄山獅子林莘野靜室。是早天氣澄澈，旭日當前。余平明起，禮佛而飯，乃上隱空、蘭宗二靜室，又過野愚靜室。野愚已下蘭宗處，遂從上徑平行而西，入念佛堂，是爲白雲師禪棲之所。龕前編柏爲欄，茸翠環遶，若短屏迴合，階前綉墩草，高員如疊，跏趺其上，蒲團錦茵，皆不如也。龕甚隘，前結松棚，方供佛禮懺，白雲迎余茶點，且指余曰：『此西尚有二靜室可娱，乞少延憩，當瀹山蔬以待也。』余從之。西過竹間，見二僧坐木根曝背，一引余西入一室，其室三楹，乃新闢者。前甃石爲臺，勢甚開整，佛龕花供，皆極精嚴，而不見靜主，詢之，曰：『白雲龕禮懺司鼓者是。』余謂此僧甚樸，何以有此？乃從其側又上一龕，額曰『標月』，而門亦扃。乃返過白雲而飯，始知其西之精廬，即悉檀體極師所結，而司鼓僧乃其守者。飯後又從念佛堂東上，躡二龕，其一最高，幾及嶺脊，但其後純崖無路，其前則旋崖層疊，路宛轉循之，就崖成臺，倚樹爲磴，山光懸遠，真如躡鷲嶺而上也。龕前一突石當中，亦環倚爲臺，其龕額曰『雪屋』，爲程還筆，而門亦扃，蓋皆白雲禮懺諸靜侶也。又東稍下，再入野愚室，猶未返。因循其東攀東峽，則東峰石壁峻絶，峽下隤壑崩懸，計其路尚在其下，甚深，乃返從來徑，過簾泉翠壁下，再入蘭宗廬。知蘭宗與野愚俱在元明精舍，往從之。元明者，寂光之裔孫也，其廬新結，與蘭宗靜室東西相望，在念佛堂之下，莘野山樓之上。余先屢過其旁，翠條罨映，俱不能覺，今從蘭宗之徒指點得之，則小閣疏櫺，雲明雪朗，致極清雅，閣名『雨花』，爲野愚筆。諸靜侣方坐嘯其中，余至，共爲清談瀹茗。日既昃，野愚輩乃上探白雲，余乃下憩莘野樓。薄暮，蘭宗復來，與談山中諸蘭若緣起，并古德遺跡，日暮不能竟。」按白雲名圓彩，昆明人，見拓殖篇。蘭宗名如桂，黔中畢節人，投所庵披剃，遍參海内知識，精通教典，住獅子林三十年，諸山耆德，無不欽仰。

右白雲諸靜侣

又：「己卯正月十二日，四長老期上九重崖，赴一衲軒供。一衲軒爲木公所建，守僧歲支寺中粟百石，故每歲首具供一次。以雨不能行，飯後坐齋頭，抵午而霽，乃相拉上崖。始由寺左半里，上弘辯靜室基旁，又西半里過天柱靜室旁，又北躋一里半，横陟峽箐，抵河南師靜室。路過其外，問而知之。雨色復來，余令衆靜侣先上一衲軒，而獨往探之。師爲河南人，至山即栖此廬，而曾未旁出。余前從九重崖登頂，不知而過其上，後從獅林欲横過野愚東，點頭峰下，又不得路，躊躇至今，恰有所懷。比入廬見師，人言其獨栖，而見其一室三侣；人言其不語，而見其條答有叙；人言其不出，而見其把臂入林，亦非塊然者。九重崖靜室得師，可與獅林、羅漢鼎足矣。坐少定，一衲軒僧來邀，雨陣大至，既而雪霏，師挽留，稍霽乃別。躡磴半里，有大道自西上，横陟之，遂入一衲軒。崖中靜主大定、拙明輩，皆供餐絡繹，迨暮不休，雨雪時作，四長老以騎送余從幻住前下山，又四里而入悉檀，篝燈作楊趙州書。」按河南師名文璽，號止足，曾往浙參湛和尚，又至湖廣參黄檗，十年不契，乃發誓住山。天啓間來鷄足，住九重崖，不出户者二十年。道行既高，接引愈廣，鷄山僧衆，以「老河南」稱之。

右九重崖河南師止足

滇遊日記八：「己卯三月廿七日，至永平。初余自慧光寺來，其僧翠峰謂余曰：『少待一同衣，當即追隨後塵。』比至萬佛堂，翠峰果同一僧至，乃川僧一葦，自京師參訪至此，能講演宗旨。聞此有了凡師，亦川僧，淹貫内典，自立師行後，住靜東峽，爲此山名宿，故同翠峰訪之。時了凡因殿燬，募閃太史約庵先鑄銅佛於舊基，以爲興復之倡，暫從靜室中移棲萬佛前樓。余遂與一葦同謁之，了凡即曳杖前引，至大寺基，觀所模佛胎。遂從基左，循北崖復東向行，盤磴陟坡，路極幽峭，兩過小靜室，兩升降，南下小峽，深木古柯，藤交竹叢，五里而得了凡靜室。室南向，與大殿基東西並列，横結三楹，幽敞兩備，此寶臺奥境也。一葦與了凡以同鄉故，欲住靜山中，了凡與之爲禪語，余旁參之，覺凡公禪學宏貫，而心境未融，葦公參悟精勤，而宗旨未徹，然山窮水盡中，亦不易得也。了凡命其徒具齋，始進麵餅，繼設蔬飯，飯後雨大至，半晌方止，下午乃行。仍過寺基，共十五里，還宿慧光寺。」按錦江禪燈九云：「邛州了凡剛禪師，東普人。幼爲掾吏，因科税不職落髮，參白雲洞鑑和尚，暗機契合，囑住上方洞。居無何，徙邛州白巖，慕雞足勝槩，遊楚雄，未幾復省白雲，過仁懷縣，酷暑飲水，不移刻而寂于寅子寺。」即此人。

右永平萬佛堂了凡

滇遊日記十二：「己卯八月初七日，至順寧，入郡城新城之北門，南過郡治前，稍轉東街，則市肆在焉。又南逾一坡，出南門，半里而入龍泉寺，寺門亦東向，其地名爲舊城，而實無城也。時寺中開講甫完，僧俗擾擾，余入適當其齋，遂飽餐之，而停擔於内。初八日晨起，從殿後靜室往叩講師，當其止靜，未晤而出。余時欲趨雲州，雲州有路可達蒙化，念從此而往，則雇夫尚艱，不若仍返順寧，可省兩日負戴。乃以行李寄住持師達周，以輕囊同僕行。達師留候飯，上午乃出寺前，東隨小溪下川中，一里渡亭橋，循東界山麓南行，三里稍上一西突之坡，村廬夾道，有普光寺，傍東山西向。十一日，由雲州回順寧，過歸化橋，從溪東循東山麓行，五里入普光寺，余以爲即東山寺也，入而始知東山寺尚在北。乃復隨大路三里，抵南關坡下亭橋，即從橋東小徑東北上坡，又二里而東山寺。倚東山西向，正臨新城也。入寺，拾級而上，正殿前以樓爲門，而後有層閣，閣之上層奉玉帝，登之則西山之支絡，郡堞之迴盤，可平揖而盡也。下閣，入其左廬，有一僧曾於龍泉一晤者，見余留同飯，既飯而共坐前門樓，乃知其僧爲阿禄司西北山寺中僧也，以聽講至龍泉，而東山僧邀之飯者。爲余言自少曾遍歷擸龍木邦阿瓦之地，其言與舊城跛者新城客商所言，歷歷皆合。下午乃出寺，一里度東門石橋，入順寧東門，覓夫未得，山雨如注，乃出南關一里，再宿龍泉寺。十二日，飯於龍泉，命顧僕入城覓夫，而於殿後靜室訪講師，既見，始知其即一葦也。爲余瀹茗炙餅，出雞葼松子相餉。坐間以黄慎軒翰卷相示，蓋其行脚中所物色而得者。下午不得夫，乃遷寓入新城徐樓，與蒙化妙樂師同候駝騎。」

右順寧龍泉寺講經

滇遊日記十三：「己卯九月十二日，還至雞山。妙行來，約余往遊華嚴，謂：『華嚴有老僧野池，乃月輪之徒，不可不一晤。』向以坐關龕中，未接顏色爲悵。昔余以歲首過華嚴，其徒俱出，無從物色。余時時悼月公無後，至是而知尚有人。亟飯而行，和光亦從，入華嚴寺。寺東向，創自月潭，以其爲南京人，又稱爲南京庵。至月輪而光大之，爲雞山首刹，慈聖太后賜藏貯之，後燬於火。野池復建，規模雖存，而法藏不可復矣。野池年七十餘，歷侍山中諸名宿。今老而不忘先德，以少未參學，掩關靜閱，孜孜不倦，亦可取也。聞余有修葺雞山志之意，以所録清涼通傳假余，其意亦善。」按月潭名真圓，有戒行。月輪名如滿，馬龍易氏子，萬曆中請藏還山，兩賜紫衣圓頂。

右雞山華嚴寺野池

藏經之遍布及僧徒撰述第七

鷄山八剎　曲靖東山寺　昆明筇竹寺　昆明嵩山寺　楚雄大方廣寺　安寧虎丘寺　大理般若寺　鄧川紫雲寺　臨安慈光寺　澂江華藏寺　貴陽大興國寺　平越三教寺　鎮遠中山寺　思南觀音閣　遵義西來寺　遵義禹門寺　黔僧與嘉興藏之關係　藏經中滇黔僧徒撰述　滇黔志失載僧徒著述

明季心學盛而考證興，宗門昌而義學起，人皆知空言面壁，不立語文，不足以相懾也，故儒釋之學，同時丕變，問學與德性並重，相反而實相成焉。然前此藏經，率皆梵筴，印造不易，請施尤難，宇內叢林，有藏經者十不得一，遐陬僻壤，更終年莫覩一經矣。迨運會既開，流風遂扇，宮廷既有全藏之頒，林下復有方册之刻，賫經之使，不絕於途，名山之藏，燦然大備。今可考見者，鷄山一隅，即有藏經十部，各建專室，特設知藏，所貯與書院藏書埒，或且過之，與尊經閣之常擁虛名，藉培風水者，尤不可同日語，則當時佛教之盛，非偶然也。

雞山范志四：「華嚴寺在雞足中峰之中，嘉靖間僧真圓建庵，後黔國公張、郭二總管擴爲寺。內有沐公祠。萬曆十四年頒賜藏經，四十二年災，僧海川募張舉、郭子榮重建，麗江土知府木增建藏經閣，名曰華嚴閣，永曆十二年正月復災。」范志八，萬曆十四年九月初一日諭華嚴寺勅云：「朕惟佛氏之教，具在經典，用以化導善類，覺悟羣迷，於護國佑民，不爲無助。茲者聖母慈聖宣文明肅皇太后，命工刊印續入藏經四十一函，并舊刻藏經六百三十七函，通行頒布本寺。爾等務須莊嚴持誦，尊奉珍藏，不許諸色人等故行褻玩，致有遺失損壞，特賜護持，以垂永久，欽哉故諭。」按此所謂北藏也。續藏四十一函，其第一種爲華嚴懸談會玄記，滇僧撰述，南藏缺。

又范志四：放光寺在瓊樓山下，倚壁參天，適當雞山之胸臆。嘉靖二十五年僧圓惺同李元陽創建，萬曆三年災，圓惺復建，二十六年勅頒藏經，有藏經閣，名御藏閣。崇禎間洱海道何閎中、鄉紳曾高捷重修。曾高捷後爲僧，見遺民篇。

大覺寺，在紫雲山前，萬壽庵上。萬曆初寂光寺僧儒全建一小庵，十七年楚僧本安、吳僧福登，賫慈聖太后懿旨，頒藏經至山，三十年，僧可全拓大爲寺，於殿前建二觀樓，以貯藏經。樓名「二觀」，取道德經有欲無欲之義。

悉檀寺，在滿月山下，大龍潭上，後枕石鼓峰。萬曆四十五年，土知府木增延僧釋禪建。天啓四年，勅頒藏經，賜額「祝國悉檀禪寺」。十四年僧道源往朝普陀，又請嘉興府藏經一部，貯大殿中，於是悉檀寺有藏經二部。范志八，天啓四年七月初六日諭悉檀寺勅云：「朕惟爾地僻在南滇，北鄰西竺，崇尚佛教，自昔已然。茲以木增奏稱伊母羅氏，夙好修持，捐貲建寺，護國庇民，命僧釋禪虔恭護持，奉請藏經，該部議覆，特允頒賜。爾等尚其益堅善念，率領合山僧衆焚修，導悟邊民，闡揚宗教，皇圖鞏固，聖化遐宣，欽哉故諭。」按道源即弘辯，徐霞客遊侶，見前篇。嘉興藏即方册藏經。范志十有魏國公徐弘基贈鷄足僧弘辯請藏浙中，因遊天台詩云：「親依智者坐天台，爲請琅函杖錫來，歸夢夜縣雲磬寺，征帆朝背雨花臺。三車獨向林中演，八部同瞻海上回，天樂幾曾聞講席，青蓮應自舌端開。」方册藏經之貯鷄山，此爲第一部。

又范志四：傳衣寺即古圓信庵，在鳳凰山下，背倚萬松山岡。萬曆三十四年僧寂觀重修，並建錦雲樓於殿右，以貯藏經。樓前有大山茶一株，高五丈，大七圍，花及萬朵，開時爛若堆錦，朝暾初升，影映檽檻，炫人瞻顧，其下又多種杜鵑，英燦繁麗，樓遂以名。

寂光寺，在錦霞山下，背倚栴檀林，爲花椒庵舊址。嘉靖間僧本帖建寺，萬曆間僧儒全重修，天啓間儒能再修。殿右建九年樓，供藏經，取達磨面壁九年之義，欲閲者觸目驚心，勇於精進也。

石鐘寺，在仙鶴山下，背枕獅子林望臺，面向鉢盂山。萬曆年僧了極建，其徒周輝、洪舒增大之，並建石鐘閣，以貯藏經，順治戊戌燬於兵火。按戊戌永曆十二年也。

迦葉殿，原名袈裟殿，在插屏山麓，登絶頂懸崖之半。嘉靖三十一年，僧圓慶募鄧川土官阿子賢建寺，萬曆四十年阿岑增修，順治丁酉建天咫樓於殿前，上貯藏經，中奉萬佛塔。其樓三層，地又最高，故名「天咫」。滇繫藝文五，載康熙間李仙根迦葉殿藏經記云：「是山八大刹，有賜藏者四，兵燹迭罹，半付劫灰。僧慧輝爲破山老人四世孫，住持迦葉殿，覩其厄，傷焉，爰走姑蘇，苦募四寒暑，遂得正藏三百三十函，爲卷六千七百六十，貯以十四箱，並諸佛像，莊嚴以歸，而遠乞記於余。」按此亦嘉興藏也。嘉興藏全部三百四十三函，此云三百三十函，蓋其時後十三函尚未刻成耳。賜藏四者，謂華嚴、放光、大覺、悉檀四刹也。

右鷄山八刹

八刹而外，據范志四，四觀峰頂羅城内佛殿後，亦有藏經閣，爲僧廣稱閲藏之所。又據徐霞客滇遊日記三，戊寅九月初八日條，曲靖東山寺，亦有藏經閣，其十九日條注云：「東山寺昔有藏經，乃唐巡撫請歸者。郡守周之相，石阡人，由鄉薦擢守曲靖，以清直聞，慕總持師道行，請之檢藏，延候甚密，迤東巡守以下諸僚，皆有獨清之恨，而周復不免揚其波，於是悉側目之，中傷於撫臺王伉，羅織無跡，遂誣師往還爲父通賄賂，以經篋爲筐篚，坐以重贓，周復代爲完之而去」云。此滇南藏經一段公案也。

又滇遊日記四，戊寅十一月初七日條，昆明笻竹寺亦有藏經閣，霞客曾登之，體空之留霞客也，曰：「禾木亭側小軒，可以下榻，閣有藏經，可以簡閱，君留此過歲，亦空山勝事。」詳見讀書僧寺篇。

山暉語録九有送上孫長老請藏還雲南一絶云：「梁州萬里向天邊，帆帶吳雲入楚煙，法堀自今歸六詔，香風相送度湖船。」又不磷堅語録下：「聞龍光上兄自江淛請藏，畫列祖像百二十軸還嵩山，喜而誌之云：『楚雨吳風過四秋，手持勝事到嵩丘，詩瓢萬里關山遠，鐵杖百城煙水脩。玉軸才開暉寶相，雲緗半展得徽猷，松門法乳從今始，自是功高第一籌。』」龍光上得法野竹慧，山暉最賞識之徒孫也。據此，則昆明嵩山寺所藏，亦嘉興藏。

知空蘊語録下，有送悉庵禪人江南請藏詩云：「吾家遠住在天邊，此去江南路萬千，三藏靈文山嶽大，五燈慧命一絲懸。洞庭渺渺天連水，黔國悠悠地接滇，將此身心奉塵刹，教興無礙祖師禪。」又送宗燈禪人江南請藏云：「古人爲法不辭勞，末世修行喜枕高，剖背藏經開正眼，捨身求偈裂吹毛。奘師西涉情忘趾，羅什東遊德可褒，鷄足慶雲從此現，吾門幢子接天高。」時知空新闢楚雄九臺山大方廣寺，疑此二僧殆爲九臺請藏，所請亦嘉興藏也。

阮志寺觀類明著有藏經者，雲南府安寧州虎丘寺，在城北三里，内有藏經閣，天啓間楊師程建，貯藏經。大理府雲南縣般若寺，在城北八里，探花嶺下，後有閣爲藏經樓。大理府鄧川州紫雲寺，在中所東甸，舉人艾自修建，有藏經樓。臨安府慈光寺，在城東九里萬松山，天啓間建，内有藏經樓，貯藏經。澂江府華藏寺，在城東五里闕摩山，梵宇莊嚴，極巔有三清閣、彌勒閣、藏經樓，憑高一望，碧海晴巒，宛如圖畫，爲一郡勝境。

右曲靖東山昆明笻竹等九寺

蓋自方册藏興，省梵筴全文之半，建者運者，貯者閱者，均稱簡便，於時請藏之風極熾。吾粵函可大師之遺戍瀋陽也，亦爲請藏。順治實録載：「順治四年十一月，洪承疇奏犯僧函可，係臣會試房師故明禮部尚書韓日纘之子。於順治二年正月内，自廣東來江寧刷印藏經。今以路通，向臣請給印牌，因出城盤驗，笥中有福王答阮大鋮書稿，又有變記一書，函可不行焚毁。」按順治二年正月，北京已陷，南京岌岌可危，而請藏一事，並未因亂停止，其時風氣可想。惜黔省史料闕乏，貴州志寺觀類，明著有藏經者：貴陽府大興國寺，在府城中，萬曆三十年寺僧法印赴京請大藏，巡撫郭子章建閣貯之，南京諭德黄輝題曰「龍輪寶藏」。平越府三教寺，在府城内，崇禎十二年郡人樊師孔捐資請藏經於寺，其子都建閣貯之。鎮遠府中山寺，在府城東東巖上，嘉靖間知府黄希英建，工部郎中趙之緒構藏經樓。思南府觀音閣，在府治中和山頂，嘉靖間郡人李渭嘗於此講學，前爲普濟亭，後藏經樓，巡撫郭子章書額，内貯藏經，日久殘缺，康熙四年，經歷陳援世補之。

此外邵亭遺文二有一切經音義寫本序，知遵義西來、禹門二寺，亦有明藏留遺，序云：「釋玄應在唐貞觀末，援據羣籍，爲釋家一切經音義，以該洽稱，所引小學家，凡數十種，自見存十部外，今併亡逸。乾隆以前，淹在彼教，不過梵典視之。四庫釋家僅取内府之儲，不搜釋藏，故尚未與弘明、法苑，著録文淵。後此諸儒，益盛小學，廣求唐以前書，爲疏通證明，始偕慧苑華嚴，大顯於世。道光庚子秋，假觀西來寺正統北藏本，癸卯夏，主者趣歸，乃命寫官迻録，復假禹門寺萬曆南藏本，諸弟分校一通，箋異文於旁。蓋北本疏於南本，南本異者，佳處十八九，北本異者，佳處十一二。南本第三卷，北本析爲二，故北本二十六卷，南本二十五卷。乾嘉諸老，引證記卷，悉是南本，益知北本之不足據也。聞貴筑黔靈山，更有支那本，遠不能借校，俟異日補之」云。按西來寺在遵義治西三十二里皋陶山側，舊名松丘禪院，蜀僧真從建。邵亭詩鈔五西來寺詩，有「求野抽經目，臨池見道心」之句，真從蓋並能書也。黔靈爲赤松新闢，有藏宜然。清代藏書家所謂支那本，即指方册本，以書口有「支那撰述」四字也。惟邵亭謂南藏佳於北藏，殆僅指玄應音義而言，當嘉興校刻各經時，其校例固謂北藏本爲善也。

右貴陽大興國遵義西來等六寺

黔省藏經史料雖少，然黔僧曾與方册藏經結一大因緣，不可不於此述之。方册藏經之刻，人皆知爲紫栢老人與密藏開、幻予本所發起，以有紫栢集、刻藏緣起，及密藏遺稿流傳也。然幻予先紫栢卒，密藏旋亦隱去，方册藏經第一次之完成，實成於黔僧利根慶，此事人多不注意。利根行跡，見亂世信仰篇。其完成刻藏事，見顓愚衡語録七刻方册藏經目録序，略云：「神廟初年，紫栢老人見南北二藏板，印造艱難，立意轉梵筴爲方册。初發手五臺山玅德庵，已刻就數百卷，顧冰雪積歲，恐侵及板，移於杭之徑山。山在江南，極温暖，山不峻，易於上下，剞劂供給，事事得便，乃紫栢老人一大快事。始興於神廟八九年，至三十一年，紫栢老人弘法歷難，卒於燕都。四方有道力者，隨討未刻名目，同式就梓，自癸卯至壬午，將四十年，事猶未竟。已刻者不及歸山，未刻者懈不速完。突有利根上座，貴竹赤水人也，穎悟卓然，玅有大人標致，慨紫栢老人未盡因緣，爲佛祖慧命所係，不覺泣淚流涕，矯首歎曰：『大丈夫出世一番，不作大丈夫事，則不如魚鳥矣。紫栢老人未盡之願，乃吾未盡之願，奮力精進。』堅誓曰：『不竟此事，願此身碎爲微塵。』立誓已，策杖徧討徑山、嘉興、吴江、金壇諸處，已刻成者某某經律論，某某傳疏，記録名目卷帙板數，未刻者亦如是。先之雲間，商之徐、李、黄諸大檀越，欣然就事。已刻者十之八九，未刻者十之一二，不期半載可完。欣聞新主登元，大興善事，上疏請旨，催四方已刻之板，同歸徑山，復請御製序，以光方册藏經之首。嗟哉！紫栢老人爲此一事，海内奔馳三十載，所有當盡未盡之謀，利上座一一盡之，是紫栢老人與利上座可謂首尾一貫也。首尾之體本一，首尾之用不二，説利上座是紫栢老人再來可也；説與紫栢老人同是地湧之儔，來盡佛法未盡因緣亦可也。此段因緣，決非偶爾，利上座將來亦有未盡因緣，信來哲亦能爲利上座一一盡之」云。

此方册藏經第一次完成序也。方册正藏照明北藏以千字文編號，其北藏未收者，則以一二三四編函，謂之續藏。第一次完成者，爲正藏及續藏之一部。利根之後，復有又續藏之刻，直至康熙中年止，故嘉興藏有正藏、續藏、又續藏之分。其出請在嘉興楞嚴寺，故稱嘉興藏，其經版貯徑山寂照庵，故顓愚序屢稱徑山也。序爲今本嘉興藏目録所未載，利根事刻藏緣起亦未提，故知者鮮。序中所謂新主，弘光也。顓愚以順治三年卒，序當作於卒前一二年。利根所請御製序，亦未知頒下否。弘光時馬士英當國，固利根鄉人而好佛者也，説見逃禪篇。

右黔僧與嘉興藏之關係

至滇黔僧徒撰述，今所欲言者，爲藏經及方志中之滇黔僧徒撰述。滇僧撰述之入藏，自明續刻北藏始，北藏最末之四函，本爲昆、池、碣、石，萬曆十二年續刻入藏諸經，其第一種即爲華嚴懸談會玄記，此滇僧鉅製也。嘉興藏亦刻之，而滇志藝文失載。滇志所載者，有古庭語録、竹室集，阮志竹室誤作竹石。二書之入嘉興續藏，疑滇人陶珽昆弟所捐刻，以有陶氏序也。明季刻書事業，蘇杭爲盛，與滇相隔萬里，聲氣宜不相接，而抑知不然，陶珽之刻續説郛，即在杭州，故古庭語録、曹溪一滴等，均由陶氏捐刻入藏。又蒼雪法師與蘇州汲古閣主人毛晉，有支許之契，嘗見毛晉跋大悲懺法有云：「母難日，蒼雪法師携此筴見示，胡跪展玩，繕寫白描，楮墨如新，恍如大地震動，天雨寶花，悲喜交集。」又云：「晉受持梵筴十年矣，緇素相索，隨喜者如雲，因即刊布八遐，仰謝蒼雪老人持贈至誼。」此因緣雖小，不可忽也。崇禎間木增在葉榆崇聖寺發見華嚴懺儀寫本六十一册，即由汲古開雕，蒼雪爲之參閲。蒼雪與徒三和書云：「法潤師來吳，奉木檀越命，以華嚴懺法相委，多恐爲謀不終。」即此事也。今在嘉興續藏，亦滇志所未載。滇志所載有釋禪楞嚴懺儀二卷，釋禪爲悉檀寺開山，木府所信仰，今藏本疑亦木府捐刻，此滇僧撰述入藏之大略也。黔僧撰述入藏者，嘉興藏最末二種爲善權位、天一悦語録，此黔僧也。黔南會燈録、善一純語録，亦在嘉興藏末函。嘉興藏第一次完成，既與黔僧有關，而嘉興又續藏，又以黔僧著述殿，此一奇也。明續藏以滇僧始，嘉興又續藏以黔僧終，又一奇也。黔志不著一字，無足責矣。乾隆元年續刻龍藏，編入滇僧讀體之毘尼止持會集，及毘尼作持續釋，各析爲二十卷，滇志亦不著一字。以此爲釋家書，方志不當羼入乎？則阮志又收三十餘家，何也！

右藏經中滇黔僧徒撰述

阮志藝文分記載滇事之書，及滇人著述之書，搜採極博，考訂極精，殊不苟作。惟一時耳目不及，舛漏難免，要在後人爲之補正耳。其記載滇事書中，有周達觀滇臘紀聞一種，滇臘爲真臘之訛，與滇何涉，此當削去者也。又滇人著述書中，有非相語録，既據滇繫著録於前，復據採訪著録普行語録於後，普行即非相之名，一人重出，而岑、唐諸志均沿而未改，則何貴有此重修也！竊謂滇人爲滇僧，其著述固可隸滇人著述中，則普瑞、讀體之書，亟當補入；若非滇人而爲滇僧，其著述亦可隸記載滇事之書，則吾文所常引者，已應補入多種。推之黔志，黔人爲黔僧，其語録固可隸黔人著述中；非黔人而爲黔僧，其語録亦可入記載黔事之書也。今略舉數種爲例，以備修志諸君子采擇焉。

一　滇僧著述之書十五種

普瑞華嚴懸談會玄記四十卷　　讀體毘尼止持會集十六卷

毘尼作持續釋十五卷　　傳戒正範四卷

大乘玄義一卷　　藥師懺法一卷

剃度正範一卷　　僧行軌則一卷

三歸五八戒正範一卷　　教誡尼正範一卷

黑白布薩一卷　　幽冥戒正範一卷

毘尼日用切要一卷　沙彌尼律儀要略一卷
一夢漫言二卷

二　記載滇事之書六種

恒秀林語録五卷　懶石聆語録四卷
野竹慧語録十四卷　野竹後録八卷
長目電語録二卷　不磷堅語録三卷

三　黔僧著述之書三種

不厭樂語録三卷　善一純語録三卷
黔南會燈録八卷

四　記載黔事之書九種

丈雪醉語録十二卷紀年録一卷　靈隱文語録三卷
敏樹相語録十卷　聖可玉語録十卷
山暉浣語録十二卷　蓮月正語録六卷
雲腹智語録二卷　善權位語録二卷
天一悦語録一卷

五　記載滇黔事之書三種

月幢了語録四卷　　梅溪度語録十卷

赤松領語録五卷

右滇黔志失載僧徒撰述

明季滇黔佛教考卷三

僧徒之外學第八

詩　文　雜學　書　畫　辯才

漁洋詩話上，言：「近日釋子詩，以滇南讀徹蒼雪爲第一。」梅村家藏稾五八：「蒼雪師，雲南人。與維揚汰如師生同年月日，相去萬里，而法門兄弟，氣誼最得，蒼住中峰，汰住華山，人以比無著、天親。汰公早世，其徒道開，能詩兼書畫，後亦卒。蒼公年老有肺疾，好談詩，以壬辰臘月過草堂，謂余曰：『今世狐禪盛行，一大藏教，將墜地矣。且無論義學，即求一詩人，不可復得。迺幸與子遇，我襆被來，不曾攜詩卷，當爲子誦之。』是夜風雨大作，師語音傖重，撼動四壁，疾動，喉間咯咯有聲，已呼茶復話，不爲倦，漏下三鼓，得數十篇，視階下雨深二尺矣。當其得意，軒眉抵掌，慷慨擊案。自謂生平於此證入不二法門，禪機詩學，總一參悟。其詩之蒼深清老，沉著痛快，當爲詩中第一，不徒僧中第一也。其金陵懷古四首，最爲時所傳。師雖方外，於興亡之際，感慨泣下，每見之詩。嘗自詠云：『剪尺杖頭挑寶誌，山河掌上見圖澄，休將白帽街頭賣，道衍終爲未了僧。』益以見其志」云。按蒼雪丙申閏五月卒，年七十，見有學集三十六蒼雪塔銘，汰如崇禎十三年卒，年五十三，見初學集六十九汰如塔銘，同年月生之説有異詞。金陵懷古四首，見南來堂集三。其第四首云：「石頭城下水淙淙，水繞江關合抱龍，六代蕭條黃葉寺，五更風雨白門鐘。鳳凰已去臺邊樹，燕子仍飛磯上峰，抔土當年誰敢盜，一朝伐盡孝陵松。」僧能詩不奇，爲當時僧中第一，或竟爲當時詩中第一，則奇矣。徐霞客滇遊日記十二，己卯九月初九日條言：「蒼雪去山二十年，在余鄉中峰，爲文湛持所推許，詩翰俱清雅。」湛持，文震孟也。今南來堂集爲公法孫行敏所編，有錢謙益、陸汾序。嘗見長洲鄭敷教桐庵存稿，有中峰蒼雪徹公詩序，康熙四年乙巳作，時在錢序之後，陸序之前，不知今本何以獨遺鄭序，序略云：「蒼公自滇南萬里老吳中，主教事者數十年，咸謂『蒼公存而法存，蒼公亡而法亡』。而海内文章之士，又謂『風雅之寄，係存亡於一老』，蓋公之詩文，與其書法，亦復擅場。一精想中，十法界種子皆具，隨其所薰發而起」云。又稱「詩爲公法孫學思輯」，疑學思即行敏字也。

數明季滇南詩僧，蒼雪外必數擔當。本篇既論僧人外學，遺民逃禪者應不與，特擔當名太著，姑舉一以概其餘。擔當自序《橛庵草》云：「余滇人，而布衣，而衲子，又在塵劫之中，處培塿而干霄漢，則吾豈敢！惟是匡扶運會，大丈夫皆有其責，聊就我所學，就我一家言，除年來患難焚溺之外，又除有類偈頌者不入，有類香奩詩餘者不入，有悲歌慷慨觸時忌者不入，不啻十去其九矣。」故今《擔當遺詩》，無慷慨悲歌之作。木陳在明季，主持東南壇坫，晚住平陽，對擔當極爲延譽，《擔當遺詩》七有寄答山陰平陽山中木陳大師命徒從聞來點蒼山索余拙稿二首，云：「萬里山陰逢暮春，欲將褉事又重新，蘭亭繕本今無考，空向僧中訪韻人。峰高十九路漫漫，聲調都成雪一團，切忌開函逢六月，衲衣雖厚不勝寒。」擔當對木陳，頗有知己之感。然木陳趨附新朝，逢迎少帝，與擔當之高卧蒼山，揮毫自在者，冷熱殊途矣。

擔當塔銘爲天台馮甦撰。吾嘗見野竹慧和《三聖詩集》，其序亦馮甦撰。三聖詩者，寒山、拾得詩，而楚石和之，野竹又遍和之也。論滇僧詩不能不數野竹，馮序有云：「吾至滇，得從野竹和尚游，博學能文，洞晰禪理。所集語録，久爲宗門傳誦。蒲團餘暇，倣元楚石故事，悉取寒、拾遺詩和之，友人劉文季持以見示，且命爲序。夫寒、拾既以佛菩薩轉身，楚石、野竹又皆禪林老宿，其道一矣，斯其言前後若合符節，尤非儒名墨行者所可幾。予門外漢也，何能窺一斑，乃不辭而爲序者，欲世人讀是編，識四君子發意之所存耳。」則所賞又在詩外矣。野竹後録八有宿鹿城東馮太守云：「寄宿苴橋北，鐘傳野寺東，垂楊太史樹，遺廟武侯宫。月皎谿光白，人寒市火紅，欲瞑興未盡，還聽響山鐘。」太守即馮甦也。

黔詩紀略三二：「大冶，四川富順人，受法於墊江龍蟠寺敏樹。順治乙酉，避亂來遵義。初住禹門側石頭山，旋受郡南西坪人所請，乃開土創刹，即今虎丘寺也。著有大冶語録，鐵脊道人謂言如牆壁，默若雷霆，山立風飛，無禪和氣，無如來氣，無祖師氣，淵源自合，迥異學人詩。」陳起相序其方外集曰：「山水可琴，鬪蛇可書，洴澼洸可封，詩可禪，髮可僧也。我觀今人無弗詩者，類以詩爲詩，囿四聲八病，分寸不敢稍逾，一片靈光，打入畏縮苦趣，詩殆可讐乎，何效爲！意詩當不如是，私蓄此見有年，苦無從質正。一日走馬虎丘，謁冶公，儼然負奚囊覓句情狀，促坐宵分，一語一粲，竟不及余以詩。余退後，冶過我於風雪中，又儼然灞橋驢背意緒，復連榻通宵而返，終不及詩。其以我爲不知詩者耶？其以我爲以詩爲詩者耶？今年冬，會予將束裝言别，始不惜方外集手侍者相示，空靈簡遠，字字消三日坐卧，世乃有此詩，詩始詩矣。總之以全力分現，如大海水，不漏一滴，非從詩入，特從詩出，使予向來結想，一朝而豁。乃知天地有一種自然元音，留在蒲團坐上，豈落雕蟲伎倆，不但難作者，竝難讀者，持問冶公，詩信可以禪矣，余髮云何！時丁酉孟冬也。」按大冶名道況，見法門紛爭篇，陳起相見遺民逃禪篇。丁酉，永曆十一年也。

黔詩紀略後編三十：「語峰，居黎平南泉寺，有語峰語録、竹窗集。」黎平胡奉衡序其語録云：「自禪門有不立語言文字之説，盲師邪種，得以飾其昏愚固陋，一切掃除。語峰負穎慧之質，幼從空門受付囑，有感于盲禪固陋之習，遍參尊宿，歸而讀書賦詩，沈潛探索。如是者十餘年，人士欽崇，俾主南泉法席。余曾閲其前後所刻諸什，皆幽閒恬淡，氣暢筆老，久矣企慕其人。今年春，其徒爲求序其語録，以授剞劂。余于師之詩，而知其深于禪也。唐之禪人，以詩名者皎然、靈澈，其所長盡於詩；貫休、齊己，其所長不盡於詩。語師以貫休、齊己之修持，而兼皎然、靈澈之吟詠，語録與詩，均堪不朽」云。語峰語録余未見。黔詩紀略後編僅録其南泉八景空中樓閣一首云：「崢嶸傑閣與天齊，遥指山城入望低，休説此間無寂景，落花庭院伴鴉啼。」僅見一斑，所謂兼皎然、靈澈之吟詠者，無由知其當否也。

吾嘗見蓮月正語録，正，破山弟子，順治初住遵義九青山東印寺，能詩，黔詩紀略未收，今録其卷六遵義俞邑侯春日過訪賦贈二首：「忙閒渾不問，覽勝到巖阿，水白宦情冷，華紅詩興多，林栖支遁鶴，池舞右軍鵞，就石從高枕，風光見永和。春山稍寓目，愁慮頓銷磨，日正華容麗，風清鳥語和，詩吟緑竹案，酒醉白雲窩，莫是陶彭澤，又從蓮社過。」尚是雅音。

黔詩紀略三二言順治初有天語禪師，自普州來遵義，棲禪白牛山，闢圓祐堂爲道場，與丈雪、敏樹爲友，著有詩集語録，其徒桂鉉亦善詩，今覓稿不得。又有僧碎塵，住貴陽青崖谷精寨山寺，詩律古澹，今所著亦無傳。此明季滇黔詩僧之大略也。

右詩

黔詩紀略三二：「兩生真從，永川人。順治中來遵義，始棲茅衙寺。著楞嚴經解、心經解，人稱講經師。旋去成都雙桂堂，從破山參法，復來遵開松丘禪院。有和歸去來辭，字師文徵仲，文效歐蘇」云。按兩生語録余亦未見。錦江禪燈十載其機緣語句，不足證其能文，紀略稱其「文效歐蘇」，必有所據。明季滇黔衲子，詩偈之外，雅好文翰，山暉語録十二，有與野竹長老書云：「嵩山諸稾，一一看過，第離師太早，不無微瑕。至於應對柬札，宜一依名人程式，不可草從。昔百丈見叢林之難，乃立有學識者掌文翰，應答士大夫，方丈提其大綱，應酬佛法而已。不見天童、西山乎？凡有字與人，必酌之再三，一字未恰，必易之，此古人『臨發又開封』之意也。」又有與雷水石谷禪師書云：「傳持聖道在力行，不如是道將安寄！故教人之要，惟以脱窠臼，識大體而已。有太平者，稱得法萬峰老伯，在雲天杜撰數篇，糾彈諸方無文學，與象、敏二公授受之言，偶見不勝悲痛。然吾道竟在文學，不須參悟邪？烏乎！狐精種子，溷稱師王，此我萬峰老伯之過，倘見杜撰之言，宜急屏之，勿厠法門，以亂正法，不然，其人亂跳不止也。」太平即紛爭篇之燕居申，萬峰、象、敏，謂破山明與象崖珽、敏樹相。燕居既糾彈諸方無文學，則其時釋子之崇尚文學可知。言之無文，行之不遠，不立語言文字者，矯枉之言耳。山暉録十二又有與端居長老書，言：「昔者吾徒來，山僧知是法器，一旦以吾所受於報恩者，舉以授之，尚有嗟歎不平之人側目，近將見成立，是彼嗟歎不平之口已合。然猶有少慮，吾徒當以道德爲本，而文學次之，庶不墜先人之道，是所望於吾徒者。」先道德而後文學，猶士先器識而後文藝，必其時以文藝爲尚，而遺其本務，乃以此戒之也。

右文

不獨文藝，即諸子百家雜學，亦當日禪門所尚。其始由一二儒生參究教乘，以禪學講心學，其繼禪門宗匠，亦間以釋典附會書傳，冀衍宗風，於是中庸直解、老子解、周易禪解、漆園指通等書，紛然雜出。國變既亟，遺臣又多遁空寂，老莊儒釋，遂並爲一談。宗門雖盛，名山老宿，反有大法淪墮之憂。東南風氣如此，西南不能獨異。山暉録八，示本源明教授云：「嵩少不立文字，是入道要門，可謂至簡切。今人不會，尚浮華虛習，琢句雕章，謂如此可張大教法。好事者又以道德南華，百氏雜談，入爲妙語，取法華治世語言，皆順正法實之，以正己之不誤。烏乎，是何欺人之甚邪！若此教化，不如緘默之爲愈也。先宗之道，其開發處未有不從簡易切要導引者，魯祖見僧來便面壁，烏用琢句雕章，與道德南華百氏雜談等爲得意哉！吾恐浮習之徒，自以爲是，而賢人以爲非；自以爲得，而賢人以爲失也。昔人有言，學莫貴乎見道，道莫大於求仁，仁莫先於格物，嗟嗟！吾有味乎此論也。本源教授欲體究妙道，可依此說做去，若從彼雕琢等事，無益可卜。」山暉此言，可謂切中當日情事。而見道求仁格物，何等語耶？擯老莊而進孔孟，猶之非宗門面目也。山暉久住平越開聖，故其語録名開聖禪院語録，沅州蕭元會序之曰：「師髫年穎寤，志趣不凡，絶噬欲而究根宗，薄經生而窮性命。手飛絳雪，腹飽玄霜，萬慮皆空，一鐙獨朗。猶自博極經史，淹貫百家，字妙鍾王，詩羞李杜。踞臨濟之席者，舍師而外，殆難先屈一指矣。歲辛卯，錫挂嶍峨，遠邇欣慕。維時自王公勳府外，如大中丞開少錢公，將軍和甫楊公，侍御上林朱公，孟六喻公，大參受伯涂公，監司仲如喻公，百汪熊公，山涵劉公，元戎雲夫羅公，還初王公，御極王君，邑令五吼張君，暨諸哲士高良，爭先倒屣。於龍門、雍門、高藍之間，三闢法壇，延師振鐸，供帳甚盛，儔人畢集，諸所叩發，靡弗言下了了。閒即理涉深微，言難驟喻。

師又廣之以老莊，覺之以孔孟，再三開示以指歸要道。初不駭精索怪，欺鬼談天，作他人蒙頭蔽臉伎倆。則是師之釋，釋而道者也，師之道，道而儒者也。棒頭喝底，聾聵皆驚，無智愚賢不肖，咸復見其本來各具之聖心，而不專遜美於大人君子矣，其疇開之哉！門人輯語録，額其編曰開聖，誠哉有參天之力也！梓以傳鐙，應知功不在禹下。」據此，則山暉之説法，未嘗離老莊孔孟也。辛卯者，永曆八年，時正戎馬倥偬，而黔南禪風若此。黔南會燈録對山暉乃一字不提，門户之見，牢不可破，儒釋有同慨也。

右雜學

詩文雜學之外，釋門所尚者，厥爲書法。自古僧人能書者固多，法書名跡之保存，亦以寺院爲便。豫章文集廿五，載山谷跋秦氏所置法帖有云：「黔人秦子明，常以里中兒不能書爲病。其將兵長沙也，買石摹刻長沙僧寶月古法帖十卷，謀舟載入黔中，壁之黔江之紹聖院，將以變里中之俗，其意甚美。」此寺院保存名跡之例也。黔詩紀略三二引播雅云：「今禹門寺存有丈雪住院時語録，嘉興張玉可爲寫真，猶懸堂上。余於彼教，嘗輕爲易知不足學，家近禹門，每過觀舊遺釋藏，環列一樓，而破雪師弟諸手跡，體正力厚，純法二王，輒歎即渠出家之雄，已非不從積學可得，乃姚江、龍溪諸子，欲以一良知良能，盡聖人之道，恐真正學佛者不如是也。録雪師詩，因爲吾儒三喟」云。丈雪師弟之工書，禹門寺之保存名跡，均於此可見。此自來風氣，非一時一地然也。北遊集四奏對别記，載順治與木陳論當日禪門老宿書法，至四五百言。擔當本自能書，然極推重木陳書法，擔當遺詩七，有乞木陳大師小楷一絶云：「偶因便羽致殷勤，何意僧中有右軍，顧我雖非劉道士，孤鴻也可當鵞羣。」又有臨董玄宰先生帖云：「太史堂高不可升，那知萬里有傳燈，後來多少江南秀，指點滇南説老僧。」直自任以爲能接董玄宰之傳，非誇也。然擔當本出自儒生，其能書不足異。語嵩裔少充縣役，得法後駐錫貴竹獅子山，永曆中錢邦芑請住牟尼山報國寺，山暉録十，有見語嵩禪師題壁，因韻贈之二首云：「嵩公少未進鍾王，此日翩翩遠擅場，禪海芳名君已達，慙余老去困汙塘。洩洩風流一袋從，西山子弟解雲龍，谿山老我滿頭雪，盡日東峰學種松。」語嵩之工書，實出人意外，所以然者無他，苦學而已，未有不學而能工者也。宋姑蘇景德寺雲法師務學十門有曰：「不工書無以傳。」法門重書如此，無惑乎工者之衆也。恒秀林開闢緑蘿，老猶學書，其續集録有七十有二習草聖自叙云：「恒秀家鄰水，幼遇寇難，幸逃離鄉井，得參侍諸師。壯而承嗣濟脈，策杖遊黔滇，開發四衆，幾建法幢。末創緑蘿，不暇習翰，所以管城子素不相識。迄今已老，以重任授之諸子，閒居徵筆樓頭，得閱草聖，是欲效顰，日習一二，未展斯帖之先，發一咲爾。」景邃堂題跋三，滇人書畫集目，有鷄足山無住洪如草書直幅，大錯草書自作詩橫幀，擔當草書行書四幅，知空學蘊草書自作詩直幅，在上海正擬影印，旋被炸燬，至爲可惜。大錯出自儒生，與擔當同，不足異，難得者無住、知空等衲子書耳。續甬上耆舊詩七，有陳良謨贈鷄山水月庵僧書佑詩，序云：「崇禎乙亥，予從李直指遊鷄山，至聖峰寺訪見曉，見曉飛錫方外，衆告有徒書佑在焉，書佑善書，喜誦蓮華經，又爲母王氏繕寫，其書法在智永間。」然則鷄山僧善書者，不僅無住、知空等數人也。

右書

滇人書畫集目又有擔當四威儀圖、三疕圖、梅花扇面、山水直幅等，以一人而兼詩字畫之長，尤人所豔羨也。擔當遺詩三，有寄答黔中李來翁詩云：「君不見古人真不朽，千載之上尋朋友；又不見今人真可傷，千里之外如參商。黔中來翁胡爲者？而乃越境美擔當，擔當是僧無僧氣，遠者忽之近者畏，豈意來翁見未真，魚目把作明珠貴。借云可貴在余詩，詩非正始多瑕疵；借云可貴在余字，字是夫人婢掃地；借云可貴在余畫，畫好只在厠東掛。來翁何苦不具目，宜見擔當眉欲蹙，胡爲假我以長篇，漱玉噴珠空碌碌。況乃生平未識面，不知緣何與翁善，若只區區以筆硯，天下豈無人可羡，翁惟酷尚一秃翁，大雅聞之色俱變。」滇南詩略十六，太和楊有孚暉吉，有擔當向予索大來畫甚殷，賦以寄閲一首云：「擔當塵脱四十年，迫欲一見大來畫，大來墨潑瀟湘間，擔當目空岱華外。不著筆處是擔當，大來著筆終狡獪，本來面目無我看，是一是二真瀟灑。」擔當僧號，大來俗號，擔當索大來畫，猶言索未出家時畫耳。據余所考，擔當僧臘不過二十七，説見遺民逃禪篇，此云「塵脱四十年」，何也！雞山范志三，有擔當洗硯池，在寶蓮庵，云：「擔當、把茅師徒居庵内，俱好畫，恒於此池洗硯，道友德音爲題是名。」把茅乃擔公甥朱昂僧名，後返俗，與同時雞足山僧知空藴，俱能畫。

陳佐才翼叔詩集二，有題知空和尚畫梅詩，卷四又有題知空老和尚畫八首，序云：「歲庚申，予避亂深山，所携惟詩畫。内有知空老和尚寫意山水十二帙，筆墨縱横，運氣生動，有空房而無人物，恍然此時流離境也，見境生情，逐一題之。」滇南詩略十一，選其一首云：「從來畫意由心得，安有傷心畫不成，草木皆含征戰氣，江湖盡帶亂離聲。男兒流落悲雲變，妻女蕭條哭月明，空屋尚聞雙燕語，似言家破國亡情。」庚申康熙十九年，正清兵與吴世璠混戰之年也。

見月讀體亦能畫，寶華山志十二，載方亨咸撰見月和尚傳，言：「師生而神敏，好遊覽，善繪事。所至山水佳處，多留墨妙，尤工大士像，人爭寶之。」石奇雲語録十四，有文殊大士像，華山見月律師寫。贊云：「文殊大士，作獅子吼，見月和尚，不妨出手，要知不二法門，何待山僧開口，靈然生氣逼人，見者自應稽首。」一夢漫言自述行脚：「崇禎六年十月初，至湖廣武岡州，宿止水庵，主僧異卉，留住過冬。此武岡州藩封岷王，有一宗室諱煙離，喜攻書畫，與異卉師交往。十月中踏雪而來，携疋紙一張，貼之壁上，欲畫孤舟簑笠翁獨釣寒江雪圖，炭稿數次，仍未決定，余立旁觀，語云：『凡善畫者，意在筆先，下手不假思議，方得其神。如此再三擬度，恐無天然之妙。』彼顧余云：『說則似易，作則實難，汝能否耶？』余笑答云：『頗曉一二。』彼即過筆與云：『請寫此圖。』余接筆在手，先存意布境，遂一揮而成，投筆於案。彼深讚美，語異師言：『僧中所隱高士不尠，可將此圖懸庵。』自此頻來坐談，親書手卷贈余。」又崇禎十年條：「五月十八日，三昧和尚大壽，衆同戒俱乏禮物，余議可裱一長卷，自畫五十三參圖奉祝之。和尚聞知，令余在方丈靜畫，復笑語云：『見月，汝初登戒品，即入吾室。』余愧禮拜。」則見月之能畫可知，而畫史略不著録，何也！

黔詩紀略後編三十：「福周字了幻，一字師巖，號休休老人，綏陽周氏子。播雅：了幻自少薙髮，能詩，善畫山水。携杖鉢遊楚蜀間，遍參名宿，四十年始歸，結庵綏陽西山絶頂，榜曰親雲禪院，闡提宗旨，從者甚盛。後自刻一木像，造一塔成，入其中趺坐而逝，今其像存院中。相傳其畫能辟災，昔城中火，有田姓藏一墨鶴，火獨不及，煙熾中，人見田屋上有鶴翔舞，若衛之。」畫能辟火，在今日皆知其妄，然福周能畫，則事實也。

右畫

雜學之外，當時釋子所尚，則有辯才。梅溪度語録八，復開伯牟鄉紳書云：「十餘年山僧昆池玩月，檀越黔嶺鋤花，不知月明花笑之間，我兩人莫不晤對。及至握手東山，談心幽室，與疇昔之盤桓，宛然無異，又何分襟聚首之可論哉！忽接大教，盥爇啓函，讀至『既辱故交，何坐觀沉淪而不爲我作慈航』之句，令山僧可發一笑。何也？自清源叨愛已來，迄今十有七載，覿面之際，未嘗不直截敷陳，檀越來，山僧則與之迎，檀越去，山僧則與之送，檀越舉杯，山僧亦與之舉，檀越拈筯，山僧亦與之拈，誰謂正法眼藏，涅槃妙心，不與和盤托出，檀越何當面錯過之耶？是知佛法在一切處，一切處即是佛法，若離一切處，別求至要，則是撥波覓火，掘地尋天，無有是處。從上淑喆與士大夫提持此道，未有不在一切處提持者，所以山谷居士問黄龍禪師：『如何是吾無隱乎爾？』龍云：『公聞木犀花香麼？』谷云：『聞。』龍云：『吾無隱乎爾！』谷當下大悟。以是觀之，則佛法未嘗離一切處，一切處未嘗不是佛法。公既留心此道，應須舒頂顊眼，作如是觀，一朝摸着鼻孔，始知舉杯拈筯，迎來送去，以至玩月鋤花，無不是本有之道也。」居然以黄龍南自比，不惜以山谷比開伯鄉紳，自待誠不薄矣。梅溪語録六又有門人所記機緣數則，純是口給便捷，並無甚深妙義，可以服人，只令人覺阿秃師可憎耳。曰：「撫軍慕公入山訪師次，公曰：『和尚明心見性之旨，可得聞乎？』師曰：『山僧無心可明，無性可見。』公曰：『無之一字，甚是親切。』師曰：『説個親切，早已支離了也。』公曰：『正所謂認着依然還不是。』師曰：『依稀似曲纔堪聽，又被風吹别調間。』公曰：『宗門中原來一點也着不得。』師曰：『雖然若是，却又滿眼滿耳。』公躍然而别。太史黄公到山，問：『山光水色盈眸，竹籟松聲雜耳，意旨如何？』師曰：『堂堂太史，如何被聲色蓋覆？』史曰：『因甚蘇子瞻又道溪聲盡是廣長舌，山色無非清淨身。』師曰：『不然。』史曰：『和尚如何？』師曰：『不是般若經云：若以色見我，以音聲求我，是人行邪道，不能見如來。』公揖而别。春日，糧憲梁公與師登玉皇閣，公曰：『春色重重可愛。』師曰：『雖然若是，却能换人眼睛。』公曰：『弟曾留心貴教幾年，竟無入處。』師曰：『春色重重可愛。』公稽首謝之。臬憲張公與師喫茶次，乃問：『貴教中趙州茶，雲門餅，是何意旨？』師曰：『能止宰官飢渴。』公曰：『我爲臬憲，何飢渴之有？』師曰：『名利之火不息，無生之道罔知，得非飢渴乎？』公頷之。大中丞田公登山，與師喫茶次，乃問：『禪師高卧山中，做些甚麽工夫？』師曰：『長嘯古彌陀，高歌堯舜世。』公大悦。」田即田山薑雯。「長嘯古彌陀」，猶是僧伽本色；「高歌堯舜世」，則曲學阿世，神狐露尾矣，惡用是諂佞爲哉！野竹語録八，有示建極李居士法語云：「余賦性疏野，且未經學，安知工詩作字，以應文人墨士邪！不過一條棒到處打風打雨，以繼先宗而已。偶寓楚雄福城院，建極居士以一箑索余偈，余不得已，乃書曰：『但盡凡情，別無聖解。』」此語尚爲質實，勝梅溪之飾智矜愚，色厲内荏者矣。

右辯才

讀書僧寺之風習第九

都勻觀音寺　　麻哈靜暉寺　　都勻勝壽寺　　貴定陽寶山寺
龍場屏山庵　　玉屏衆香寺　　騰越寶峰寺　　曲靖朝陽庵
嵩明法界寺　　安寧曹溪寺　　昆明進耳寺　　昆明筇竹寺

讀書僧寺恒事也，胡爲專篇論之？曰：讀書僧寺，吾聞之矣，僧人寄錫書院，挂瓢學宮，吾未之聞也，易地而觀，得非異事乎！元明以來，滇黔初闢，多未設學，合全省書院學宮之數，曾不敵一府寺院十之一，釋氏稽古略續集載：「洪武二十一年三月，僧録司奉旨行文各處僧司，有討度牒的僧二十已上者，發去烏蠻曲靖等處，每三十里造一庵，自耕自食，化他一境人民。」此滇黔寺院所以衆也。學宮書院爲後起，且多在城市，不在山林，潛修之士，輒惡其囂俗，惟寺院則反是，即在城市，亦每饒幽靜之趣，故人樂就之。鄒元標之戍都匀也，居匀六年，黔士從遊者衆，而其講學則多在僧寺，今可考見者：願學集一，有觀音寺雜興詩，序云：「余僦居湫隘，僅能容膝，都匀觀音古剎，余每日同二三子往焉。靜坐中，偶興到不覺成咏，題爲寺中雜興」云。獨山余顯鳳從元標最久，中萬曆七年舉人，黔詩紀略十一言：「州人講正學，有科名，竝自顯鳳始。」顯鳳有過觀音寺懷南皋先生，追次其韻示同遊詩云：「夫子談經處，林巖皆教思，言歸舍我輩，過此同君稀。東望邈難逮，索居無所施，澄觀悟心理，千載若相期。」

麻哈艾友芝，萬曆二十五年舉人。元標戍都匀，友芝率諸弟師之，講學於州之靜暉寺。黔詩紀略十一有友芝靜暉寺詩云：「高樓捲幔得閒憑，山國秋容四面升，一室梵音傳遠磬，千峰寒影護孤燈。丹崖疑有長生藥，破寺應無久住僧，人語忽然飄下界，始知身在白雲層。」鳩居鵲巢，似僧寺之設，應爲州人讀書地者，固一時風習使然，亦佛教與社會接近之一徵也。

前乎此者，有孫淮海應鼇訪宋五山勝壽禪林詩，時五山讀書勝壽寺也。詩云：「空城存古寺，寂寞已無僧，獨有横經客，時分供佛燈。淡雲盤老桂，寒日隱荒藤，斟酌談時事，相看百感增。」見黔詩紀略七。貴州志藝文亦載之，作聖壽寺。

與此同時者，有新添丘懋樸送寶華上人遊鷄足山詩序云：「上人初慕曹溪宗風，不立語言文字，日手輪珠，口誦佛號不輟。庚午夏，余讀書山中，燈火幡影之間，梵咒與書聲互答，嘗至丙夜不休。」庚午，崇禎三年，山中，貴定陽寶山也。懋樸，崇禎六年舉人，知廣東徐聞縣，歷湖廣上荆南道僉事。順治六年清兵入楚，屢招不應，城陷死之。詩見黔詩紀略二二。懋樸之出處大節，蓋早養於山中矣。

後乎此者，有周桐埜起渭題龍場屏山庵詩云：「龍場佛寺伴諸生，夜倚松杉各問名，我爲看山來此地，傳經還有舊陽明。」蓋起渭遊山到此，住山諸生從起渭問字，起渭答之也。此詩桐埜集未載，亦見貴州志藝文。貴州志寺觀類言玉屏縣衆香寺，在城西南五里飛鳳山，舊傳古刹，邑人士多讀書其上，此黔省風習也。

右黔省諸寺

滇省則隆萬間李中谿詩集三，有高公子懋孚讀書山中持扇索題詩。近年重修騰越寶峰山寺，掘土得里人胡二峰璇撰重修寶峰山佛殿碑記云：「凡刹皆有記，獨寶峰之佛殿無記，予青衿時讀書於此，甚異之。」見景邃堂題跋二。碑立於永曆七年。璇爲崇禎三年舉人，七年進士，則其讀書山寺，當在崇禎初年。此等史料，徐霞客遊記最多。霞客以崇禎十一年遊滇，當其至曲靖翠峰山時，正在九月。滇遊日記三，戊寅九月十二日條云：「東登朝陽，一頭陀方曳杖出門，余入其庵，别無一僧，止有讀書者數人在東樓。余閒步前庭，庭中有西番菊兩株，花大如盤，簇瓣無心，赤光燦爛。前樓亦幽迴，庭前有桂花一樹，幽香飄泛，余前隔峽盤嶺即聞而異之，以爲天香遥墜，不意乃敷蕚所成也。」霞客善寫景，此景豈易於城市讀書之地得之！

同卷九月二十八日，至嵩明靈雲山法界寺云：「又下，始爲法界正殿。先入殿後懸臺之上，殿頗整，有讀書其中者，而主僧不在，乃下禮佛。甫畢，東廡有僧出迎，詢知南京師未嘗至。仰觀日色，尚可行三十餘里，遂詢道於僧，更從北徑爲邵甸行。」

滇遊日記四，戊寅十月二十六日，至安寧州葱山曹溪寺云：「寺門東向，古刹也。余初欲入寺覓聖泉，見殿東西各有巨碑，爲楊升庵所著。拂碑讀之，知寺中有優曇花樹諸勝，因覓紙録碑，遂不及問水。是晚炊於僧寮，宿於殿右。二十七日，晨起寒甚，余先晚止録一碑，未竟，僧爲具餐，乃飯而竟之。有寺中讀書二生，以此碑不能句來相問，余爲解示。二生一姓孫，安寧州人，一姓党，三泊縣人。」此與周起渭龍場屏山庵所遇同。士子讀書寺中，有遊客至，輒向之問字，亦當時風習。

十月二十八日，至昆明進耳山進耳寺云：「寺門東向，登其殿頗軒爽，似額端，不似耳中也。方丈在殿北，有樓三楹，在殿南。樓下臨環坑，遥覽滇海，頗如太華之一碧萬頃，而此深遠矣。入方丈，有辛貢士伯敏者迎款懇懃，僧寶印欲具餐，辛揮去。令其徒陳履惇、陳履温及其弟出見，且爲供葷食，復引余登殿南眺海樓，坐談久之。」並注云：「二陳乃甲戌進士履忠弟。」按履忠崇禎十年丁丑進士，記偶誤也。

余叙述至此，滇南讀書僧寺之風習，已見一斑。今更述一富有説部意味之史料，以完吾説，則昆明笻竹寺借人讀書之外，更可借人挾倡飲酒，與前清季年北平彰儀門外天寧寺之既可借人讀書，又可借人挾優飲酒同一壞風習也。

滇遊日記四，戊寅十一月初七日，至昆明玉案山笻竹寺云：「有峽東向，循之西上，是爲笻竹。由峽内越澗西南上，是爲圓照，由峽外循山嘴北行，是爲海源。先有一婦騎而前，一男子隨而行，云亦欲往笻竹，隨之，悮越澗南上圓照，至而後知其非笻竹也。圓照寺門東向，層臺高敞，殿宇亦宏，而闃寂無人。還下峽，仍逾澗北，入笻竹寺。其寺高懸玉案山之北陲，羣峰環拱，林壑瀠沓，幽邃之境也。入寺見殿左庖膾喧雜，腥羶交陳，前騎來婦亦在其間。余即入其後，登藏經閣，望閣後有静室三楹，頗幽潔，四面皆環牆迴隔，不見所入門，因徘徊閣下。忽一人迎而問曰：『先生豈霞客耶？』問何以知之，曰：『從前吴方生案徵其所作詩題中見之，知與丰標不異也。』問其爲誰，則嚴姓，名似祖，號築居，嚴冢宰清之孫也。與其姪讀書於此。所望牆圍中静室，即其棲托之所，因留余入，懇停一宿。余感其意，乃同入殿左方丈。問所謂禾木亭者，主僧不在，鎖鑰甚固。復遇一段君，亦識余，言在晉寧相會，忘其誰何矣。段言爲金公趾期會於此，金當即至。三人因同步殿右，循堦坡而西北，則寺後上崖，有三塔，皆元時者，各有碑，猶可讀，讀罷還寺。公趾又與友兩三輩至，相見甚歡。窺其意，即前騎來婦備酒邀衆客，以筇竹爲金氏護施之所，公趾又以夙與余約，故期備於此，而實非公趾作主人也。時嚴君謂余，其姪作飯於内已熟，拉往餐之。頃之主僧體空至，其僧敦厚篤摯，有道行，爲余言當事者委往東寺監工修造，久駐於彼，今適到山，聞有遠客，亦一緣也，必多留寺中，毋即去。余辭以雞山願切，此一宵爲嚴君强留，必不能再也。體空謂今日諸酒肉漢混聒寺中，明晨當齋潔以請，遂出。余欲往方丈荅體空，嚴君以諸飲者在，退而不出。余見公趾輩同前騎婦坐正殿東廂，始知其婦爲伎而稱觴者，余乃迂從殿南二門側曲向方丈，體空方出迎，而公趾輩自上望見，趨而至曰：『薄醴已備，可不必參禪。』遂拉去，抵殿東廂，則築居亦爲拉出矣，遂就燕飲。其婦所備肴饌甚腆，公趾與諸坐客各歌而稱觴，然後此婦歌，歌不及公趾也。既而段君去，余與築居亦别而入息陰軒。迨暮，公趾與客復攜酒盒就飲軒中，此婦亦至，飛斝徵歌，二鼓乃別去。余就寢，寢以紙爲帳，即嚴君之榻也。另一榻亦紙帳，是其姪者，嚴君攜被襆就焉。既寢，嚴君猶秉燭獨坐，觀余石齋詩帖，並諸公手書，余魂夢間聞其哦三詩贈余，余寢熟，不能辨也。

「初八日與嚴君同至方丈叩體空，由方丈南側門入幽徑，游禾木亭。亭當坡間，林巒環映，東對峽隙，滇池一盃，浮白於前境，其疏窅有雲林筆意。禾木者，山中特産之木，形不甚大，獨此山有之，故取以爲名，相仍已久，然亦未睹其木也。體空懇留曰：『此亭幽曠，可供披覽，側有小軒，可以下榻，閣有藏經，可以簡閱，君留此過歲，亦空山勝事。雖澹泊，知君不以羶來，三人卒歲之供，貧僧猶不乏也。』余謝師意甚善，但淹留一日，余心增歉一日，此清淨界反成罪戾場矣。坐久之，嚴君曰：『所炊當熟，乞還餐之。』出方丈，別體空，公趾輩復來，拉就殿東廂共餐鼎肉湯麵，復入息陰軒飯。嚴君書所哦三詩贈余，余亦作一詩爲別。」

此文可注意者二人，嚴似祖爲崇禎十二年舉人，十三年進士，其中舉即在與霞客會晤之明年，可見其在筇竹寺下帷之功。又滇寇紀略三，言：「丁亥八月，賊首孫可望等具太牢親祀孔子於文廟，吏部兼禮部嚴似祖不至，賊怒繫至，發王尚禮審，賴衆祈得釋。」則嚴固當時所謂氣節之士也。金公趾雖挾倡飲酒乎，然其後十五年，曾插足政治風雲中，亦滇士之雄也。公趾名初麟，任俠好客，劉健庭聞録三，言：「張獻忠死，餘黨推孫可望爲長，獨李定國常與之抗，可望惡其倔强，嘗以事杖之，定國恨甚。定國爲人勇幹剛直，目不知書。有昆明金公趾者，知其可動，取世俗所傳三國志演義，時時爲之誦説，定國樂聞之，已遂明斥可望爲董卓、曹操，而期定國以諸葛武侯，定國大感悟，謂公趾曰：『孔明何敢望，關、張、伯約之所爲，不敢不勉。』自是益與可望左。其後努力報國，殉身緬甸，爲有明三百年忠臣之殿。」小腆紀年十八論之曰：「固由定國有傑士風，而非金公趾有以感動之，烏能若是！當時盛誇柳敬亭，而不知有金公趾，宜特録之以廣虞初之采焉。」此即徐霞客在昆明筇竹寺所晤之金公趾也。紀年引魏源説以爲蜀人，傳聞異詞耳。

按霞客滇遊日記十，己卯六月十三日，至永昌卧佛寺條，亦遇有攜酒三四生，挾妓呼僧團飲其中之事。霞客記曰：「是夜卧寺中，月頗明，奈洞中有嬲子，寺中無好僧，懨懨而卧」云。此等游惰生徒，偶一不檢，初不料於幽僻之處，爲遊客所見，筆之於書，遂作後人考察士習之資料，亦可鑒矣。

右滇省諸寺

士大夫之禪悦及出家第十

李元陽　馬繼龍　王元翰　陶珽　陶珙　戈允禮　王錫袞

木增　高奣映　王弘祚　陸天麟　彭印古　文化遠　蔣杰

丘禾實　潘潤民　謝三秀　越其杰　謝士章　艾友蘭

楊文驄　沈奕琛　李專　黔南録五居士　劉九庵　明鑑

曾倬　李應霖　李宗望　悟澄　祖復　陳祥士　申甫

禪悦，明季士夫風氣也，不獨滇黔，然滇黔士夫已預其流矣。惜滇黔人著述，余所見者甚少，僧家語録，搜采尤難，今所舉數十人，僅取足證吾説而已，非謂明季滇黔士夫之耽禪悦者止此也。

太和李中谿元陽，嘉靖五年進士。嘗建賓蒼閣，讀書鷄山者數年，創建放光寺，施置常住田數百畝，山中寺院傾頹者，無不修葺，兼爲撰文立碑，鷄山之盛，推爲功首。印光海慧開傳衣寺，元陽爲護法。碧潭圓清初入鷄足，結茅袈裟石上，元陽約爲青松社友。今中谿集與禪人唱酬之作頗多，然與羽人唱酬亦不少，大抵爲三與二之比，其視僧道本無二致也。嘗見元陽所修雲南通志，其卷十三寺觀序有云：「寺觀之在天下，雖與治道無預，然其恬淡清虚，蕭然寂然之境，有以消人勢利之心。故達人高士，涉世既倦，往往有託而逃，若夫爲老氏而至於登仙，爲釋氏而至於證果，其淡泊之操，凝靜之域，又豈淺學所能測！乃欲執箕箒以尾韓昌黎之後，吾恐其力不足而徒自誣耳。」此足見其思想之大概。千頃堂書目十六，有李通華嚴疏鈔四十卷，云：「雲南人，李元陽祖。」則佛學固元陽家學也。

滇南詩略八，有馬繼龍月下訪碧潭上人詩云：「一望平川暮靄收，千家城郭月華流，人從蘿徑尋幽寺，僧占名山起紺樓。洗藥經年潭水碧，參禪入夜雨花浮，空門原自能超世，野鶴孤雲任去留。」繼龍字雲卿，號梅樵，保山人，嘉靖廿五年舉人，官南兵部車駕司員外郎，有梅樵集。此嘉靖間風氣也。

右李元陽　馬繼龍

萬曆而後，禪風寖盛，士夫無不談禪，僧亦無不欲與士夫結納。寧州王聚洲元翰凝翠集尺牘，有與野愚僧書云：「不佞脚蹤徧天下，每遇大心耆宿，未嘗不神往心折，以爲夫夫能割恩愛，發明心地，步步向上，視我輩何如人哉！ 及閱華嚴諸經論，則又豁然曰：『此豈獨出家子事哉！』故戊戌不第後，覓一驥負時蓺，一騾負教典，邊讀書，邊誦典，二六中常嘿嘿放不下處。一日秋涼夜寒，盆内金魚跳觸荷葉，獵獵有聲，忽焉猛醒。 到京師將上項事舉似朗目和尚，朗目合掌曰：『出家人坐破幾片蒲團，未曾磕着半毫，居士以六日夜遇此光景，奇哉！ 珍重珍重，莫住莫住！』其時京師學道人如林，善知識則有達觀、朗目、憨山、月川、雪浪、隱庵、清虚、愚庵諸公，宰官則有黄慎軒、李卓吾、袁中郎、袁小脩、王性海、段幻然、陶石簣、蔡五岳、陶不退、蔡承植諸君，聲氣相求，函蓋相合，至今屈指二十三年矣。」

野愚，鷄足山僧，徐霞客遊記恒及之，見僧徒生活篇。 凝翠集詩有贈也愚僧一首，當即此人。 戊戌，萬曆廿六年，而元翰則廿九年進士也。 其時士大夫風氣，與嘉靖時大異。 凝翠集文又有書湛然僧卷云：「京師僧海也，名藍精刹甲宇内，三民居而一之，香火之盛，贍養之腆，又十邊儲而三之，故十方緇流，咸輻輳于是，勢使然耳。 僧湛然者，鷄足之脱白也，頂走京師，必欲得余一言，余曰：今之走京師者有三：上者參宿訪者，證明大事；次者抱本挨單，文字潤澤；下者趨騖宰官，營辦衣食。 湛然自度，于三者何居？ 吾知上或不及，下又不屑，中焉者縱得一言半句，不過厨饌中汁瀋，巾拂上汗氣，決不能敵生死。 計惟有淨士一途，單刀直入，中下具接，十萬程途，片念即至，是在子之望鞭影而前哉！不然，鷄山以莊田而俗，京師以勢利而俗，出俗入俗，抑何取出家行脚爲？」其言率直，真可謂「單刀直入」者矣。

右王元翰

滇人與王元翰同時者，爲姚安陶不退珽，李贄弟子也。珽字葛閬，晚字不退，萬曆三十八年進士，歷官至武昌兵備。曾居鷄山，讀書白井庵大覺寺，摹古帖於楞迦室，書與邢子愿齊名，集曰閬園。錢謙益初學集卅一有閬園集序曰：「同年生陶不退，少有志於學，游李卓吾之門。卓吾守姚安，清淨恬淡，有汲長孺之風，不退居官似之。卓吾晚年憤世，兀傲自放，而不退規言矩行，老而彌謹，此則不退之善學卓吾者也。」纂續説郛四十六卷，四庫提要雜家存目九評之曰：「隆萬以後，風氣日偷，道學侈稱卓老，務講禪宗，山人競述眉公，矯言幽尚。珽乃不別而漫收之，白葦黄茅，殊爲冗濫。」然吾以爲三百年來，其書迄不可廢，明人短書小説，反藉是以傳，則纂刻之功未可没矣。李卓吾初名載贄，以萬曆五年任姚安。明史二二一耿定向傳言：「贄爲姚安知府，一旦自去其髮，冠服坐堂皇，上官勒令解任。」雲南阮志良吏下引姚州志，則言其「在官三年，自劾免歸，士民卧道，車不能發。」中谿文集六，有姚安守李公善政序，盛稱之。綜贄生平，毁譽參半，未爲定論，然在姚安爲良吏，其學以禪爲宗，二者尚無異議。鷄山范志十有贄鉢盂庵聽經喜雨一首云：「山中有法筵，暇日且逃禪，林壑生寒雨，樓臺罩紫煙。清齋孤磬後，半偈一燈前，千載留空鉢，盧能自不傳。」班之從贄問學，當在此時。班又有續鍾伯敬史懷，阮志藝文二引高奣映問愚録云：「班晚悦禪，靈慧夙生，以故稱天台。又曰穉圭，方孔穉圭而系其景仰也。」明末有兩陶稚圭，皆學佛。四庫提要別集存目七仁節遺稿條云：「明陶琰撰，琰字稚圭，崑山人，崇禎末諸生，明亡殉節。其學以佛爲宗，詩文多類禪偈，不出李贄、屠隆舊習。而捐生殉國，節概凛然，其殆黄端伯之流歟。」此又一陶稚圭也，或作陶琬，小腆紀傳四十六作陶珹，嘉慶浙刻本勝朝殉節諸臣録四又作陶炎，皆避嘉慶諱。琰起兵抗清時，崑山令爲滇人楊永言，曾與邑人歸莊、顧炎武等，同率壯士助戰。琰殉難，永言則削髮爲僧，見逃禪篇。今特附見陶琰者，以同時同姓字，同學佛，易混爲一也。徐霞客遊滇時，曾向唐大來索書見陶珽，滇遊日記四，戊寅十月廿九日條，注言：「陶不退，有詩翰聲，向官於浙。前大來欲爲作書，聞其已故乃止。適寓中有高土官，從姚安來，知其猶在，皆虚傳如眉公也，故復索書往見之。」姚安高土官，當即高奣映之父高耀，亦國變後爲僧，見逃禪篇。吾草此文，左右所逢，皆僧家史料，每接應不及，至足樂也。

右陶珽

陶珽弟珙，字紫閬，號仲璞，又號無學居士。滇南文略云「珙字未詳」，蓋未細考。珙，天啓元年舉人，集名遯園，初學集卅一有遯園集序，言：「姚安陶仲璞，爲吾同年兄穉圭之弟，兄弟俱以才名，奮起天末。穉圭成進士，敭歷中外，官至監司。而仲璞以乙科官南工部，出守寶慶，得罪於藩府，挂冠以歸。其治行廉辨清真，亦略相似。穉圭爲龍湖高足弟子，而仲璞少受學於穉圭，其師友淵源如此，其詩文之大指可得而考也。」龍湖在湖北麻城，贅罷官後讀書處。遯園集，阮志藝文作寄園，未知是一是二。

景邃堂題跋三，有陶紫閬墨跡跋云：「於濳縣天目山禪源寺所藏。余游山宿寺中，見空長老出以示余曰：『此君同鄉人，不可不題識。』滇詩拾遺載公小傳：『諱珽，字紫閬，號不退，慕匡穉圭之爲人，又號穉圭。』」是以紫閬爲陶珽也。古庭語録有錢啓忠序云：「今春過虎林，謁陶穉圭先生，時適紫閬兄在坐，手一編示予曰，此即古庭集也，從煨燼中得之，而字漫漶不可讀，復取正於穉圭先生，先生以人天眼目作佛法津梁，爲之删其繁亂，正其謬訛，而古庭又開一生面矣。是集也蘊結有年，非得紫閬兄之表章不出，非得稺圭先生之删正亦不傳，謂之陶氏之異書可也。」稺圭是珽，紫閬是珙，珽字葛閬，滇詩拾遺六偶誤，景邃堂遂因之而誤。古庭録又有陶珽序，曹溪一滴有陶珙序，皆滇南文略、滇繫所未收。雞山范志十有陶珙詩，云：「和雅法師説法吴楚後，還雞山將廿年矣，有懷却寄：吴楚煙波幾萬重，金鱗掉尾許誰同，歸來罷釣雞山窟，高唱漁歌捲碧筒。」和雅，楚岷王師，岷王，又珙守寶慶時所得罪者也。雞山范志十有岷王壽和雅禪師詩，雞山志補三又有珙宿大覺寺詩云：「重來華首叩真詮，霧淨雲開一鏡圓，殿影鋪金臨絶壑，塔光浮玉聳諸天。欲參擊竹言前句，須悟拈花教外傳，法喜只酣禪悦味，漫夸沆瀣潤芝田。」滇南詩略無陶珙詩，應補。

勝朝殉節諸臣録八引一統志：「寶慶知府陶珙，姚安人。流寇告警，率鄉勇勦賊，以忤岷王罷歸，中途爲賊所害。」是警在寶慶，被害亦去寶慶不遠也。阮志宦績引舊志，絶不及此事，但云「歷郎中，出爲寶慶知府，所至有聲。致仕歸，孝友文學，爲一時冠。有寄園集行世」而已。道光寶慶志百八政績録，陶珙有詳傳，言：「崇禎十年知府事。十一年以忤岷王被劾告官歸，會流賊入滇南，珙時家居，率鄉勇禦之，不勝，被執，强之降，不屈，大罵被害。」是警在滇南，被害亦在滇南也。遯園集序明言其挂冠歸後，始以集求序，則非中途被害可知。殉節録以「寇警」罷官，先後倒叙，殊欠明晰。頗疑珙亦殉永曆初年孫可望之難，特雲南志未詳耳。寶慶志八七禮書，有珙撰重修愛蓮池四先生祠記。四先生者，周茂叔、張無垢、朱晦庵、陸子壽也，亦滇南文略、滇繫所未收。

右陶珙

戈允禮，字履卿，又字嚴輿，保山人。天啓二年進士，官南京吏科給事中，至工部侍郎。阮志入鄉賢傳。允禮有曹溪一滴引、夢語摘要引二首在藏。其一滴引云：「此滴雖源曹溪，而自西自東，自南自北，華夷靈蠢，如魚種不同，同吃一水，只爭知味與不知味耳。吾滇知味如蒙苴頌、妙觀、盤龍、古庭、大巍、朗目諸禪師，近如妙峰徹公禪師，不退、無學兩居士，及無住上人，皆接曹溪嫡派。可見人人能飲，處處曹溪，次而傳之，期滴滴相承而已。不肖允禮，不知味者數十年，忽被徹公一喝，頓覺所謂知味不知味者如是，徹公爲之點頭，因書於首，以候後之知味者。」徹庸周禮，見高僧篇。其夢語引云：「予半生虛度，日顛倒於夢中，即視聖太高，視作聖太難，更苦懵懵懂懂，喚醒無人，尤淪没於夢中。幸而機緣未斷，崇禎丙子大士誕日，遇吾滇徹庸禪師於金陵之興善寺，謂予生死事大，須求菩提，歸而胡猜亂度，展轉弗寧。徹公出所説夢語示予，紫閬陶公聞之，亦出海門周先生證學録見贈，猛力憤發，細讀沉思，越十日昧爽，在枕豁然有悟。於戲！予自夢自唤，微獨徹公、紫閬不能唤予，即諸佛菩薩與周先生不能唤予，然非徹公、紫閬把我筌蹄，何繇得此魚兔！然後知徹公、紫閬之善用棒喝，具大慈悲心，有大功德力，起而頓首謝之，書夢語之首。」允禮與珙極密，丙子，崇禎九年，珙官南水部郎，與允禮同在南京也。

右戈允禮

王錫袞，字龍藻，號仲山，禄豐人。允禮同年進士。崇禎十三年擢禮部右侍郎，明年以時方急才，請召還前侍郎陳子壯、顧錫疇，前祭酒倪元璐、文安之，且乞免黄道周永戍，尋調吏部尚書。十六年憂歸，唐王立，拜禮部尚書，兼東閣大學士。永明王立，申前命，皆不至。明史二七九有傳。阮志入鄉賢。覺浪盛全録卷首有錫袞撰靈谷語録序，自述從覺浪問道因緣甚悉，爲滇南五名臣遺集所未載。其略曰：「不孝於衰絰中，方悲慕罔極，忽憶古德云：『大事未明，如喪考妣。』轉覺痛切。親不知親之去處，我不知我之始終，此真亘古今所共之生死大疑情也，安得不疑！又惡容自已！偶故人羅君邀過靈谷，訪圓通浪大師。予初以宗門多拒絶人，及見師接塵笑談，高閒雄快，不勝傾倒。因相與游於松風石澗之上，盤踞而坐，烹茗對酌。師忽指澗水曰：『公見麽？』予曰：『逝者如斯夫！』師正色曰：『公又恁麽去？』予時悚然，始知大事未明，不可不見明眼人也。乃於所寓循公房，題其額曰『遇浪處』，識所感耳。時予太座師姚太僕公子愚谷世兄，前於江右棄官，從大師學道，深得鉗錘之力。自丙子夏仲，都門别來，幾及十載，始復晤談甚愜。世兄以大師全集及靈谷新録示予曰：『此新序必藉一言。』予雖不文，然感師指示，不敢不勉，僅述所窺如此。崇禎癸未，古滇學人王錫袞稽顙拜題。」此錫袞丁憂歸至南京時撰也。顧亭林言「南方士大夫晚年多學佛」，豈不然歟！

右王錫袞

木增，字生白，麗江土知府。萬曆末於雞山創建悉檀寺，又於本山華嚴寺建藏經閣，九重崖建一衲軒，文筆山建尊勝塔院，俱極精偉。山中修建功德，以增爲最。又嘗於葉榆崇聖寺得華嚴懺儀四十二卷，延僧賫付蘇州雕版，寘嘉興楞嚴寺。其書真僞，錢謙益序已辨之，而增之熱心宗乘，於此可見。所著有雲薖淡墨六卷，四庫提要雜家存目九云：「增好讀書，多與文士往還，是書又多參釋典道藏語。」又曾重鋟其高祖木公恕卿詩，陶珙爲之序有曰：「弘辯、安仁二上人從悉檀請藏來南都，生白以其家藏雪山詩選遺我徵序。恕卿公往矣，生白出處高致，於白香山、龐鹿門爲近，時亦現身説法，詎沾沾綺語榮名爲！余不佞，倘得謝羈靮，尋盟勝峰悉檀間，持徹師所結集曹溪一滴，與公問飲光拈花處，公肯許我入室否也？」雞山志補二：「悉檀寺藏有木增僧服像立軸，絹本，長八尺，寬二尺餘。」趙樾川藩跋言：「增性躭禪悦，早辭珪組，往來諸名山，尤愛雞足，創建悉檀寺，請貯藏經，與本無訂立寺規，今已歷三百年，宗風不墜，足爲雞山各刹標式。吾輩遊山，下榻寺中，几案清潔，使人意遠。」則木氏之流澤孔長矣。

高奣映，號雪君，姚安土知府。博學能文，著有妙香國草，增訂來氏易註、等音聲位合彙、問愚録諸書。父耀，明亡後爲僧，奣映嗣，入清仍授世職。滇南詩略十六有奣映詩，其父爲僧，其子亦受聖可玉印記。錦江禪燈十三，載提刑奣映高居士問答機緣云：「居士初到華嵓茶次，問嵓：『古人道如人在樹，手不攀枝，足不踏枝，口啣樹枝，若問祖師西來意，答則失命，不答違問，如何？』嵓以手指自己茶鍾了，又指士鍾，士從者即取鍾斟茶，嵓云：『强將之下無弱兵。』士云：『何也？』嵓云：『居士從者也會祖師西來意。』後士又同屠居士遊温泉，士將浴，喫餅次，屠云：『大家來喫湯餅會。』士云：『此處可名洗兒泉。』嵓云：『九龍吐水也未？』士云：『憾不自脅間出也。』嵓提起槵珠作痛聲，屠云：『此老倒會揑恠。』嵓云：『入水求人兩意符，九龍吐水沐金軀，毋云不自脅間出，痛徹山僧一串珠。』」此事並見華嵓聖可玉年譜康熙十六年條，聖可，破山嗣，然則奣映破山再傳也。

右木增　高奣映

王弘祚，字懋自，又字玉銘，永昌人。崇禎三年舉人，以户部郎中督餉大同。甲申之變，仕清爲峕嵐道，官至兵部尚書。康熙九年乞休，僑居金陵，十三年卒，謚端簡。滇南詩略十六稱其「功在朝廷，惠在里閈，有足録者。」不知其曾發心學佛也。阮志仙釋類，言海悟於永北創建白雲寺，弘祚爲之記，而未載其文。惟寶華山志十三，有弘祚與見月和尚書，略云：「生誼篤枌榆，景仰高風，匪伊朝夕。第自通籍來，日在風塵勞攘中，忽忽三十餘年，都向忙裏虛度。客春自揣黔技久窮，馬齒漸長，具疏引年，獲遂丘壑之志。去冬抵金陵暫憩，距靈鷲峰頭咫尺，尚未得沐慧海之清瀾，飫醍醐之精液，何緣艱一至是耶！先致慕悰，嗣圖齋沐身心，頂禮法座，俾三十年大寐，一朝頓寤。然後買舟溯流而上，渡洞庭，涉沅水，躋攀貴筑，間道金碧，直達九隆，誅茅結室，與二三禪友講究性命之學，庶不致鹿鹿虛此一生也。」又卷十五載弘祚華山詩云：「眉湧白毫真，吾師吾里人，掃庭除虎跡，説戒至龍神。衣受高峰頂，心懸慧月輪，時偕二三子，慈範禮松筠。」書有懺悔皈依之意，詩爲見後傾慕之辭。綜其一生，無災無難，躡足公卿，有何可悔？假令大同一役，戢影雲岡，訪劉孝標之遺蹤，效文祖堯之高蹈，未必即爲餓莩。乃不此之察，唯阿苟容，既返江南，聞文祖堯、楊永言之風，豈不自慚形穢！迨乾隆傳貳臣以辱降虜，雲南竟得弘祚一人，全滇爲之失色。君子悲其一念之差以至於此也，悔何及矣！文祖堯見遺民篇。

右王弘祚

陸天麟，字玉書，寧州人。今傳有煙坪詩鈔二卷，鄉人林槐輯。李坤序謂其「鼎革後值沙定洲、孫可望之亂，轉徙諸郡，極人世不堪之苦。晚始定居江村，與二三僧侶徜徉山水間。」是也。又謂其「互以氣節相砥礪，不更仕新朝。」則殊未盡然。集中僧友有石峰、息塵、慈衲、雲庵、談空、寶月諸上人，禪味誠爲濃厚。然吾讀其詩，有亂離之痛，無故國之思，知其身家之念重，君國之念輕也。黎縣志以爲康熙時歲貢，當得其實；李序改爲明歲貢，滇南遺民録據以列之遺民，似未確。卷下寶月上人一首云：「寶月上人，予故人也，壯歲爲僧，莫知所往。今與友輩走畇町小試，偶遇曲江邑中，坐談而別。」有「笑我青衿銷緑鬢，念師白足耐黄塵」之句，則其亂後赴郡城應試，已自言之矣。集中又有辛丑歲初抵滇城一首，順治十八年辛丑，雲南補行庚子鄉試，疑即亂後赴省應試也，澂江趙士麟，即本科舉人，卷上昆明送麟伯趙孝廉會試詩有云：「都門會面期吾黨，馬首題詩擬隔年，假使朝廷推諭蜀，滇南文物讓君賢。」何嘗有不仕新朝之意，欲爲趙士麟而未得耳！唐末兵亂逼潼關，士子應舉如故，有爲詩者曰：「與君同訪洞中仙，新月如鈎拂户前，領取嫦娥攀取桂，任從陵谷一時遷。」士子之無心肝，自古而然，今故以列王弘祚後，非不欲成人之美，從其實也。集中所注紀年，亦不盡可據，如卷上注云：「起永曆庚寅至乙未。」然其中有挽擔當和尚詩，擔當卒於康熙十二年癸丑，距永曆乙未，已十有八年矣。又注云：「以下永曆乙未至己亥作。」然中有閏六月詩，則當是康熙三年甲辰作，距永曆己亥亦已五年，永曆固未嘗閏六月也。

滇南詩略十五：「彭印古，字心符，號栖霞，蒙化人，諸生。吳逆變，脅以官不受，隱遯西山，年三十二遽卒。」有訪知空禪師詩云：「過寺同雲到，開門放月來，翠分花外竹，香辨雪中梅。公得詩三昧，予躭酒一盃，相談不覺夜，清露滿蒼苔。」吳三桂反清，在康熙十二年，時彭才三十餘，則其生當在崇禎末，固清諸生也。知空名學蘊，見高僧篇。

滇南詩略十六：「文化遠，字又山，呈貢人，文祖堯孫也。康熙五年舉人。」著有晚春堂詩八卷。數與高奣映唱和，集即奣映所評選。卷八有秋夜踏月訪中和上人留宿偶成一首云：「清秋風月逼人清，策杖尋僧到化城，古柏插天雙影直，空堂照佛一燈明。共拈活句翻公案，旋煑新泉浣俗情，久擬偷閑今始遂，禪床欹枕任雞鳴。」徐霞客滇遊日記六，己卯正月十九日條，煙霞室東有中和靜室，疑即此僧。明季士夫禪悅之風，至清初未墜也。

右陸天麟　彭印古　文化遠

明季黔人文集，余所見者更少，欲考黔士之禪悅，比滇爲難。幸有黔詩紀略，網羅略備。且莫氏傳證，精博異常，對忠義遺逸，表彰尤力，足供吾人采證。紀略十一蔣杰條，引王士禛皇華紀聞云：「予在京師士夫齋壁見蔣杰書，筆力奇矯。杰字美若，普安人，萬曆己丑進士，以副使罷歸家居。晚年筆法益蒼勁，喜遊，足跡幾半天下，所歷輒有詩。喜琴喜歌，喜禪喜弈，多與高僧遊處。崇禎間自楚歸，卒於家。」語見皇華紀聞二。杰號象巖，曾出守南雄，此黔士初期禪悅之僅見者。

丘禾實，字登之，新添衛人。萬曆二十六年進士，閱十年遷左庶子，旋告歸。有循陔園文集八卷，詩集四卷，載明史藝文志，今佚。黔詩紀略十一有登陽寶山僧舍二首，其一云：「縹緲危峰碧落齊，攀躋竟日有招提，雲生户外諸天近，月掛松梢萬象低。元嶽何年歸玉笈，清談中夜共闍黎，一聲喚醒浮生夢，不是靈雞不敢嘑。」陽寶山在貴定縣北十里，山頂有寺，萬曆中僧白雲建。

潘潤民，字用霖，貴州前衛人。萬曆三十一年鄉試第一，三十五年進士。天啓二年任廣東按察司副使，五年擢按察使，累遷至雲南左布政使。阮志入名宦傳。著味澹軒詩文集。黔詩紀略十二有贈釋真如一首云：「跡與支公竝，心同惠遠俱，煙霞生逸韻，水月湛靈珠。挂錫雙鳧隱，參禪一鶴癯，無勞分半芧，知我是凡夫。」

右蔣杰　丘禾實　潘潤民

謝三秀，字君采，貴陽人。博極羣書，晚以明經三任教職，旋棄去，爲萬里遊。歷覽山川，與東南大家建詞壇旗鼓，有天末才子之目，著雪鴻堂諸集行世。黔詩紀略十四云：「貴州自成祖開省，迄於神宗，閱二百年。人才之興，媲上國而能專精風雅，馳騁中原，卓然一隊。雖前之文恭，後之龍友、滋大，未有先於君采者也。」文恭孫應鼇，見讀書僧寺篇，滋大吳中蕃，見遺民禪侶篇。雪鴻堂詩蒐逸一，有永興禪院赴明上人齋一首云：「惠遠能招客，香林坐掩扉，蟬希知夏早，鶯懶識春歸。淨業雙修苦，浮生萬慮非，伊蒲朝作供，細雨藥苗肥。」卷二有再訪德山青蓮社值建中上人歸，云：「兩度扁舟訪釣灣，開門童子報師還，經旬漾檝移深浦，昨夜梯雲宿舊山。蓮社可容陶令醉，蒲團聊對遠公閒，馬蹏明日長安道，回首中峰積翠間。」釣灣水名。蒐逸補有鳳遊寺頓持借緑軒作云：「古寺枕崇岡，入門山滿堂，松寒如欲雨，菊晚正宜霜。一榻留人處，千燈選佛場，新詩慚杜甫，空對巳公房。」

越其杰，字自興，一字卓凡，貴陽人。萬曆三十四年舉人。福王立，以右僉都御史巡撫東萊，八月移撫河南，南京破，尋卒。黔詩紀略十七，有與僧聽樹聲一首云：「古樹迎秋咽，禪扉盡日扃，聲先惟我解，寂處共僧聽。落葉翻成靜，馳光忽似停，往來人不絶，此意更誰惺。」又與友談禪云：「紛紛兩地總徒然，淨理原同出水蓮，琢句雖清終口業，愛山近淡亦情緣。能饒道眼方知道，不執禪心即是禪，寂歷孤燈照深意，蠹魚未悟老殘編。」

右謝三秀　越其杰

謝士章，字含之，普安衛人。萬曆四十四年進士，除增城知縣，歷員外、郎中，出爲重慶知府，累遷雲南參政。性耽吟詠，淡於仕進。其在增城，於衙齋搆秋似亭，取唐人詩「秋光都似宦情薄」之意。詩有十集，黔詩紀略補上，謂：「嘉隆以後，黔中詩家，若邵台山、楊冷然、丘獻之，各有詩名在人口，含之則姓字湮如。其循績清才，方志不載；莫子偲輯黔詩，不能舉其名，余薄遊廠肆，偶爾獲之。」有贈引南僧一首，序云：「引南，楚僧也，與予表叔蔣象巖太守公爲方外交。象巖文墨妙一世，引南禪解冠緇流，宜相得之深如此。不佞纏縛塵鞅，渺希彼岸，然禪悦似有宿根，使在虎丘壇下，尚能學頑石點頭，覯兹名釋，不望棗兒杖擊我背上耶！」贈之詩曰：「教祖天之西，南來無絶行，髡髮盡曰僧，誰者解清淨。幻鹿不成車，毒龍侈驕性，引南一上人，早已宗釋聖。不作蔬筍譚，獨照優曇鏡，蓮社不設醴，結侶招陶令。佛印自空明，坡翁以禪詗，吾世蔣元卿，高蹤古今併。泰嶽討靈詮，衡湘發名詠，適與上人親，形契加崇敬。卓錫坐山隈，深言絶譁競，美彼方外交，玄禪敻輝映。我無祇園施，願作曹溪泳，虎溪有三人，津梁遠相迎，何當謝頭簪，從之理真命。」象巖即蔣杰，見前文。又有夏夜坐海珠寺同上人夜話云：「伊蒲小饌絶塵埃，松塵蓮華共法臺，河朔幾人醒復醒，滄浪一曲去還來。宦情悟後腸俱冷，詩景當前眼頓開，廊廟江湖風調別，聊將散拙養庸材。」海珠寺在廣州江心。又有贈我靜上人，注云：「上人擅詩名，不除酒。」詩云：「削墨成名久，浮杯意若何，伴雲眠野寺，隨鶴度煙蘿。座下飛花雨，禪中帶酒魔，詩窮憐我癖，得句每相過。」

艾友蘭，字幽谷，麻哈州人，友芝弟。萬曆末由選貢授郞陽府竹山知縣。黔詩紀略十八有春日眺靜暉寺二首云：「捫閣尋真步欲前，忽聞鐘磬落諸天，沈沈松吹飄無已，緲緲爐煙斷亦連。幽野靈禽鳴梵刹，媚人新燕點春泉，徘徊惟愛蘿軒寂，相對忘言便足禪。」「陌頭楊柳逐飛花，乘興登臨叩釋家，客到山中應得句，僧歸刹裏亦傳茶。盤桓苔澗忘年序，箕踞蒲團聽法華，不向桑榆傾百斗，更於何處醉煙霞。」靜暉寺，鄒元標講學處，見讀書僧寺篇。

右謝士章　艾友蘭

楊文驄，字龍友，貴州衛人。萬曆四十六年舉人。福王時擢右僉都御史，巡撫常鎮，兼督沿海諸軍。清兵破南京，命鴻臚丞黄家鼒往蘇州安撫，文驄襲殺之於嘉定，遂走處州。唐王立，進浙閩總督。順治三年七月，清兵入閩，文驄急移軍衛仙霞關，清兵已間道先入，不能禦，負重創，退至浦城，被執，不屈死。文驄好游覽，東南佳勝，靡有不到，尤蓄意天台雁蕩。崇禎二年，父參政浙江，駐台州，乃得侍而遊焉。裒所得詩文圖畫，題曰山水移，首以謁董其昌，大嗟異，題其上曰：「龍友生於貴竹，獨破天荒，所作台蕩等圖，有宋人之骨力，去其結，有元人之風韻，去其佻，出入巨然、惠崇之間，觀止矣。」是時文驄才三十三，畫名噪大江南北。其後以職方監軍京口，吳偉業爲畫中九友歌云：「阿龍北固持戈矛，披圖赤壁思曹劉，酒酣灑墨横江樓，蒜山落月空悠悠。」其傾倒如此。文驄跌宕風流，豪邁自憙。好推獎士類，其戚馬士英當國，干士英者輒緣以進，故爲世所詆；然其不屈也，世亦亟稱之。

黔詩紀略十九有文驄贈文心上人看雲詩云：「天台有白雲，千年老不死，飛墮巖壑間，據松聽流水。東凝數朵青，西峙一片紫，壑中餘子孫，卷舒時陟屺。老衲有孤蹤，閒心亦如此，朝朝抱膝吟，莫逆笑相視。從來看雲人，幾滅復幾起，問師合眼時，可知雲看子。」文心，天台高明寺僧。文驄台蕩日記己巳七月十三日條：「余從天台縣入山，宜先至國清，因家嚴在萬年禮佛，遂舍國清徑入。至金銀嶺半，有一僧相候，風韻飄拂，大有詩意，及叩之，乃知爲無盡禪師高足文心上人也。握手相顧，恰是三生石上，一笑。」紀略十九又有參雪堂大師偈，序云：「余參雪堂大師，百千億萬言，將從何處説起。然思百千億萬言中，大師無端而以雪堂自命，是堂上雪，固即大師指上月也，因作偈言十二首相叩。」其一云：「趙州一個齒，下下嚼雪風，舌根推轉輪，此味將誰同。」其二云：「德山有一棒，棒打雪獅子，見晛胡爲消，是獅還是水。」雪堂，萬年寺僧。台蕩日記七月十四日條：「大人命遊，謂當從萬年始。且雪堂老僧，山中名宿也，急禮之。雪師坐我於左側之小軒，軒在竹塢松陰間，已占勝地，乃曲流花徑，又雜以異款，令人人見之，俱有住山之想。老僧止余宿，有雨意，急趨去。」紀略二十，又有送蓮印上人廬陽應講詩云：「豐干何事偏饒舌，周嫃憑誰借育胎，師請渡江參此意，閭丘不必馬重來。」又有寄訊一門上人云：「世態幾嘗我，愈思君味真，夢中聽澗溜，畫裏憶嶙峋。宿鳥窺新月，鄰僧識故人，好將丘壑埽，收拾此閒身。」廿一又有訪佛石師行十八澗中看紅葉云：「亂接前林翠，迴溪抱小寒，蟲鳴山色暗，風勁葉聲乾。望刹思靈鷲，逢僧說懶殘，願從修竹底，終日借雲看。」又有與耳公聯句六首，宿耳公房一首，白雲庵坐月同耳觀上人一首。雞山范志十有耳觀飛瀑穿雲詩，耳觀名普默，未識即此人否。

右楊文驄

沈奕琛，字石友，普安人。崇禎九年舉人，入清官至副使。曾宦粵，所著寄庵詩集四卷，即刻於粵，有康熙四年粵人謝元汴序及金堡等評。黔詩紀略廿三僅録二詩，不言其有集，疑未之見也。吾嘗見殘本，存前二卷。喜談禪，所與遊之僧，有默疑、梵伊、無異、用師等。其題梵伊結茅圖有云：「結茅結茅爲君圖，逃禪半是文字徒，梵公風華餘翰墨，豈以禪悅數寂滅！結茅結茅爲君説，住山多是泉石客，梵公聲氣及海隅，豈入深山賦索居！只今出處皆如此，文名氣誼蜉蝣耳。」金堡評云：「人皆説不出，獨石友説得出。」金堡，澹歸今釋也。又有「孫毓祺年寅丈備兵睢陳，予亦出守衛源，詩以送之」一首。毓祺孫建宗，順治七年睢陳道。詩云：「同儔執手數寒温，含香六載共蘭馨，筦計憂民誰與倫，司農左右曰王孫。」注：「時王玉銘筦計同事，因並及之。」玉銘王弘祚，雲貴同鄉，連袂仕清，恬不爲怪。蓋溺於清人爲明報仇之説，私相慰藉。既已同浴，誰譏裸裎，可慨也已！幸而其官不大，不至如王弘祚，不然，貳臣傳且有貴州人矣。大慧禪師曰：「予雖學佛，而愛君憂國之心，與忠義士大夫等。」紫柏老人讀長沙志忠義李芾傳，淚直迸灑，怒侍者不哭，至欲推墮崖下。今觀寄庵集，於君國之亡，毫不動心，而惟致慨於宦海升沈，身世窮達，其不爲紫柏老人推墮崖下者幾希矣，何禪悅之足云！

李專，字知山，遵義人。時寓黔西修文，故又稱修文人。康熙中拔貢，選教官不就。自少至老，偏歷滇黔楚蜀吳越燕趙，遠極甘涼西夏，足跡半天下。播雅六，有李專登黔靈山贈瞿脈上人詩云：「荊棘昔滿徑，將我衣裳鈎，平生一兩屐，恨無奇可搜，奄忽廿七載，拂雲見松楸，何時召大匠，結構成經樓。獨念龐眉人，掉臂歸九幽，盧能及慧可，孰辨龍與虬，坐叙初地日，不爲茶瓜留，願拍洪厓肩，同作方外遊。」瞿脈名淨和，赤松弟子。卷七又有訪南泉語峰禪師，及一花堂訪爍吼禪師詩。此黔士至清初猶有與僧伽往還者，然遠不如明季之盛也。

右沈奕琛　李專

黔南會燈録七有居士五人，例得附書。曰李合鱗，貴陽人，字之驊，原宦襲，棄儒學佛，參燕居和尚印證，翛然林下，集書一帙，名蔚堂草。曰劉个臣，普安邑侯，號天一居士，關南人，幼喜宗乘，常與當代尊宿交往，初任福州，過江西參龍山和尚有省，臨任，公事之暇，只危坐，每有定課行持。曰葉明福，字得禄，號居易居士，金陵人，鎮黔撫中軍事。幼好佛，留意宗乘，參海内知識，未足其意，特建家庵，名鷲嶺禪寺，迎隱元和尚問法請益印證，復志謁諸方明宿，有偈頌機緣等録，名逃禪集。曰龍元叙，號三一居士，普安人，幼年慕道，舉家供僧，一日遇松巋和尚，垂問城東老母與佛同生，因甚一生不欲見佛，士著語云：彼丈夫兮我丈夫。曰李六度，古滇人，十五看香山戲，動出家念，父母不允，有霞昌老宿諭曰：「昔維摩大士作人天師，談不二法門，不是在家菩薩耶！」士遵霞語，如父母命，後參善權和尚印證。

又梓舟船語録三，有貴州七居士請偈云：「貴省黔豐德近天，梵音乃遇七真仙，三千内外常安樂，直指毘盧在目前。」時梓舟住襄陽檀溪寺，永曆亡後一二年也。梓舟得法於二隱謐，謐得法於林野奇，奇則天童悟十二弟子之一也。

右黔南録五居士

述居士畢，當述比丘。徐霞客滇遊日記三，戊寅九月十四日條云：「曲靖翠峰山朝陽庵，爲劉九庵大師所開建。碑言師名明元，河南太康人，曾中甲科爲侍御，嘉靖甲子，駐錫翠峰。萬曆庚子，有征播之役，軍門陳用賓過此，感師德行，爲建此庵。後師入涅槃，陳軍門命以儒禮葬於庵之東原。」並注云：「土人言劉侍御出巡，安置二桃，爲鼠所竊，劉見之，佯試門子曰：『汝何竊桃？』門子不承，嚇之曰：『此處豈有他人，而汝不承，吾將刑之。』門子懼，妄承之，問核何在，門子復取他核自誣。劉曰：『天下事枉者多矣。』乃棄官薙髮於此。」傳説未必可據，然劉某之爲僧，當是事實。遊記言劉爲河南太康人，阮志仙釋據採訪則云山東人，又云：「康熙四十三年，南寧知縣王浮其同鄉，爲之修墓。」按王浮籍太康，康熙二十六年舉人，採訪者不知其説之矛盾也。惟嘉靖以前，太康劉姓進士，只有弘治十二年劉湜。河南志未言湜爲侍御。由弘治十二年己未，至嘉靖四十三年甲子，已六十六年，則湜駐錫翠峰時，至少有八十餘歲，未識果此人否，抑遊記所言甲子有誤也。

阮志仙釋引大理志云：「明鑑，號無臺，郡人李華之孫。年十八，祝髮聖峰寺，後隱波羅巖。草衣木食，嘗七日忘餐。萬曆十五年九月九日端坐而化。」雞山范志六作「大理郡守李華孫」，守字當誤。「李華字子實，大理衛人，成化十四年進士。任密雲縣，擢太僕寺丞。歸里優游，未嘗干人。卒之日，貨其居以斂。」阮志入鄉賢傳，當即此人。李元陽與明鑑蹤跡最密，曾同居白鷗院三年。中谿集一，有無臺老同居白鷗院詩，河上送無臺上人歸雞足山舊隱詩，山齋贈鑑上人詩，卷二有病中寄無臺、印光二上人詩。其送歸雞山舊隱詩云：「波際穿青靄，霞中返碧蓮，岫雲一旦別，蘿月幾回圓。春服縫香草，朝餐責石泉，應憐牽世者，不解隱松玄。」

右劉九庵　明鑑

滇繫雜載：「僧廣度，原名曾倬，建水人。中嘉靖甲子鄉試，知瀘溪縣。致仕歸，精研禪理，號卓然子。一旦忽有悟，祝髮棄家，住香林、水月兩寺。萬曆庚子，杖錫禮峨眉、普陀諸勝，至杭之雲棲寺，依沈蓮池受度今名。過瀘溪，邑人以舊令故，攀留供養。忽感微疾，預知逝期，翛然而化。」黔撫郭子章贊其像曰：「僧而帝，創業之明主；帝而僧，建文之寄寓；僧而侯，虎丘之廣孝；令而僧，滇池之廣度。蓋自古王侯皆然，而何分于玉輅韋布。公起儒紳，山長民庶，已趨寂教，忽焉頓悟，普陀加鞭，雲棲解屨，遨遊五老，至止三顧，雞足卓錫，大酉軒翥。乙未而生，癸卯而故，瀘溪而仕，瀘溪而住。將華藏海會之赴，而何心于金馬碧雞之駐；將諸上善人之與聚，而奚羨夫震旦五濁之屬。嗟嗟廣度，從今大寤，神留水月，萬年旦暮。」

滇南文略三一，有曾倬撰鏡湖洞記，略云：「愚性頑鈍，且癖山水，久棲香林山中，僧衆指石屏東二十里許萊玉峰，有石洞垂山腹，愚喜往觀之。洞口藤蘿大石錯雜，衆扶愚綆腰而下，不數武，一竅通天，萬象森然，纖毫無弗辨也。境勝若此，使人塵心殆盡。愚數棲乾陽，高空飛瀑過之，未若此洞奧而曠，曠而奧，可藏脩也。」據此則倬久具出塵之想，非一旦有所觸而遯者也。

雞山范志六：「澹虛，名廣融，葉榆人。俗名李應霖，中鄉榜，萬曆年任知州，棄家祝髮於寂光，禮水月爲師，建三益樓、清涼閣。」按應霖萬曆七年舉人。志又云：「洪度，號不空，臨安府孝廉。初於雲南玉案山筇竹寺祝髮，名自度，後歸依徹庸，改今名。嘗隨徹庸住雞山，僧衆以禪問之，惟答以『念佛』二字。後於妙峰談律，門徒甚盛。臨終或問曰：『和尚平日念佛，此時何如？』應曰：『我自念佛，與汝何與！』遂寂然逝。」阮志仙釋引臨安志，言：「洪度俗名李宗望，建水人。萬曆四十六年舉人，任原武令。尋歸，祝髮於高嶢之太史祠，遷住天目山。」宗望與曾倬同縣，蓋有慕而爲之，亦非偶然也。

右曾倬　李應霖　李宗望

雞山范志六又云：「悟澄，號淵明，葉榆紳士楊春杕之子。幼年辭榮入山，禮無心和尚出家，爲徧周禪師之徒，結茅放光寺左。閲藏五載，究明佛意，臨終端坐而化。」阮志選舉志有楊春枝，大理人，萬曆十九年陶珽同榜舉人。杕、枝二字，當有一誤。

阮志仙釋引楚雄志：「祖復，姓朱氏，字立禪，晉藩宗子。萬曆初遊匡廬茅山，精修禪定，脅不至席者五十餘年。後住紫溪，建紫頂寺，度緇流甚衆。」滇釋紀二言：「祖復號野山，至滇建紫頂禪林，未幾入永昌寶臺山，更創金光梵宇。赴京請藏，置山供奉。及聞明祚告終，遂斷食，唯飲清水者三七日，説偈而逝。」

黔詩紀略後編一：「陳祥士字賢裔，平壩衛人。順治中拔貢，朝考第一。官慶符知縣，擢兵部員外郎，所在有能聲。性躭禪悅，年甫三十餘，解組歸，居玉螺山，閉關沈寂，不與世通，自號希聲和尚。衲衣僧帽，跨一驢，隨一童，遠涉昆華，登雞足，眺岷峨離堆之勝，攬珠崖象浦之奇，西南名山，遊蹤幾遍。晚復偃息玉螺，著有玉螺山詩鈔。」按貴州安得有順治中拔貢，四川順康間慶符知縣，亦無陳祥士之名。錦江禪燈十二：「希聲名徹詠，貴州安平縣宦族陳氏子。幼習儒業，穎悟過人，求出家，父母不許。隨父宦遊遵義，詣桃源洞謁丈雪和尚，機語相投，丈異之，雙親見背，棄家入山。云『從上諸祖，各具手眼，或鈴或鐸，或棒或拂。』乃將木五寸許，爲圓頭尖脚，名曰得樂，作得樂歌，日行鞭唱。如此數年，人莫能解。攜杖雲遊，徧歷名山大川，搜括玄奥，窮究宗旨。入蜀上昭覺，重晤丈雪和尚，遂付法焉。」

右悟澄　祖復　陳祥士

以上所舉諸僧，皆先儒而後釋。有先釋而後仕者曰申甫，雲南人，明史二七七附金聲傳，言：「崇禎二年十一月，大清兵逼都城，聲慷慨乞面陳急務，帝召對平臺。聲退，具疏言：『臣所知申甫，有將才，願練敢戰士，爲國家捍强敵。』申甫僧也，好談兵，方私製戰車火器。帝納聲言，取其車入覽，授都司僉書，即日召見，奏對稱旨，擢副總兵，勅募新軍，便宜從事，改聲御史參其軍。甫倉卒募數千人，皆市井游手，所需軍裝戎器，又不時給。而是時大清兵在郊圻久，勢當速戰，急出營柳林。總理滿桂節制諸軍，甫不肯爲下，桂卒掠民間，甫軍捕之，桂輒索去。聲以兩軍不和聞，帝即命聲調護。亡何桂歿，甫連敗於柳林大井，乃結車營蘆溝橋，大清兵遶出其後，御車者惶懼不能轉，殲戮殆盡，甫亦陣亡。聲痛傷之，言：『甫受事日淺，直前衝鋒，遺骸矢刃殆徧，非喋血力戰不至此。』帝亦傷之，命予卹典。聲恥無功，請率參將董大勝兵七百人，甫遺將古壁兵百人，練成一旅，收桑榆之効，不許。」

按甫之所以敗，由兵新未練，軍需不備。金文毅集一，據實奏報疏，言之甚詳，今不必論。唯申甫死節，則堯峰文鈔卅四，青門簏稿十五，明儒學案五七，史外六，均無異詞。惟烈皇小識崇禎二年條云：「申甫者，游棍也。始爲僧，號本初，游滇黔中，得彼中役鬼之術，小試輒驗。金聲薦之，至蘆溝橋，猝與敵遇，所造車既不可用，試術復不驗。所統七千人，無降跪而受刃，猶幸不爲郭京之續也。」此則故爲毁詞，然正可由毁詞得其事實，即七千人無降者是也。郭京，宋史三五三附孫傅傳，靖康元年，以妖法拒金兵，兵敗引衆遁者，豈可與甫相提並論哉！勝朝殉國諸臣録四，列甫在封疆殉節諸臣中，大書曰：「京營副總兵申甫，雲南人。崇禎二年，大兵薄蘆溝橋，統兵出戰死，一軍七千人盡歿。」吁，壯哉！聲疏言甫遺將有古壁，吾頗疑古壁亦僧也。因「古」爲明季僧派，與錢邦芑同時祝髮諸人，皆以「古」名，但未知爲滇人否耳。僧何負於國哉！

右申甫

明季滇黔佛教考卷四

僧徒拓殖本領第十一

興隆月潭寺　思南觀音閣　黃平鼓臺山　貴定陽寶山

銅仁蓮池洞　貴陽黔靈山　普安八納山　永平寶臺寺

騰越打鷹山　固棟尖山　武定普照庵　舍茲公有庵

楚雄九臺山　開化緑蘿寺　昆明華亭山　尋甸鍾靈山

悉檀寺浴池　大覺寺水景　尊勝塔水管

明季滇黔佛教之盛，既如上述，然尚有一特別原因，則僧徒拓殖之本領是也。僧徒何獨有此本領？則以刻苦習勞冒險等習慣，爲僧徒所恒有，往往一瓢一笠，即可遍行天下。

故凡政治勢力未到之地，宗教勢力恒先達之。滇黔開闢較遲，其開闢神話，將於次篇論述，今先論僧徒開闢之實力。

王陽明之謫貴州龍場驛也，曾撰重修月潭寺建公館記，曰：「天下之山，萃於雲貴，連亘萬里，際天無極。行旅之往來，日攀緣下上於窮崖絶壑之間，雖雅有泉石之癖者，一入雲貴之途，莫不困踣煩厭，非復夙好。而惟至茲巖之下，則又皆灑然開豁，心洗目醒，雖庸儔俗侶，素不知山水之遊者，亦皆徘徊顧盼，相與延戀而不忍去，則茲巖之勝可知矣。巖界興隆、偏橋之間，各數十里，行者至是，皆憊頓飢悴，宜有休息之所。而巖麓故有寺，寺漸蕪廢。憲副滇南朱君文瑞按部至是，樂茲巖之勝，憫行旅之艱，乃捐資庀材，新其寺於巖之右。使遊僧正觀任其勞，指揮遊遠度其工，遠近之施捨勤助者，欣然而集，不兩月而工畢。自是飢者有所炊，勞者有所休，遊觀者有所舍，而茲巖之奇若增而益勝也。正觀將記其事於石，適予過而請焉，是誠不可以不志也。寺始於成卒周齋公，成於遊僧德彬，增治於指揮劉瑄、常智、李勝，至是凡三緝。而公館之建，則自今日始。」文見王文成全書廿三，時爲正德三年。是月潭寺之創始者周齋公也，遊僧德彬特佐其成耳，而抑知不然，貴州志藝文有王訓東坡月潭寺記云：「此地在夷區，古所弗治，自皇明一統，始制兵衛。間有學佛者結廬，號普陀巖。正統間遊僧來營寺址，名曰月潭。時貴之都指揮使常智爲衛興隆，倡衆募財，首建正室，中塑法象，金碧麗美，遂有聞於四方。」王訓，正統間貴州衛人，任本衛教授，其言至可信據。是月潭寺之創建，德彬爲主動，官吏特募款助其成耳。即正德之重修，亦正觀爲主動，故由正觀請記。不自以爲功，而歸其功於施主，讓也。吾非爲二僧爭功，蓋以此等建置，惟僧徒爲長，官吏遠不及也。

右興隆月潭寺

思南中和山觀音閣，亦僧徒創建，而募助於官僚。李同野渭觀音閣記序云：「舊華嚴寺在中和山麓。黔山多奇勝，在城中唯中和山。嘉靖戊午，道人魏洪、馮靜通，僧人正泰，白於兵憲金公，於山之陡絶處，建觀音閣。萬曆乙亥，郡守修庵蔡公，建樓於閣前，兵憲高公，篆普濟匾於亭楣，僧人滿圓、法通，增建六佛堂，及左右樓舍。辛巳，正泰募衆建藏經樓，碧空請經於金陵，閣乃稍稍完美。古泉張公，並觀厥成，謂當載筆記其事。」記見黔詩紀略三。

黄平鼓臺山，在舊城之南，四周塹削，頂平若鼓，鑿梯挽鐵絙乃可上，奇境也。萬曆間募工開徑者爲僧性祖，知州巴縣楊鳳翥遊鼓臺山記云：「出東平門越溪去，則相寶寺也。

不越溪西折數武，則馬苑也。右巖壁立千仞，左則山石嶙峋，令人躊躇摩弄不忍去。當瀦水時，往來有厲揭患，僧性祖募工開徑，旁植桃若干本，春來花紅滿苑，余呼爲小桃園，徑盡處敞一坪，所謂山之頭天門也。」記見黔詩紀略十一。

右思南觀音閣　黄平鼓臺山

貴定陽寶山，絶高聳，舊有寺，萬曆中僧白雲更建於絶頂，夜光時起殿中，烈風碎瓦，乃易以鐵。崇禎中僧寶華又構靜室於山麓，極幽緻。丘懋樸送寶華遊雞足山詩序云：「寶華上人者，蜀人也，初遊於貫，以貲雄其儕，一旦見寶之勝，一切棄去，遂披剃焉。山故饒靈秀，而僧不過三五人，衣鉢不充，香火寂莫。上人來，始以戒律精嚴，爲四方檀越所重，於是謁禮日衆，寶地一新。於玄帝殿後，又建佛廬，畫棟雕甍，屹然巨麗，聚徒百餘人，鳴鐘而食，盛矣。又於山之趾開一最幽處，石具諸色，玲瓏偃仰，人工位置所不及，奇樹古藤，離奇夭矯，皆百餘年物，蒼翠不可名狀。爲構靜室三楹，每入其中，令人塵想都盡，不忍捨去。余嘗歎謂同遊，此地去山不數武，何至今始見，地靈人傑之相待，詎不信哉！」序見黔詩紀略二二。

銅仁蓮池洞，幽邃之區也，僧無相建寺於此。徐澹園閭蓮池洞詩序云：「吾銅東偏二十里，萬壑千巖，丹臺翠巘，爲六龍山。峭壁危峰，中劈一洞，池形如蓮，爲蓮池洞。其地向屬三苗，萬曆間地始歸郡。山猶壅塞未開，人跡罕到。無相上人以茲山清幽勝地，卓錫於此十餘年。於洞前石庵構樓三楹，以奉牟尼，因高就下，而結僧寮焉，茲山大開生面矣。會癸丑冬，吴逆竊叛，鄉城士民挈數百家復避於山，俱恃險以無恐。是蓮池之靈，匪惟侈遊觀，實踞形勝，全生靈，不幾與五嶽四瀆之功，並垂終古耶！」序見黔詩紀略後編四。

右貴定陽寶山　銅仁蓮池洞

貴陽黔靈山，尤有名。陳鼎滇黔紀遊上云：「黔靈寺乃撫軍曹申吉所創，初荒山也。寺在山巔，盤曲而上者三里，有泉一泓，可供百衆，大旱不涸，寺後一池，冬夏不竭，周多林木，頗幽勝也。」陳鼎以康熙十年遊黔，時黔靈正開闢，黔撫曹申吉爲檀越，主者實赤松道領也。赤松潼川韓氏，得法於敏樹相，爲破山再傳弟子，能文章，四方名士多與之遊，有語録行世，其卷四贈遊山客云：「旭日照黔靈，四圍氣象明，山開非鬼斧，路鑿有仙名。境僻塵心靜，溪聲鳥語清，賓朋同席地，細看落花平。」梅溪度語録十有壽赤松和尚詩云：「闢得黔靈逼太空，層山曲水盡依從，弧懸此日花飛雨，一座當軒繞象龍。」黔靈爲赤松所闢無疑義，陳鼎謂曹申吉所創，猶王陽明謂月潭爲周齋公所創也。寺名弘福寺。李宗昉黔記二謂：「赤松浙江人，後遷長沙，又移蜀中。明末避亂至黔，棄儒業，投靈藥和尚披剃，遊滇蜀歸，遂闢黔靈山爲祖師。」是也。銅仁楊光熹登黔靈山訪赤松師不值詩云：「歷盡巑岏路，危梯挂石闌，凌空人似鶴，望遠市如盤。雲掩孤扉迥，風高六月寒，謾須尋勝跡，緩步已蹣跚。不圖霄漢外，蜃結涌珠宮，軒翥森高下，盤旋入窅濛。雨餘芳草綠，霞落碧厓紅，坐覺塵機息，悠然憶遠公。」查慎行敬業堂集三，有九日同赤松上人登黔靈山絕頂四首，其一云：「絕磴攀躋望已窮，忽穿鳥道入禪宮，雲端方丈娑羅日，井底孤城觱篥風。草木連天人骨白，關山滿眼夕陽紅，興亡何與閒僧事，一角枯棊萬劫空。」黔詩紀略後編三十，有周起渭遊黔靈山示赤松和尚詩云：「塵土無因到上方，亭林風日淨年光，輕煙作陣扶楊柳，細雨如絲浴海棠。忽聽鳥吟天籟發，更聞禪語竹風涼，桃花作飯終須悟，曲几何因着漫郎。」此詩桐埜集未收。

徐霞客黔遊日記二，戊寅四月廿九日至普安州，言：「州東北七十里有八納，其山高冠一州，四面皆石崖嶄絕，惟一徑盤旋而上，約三十里，頂甚寬平，有數水塘盈貯其上，軟橋之水所由出也。土音以納爲但，而梵經有叭咀哆之音，今老僧白雲，南京人，因稱叭咀山，遂大開叢林，而夷地遠隔，尚未證果。」可見崇禎末，黔中諸山，尚開闢未已，而開闢者僧也。

右貴陽黔靈山　普安八納山

霞客滇遊日記，言滇中諸山開闢尤詳，今舉永平寶臺、騰越打鷹山、固棟尖山爲例，此等荒山之開闢，在當時非僧莫屬也。滇遊日記八，己卯三月廿六日至永平，云：「寶臺大寺，爲立禪師所建。三年前立師東遊請藏，久離此山。余至省，即聞此山之盛，比自元謀至姚安途中，乃聞其燼於火，又聞其再建再燬，余以爲被災久矣，至是始知其災於臘月也，計其時余已過姚安矣，不知何以傳聞在先也。自大寺災後，名流多棲托慧光，余至日猶下午，僧固留，遂止寺中。二十七日飯於慧光寺，即南上，東至萬佛堂，此即大寺之前院也。踞寶臺南突之端，其門西向，而堂陛俱南闢，前臨深峽之南，則南山如屏，絶頂有湧石塔，高二丈，云自地湧出，乃石笋也。其南坳間，又有一陝西老僧，結茅二十年，其地當南山奥阻，曾無至者，自萬佛堂望之，平眺可達，而下陟深峽，上躋層崖，竟日而後能往返焉。由萬佛堂後北上不半里，即大寺故址。寺創於崇禎初元，其先亦叢蔽之區，立禪師尋山見之，爲焚兩指，募開叢林，規模宏敞。正殿亦南向，八角層甍，高十餘丈，址盤數畝，其脈自東北圓穹之頂，層跌而下，狀若連珠，而殿緊倚之。第其前横深峽，既不開洋，而殿址已崇，西支下伏，覺地雖幽閟，而實鮮關鎖，此其所未盡善者。」立禪名祖復，晉藩宗子，見士夫出家篇。野竹語録七有立禪和尚贊云：「立禪和尚，僧寶頂像，帶水拖泥，流通龍藏。不怕黑風漂鼓，落得慈航無恙，如今葉落歸根，跏趺金屏石上，好好出來相見，免得虚空痛棒。」即此人也。

右永平寶臺寺

滇遊日記九，己卯四月廿一日至騰越，云：「北上寶峰寺，問道於尼，尼引出殿左峰頭，指山下核桃園，直北爲尖山道，西北登嶺爲打鷹山道。聞打鷹山有北直僧新開其地，頗異，乃躡棘披礫。霧氣襲峰，中多迴壑，竹叢雜布，見有撑架數柱於北峰下者，從壑中趨之，仍無路。柱左有篷一龕，僧寶藏見余，迎入其中，始知即開山之人也。因與余遍觀形勢。飯後霧稍開，余欲行，寶藏固留止一宵。余乃從其後山中垂處上，大山自後迴環之，上起兩峰而中坳，遥望之狀如馬鞍，故又名馬鞍山。土人言三十年前，其上皆大木巨竹，蒙蔽無隙。中有龍潭四，深莫能測，足聲至則湧波而起，人莫敢近。後有牧羊者，一雷而震斃羊五六百及牧者數人，連日夜火，大樹深篁，燎無孑遺，而潭亦成陸。今山下有出水之穴，俱從山根分逗云。山頂之石，色赭赤而質輕浮，狀如蜂房，爲浮沫結成者，雖大至合抱，而兩指可携，然其質仍堅，真劫灰之餘也。寶藏架廬在中峰之下，前臨兩乳，日後有擴而大者，後可累峰而上，前可跨乳爲鐘鼓之樓云。今諸窪雖中坳，而不受滴水，東窪之上，依石爲窩，東瀦水一方，豈龍去而滄桑倏易，獨留此一勺以爲開山之供者耶！　寶藏本北直人，自雞足寶臺來，見尖山雖中懸而無重裹，與其徒徑空覓山至此，遂龕坐篷處者二年。州人皆爲感動，爭負木運竹，先爲結此一楹，而尚未大就。徑空西川人，向從戎爲選鋒，復重慶，援遼援黔，所向有功。後爲騰越參府旗牌。薙髮於甘露寺，從師覓山，師獨坐空山，徑空募化山下，爲然一指，開創此山，俱異人也。是晚宿龕中，有一行脚僧，亦留爲僧薙地者，乃余鄉張涇橋人，蕭姓，號無念，名道明，見之如見故人焉。二十二日晨起宿淨盡，寶藏先以點餉余，與余周歷峰前，憑臨而南爲南甸，近嵌麓西爲鬼甸，而直北明光六廠之外，皆野人之棲矣。久之乃飯而別。寶藏命其徒徑空前導，從東北行，皆未開之徑也。」

右騰越打鷹山

四月廿三日至固棟，云：「尖山純石中懸，支條盤突，箐樹蒙蔽，如翠濤沉霧，深深在下，莫窮端倪，惟聞猿聲千百，唱和其間，而人莫至也。峰頭就豎石鑿級爲梯，似太華之蒼龍脊，兩旁皆危崖，而石脊中垂，闊僅尺許，若龍之垂尾以度，而級隨之，仰望但見層累不盡。梯凡三轉，一里而至其頂。頂東西長五丈，南北闊半之。中蓋玉皇閣，前三楹奉白衣大士，後三楹奉三教聖人，其向皆東臨前峰之尖。南北夾閣爲側樓，半懸空中，北祠真武，下臨北峽，兩頭懸榻以待客，南祠山神，下臨南峽，中廠爲齋堂，皆川僧法界所營構。蓋其上向雖有道，而未開闢，莫可棲托，法界成之，不及五年，今復欲闢山麓爲下殿，故往州未返。余愛其幽峻，遂止東側樓。守寺二僧，一下山負米，一供樵炊而已。廿四日晨起，天色上霽，四山咸露其翠微，乃呼山僧與之指質遠近諸山，一一表出，因與懸南崖而下。有崖前臨絶壑，後倚峭壁，僧指其下有仙洞，須從梯級下至第二層，轉崖下墜，乃可得之，遂導而行。其洞乃大石疊綴所成，覆處爲洞，穿處爲門，門不一竅，洞不一層，若疊級架板，亦可幽棲處也。復隨導僧由梯級北下懸空之臺，乃石脊一枝，下瞰北壑，三面盤空，由峰後西南越脊而下，更多幽境。近法界新開小路，下十里至小甸，乃固棟西向入峽，經此而趨古勇之道。其坡有熱水塘，亦法界新開者。」按法界名寂觀，大理人，俗姓陳，萬曆間出家，後歷諸方，至燕參徧融和尚，歸滇曾主雞足傳衣寺。

右固棟尖山

霞客遊記之外，足證吾說者，有傅宗龍武定州普照庵記，見滇南文略二九。記仿歐陽醉翁亭，曰：「郡城東二十里許，地名的多，環村皆山也，峰翠萬重，泉流九曲，誠哉武陽奇觀。其西南一山，峭壁蒼松，別是壺天，巖懸一洞，佳氣隱見，洞前林壑尤美，望之慈雲碧映，慧日光浮者，普照庵也。作庵者誰？山之僧性用、性寬、儒質。三僧來自賧詔，卜築此山，結茅而居。時檀越星安董君，耳目其戒行不訾，雅重之，遂爲倡募，創建殿堂廂廡。法界維新，金塗顯煥，一時好施之士，相與有成。置常住田畝，爲普照庵永久計。」按庵又名芭蕉庵，見阮志寺觀六。

王元翰有公有庵記，見凝翠集，文曰：「滇西榆城，爲古阿育王封國。王造八萬四千浮圖，而雞足亦其封以內壤也，以故名藍精剎，實甲諸滇。凡僧之禮峨眉，必謁雞足，蓋飲光捧金襴加被善信，其所攝受者遠矣。唯是山距昆池尚千里，而僧俗之遊睹，必窮日之力，投諸逆旅，曾不得望甌脱而棲息焉，斯亦法門中憾事已。余嘗謂繇昆池以西，創十數庵，旌幢相望，直接雞嶺，豈非大快，奈之何力不逮耳！僧天際者，幼具根器，長不退心，知世間法一切皆空，不能妄執爲我有，乃于舍茲孔道，特建一庵，命曰慈明，丹堊妝飾，範像精嚴。又捐所有田租，每年約百石，實其中，以接待十方行脚，不至桑宿而露處，洵非尋常有漏之因所可比擬。何者？彼以私，此以公；彼與少，此與衆也。是故憫往來者之靡所止而館之穀之，不謂慈乎！以家田爲福田，難捨能捨，尤不作我捨想，不謂明乎！然其慈其明，總繇公有一心，造此功德，吾故更慈明爲公有，以風來者。」按舍兹在禄豐、廣通之間，爲昆明至雞足要道，與由楚入黔之月潭等，前此交通不便，途中非有建置如月潭不可，乃官吏士紳不能爲，必待僧侶而爲之，豈非以其有利人之精神耶！王元翰亟稱之，宜矣。阮志仙釋引舊志云：「本源，昆陽人，萬曆二十九年棄家爲普照寺僧。遍謁名山，十三載歸，結庵碁盤山，習止觀，御史傅宗龍慕其戒行，延主普賢寺。本源念碧雞關下數十里，紆迴曲折，雨即濘泥，募工自夏家窯至省，障水築堤，修橋梁，成坦途，行旅便之。」事與公有庵相類，附識於此。

右武定普照庵　舍兹公有庵

楚雄九臺山，知空藴所開。知空語録上有開山畢示衆一則云：「此山巍峨聳削，疊嶂清幽，稠松密竹，源遠流長，浩劫至今，曾無有異。直待山僧到來，指出宏基，開建佛刹，可謂是山之時節因緣，山僧之因緣時節，一時萃聚，不可思議。古人道：欲識佛性義，當觀時節因緣，時節若至，其理自彰。雖然，時節因緣，諸人盡知，且道如何是佛性義，若也道得，不負朝夕搬磚運石，扛水扛土，一番勤勞，可謂與山僧共出一隻手也。有麽有麽？衆無對。師曰：鑿破鴻濛無覓處，且隨風月下瀛州。」

開化緑蘿寺，恒秀林所開。恒秀語録四有石文成緑蘿緣起叙云：「緑蘿在開陽之樂農，向爲夷地，自開闢至今，山雖奇而品題不及，人雖衆而教化未聞，聖賢不至，長夜千古。有濟宗法嗣恒秀和尚，具大智慧，得天童悟嫡孫幻翁衣鉢，遊歷黔滇，爲諸檀護敦請，開刹緑蘿，遠近四衆，爭相供奉，捨山助田，期年而繼祖堂成，院墖諸制，次第並舉，緑蘿與墖之名，從此與天地並永矣。獨怪此地亘古未聞教化，而恒師於數年之内，能使遠近莫不尊親，何法之神歟！」恒秀得法於雲幻宸，爲破山再傳，有語録行世，卷五有樂農村一絶云：「緑陽峰下樂農村，淺水平田亦可耕，富庶如今通至化，絃歌不減武城聲。」宗教每爲文化先鋒，理或然歟。

右楚雄九臺山　開化緑蘿寺

開闢要務莫先於水源，擊壤歌「鑿井而飲，耕田而食」，大雅「相其陰陽，觀其流泉」，皆先注意於水，蓋人非水火不生活也。吾今且言明季滇南諸僧之水法，阮志山川二，載昆明戴絅孫華亭山記云：「緣太華北行，路縈紆如蟠蚓，樹皆高千餘尺，濃陰垂翳，流泉逕其下，聲瑽琤若鳴佩環。未數里至華亭山，山多種竹，周竹林外，皆接椶櫚引水。其法取椶櫚大者剖半之，斫數十節，使相連綴，楮以木石，泉漉漉從中出，循之行，及大圓覺寺而止，蓋寺僧引流與廚會，就其罅滬飲之，殊清冽。」阮志山川十又載尋甸保仲遊鍾靈山記云：「先是兩寺皆無水，以木梘引潭水，傳燈寺用三百餘梘，音吼庵用二百梘，始渡至，水漉漉鳴廚下，春山花發，片片浮梘中，所謂落花流水，又一奇也。」陳佐才翼叔詩集三言：「歲丁巳，沙塘哨僧視行人若枯魚，以善化人，鑿石引水數里許，濟其渴，結無盡緣，喜而贈以詩云：天精鑿破，地髓鑿開，點點滴滴，從心性來。山竅劈破，水縫劈開，點點滴滴，從汗血來。」此沙塘哨僧，與舍茲夏家窯僧，用意全同，一則利人住，一則利人行，一則利人飲，皆宗教家利人精神之表現也，因並及之。

右昆明華亭山　尋甸鍾靈山

徐霞客遊記有關於水法者數則，曰悉檀寺浴池，大覺寺水景，尊勝塔水管，以次述之，可見當時僧侶之巧思，擴而充之，即近代水法矣。滇遊日記五：「戊寅十二月廿八日，至雞足山，入悉檀寺。具餐后，知莘野乃翁沈公來叩，尚留待寺間，亟下樓，而沈公至，各道傾慕之意，時已暮，寺中具池湯候浴，遂與四長老及沈公就浴池中。池以甎甃，長丈五，闊八尺，湯深四尺，炊從隔壁釜中，竟日乃温。浴者先從池外挽水滌體，然後入池，坐水中浸一時，復出池外，擦而滌之，再浸再擦，浸時不一動，恐垢落池中也。余自三里盤浴後，入滇祇澡於温泉，如此番之浴，遇亦罕矣。」

右悉檀寺浴池

滇遊日記六：「己卯正月初四日，入大覺寺，叩遍周老師。師爲無心法嗣，今年届七十，齒德兩高，爲山中耆宿。余前與之期，以新旦往祝，而獅林遲下，又空手而前，殊覺快快。師留餐於東軒，軒中水由亭沼中射空而上，沼不大，中置一石盆，盆中植一錫管，水自管倒騰空中，其高將三丈，玉痕一縷，自下上噴，隨風飛灑，散作空花，前觀之甚奇，即疑雖管植沼中，必與沼水無涉，況既能倒射三丈，何以不出三丈外，此必別有一水，其高與此並，彼之下，從此墜，故此上，從此止，其伏機當在沼底，非沼之所能爲也。至此問之，果軒左有崖高三丈餘，水從崖墜，以錫管承之，承處高三丈，故倒射而出亦如之，管從地中伏行數十丈，始向沼心竪起，其管氣一絲不旁洩，故激發如此耳。雁岩小龍湫下，昔有雙劍泉，其高三尺，但彼則自然石竅，後爲人斫竅，而水不湧起，是氣洩之驗也。余昔候黄石齋于秣陵，見洪武門一肆,盆中亦有水上射,中有一圓物如丸,跳伏其上,其高止三尺,以物色黄君急,不及細勘,當亦此類。」按乾隆初,清帝偶閲西洋畫,見有噴水池之景,命工部物色在京西教士誰能製此者,工部以蔣友仁進,即令於圓明園創修水景,不意百年前雲南僧已在雞足山創製之。今北平住宅有水厠者,俗名衛生設備,賃價倍昂,然水厠康熙時已有之,方望溪集七,贈介庵上人序云:「佛之徒而儒行者曰介庵,雲南昆明人,從其本師蘭谷至京師,余嘗就其溷匽,修潔如小齋,叩所以,則下通水流,躬盪滌,日日而新之。」是也。夫回回教之浴法,已推及宫庭,故武英殿有浴德堂之築,惟雲南僧之水厠,直至清末,尚未聞宫禁有之。

右大覺寺水景

又滇遊日記六,己卯正月初八日條言:「余初入雞山,抵大覺,四顧山勢,重重迴合,叢林淨室,處處中懸,無不恰稱,獨此處欠一塔,爲山中缺陷。及至悉檀,遥顧此峰尤奇,以爲焉得阿育王大現神通,於八萬四千中分一靈光於此。既晤弘辯,問仙陀何在,曰在塔盤,問塔盤何在,則正指此山也。時尚未豎塔心,不能遥矚,自後則瞻顧如對矣。塔盤當峰頭,在馬鞍中坳之西,時塔盤工作百餘人,而峰頭無水,其東峰有水,甚高,以中坳不能西達,乃豎木柱數排於坳中，架橋其上以接之。杜高四丈餘，刳木爲溝，横接松杪，昔聞霄漢鵲橋，以渡水也，今反爲水度，抑更奇矣。大覺則抑之地中以倒射，此則浮之空中使交通，皆所謂顛倒造化也。」雞山范志八，大錯和尚撰尊勝塔院記云：「谿悉檀寺下過大龍潭伏龍橋東行，不三里至文筆山。山有塔院，内建尊勝塔，高六丈六尺，制度精美，四圍虚廊四十間，比丘蘭若，即寓其内。廊東北出有小池，主僧引水畜金鱗其中，流動可愛。此水自西顧山來，飛流曳雲，傾濤濺雪，兩山突起，中夾大道，卑凹三百尺，僧冶瓦爲筒，引水從低處逆升而上，急注倒射，迸出高阜，匯爲池沼，以資瓢鉢，『激而行之，可使在山』，孟子豈欺我哉！」又雞山范志三言：「浴塔泉出西顧山東嶺，尊勝塔院僧體極，冶瓦爲筒，自西顧山南麓，引渡文筆山北岡，兩山對峙，各處高阜，中夾成溝，自卑而升，下注上迸，逆流不息，匯而爲池，畜魚資汲，巧具神工，不啻禹鑿。庚子年，其徒妙濟，復易瓦以銅，引入院内，另鑿方池，中搆小亭，池水平遶，儼然蓬島之勝，羈遊宦子，莫不留連信宿，用相娱慰。」按霞客與大錯及范志所記，本爲一事，而時隔二十年，情形大異矣。霞客所記在崇禎十二年己卯，大錯所記在永曆十三年己亥，范志所云庚子，則己亥之明年也。中間喪亂頻形，而工程不斷，比較觀之，其進步之速，有足驚者。當霞客至雞山時，塔盤正興土木，其取水法爲丌字形，水架空横渡，至大錯撰記時，則已改爲乙字形，水由上而下，復横行而上，此一異也。霞客至時，用木爲渠，大錯至時，則已易爲瓦筒，明年庚子，則又易瓦筒爲銅管，此二異也。其始所用木渠，猶是華亭山鍾靈山椶櫚木梘舊法，二十年間，由瓦而銅，蓋凡三變，則駸駸乎與近代自來水等矣，謂非僧徒拓殖之本領，烏乎可！

右尊勝塔水管

僧傳開山神話第十二

治水　降龍　伏虎　生泉　辟盜

前篇所論皆人力，此獨言神話。神話有足述之價值乎？曰凡一文化之興，其先必雜有神話，神話者不可以常理解釋之奇跡也。慧皎高僧傳，十科中有神異一科，道宣續僧傳改爲感通，所紀皆神話也。神話既爲人羣進化中必有之産物，謂神話竟無一顧之價值，則未免輕心相掉矣，近世民俗學者且利用之以解釋歷史上各問題也。始吾閲滇黔僧傳，多降龍伏虎卓錫生泉之事，心頗厭之，繼思其地開闢較遲，口説流傳，自屬神奇歷史，所可異者，上古神話多託自神人，而滇黔神話則多出自僧侶，然則滇黔之開闢，有賴於僧侶可知也。

曹溪一滴云：「邃古之世，大理舊爲澤國，水多陸少，有邪龍據之，是名羅刹，居民鮮少。有一老僧自西方來，託言欲求片地藏修，羅刹問所欲，僧身披袈裟，手牽一犬，曰：『他無所求，但欲吾袈裟一展，犬一跳之地。』羅刹諾。僧曰：『既承許諾，合立符券。』羅刹又諾，遂就洱水岸上畫券石間。於是僧展袈裟，縱犬一跳，已盡羅刹之地。羅刹彷徨失措，欲背盟，僧以神力制之，不敢背，但問：『何以處我？』僧曰：『別有殊勝之居。』因於蒼山之上陽溪，神化寶所一區，羅刹喜過望，盡移其屬入焉，而山遂閉。于是僧乃鑿河洩水之半，是爲天生橋。今洱水島上有赤文如古篆籀，云是買地券，僧即觀音大士也。」

徐霞客滇遊日記六，己卯正月二十四日，鶴慶龍珠山條注：「土人云：昔有神僧贊陀倔多尊者，修道東山峰頂，以鶴川一帶，俱水匯成海，無所通洩，乃發願攜錫杖念珠下山，意欲通之。路遇一婦人，手持瓢，問師何往，師對以故，婦人曰：『汝願雖宏，恐功力猶未，試以此瓢擲水中，瓢還乃可得，不然，須更努力也。』師未信，擕瓢棄水中，瓢泛泛而去，已而果不獲通。復還峰潛修二十年，以瓢擲水，隨擲隨回，乃以念珠撒水中，隨珠所止，用杖戳之，無不應手通者，適得穴一百零八，隨珠數也。今土人感師神力，立寺衆穴之上，以報德焉。」一統志作喔哆，土人作摩伽陀。

李中谿集七，大觀堂修造記云：「大觀堂枕鷲峰，襟洱水，在大理城西里許。前有古塔，十六級，周昭王時物也。父老曰：吾郡古澤國，蛟龍是患，没乂田廬。昔有異人，令多所建塔，水患用弭。千餘年塔圮什七，水患荐至，今峨崀塌橋數村，皆以圮壞小塔而致覆没，其跡可驗也。尚幸大塔獨存，城隍賴以無恙。愚謂世固有神奇利濟之功，而目爲狂誕，婦人小子亦且疑之，狃於所聞故也。夫放龍蛇，推山易河，禹之所爲不可見矣。若大理舊傳拘龍而不使去，作塔而水患除，使其傳出於禹，則後世方且宗信之不暇，而何有於他議。使放龍蛇導川澤，言不出於孟子，則禹之跡祇足爲怪耳。嗚呼！世之貴耳賤目，乃至此哉！向非通方之儒，惡足以語此。」按景邃堂題跋二，此碑今猶存弘聖寺，即俗名一塔寺。李元陽以禹治水驅龍比其事，最爲合理。

右治水

治水驅龍，本連類而及，阮志仙釋有能降龍者多人，今略舉如下：

揚都師，創洱河東羅筌寺。山下有黑龍，常作浪覆舟，師以白犬呼之，龍怒而出，師視龍猶蜒蜓，教誨之，有頃，龍馴俛而去。先是浪高九疊，師以念珠揮之，河乃翕順可舟。按揚都師，猶言南京師也，道宣續僧傳恒稱金陵爲揚都。岑志作揚都司誤。

道安，河東瞼人，住太常寺。嘗欲建浮圖，有洪水自蒼山漂木石至，工遂成。羅筌島有蛟爲害，及道安建寺於上，害遂息。按道安疑即揚都師，前引大理志，此引舊志也。

無照，曲靖普魯吉人。搆庵棲息，庵有龍湫，墮葉必遭風雨，無照安禪制之，龍徙去，遂即其地創正法寺。

元鑒字無照，曲靖人。參中峰，精修自性。大德間返滇卓錫，亦佐正法。寺南有龍湫爲患，師咒之，龍乃徙去。按元鑒即無照，一人重出，明前佛教篇已辨之。

覺照，劍川段氏。祝髮受具，遍歷諸山。至正七年，遊晉寧東山，見龍潭勝境可建寺，咒龍遷徙，次日龍去水涸，遂建盤龍寺，因名盤龍僧。十六年遊黑鹽井，時有毒龍興，水溢鹽井，損民居，書鐵符沈水，害息，遂建蓮峰庵居之，因號蓮峰禪師。其先遊寧州時，有虎噬人，灑淨限以辟虎，次日虎去。遊昆明時，圓通洞有蛟爲害，建寺鎮之，蛟去水涸，名潮音洞。按覺照又作宗照，又作崇照，徐霞客滇遊日記四曾記之。

連精，定遠人。通瑜伽祕密教，能降龍役鬼。元至正間，雲南旱，梁王迎以祈雨，連精出一小蛇於瓶中，遂大雨，王賜以金帛，不受，歸之日，役鬼荷擔。

普勒，湖廣人。住持天王寺，寺舊有白龍爲患，勒以法驅之，龍去，今洞尚存。

雞山范志亦時有降龍故事。卷三云：大龍潭，一名烏龍潭，在悉檀寺前，昔時水深林翳，陰森寒悚，樵採者不敢斧其旁，或有犯者，即風雷驟至，蓋有黑龍窟其中也。自潭上建悉檀寺，林間淵碧，素流澄鮮，靈物似亦有歸依之意。或云：當悉檀寺未建，此潭水湧如潮，晝夜崩騰，建寺時，僧釋禪着衣杖錫，作文祝之，龍遂移赤石崖。按釋禪字本無，見高僧篇。

又云：讓泉原在開化庵内，有龍居焉，人不敢犯，後建開化庵，龍移居庵外，僧衆賴之，泉繇是得名。

天水池，在西竺寺門外，此池原在本寺大門，有龍潛焉，建寺後，住僧祝之，遂移門外坎下。

卷四云：開化庵，在慈雲庵下，萬曆三年，僧真鸞建，崇禎辛巳，僧性永重修，其址先有龍潭，自真鸞開基，龍遂讓地，而出泉於左腋之下。

卷七云：雞足山龍潭靈泉百餘處，經教皆傳迦葉入定時，有七十二龍隨來護衛，故山雖多龍，率皆馴伏，雖時現靈異，而絕不爲災，似受降伏於佛法者。即石鐘寺左，有赤龍潭，初亦嘗興雲雷，今寺址漸擴，龍亦遷焉，以至龍泉庵，原有小龍潭，天池山下，亦爲龍窟，建庵宇後，遂爲池沼。

右降龍

降龍伏虎，亦恒連類而及，阮志仙釋有能伏虎者多人：

源空，郡人。三歲能誦佛號，入紫溪山爲僧，常棲螺髻山，有虎伏巖下。按郡謂楚雄也。

寂觀，號法界，印光高弟。苦行三十年，參方至燕，徧融和尚許其入室。回滇至響水關，遇虎，手摩其項，虎逡巡去，寺僧怪之，寂觀曰：「心宇泰定，尚不見死生，安知有物我！吾視此，亦猶蝘蜓耳。」

惟敬，號梵庵，貴州人，俗名洪上。崇禎十年，與兄洪中避亂來尋甸鍾靈山。庵名音吼，嘗有虎，惟敬馴服之，不復咥人，樵牧見亦不避，惟庵中有吉凶將至，則虎爲之吼。

慧光，號靈藥，湖廣人。住富民之九峰山，時荆榛翳蔽，野獸偪處，人不敢入。慧光振錫於此，虎豹潛蹤，清泉湧出，乃開山建寺，八載功成，説偈而逝。

性紳，號體文，河陽人。祝髮文明寺，持戒精嚴，日同徒衆作苦，夜獨坐禪，五十餘年，不解衣少卧。旁有虎豹，揮之輒遠去。有盜其牛者，至中途，頭痛不能行，復送還謝過。

洪鑑，號希有，蜀人。入鬱密山，有虎來，迴環吼視，作搏噬狀，希有曰：「汝獨無佛性耶？」虎長嘯去。

跛僧，荆楚人。獨處萬佛寺，其地山荒箐密，虎豹之跡常遍，人莫敢侵。按萬佛寺在鎮雄州。

貴州通志仙釋：廣能，興隆僧，正統間卓錫月潭寺。戒行不玷，禪誦勤苦。嘗晝誦經，有虎入寺，衆僧驚走，能獨不動，虎登堂，見能遂去。賊寇興隆，欲劫寺，衆僧皆逃，能獨不去。賊至，欲殺能；能曰：「幸殺我於外，毋污此佛地。」賊義而釋之，寺賴以全。按能並見補續高僧傳十九。

白雲，大理人。戒行精嚴，杖錫遍天下。萬曆八年至陽寶山，探幽採勝，直窮藪澤，山故多虎，主僧止之，弗聽。裹糧坐澤中，凡八日。時方大雪，僧所止常有鹿卧其地，雪亦弗及，其虎亦絶，主僧異焉。誓復來，必建叢林，去十年果來，建千佛閣，備極精巧，前後數十楹，飛甍建瓴，巍然巨觀，爲黔中名刹，寺成去之，至今遺像猶存，推官陳束葵匾其門曰「白雲常在」。

右伏虎

至卓錫生泉，在滇僧尤習見之事。相傳水目山之開，即苦無水，僧普濟以杖卓之，泉即湧出，因名水目，蒙氏特建水目寺以居之。是果有此神通乎，毋亦示人以滇地多新闢，而闢者又多爲僧衆而已。

阮志仙釋云：慶禪師，居姚州，建妙光寺，山舊無水，師以杖卓巖谷之陰，泉忽湧出。

道心，字覺空，號白齋，嵩明周氏，捕魚爲業。一日獲鱔有省，遂焚網罟，參洪海禪師。於秀嵩山頂，結茆而居，不茹油鹽，人以白齋呼之。庵素乏水，道心以誠求，忽有龍泉湧出巖下，衆問庵名，答曰：「三界空華，庵亦何有？」即名爲何有庵。

善忍，趙州人。天順間修青螺山圓通寺，功成無水，忍日禮拜於寺之東廊，地中忽湧出甘泉。

本悟，嵩明邵甸秦氏。正德間禮搖鈴山道心祝髮，戒律精嚴，食惟蔬菜，足不著履者三十餘年，遠近稱曰菜齋和尚。嘉靖間闢獅子峰，建普賢寺，地高無水，本悟跪誦華嚴經，不踰月，有泉湧出。

大千，河南人。崇禎間住淨蓮寺，山苦無水，師拜經百日，泉忽湧出。

如唐，西來寺開山僧也，關中人。結茅於羅漢壁下，口誦法華，久之泉自巖根湧出。

白水，雲隱寺僧。梵行精嚴，爲衆所宗。寺無水，乃禁鹽持咒，閱藏三年，泉忽湧出，用之不竭。按雲隱寺，在蒙化府。

廣術，路南人。住持竹山定水庵，頂禮佛法，久之默悟。山有黑龍潭，源發山腰，不能濟，廣術虔拜三年，水忽移高六七丈，於石洞湧出，四時澄清，諸山受利。

瀛洲，兼通儒學，亦出入於老氏。遊絶峰嶺，雲南守梁國相與之語，甚洽，請居接天寺，不可，强之，乃示茅庵地於山麓，衆患無水，師以杖叩地曰：「掘此當得泉。」如其言，泉果湧注。國相名庵曰杖泉庵。按龔定庵集西域置行省議：「凡近磧之郊，處處設立風神祠，泉神祠，歲時致祭，仰祝上帝，地出其泉，風息於天，以宜蔬宜稞頒祝文焉。」儒者生泉之道祇此耳，僧徒乃大顯神通，豈不異哉！

徐霞客黔遊日記二：「戊寅四月廿七日，在安南衛，出南門，南向行嶺峽間，有小水自坑中唧唧出，路隨之西，循北崖下墜，即所謂烏鳴關也，土人呼爲老鴉關。西向直下一里，有茶庵跨路隅，飛泉夾灑道間，即前唧唧細流，至此而奔騰矣。庵下崖環峽仄，極傾陷之勢。又曲折下半里，泉溢浹道，有穹碑，題曰甘泉勝跡。其旁舊亦有亭，已廢，而遺址豐碑尚在，言嘉靖間有僧施茶膳衆，由嶺下汲泉甚艱，一日疏地得之，是言泉從僧發者。余憶甘泉之名，舊志有之，而唧唧細流，實溢於嶺上，或僧疏引至此，不爲無功，若神之如錫卓龍移，則不然也。」

滇遊日記六：「己卯正月初一日，在雞山，入念佛堂，是爲白雲師禪棲之所，獅林開創首處也。先是有大力師者，苦行清修，與蘭宗先結靜其下，後白雲結此廬，與之同棲，乃獅林最中，亦最高處。其地初無泉，以地高不能刳木以引，二師積行通神，忽一日白雲從龕後龍脊中垂間，劚石得泉，其事甚異，而莫之傳。余入龕，見石脊中峙爲崖，崖左有穴一龕，高二尺，深廣亦如之。穴外石倒垂如簷，泉從簷内循簷下注，如貫珠垂玉。穴底匯方池一函，旁皆菖蒲茸茸，白雲折梅花浸其間，清冷映人心目。余攀崖得之，以爲奇，因詢此龍脊中垂，非比兩腋，何以泉從其隆起處破石而出？白雲言昔年剜石得之，至今不絕。余益奇之。後遇蘭宗，始徵其詳。乃知天神供養之事，佛無誑語，而昔之所稱卓錫虎跑，於此得其徵矣。」

霞客於安南衛之甘泉，不信爲僧所發，於雞山念佛堂之甘泉，則信爲白雲師之積行通神，其判定純出於一時情感，非確有所見也。白雲名圓彩，已見伏虎條。生泉之事，阮志仙釋載之，雞山范志三亦載之，云：「石漏即白雲泉，在念佛堂後。青壁千仞，雜樹倒垂，傍突一石，支崖凌虛，宛若懸鐘，水自石腹中散綴而下，不見泉脈，飛珠噴霰，如刻漏之垂注，余故改題爲石漏。聞萬曆間有僧白雲結廬崖畔，禮誦華嚴，精勤不息，感石竅灌滴下注，涓涓不絶，乃水不溢於坎，而溢於脊，不溢於脊之外崩，而溢於脊之中管，管中之液又不溢於旁伏，而溢於中垂，其靈異如此。至九重崖東，石縫迸瀝，分級而下，列爲三派，各懸注丈餘，資給諸廬，甚爲甘冽。」按所謂余者，大錯和尚也，志爲大錯所修，范志因之，石漏之名亦大錯所命，大錯固亦信其靈異也。

右生泉

水退龍潛，虎隱泉生，人可以住矣。然自治組織未備，奸宄竊發，人仍不能安枕，於是辟盜神話興焉。

阮志仙釋：鏡中長老，正統間住南寧真峰山，苦行四十餘年。一夕有盜入室，勒取衣鉢，欣然與飲食，遣之。比曉，尚旋繞廊廡間，相率膜拜，還其物，乃慰之歸。後以建寺卜地，得一龍潭，祝曰：「爾借我地，爾亦有功。」次日泉果遷於山巔。今泉流樹杪，繞寺廊焉。

志登，保山馬氏子，結庵龍泉門外。有盜十二人，夜入寢室，志登禪定不動，盜周視左右，案上蔬食羅列，皆新炊者，盂箸適如其人數，盜驚駭，志登徐云：「昨已知諸君至，故囑徒豫備耳。」勸令飽餐，仍爲開説因緣果報諸妙義，羣盜感泣，羅拜而去。

匾囤，不知何許人，居雞足百接橋土龕，日惟種圃，夜惟趺坐草囤中，囤形匾，因以匾囤呼之。持緊那羅王神咒，有賊頻擾，囤不驚，但默坐持咒，是夜賊數人，旋繞囤傍，癡迷不能去，賊叩頭乃釋之。

南嵩，印光弟子，習頭陀苦行。檀花箐素稱盜藪，南嵩獨結茅居之，經行三十年，盜賊感化。

按匾囤、南嵩，雞山范志六有傳，匾囤作匾囷。鏡中，補續高僧傳十九與貴州廣能同傳，曰「曲靖蠻族」也，均列感通科，著者蓋信二僧真能伏虎辟盜，而不知地之新闢，類有此神話也。

右辟盜

深山之禪跡與僧棲第十三

危絶之崖有寺　行必以僧爲伴　遊必以僧爲導
幽險之處逢僧　無人到處惟僧到　無人識路惟僧識

大理爲佛國，昔人恒言之，滇黔之開闢，有賴於僧侣，前此所未聞，吾讀徐霞客遊記，始有此感覺。霞客之發願爲西南遊也，始即與江陰僧靜聞同行，靜聞在南寧病卒，猶挈其骨以行，直至雞山而止。故友丁文江先生撰霞客年譜，謂霞客之遊，不以拜佛訪僧爲目的，是也。然霞客在雞山，盤桓者浹月，所與遊者莫非僧，所居止者莫非寺，其由元謀至大姚也，必候僧爲伴；其遊劍川金華内峽也，必約僧爲導；其往永昌石城中臺也，土人言此路舍僧無識者，霞客不信，迨至僧俗一詞，乃始釋然。則謂此地爲僧所獨占可也。蓋探險一事，惟僧有此精神；行脚一事，惟僧有此習慣，兼以滇黔新闢，交通梗阻，人跡罕至，舍僧固無引路之人，舍寺更無棲託之地，其不能不以僧爲伴，以寺爲住者，勢也。善乎覺浪禪師之言曰：「世語天下名山僧占多，非僧占也，世人自有所繫，不能到耳。即今五嶽羣巒，窮海絶島，不是龍蛇之所蟄，即鬼怪之所棲；不爲逃亡之所依，即奸盜之所伏。自非離塵拔俗，不求聲色貨利之人；忘形死心，弗戀恩愛名位之士，安能孤蹤隻影，入無煙火之鄉；涉嶮躋危，造不耕織之地乎！」語見覺浪全録二四。證以霞客所記而益信。

霞客黔遊日記二：「戊寅五月初三日，遊普安州碧雲洞，土人名水洞。出洞，日已下春，因解衣浴洞口溪石間，半載夙垢，以勝流浣濯之，甚快也。既而拂拭登途，忽聞崖上歌笑聲，疑洞中何忽有人，迴矚之，乃明窗外東崖峭絶處，似有人影冉冉，余曰：『此山靈招我，不可失也。』先是余聞水洞之上有梵龕，及至，索之無有。從明窗外東眺，層崖危聳，心異之，亦不見有攀緣之跡。及出水洞覓路，旁有小逕，隱現伏草間，又似上躋明窗者，以爲此間乃斷崖絶磴耳，不意聞聲發閟，亟迴杖上躋，始向明窗之下，旋轉而東，拾級數十層，復躋危崖之根，則裂竅成門，其門亦北向，内高二丈餘，深亦如之。左有金仙三像，一僧棲其間，故遊者攜樽罍就酌於此。非其聲，余將芒芒返城，不知水洞之外，復有此洞矣。」

右危絶之崖有寺

能行。欲候活佛寺僧心法來，同向黑鹽井，迂路兩日，往姚安府，以此路差可行，不必待街子也。初二三四日在茶房，悟空日日化米以供食，而顧僕孱弱如故，心法亦不至。初五日，前上雷應諸蜀僧返，諸僧待明日往馬街，隨街往爐頭，出大姚，余仍欲隨之，而病者不能霍然，爲之怏怏。初六日，雲氣少翳，諸蜀僧始欲遊街子，俟下午渡溪而宿，明晨隨街子歸人同逾嶺。既晨餐，或有言宜即日行者，悟空以余行有伴，辭不去，而顧僕又以懨懨不能速隨諸僧後。雖行，樹叢石錯，風影颯颯動人，疑是畏途。時肩擔者以陟峻難前，顧僕以體弱不進，余隨諸僧後，屢求其待之與俱，每至一嶺，輒坐待久之，比至，諸僧復前，彼二人復後，余心惴惴，既恐二人之久遲於後，又恐諸僧之速去於前，屢前留之，又後促之，不勝惶迫，愈覺其上不已也。」

右行必以僧爲伴

滇遊日記七：「己卯二月十四日，抵劍川州。州治無城，入其東街。抵州前，稅行李於北街楊貢士家，乃買魚於市，以魚畀顧僕，令守行囊，而余同主人之子，令擔者挈飯一包，爲金華之遊。出西郊，天色大霽，先眺川中形勢，歷歷如畫幅倒鋪，後眺內峽，環碧中迴，窈藹莫測。峰岰止容一閣，奉玉宸於上，余憑攬久之，四顧無路，將由前道下棧，忽有一僧至，曰此間有小徑可入內峽，不必下行。余隨之，從閣左危崖之端，挨空翻側，踐崖紋一線，盤之西入，下瞰即飛棧之上也。半里而抵內峽，陟峽北躡，東出西轉，有塔峙坡間，路至此絕。余猶攀巉踐削，久之不得路，而楊氏子與擔夫俱在下遥呼，乃返。從內峽三清閣前，下墜峽底，至峽門內方池上，就巖穴僧棲，敲火沸泉，以所携飯投而共啖之。乃與僧同出峽門，循左崖東行，僧指右峽壁間突崖之下，石裂而成峽，下臨絶壑，中嵌巉崖，其內直逼山後莽歇。峽中從來皆虎豹盤踞，無敢入者，余欲南向懸崖下，僧曰：『既無路而有虎，君何苦必欲以身試也；且外阻危崖，內無火炬，即不遇虎，亦不能入。』楊氏子謂急下山，猶可覓羅尤温泉，此不測區，必不能從也。乃隨之東北下山，僧乃别從北去。」

右遊必以僧爲導

「十五日，余欲啓行，聞楊君喬梓言，莽歇嶺爲一州勝處，乃復爲一日停，命擔者裹飯從游。先從崖場入，崖場者，在金華北峰之下，有澗破重壁而東出，夾澗北來，中壑稍開，環崖愈嵌，路亦轉北，而回眺西南嶺頭，當是莽歇所在，不應北入，適有樵者至，執而問之，曰：『此澗西北從後山來，莽歇之道，當從西亘之嶺，南向躡其脊，可得正道。』余從之，遂緣西亘嶺西南躋之。聞木魚聲甚亮，而崖迴石障，不知其處。復東下箐底，溯細流北入，則西崖轉嘴削骨，有書其上爲『天作高山』者，其字甚大，而懸穹亦甚高。西崖有白衣大士，東崖有胡僧達摩，皆摩空粘壁而成，非似人跡所到也。更南半里，有玉皇閣當箐中，前聞鯨聲遥遞，即此閣僧。其師爲南都人，茹淡闢幽，棲此有年，昨以禪誦赴厓場，而守廬者乃其徒也。留余待之，余愛其幽險，爲憩閣中作記者半日，僧爲具餐。下午而師不至，余問僧此處有路通金華山否，僧言金華尚在東南，隔大脊一重，箐中無路上，東向直躡東崖，乃南趨逾頂而東下之。蓋東崖至是匪石而土，但峭削之極，直列如屏，其上爲難。余時已神往，即仍下玉皇閣，遂東向，攀嶺上，時有游人在玉皇閣者，交呼此處險極難階，余不顧，愈上愈峻，東逾其脊，從脊上俯視，見州治在川東北矣。」

右幽險之處逢僧

滇遊日記十一：「己卯七月十一日，晨起，土官早龍江具飯，且言：『江外土人質野不馴，見人輒避。君欲遊石城，其山在西北崇峽之上，路由蠻邊入，蠻邊亦余所轄，當奉一檄，令其火頭供應除道，撥寨夫引至其處，不然，一時無棲托之所也。』余謝之。既飯，龍江欲侍行，余固辭之，期返途再晤，乃以其檄往。出門即溯江東岸北行，有聚落倚坡，東向羅列，是爲蠻邊。覓火頭不見，其妻持檄覓一僧讀之，延余坐竹欄上而具餐焉。其僧即石城下層中臺寺僧，結庵中臺之上，各喧土人俱信服之，今爲取木延匠，將開建大寺，此僧甫下山，與各喧火頭議開建之事，言庵中無人，勸余姑停此，候其明日歸，方可由庵覓石城也。余從之，火頭者一喧之主也，即中土保長里長之類。十二日，火頭具飯，延一舊土官同餐，其人九十七歲矣。既飯，以一人引余往中臺寺，余欲其人竟引探石城，不必由中臺，其人言：『喧中人俱不識石城路，惟中臺僧能識之，且路必由中臺往，無他道也。』余不信，復還遍徵之喧中，其言合，遂與同向中臺。北上坡，峻甚，且濘甚，陷淖不能舉足，因其中林木深閟，牛畜蹂踐，遂成淖土，攀陟甚艱。就小徑行叢木中，峻與濘愈甚，始見有茅庵當西崖之下，其崖矗然壁立，上參霄漢，其上蓋即石城云。乃入庵，庵東向，乃覆茅爲之者，其前積木甚巨，一匠工斲之爲殿材。昨所晤老僧，號滄海，四川人，已先至，即爲余具飯，余告以欲登石城，僧曰：『必俟明日，今已無及矣。』此路惟僧能導之，即喧中人亦不能知也。』余始信喧人之言不謬，遂停其茅中，此寺雖稱中臺，實登山第一坪也。石城之頂，横峙於後者爲第二層，其後又環一峽，又矗而上，即雪山大脊之東突，是爲第三重。自第一坪而上，皆危嶂深木，蒙翳懸阻，曾無人跡，惟此老僧昔嘗同一徒持斧秉炬，探歷四五日，於上二層各斫木數十株，相基卜址，欲結茅於上，以去人境太遠，乃還棲下層，今喧人歸依，漸有展拓矣。」

「十三日，僧滄海具飯，即執殳前驅，余與顧僕亦曳杖從之。從坪岡右腋仆樹上度而入，其樹長二十餘丈，大合抱，横架崖壁下，其兩旁皆叢箐糾籐，不可着足，其下坎坷蒙蔽，無路可通，不得不假道於樹也。過樹沿西崖石脚，南向披叢棘，頭不戴天，足不踐地，如蛇遊伏莽，狨過斷枝，惟隨老僧，僧攀亦攀，僧掛亦掛，僧匍匐亦匍匐。二里過崇崖之下，又南越一岡，又東南下涉一箐，共里餘，乃南上坡，踐積茅而横陟之，其茅倒者厚尺餘，豎者高丈餘，亦仰不辨天，俯不辨地。又里餘，出南岡之上，於是始得路，隨之上躡，爲崖前壁，正臨臺庵之上。壁間有洞，亦東向，嵌高深間，登之縹緲雲端，憑臨瓊閣，所少者石髓無停穴耳。盤其西麓而北，爲崖後壁，當其中有木龍焉，乃一巨樹也，其下體形扁，縱三尺，横尺五，其中皆空，外膚之圍抱而附於聳幹者，厚止寸餘，中環腹如桶，而水盈焉。桶中之水，深二尺餘，中有蝌蚪躍跳，杓水而乾之，則不見，然底無旁穴，不旋踵而水仍滿，亦不見所自來。其樹一名溪母樹，又名水冬瓜，言其多水也。老僧前以砍木相基至，亦即此水爲餐爲食。循崗西上半里，西大山之麓，有坡一方，巨木交枕，雲日披空，即老僧昔來所砍而欲卜之爲基者，寄宿之茅，尚在其側。由此西上，可登上臺，而路愈蔽，乃返由前岐東北躡崖，半里而凌其上。南瞰下臺之庵，如井底，寸人豆馬，蠕蠕下動，此庵遂成一畫幅。乃以老僧飯踞崖脊而餐之，仍由舊徑下趨中臺庵。未至而雨，爲密樹所翳，不覺也。既至而大雨，僧復具飯，下午雨止，遂別僧下山。宿於鑾邊火頭家，以燒魚供火酒而卧。」

右無人到處惟僧到　無人識路惟僧識

按祖宗之遺我也厚矣，似此廣漠無垠之土地，取無盡，用無竭，進退綽有餘裕，吾何修而得此！乃我父老昆弟，優游卒歲，淡然置之，徒使三五緇流，託足其間，刀耕火種，是自棄也。詩曰：「子有廷内，弗洒弗埽，子有鐘鼓，弗鼓弗考，宛其死矣，他人是保。」豈不痛哉！

明季滇黔佛教考卷五

遺民之逃禪第十四

唐　泰　錢邦芑　陳起相　曾高捷　楊永言　鄭逢元

高　⿰黍翟　黎懷智　吳　鼎　杜鼎黄　戴　若　宣廷式

宣廷賓　朱蘊鑑　李學期　賀　奇　林　英　雷躍龍

戴弘宗　趙思明　鄧　凱　胡一青　皮　熊　幻闇黎

孟本淳　眼石乘　犁　支

徐霞客滇遊日記四，戊寅十月二十三日，在晉寧州署，記云：「唐大來名泰，選貢，以養母繳引，詩畫書俱得董玄宰三昧。余在家時，陳眉公即先寄以書云：『良友徐霞客，足跡遍天下，今來訪雞足，並大來先生，此無求於平原君者，幸善視之。』比至滇，余囊已罄，道路不前，初不知有唐大來可告語也。一日遇張石夫謂余曰：『此間名士唐大來，不可不一晤。』余遊高嶢時，往覓之，不值，還省，忽有揖余者曰：『君豈徐霞客耶，唐君待先生久矣。』其人即周恭先也。周與張石夫晤唐，唐以眉公書誦之，周又爲余誦之，始知眉公用情周摯，非世誼所及，大來雖貧，能不負眉公厚意，因友及友，余之窮而獲濟，出於望外。」

此唐大來未爲僧時事也。閱數年世變日亟，乃從無住受戒，名普荷，號擔當。結茅雞山，息機靜養。晚居蒼山感通寺。以昔上公車，曾參湛然圓澄，遂遥嗣湛然，改名通荷，以書畫詩禪自掩，絶口不談世事。新續高僧傳廿三云：「從無住祝髮後，復參湛然。」先後倒置，誤。康熙十二年卒，年八十一，塔蒼山佛頂峰，天台馮甦爲撰塔銘，附今擔當遺詩後。銘頗有誤字，如云「癸亥卒」，癸亥康熙二十二年，時馮離滇已久，銘明言其徒廣厦至楚乞銘，楚者楚雄，康熙十二年癸丑，馮正知楚雄府事，則癸亥當作癸丑。又云「僧臘三十有七」，康熙十二年逆數三十七，當爲崇禎十年丁丑，是爲僧在晤徐霞客前，亦不合，三十七應作二十七，其祝髮蓋在永曆元年丁亥也。陳鼎滇黔紀遊下感通寺條，作壽九十餘，亦誤。友人李印泉根源撰擔公事略，作卒年七十六，則似因橛庵草自跋有「時年七十六」語而誤，然此謂作跋時耳。擔當遺詩今有傳本，擔當事亦顯著，不具述。惟撰塔銘之馮甦，曾著滇考及見聞隨筆等，爲談滇事者所必稽。始吾讀趙士麟讀書堂集十七馮少司寇傳，謂：「凡有希世之功，必來淺夫之謗。」不知其何指，及閱庭聞録四載馮曾賣身吳三桂，事頗不堪，契云：「立賣身婚書楚雄府知府馮某，本籍浙江臨海縣人，今同母某氏賣到平西王藩下，當日得受身價銀一萬七千兩。」後署媒人胡國柱。據艮齋倦稿十一尤侗撰傳，則云：「三桂反，密令其黨某説公降，某固公故人，見公志決，慨然曰：『君殉君親，徒死無益，古人達權通變，盍改圖之。今粵藩雖叛與滇通，然勢不相下，方遣人議和，君曷不少貶，借此脱身，事當濟。』公韙其言，因紿賊曰：『願以妻子爲質，往使粵東。』三桂喜其從己，許之。」二説不同，罪疑惟輕，吾寧信後説。且其時馮母已死，擔公弟子又願乞銘於其人，銘又言素與師善，以擔公人格證之，或不至如庭聞録所云之甚，則馮何幸而得銘擔公也。擔當遺詩七，有送司馬馮再來往永昌一絶云：「豸繡巡邊山岳摇，百蠻誰不夢魂消，從今道上無豺虎，載看風霜過鐵橋。」即此人。

梅溪度語録九有示綿綿禪人法語，云：「綿綿禪人，擔當上首，氣宇孤清，不親權貴。驅寒暑，半肩毳衲；度歲月，一鉢松花。可謂忘身忘世，不售不酧。山僧寓滇之陽瓜，綿不時請益，因詰其名號，曰名廣瓜，號綿綿，擔當先師所命也。一日出紙求語，山僧顧而謂曰：是求禪道語，脱生死語？欲求禪道，禪道在汝目前；欲脱生死，生死在汝脚下。於此脱然省去，則山僧未搦管時，早已書竟，脱或未能，更聽偈言：羨爾精勤廣植園，園中瓜已結綿綿，甜的徹蒂甜如蜜，苦者和根苦似蓮，莫把甜的唤作苦，休將苦者認爲甜，直須一一親嘗過，免得遭他當面瞞。」擔公門人不概見，附識於此。

右唐泰

黔詩紀略二五：「錢邦芑，字開少，本籍丹徒。福、唐、桂三藩稱號時，由中翰歷都憲。壬辰，桂王自粵移安龍，開少爲黔撫。明年孫可望入黔，遂退居餘慶縣之蒲村避焉。又闢柳湖於村之他山下，自號他山湖，大可百畝，中有七十二泉，旁大柳數百章，結廬臨之，命曰小錢塘，命湖隄曰桃源，橋曰宛轉，舟曰恰受。四方隱流，聞風麇至，采幽擷勝，終日嘯歌，或聚邑人士講學，播北水西，有千里負笈者。孫可望索之急，遂祝髮，號大錯和尚，稱柳湖舊居爲大錯庵，蒲村舊居爲小年庵，小年其祝髮處。曾居敷勇衛潮水寺，更名知非庵，故又號知非居士。永明亡，又居滇之雞足山，久之走衡嶽終老。」

明末四百家遺民詩九，有邦芑撰樂府十首，其維州冤云：「無憂城，祖宗地，尺寸土，安可棄！唐宰相，便私計，宋史臣，持腐議，朋黨禍患雖一時，萬世是非何可廢！宋代君臣終斯志，燕雲十六州委棄，無復意偏安，和議爲國累，金元終得乘其弊，謀國之誤寧無自。」按維州唐初以姜維故城置，代宗時陷於吐蕃，號無憂城。韋皋在蜀二十年，收復不遂，其後守將悉怛謀以州歸，李德裕受之，爲牛僧孺所阻，復棄其地。通鑑乃是牛而非李，故邦芑以爲冤，此邦芑巡按四川時作，其始固熱心事功之人也。又荊駝逸史有邦芑撰甲申紀變實録、甲申忠佞紀事，昭代文選有邦芑撰大司馬章曠傳，嚴辨忠奸，激揚節義，爲大錯遺集所未收，亦足見其壯年志行之所在。至隱居潮水寺時，年殆五十矣，故號知非居士。黔詩紀略三二，有語嵩裔寓貴筑城觀音閣，答知非居士挂冠三潮水獅子峰四首，今録其二云：「萬頃煙波一葉舟，春江幾换白蘋秋，蓑衣欲挂蘆花岸，不見獰龍上釣鈎。棒喝奔雷接上機，老僧非是浪施爲，殷勤寄語知非子，若道知非早是非。」時邦芑雖未祝髮，已與禪友往來。

山暉語録十一，有與錢中丞三書，並復書一，前二書在邦芑隱居蒲村時，後一書在康熙六年。今節録之，以見其祝髮因緣是漸而非頓也。第一書云：「度江走蒲邨，至鼃谿爲雨阻半月，咫尺千里，懸心仰慕，不翅九回也。十六大晴，極期徑乾，放脚小年庵一會，以快平生願見之心。忽古雍專使至催逼，且云結冬期近，古雍道俗，莫不瞻望，越日又得一書，勢不能留也。竢明春法席終，黃鸝調舌時，過江再訪。雖然，山僧未度江，早已相見，歡若平生，豈在同卧枕被，笑傲山林，始爲覿面哉。」附復書云：「承和尚渡江遠訪，又以雨阻不得會面，然我輩今日會面非難，正千里神交兩心相契之難耳。丈夫道義相期，豈必兒女子握手吻憐而後爲知己乎！且如和尚眼前相會之人不少，只恐當面尚隔一層。又過去未來，千聖千賢，與和尚心心相印，豈必盡皆覿面乎！要知我兩人會亦可，不會亦可，若必待對面而後成知己，便是下乘，便落第二義矣。雖然如是，但芭爲和尚策，今日之事，畢竟入山住靜爲是，筆墨所不能盡者，總託石林、開石兩上人口陳，切須留意。來歲春煖，桃花獻笑，新鶯吐語時，專望和尚飛錫來臨，蒲邨老農彼時披蓑戴笠，相迎於石橋古路，長松流水之間，驀地相逢，當啞然一笑也。詩草一卷，寄呈大教，不盡欲言。」此書大錯遺集亦未收，山暉録非恒見之本，此可補其闕。書無年月，然勸山暉入山住靜，當係山暉與燕居爭席時語，詳見法門紛爭篇。和尚爭席，至勞居士調解，順治初年東南法席屢見此事，不意西南亦有之也。

第二書云：「至人之道，千里仝風，若必對面，祇增眉眼一笑耳。大年云：『千里却仝風，對面不相識。』正我兩人之千里神交，兩心相契，不待握手吻憐，早成知己，真會亦得，不會亦得也。明春石橋古路，長松流水，啞然一笑之約，真肝膈之言。恨此時院子所累，不然，即誅茅江外，何待桃花獻笑，新鶯吐語時，始如約也。詩卷佳章，竢遲日作偈奉復。」永曆七年癸巳，山暉住平越開聖，二書當作於是時。山暉録十有復錢大中丞六偈，即答前書入山之勸，今録其三：「一杖横肩倚石門，五湖雲水自消魂，也知高士機緣熟，腦後何須著棒痕。茶栝酒盌日隨緣，此意勞君寄老禪，媿我匡徒猶自縛，不能枕石日高眠。東吳高士寄詩來，勸我錫飛泉石隈，已作歸休秋月後，湖山相對菊英開。」時邦芑隱蒲村，仍未祝髮也。

第三書則已離黔，往來大溈、南岳間，祝髮已十有四年矣。書云：「武陵準提庵晤後，擬再訪，聞駕已上德山，赴原姪約矣。余亦買舟東下，直抵吳門，自此江雲渭樹之思，寤寐不置。語嵩仝劉居士過吳門時，又詳禪棲所在，然亦不能寄候道履。客歲哭破和尚不已，又值語公遷化，其法門哲人，相繼逝去，吾門不幸，莫此爲甚。還樸來，見公去歲八月寄語公書，又知在大溈、南岳間，且有建迦葉道場之舉，聞之不勝忻羨，此舉倘成，則我有所歸矣，其祇園千二百人中，幸留我一榻爲感。」書亦無年月，然有客歲哭破和尚語，知其作於康熙六年，破山蓋以康熙五年卒也。大錯離黔後，曾修永州、寶慶各志，其他史跡極稀，此書殊可寶貴。

明季南略十六有錢邦芑祝髮記云：「庚寅八月，孫可望入黔，迫授予官，拒不受，退隱黔之蒲村。歷辛卯，迄癸巳，可望遣官逼召，十有三次，甚至封刀行誅，余義命自安，不爲動也。甲午二月廿三日，爲余初度之辰，山陰胡梟庵，鄰水甘羽嘉，富順杜爾侯，西湖許飛則，渝州倪寧之，遂寧黄繭卿，湄水馬仲立、黄月子，同集假園，釃酒祝予，適廣安鄭於斯致書云：『偶以採薪不能來，謹寄一贊爲壽，贊云：昔與先生同朝，帝嘗曰直臣矣，汲黯有其骨，而學術遜之，今與先生同隱，人咸曰隱者矣，嚴光有其高，而氣節遜之。夫汲黯無學術，嚴光無氣節，吾有以知先生矣。』諸子讀是贊，舉觴祝曰：『非鄭公不知先生，非先生不足當是贊也。』余再拜謝曰：『芑不敏，敢忘諸君子今日之訓，以貽知己羞。』次日，餘慶縣令鄒秉浩復將可望命趣余就道，恐嚇萬端，余酌酒飲之，談笑相謝。㝛庵知余意，席間賦詩曰：『酒中寒食雨中天，此日銜杯却惘然，痛哭花前莫相訝，不如往泛五湖船。』是晚予遂祝髮于小年庵，乃説偈云：『一杖横擔日月行，山奔海立問前程，任他霹靂眉邊過，談笑依然不轉睛。』是時門下同日祝髮者三人，曰古心、古雪、古愚，時古心亦有偈云：『風亂浮雲日月昏，書生投體向空門，不須棒喝前因現，慷慨隨緣念舊恩。』次日祝髮者五人，曰古德、古義、古拙、古荒、古懷。次日又二人，曰古圉、古處。時諸人爭先披剃，呵禁不得，委曲阻之，譬曉百端，乃止。先後隨余出家者十有一人，因改故居爲大錯庵，俾諸弟子居之，共焚修焉。」

此邦芑自述祝髮經過也。南略十四孫可望脅封本末條，言：「可望聞邦芑爲僧，外雖怒駡，而中懟憤，命任僎等以書勸之，邦芑答詩曰：『破衲蒲團伴此身，相逢誰不訊孤臣，也知官爵多榮顯，只恐田横笑殺人。』方于宣録其詩呈可望，可望怒，命鄒秉浩解執貴州，將殺之，適有安龍十八忠臣之變，人情洶洶，遂釋不問。」按鄒秉浩小官僚，奉命作走狗，可憐人也。山暉録九有贈餘慶令義生鄒居士詩，當即此人，詩云：「風飄桂氣作秋光，又見雲霞色滿堂，自是東山蕙帳冷，蒼生喜殺令公香。」然則鄒亦與禪侶往來，可見當時風習。邦芑被械至黔，途中有口占三絶云：「纔説求生便害仁，一聲長嘯出紅塵，精忠大節千秋在，桎梏原來是幻身。杻械縈纏是夙因，千磨百折爲天倫，虚空四大終須壞，忠孝原來是法身。前劫曾爲忍辱仙，百般磨錬是奇緣，紅爐火裏點春雪，弱水洋中泛鐵船。」求仁得仁，非養之有素者不辦。庭聞録四言：「康熙元年，吴應熊給假省父，四月至滇，遇大錯和尚於貴州道上，出語不遜，應熊執以見三桂，三桂笑曰：『是欲辱我以求死所耳，吾兒正墮其計。』命亟釋之。」大錯和尚可謂游戲人間者哉！

敏樹相語録十，有寄大錯禪師書，辨大錯二字云：「禪師既不愛功名富貴，不受塵網，是不錯也。既而下髮爲世外高人，以青山作伴，緑水爲鄰，喜時歌，悶時飲，真乃天子不得臣，王侯不得友，此禪師别具一番眼界，有何錯也！然所錯者，想是曠大劫來一箇路頭，不因一念萌動，爲儒家做箇書債人物。今爾官至中丞，書債酬矣，思其本來面目，原是靈山種子，何故還做這頂紗帽頭氣，一旦奮發勇猛，披緇於深山窮谷之中，是不錯也。今禪師何故言其大錯？莫不是一腔熱血未曾冷，忠肝義膽，欲上報天子恩渥？莫不是一箇老萊子未曾學得，劬勞罔極，欲酬父母深恩？今禪師以不報之報，不酬之酬而出家，是萬幸也，是大忠孝人也，何言錯？請禪師於威音那畔着眼，看他三世諸佛，從何所得；六代祖師，從何所悟，方不負禪師來空門走這一回，與佛家增一重光彩。」

大錯事跡略明，可一考大錯之生卒年。祝髮記言「甲午二月廿三日爲初度之辰」，而未言爲若干歲初度，吾初假定爲六十，惟大錯遺集一，題永北阮氏世孝録序，作於己亥，有「余自乙酉阻滇黔間莫能歸，不奉慈闈色笑十五年」之語，敏樹相致書，亦有「劬勞欲報」語，甲午六十，則己亥六十五，尚有母，母亦八十五以上矣，非不可能。然其庚子修雞山志時，住山半載，攀危歷險，似非六六衰翁所爲，吾不敢信甲午爲其六十也。雞山范志十有大錯悉檀寺詩云：「六十年前古佛身，蒲團小定悟前因，石橋松徑當時路，擔水搬柴舊日人。掃塔幾番尋杖鉢，翻經猶自拂埃塵，本來面目依然在，不向菩提印性真。」假定此六十爲大錯自己寫照，大錯之到雞山爲己亥，己亥六十，則甲午祝髮時五十五，然詩人所謂六十，多舉大數，凡已過或將至均可稱之。吾文既出，楊君殿珣示余江蘇圖書館第八年刊，有柳翼謀先生撰大錯和尚集拾遺，引吴越錢氏京江支譜，謂「大錯生萬曆壬寅」，則祝髮時實五十三，可爲定讞。惟謂其「聞母喪祝髮」，則修譜者託詞耳。

又大錯卒年，滇黔志莫考，據劉應祁康熙寶慶志序，康熙癸丑，大錯修寶慶志未成而卒，應祁續成之，是大錯以康熙十二年卒也。黔風舊聞録四，及黔詩紀略廿五，均有錢點哭開少叔詩，然不知何年作。黔詩紀略補中卷據黔詩萃補録此詩序，乃知大錯之卒，果在康熙十二年，此稀有史料也。序云：「甲辰春，點居黔中，送叔之武昌，音問遂不達。癸丑夏，訪郡伯李公於邵陽，叔自南嶽來會。八月叔卧病不起，没於邵陽旅次。點居二千里外，闊别十年，僅聚首兩月，屬纊之際，骨肉無人，點經紀喪事，引柩送葬南嶽山下，感而哭賦。」不獨知其卒年，且知其離黔之年，及卒葬之地，此序之有關考證大矣。選詩者胡爲而略之，蓋不能預知吾人今日之所需也。補編跋曰：「此詩已見莫氏紀略，而序失載，余不惜重録，滄桑之際，孤臣遺老蹤跡，可借此以見其大略，附著於此，以爲尚友論世之據。」諒哉斯言，所謂「與其過而廢之，毋寧過而存之」，載筆者應知所法矣。

右錢邦芑

黔詩紀略廿五：「陳啓相，字枚庵，省志富順志並作放庵，播雅據平水寺殘碑稱枚庵，則作放誤。富順縣貢生，永明稱號，官至河南道御史。尋爲僧，棄家徧走吴楚諸山，更名聖符，號大友。明季南略云：『孫可望要封秦王，據貴陽跋扈，癸巳，其翰林院編修方于宣屢勸進，可望恐人心不附，于宣曰：朝内相左者止吴貞毓、徐極等數人，川黔兩省止錢邦芑、陳起相數人，除此數人，其餘不足慮矣。可望曰：貞毓等易處分，但邦芑等在外，人望所歸，殺之恐士民解體。亟發令促邦芑入朝，逼勒百端。甲午，邦芑遂落髮。』意啓相爲僧，當亦在其時也。康熙壬寅來遵義，隱縣南平水里掌臺山寺，自稱掌山老人，足不越户者將三十年。有時饑寒，嘯歌自得，一編一鉢，蕭然人外。巡撫張德地，遣官敦請再四，卒不得一見。年八十卒，葬寺後。枚庵在明末實一文章巨手，遵郡紀事稱其行文如烈馬馭空，游龍戲水，不知其來。黔志謂其平水集百餘卷，蜀經籍志謂其集多至數百卷，今散逸殆盡矣。詩惟播雅存二十五首，友芝復汰其誤收羅兆甡者，存十九首，益南略所載一首。兆甡及談亮，並枚庵逃名平水時從遊，得詩文傳授。遵義人才之開，掌山功最鉅，惜全集不傳，落髮以前行跡，亦無紀載」云。

按所謂南略詩一首，即南略十六孫可望犯闕本末條，弔吳貞毓、鄭胤元詩也。南略作起相，紀略、播雅作啓相，今從南略。惟南略謂貞毓丙辰生，被害時年九十七，殊誤。甲午被害，年三十九耳。丁酉吳夫人裴，及子戩穀，與鄭夫人鄧，移二公柩合葬於安龍城西海源寺。起相弔云：「燼灰冷作一瓶收，送上荒原源海頭，天府星殘埋二曲，遼東鶴返泣千秋。雨中昏夜催人去，夜裏空山付鬼愁，眼底鬚眉今略盡，更將忠義向誰籌！」時起相尚未爲僧也。紀略謂起相爲僧，與邦芑同時，亦誤。起相撰大冶沉禪師方外集序，在丁酉孟冬，尚斤斤以髮爲言，見外學篇，則丁酉冬起相尚未祝髮。雞山范志八有大錯撰片雲居記，言：「右鄰古雪齋，西去四百步，即斷際處，無盡禪師寓焉。」又言：「庚子春，余與無盡、眼藏、子眉纂修山志，棲息半載。」無盡即起相僧號。是起相之祝髮，在丁酉後，庚子前也。無盡之號，紀略未載，當補，不然，見有無盡詩文，亦無由知爲起相。雞山范志十載無盡詩三首，注曰「俗名陳起相」，紀略即未收，既所傳者稀，則亦當補。茲録其傳衣寺看杜鵑花有感云：「杜鵑花發杜鵑啼，不問心知并蜀西，空憶怨魂迷望帝，何期旅色動滇雞。湘江水冷痕留在，閬苑仙歸月欲低，深院疏簾容客到，花光缺處補山齊。」詞楚聲凄，零淚欲滴，孤臣之心事可知矣。

抑有言者，考遺民出家之難，在不能溝通其僧俗名號，如唐大來之爲擔當，錢邦芑之爲大錯，夫人知之矣，陳起相之爲無盡，曾高捷之爲還源，則黔詩紀略、滇南詩略均不之知。不獨不知其僧名，如曾高捷、楊永言等，且並不知其爲僧也。又有知其僧名，不知其俗名，則直以爲僧而已，惡知其爲遺民哉！　發微闡幽，是在吾黨。

川志隱逸，黔志流寓，皆有陳起相傳，皆作字放庵，紀略據播雅辨爲枚庵，是也。始吾讀破山全録十，有示印見陳梅庵居士法語，知印見爲破山法派，不知梅庵爲何人也。後讀敏樹語録九，有送侍御陳梅庵居士詩，知梅庵爲侍御，仍不知爲何人也。播雅既辨陳侍御當爲枚庵，則破山、敏樹二録之梅庵，即陳起相也。播雅予我以觸發，吾亦可報播雅以佳證：枚放形似，枚梅音同，更可證其是枚而非放。梅庵未落髮前，早有法號，爲播雅、紀略所未及，並可見其落髮非一時憤激之所爲，固已蘊之有素矣。

破山所示法語云：「富與貴人之所欲，貧與賤人之所惡，然我釋迦老子，富有四海，榮啓萬乘，一旦棄之，入雪山六年苦行，覩明星悟道，爲人天師，豈非從富貴中出世度人耶！今陳居士夫婦發大乘心，請老僧指點出世之路，只得向伊道不是心，不是佛，不是物，且道是個甚麽，於二六時中參取看，若會得時，擲個消息老僧拄杖頭也。」敏樹詩云：「疋馬晴川上，寒風度曉煙，轡絲輕遠路，鴻雁過長天。野店欽賢宿，梅花對雪妍，仁風生殿閣，早謁聖明前。」詩無年月，與大冶方外集序參校，知在丁酉、戊戌之間，破山、敏樹、大冶皆蜀僧，起相亦蜀人，其結爲禪侶宜也。

播雅二、黔詩紀略廿五有談亮詩，亮字晉若，自富順避難來遵義，家平水里，閒館永寧、貴筑間。永曆中授義寧知縣，調貴州麻哈知州，陳枚庵妻以女。永明亡，隨枚庵隱掌臺寺。康熙癸亥，乃薙髮爲僧，時已六十一歲。所著詩文集數十卷，燬於火，小集一册，題曰賣悶愁，有和掌山老人詠蓮元韻云：「根同太華蓮，節節藕如船，但得花常笑，何妨地屢遷。掌山無異土，平水共流泉，不數濂溪勝，漁舟棹晚煙。」同是遺民，何以老始爲僧？當以不能謝妻子故。應附起相後。

右陳起相

「賓川曾高捷，字雲馭，崇禎十三年進士，官吏部驗封司員外郎。致仕歸，山居讀書，精求性命之學。慷慨好施與，至老不倦。丁亥孫可望入滇，脅之官，抗節不屈，年八十卒。」此雲南阮志鄉賢上引舊志之文也。滇南詩略九同引此文，删「年八十卒」，改爲「抗節不屈死」，是高捷以抗孫可望死，應入忠義傳，而不知其爲僧數十年乃卒也。不記其爲僧，而言其精求性命之學，似爲之諱，「出家丈夫事」，有何可諱！

雞山范志四寺院門，言：「白雲居在天池山下，崇禎十六年賓川鄉紳曾高捷延僧圓彩建。曾晚年祝髮，隱修於此。」志五寺院門，言：「三笑橋在白雲居門內秋月池上，還源禪師隱於此者二十年，送客不過橋。一日大錯和尚同眼藏來訪，還源不覺，送過是橋，眼藏云：『遠公乃過虎溪耶！』三人大笑而別，橋遂以此得名。」志六人物門，言：「還源諱宗本，俗姓曾，名高捷。得第後於南京參天童和尚，言下有解，遂不仕。」又言：「印寬，首傳寺僧也，昆明人，與還源禪師交善，嘗於午齋後熟睡，還源曰：『齋後即睡，無礙乎？』寬云：『我睡在虛空，何礙之有！』甲午年某日，忽囑寺僧云：『我來日午當告別。』至時索筆畫蓮花，畫完乃一偈也，命僧徒送與還源，端坐而逝。」

大錯和尚片雪居記，言：「右鄰古雪齋，稍北上小坡，即白雲居，爲還源禪師潛修處。」野竹後録七，題白雲居天池云：「亂山深處白雲居，古木蕭森緑滿除，庭下有池清似鏡，跏趺盤石數遊魚。」注：「即高捷曾先生隱處。」雞山范志十藝文門，曾高捷詠古雪齋丈室云：「客到青城不睡，雲移碧岫無心，卒我山中歲月，任他世上晴陰。」

凡此皆曾高捷爲僧生活。滇南詩略既謂其抗節死，使無「還源俗姓曾，名高捷」一條，則又烏知還源爲高捷耶！滇釋紀三：「德曙，字敬止，太和孫氏，世業儒，工吟詠，年近知命，乃禮雲峰心安和尚祝髮。精修淨土，著有詩文偈頌，並和宗本山居百韻。」所謂宗本，即高捷僧名也。

右曾高捷

雲南阮志忠義一引舊志：「楊永言，昆明人，崇禎癸未進士。任崑山知縣，嚴明有治聲。流賊破城，巷戰死。」所謂城，當指崑山。乾隆中修勝朝殉節諸臣録四，列桂王殉節諸臣中，通謚烈愍。滇南詩略九引舊志云：「永言初名瀾，字岑立。官崑山縣，國變後城破，巷戰死。」國變與「流賊」詞稍異，然城則均指崑山也。明詩紀事辛籤八下，乃改云：「流寇陷雲南，巷戰死。」書經三寫，烏焉成馬矣！

小腆紀傳五七，言：「永言嘗應南都詔，薦諸生顧炎武於朝。南都陷，永言復與炎武及參將陳宏勳，諸生歸莊、吳其沆等，起兵拒守。事敗入黃浦依吳志葵。志葵敗，永言祝髮爲僧，名嬾雲，入中峰，旋入金華，晚卒於滇。」張穆顧亭林年譜一引元譜，與紀傳略同，並言：「崑城破後，走陳墓詗事彌月，知不可爲，復入黃浦依吳帥，吳敗，祝髮珠涇萬壽庵。勝朝殉節録稱其殉乙酉之難，追謚忠節，誤。」祝髮萬壽庵一節，年譜特詳，惟殉節録實列桂王殉節中，且謚烈愍非忠節，未審年譜何據，所謂楚則失矣，齊亦未爲得也。

文祖堯明陽山房遺詩一，有酬嬾公詩，序云：「己丑初夏，赴嬾公約，從婁水過蘭江，往來吳越，棲遲林泉，經五閱月。見山水依舊，時事日非，相對欷歔，不勝今昔之感。嬾公因賦詩見贈，勉步元韻奉酬，敢曰賡歌，聊以寄慨云爾。」注：「公姓楊，名永言，余同鄉人。」永言爲僧，證一。亭林詩集二，有贈楊明府詩，序云：「楊明府永言，雲南人。昔在崑山，倡義不克，爲僧於華亭，及吳帥舉事，去而之蘭谿。今年復來吳下，感舊悲歌，不能已於言也。」詩略云：「絶跡雲間日，分飛海上秋，超然危亂外，不與少年儔。閱歲空山久，尋禪古寺幽，刁寒餘斗色，血碧帶江流。舊卒蒼頭散，新交白眼休，與君遵晦意，不負一匡謀。」今年者，順治十年癸巳也，永言爲僧，證二。陸世儀桴亭詩鈔四，有送嬾雲師歸雲南詩，注：「師本鹿城令，今寓浙中。」鹿城崑山别名也，永言爲僧，證三。詩云：「鹿城兵氣黯然消，鷲嶺宗風暫挂瓢，老衲生涯靈洞雪，孤臣心事海門潮。致身誼畢應無恨，罔極恩深豈憚遥，漠漠滇雲何處是，亂山叢水一輕橈。秋深風雨夜猿驚，零落孤臣萬感生，天目雲高連玉案，錢塘月出照昆明。干戈滿眼家何處，忠孝懸心願竟成，況是同行有仁者，雙筇安穩問歸程。」注：「時師將與文介石先生同歸。」詩亦作於癸巳，正黄孝子尋親由滇歸里之年，孝子與文公事見禪侶篇。孝子歸在六月，此云秋深風雨，當在孝子歸後。滇人之官於江浙者，以爲滇路可通，故嬾公與文公亦有歸志，然文公未竟歸，不知嬾公果歸否耳。滇繫六，曾高捷、楊永言傳，同在一葉，均沿舊志之誤，言其死節，後印本永言傳已據亭林集剜改，惟高捷傳仍未知其爲僧也。婁東十子詩選，王揆、王撰、王抃、許旭皆有送嬾雲道人南還詩，王抃詩云：「孤臣淚濕舊衣冠，匹馬關山行路難，絶壁風迴秋雁斷，空江月落客心寒。五年避世仍思漢，萬里還家未報韓，回首城南征戰處，分明却向夢中看。」三王皆煙客子。詩無年月，當與陸詩同時。時滇道仍梗阻，僧裝往來，或較便也。

右楊永言

黔詩紀略廿三：「鄭逢元，字天虞，又稱天瑜，平溪人。少警敏，天啓中熊侍郎明遇忤魏忠賢，謫戍平溪，激賞於諸生中，授詩文法，舉崇禎六年鄉試。十六年以副使加參政，監滇黔楚蜀粵五省軍。兩京既覆，妖僧冒福藩者，誘煽平清沅晃間，天虞知其贋，與蜀按米壽圖，總兵皮熊計擒之，唐王進太僕卿。永明稱號，召監督羽林，轉太常。戊子冬，晉兵部侍郎，總督滇黔楚蜀軍務，尋加尚書左都御史。庚寅，孫可望據黔稱秦王，天虞書王命論以諷，適丁父憂，卜葬餘慶城南，奉母居蒲村，可望强起之，天虞婉辭以書云：『絶裾請纓，温太真之後悔何及，依劉爲命，李令伯之陳情可憐。』杜門不出者八年。永明居滇，特召授禮部尚書。永明被執，遂祝髮於滇之寶臺山，自號天問和尚，與丹徒錢邦芑爲世外交。事詳黄嘉穀所爲傳。」

黄傳稱：「經略洪承疇屢强元出，以佐維新，元以義不可出，竟以緇衣歸田，孝事老母，門生故吏，罕得睹其面。嘗有詩自述己志，隱然以陶處士自居。其生平忠孝大節，實足壯山河之氣，與日月爭光。卒年七十六」云。

按逢元爲僧，雖在永曆亡後，然其學佛，早在十數年前。錦屏破石卓禪師雜著載有答天虞鄭少司馬書，辨破石因緣。書不著年，而稱元爲少司馬，則永曆二年任兵部侍郎時也。又敏樹相語録十，有寄御史鄭天虞居士書云：「昔在思唐時，每承護法，對貧道所談者是佛法之理，所講者皆聖賢之章，博物不凡，窮理不俗。雖居宰官，而無宰官之氣，雖住城郭，而無城郭之聲。心上所存者忠孝，面上所敬者高人，誠然白居易居士之再來應身，撑持儒釋之大道也。」此書當亦在孫可望據黔跋扈之前。惟黔詩紀略卅二，有語嵩裔答天虞鄭居士詩，則當在隱居蒲村後，惜未得其原作也，詩云：「山居一室兩三椽，折脚鍋中煑碧蓮，茶熟不逢佳客至，日高獨許老僧眠。棒驅佛祖渾無跡，喝驗龍蛇别有天，斷舌英才曾解玉，休將文字謗逃禪。」又答天虞鄭居士二首云：「鏡花水月草頭霜，夢裏登樓作戲場，石火光中延客坐，無端逼殺暮雲忙。百丈澄潭一老龍，垂絲千尺釣春風，等閒立破三冬雪，笑殺竿頭爭似弓。」又靈隱文語録二，有與逢元問答機緣一則，稱「督臺天虞鄭公問」，則永曆十二年靈隱文住安順靜樂庵，可望已敗，逢元復出爲兵部尚書之時。此皆其祝髮以前史料，可見其逃禪亦漸而非頓也。

右鄭逢元

雞山范志六：「僧悟禎，號友山，滇姚高氏子。致仕出家於大覺徧周，創曇華古佛林，精修梵行，數十年晝夜不輟，一切名山古剎，無不中興。康熙己巳七月六日坐逝，塔於曇華山。」知其僧名不知其俗名也。閱雞山志補一，乃知即高奣映之父，世襲姚安土知府，「名𪅴，字海容，又字青岳，又字芝山，出家後更名悟禎。性孝友，好施予，沙定洲之亂，棄家從黔國公沐天波守楚雄，又從至永昌。及歸，慨天下事去，即常止僧舍。甲子，黔國感其仗義相從，荐於永曆帝，授太僕寺丞，升光禄寺卿，轉太僕卿。播緬之役，從至騰越相失，遂歸雞足山，於大覺寺請水目無住師剃染。泛覽三教書，暇即念佛，修葺寺刹，至不可勝紀。庚午疾終曇華山。」

二説不同者，范志作禮徧周，志補作禮無住，徧周、無住，皆徐霞客遊雞山時所酬酢之禪侶，論行輩則徧周爲徹庸之師，而徹庸又無住之師，擔當即從無住披剃者也。又卒年二書相差一年，疑卒於己巳，塔於庚午，未爲大異。惟志補作甲子黔國荐於永曆，永曆無甲子，當是永曆八年甲午之訛。輪庵撰洱海叢談言：「姚安高雪君，變亂時於提軍桑公帳前投誠。其尊人棄俗爲僧，建精藍奉佛，今壽及古稀矣。」雪君即奇映，見禪悦篇。桑公指桑額，康熙初雲南提督，見清史稿列傳二三，輪庵未披薙時曾參其軍，康熙廿五年卒，輪庵語録三有爲提臺桑公舉火文。庭聞録、畫徵續録均作桑格，見清史稿列傳四五，蓋另一人。

右高䎕

播雅一：「黎懷智，本四川廣安人，年十四，隨父朝邦徙遵義。奢崇明之反也，從督落髮爲僧。先是君昆弟於石頭南迴龍山建龍興寺，即今禹門寺也，逮丁亥，丈雪老人避川寇，從昭覺來，駐錫龍興，君因師之，更名徹智，號策眉。及丈雪歸，遂爲開山上座，與明遺老大友、大錯輩，講味禪悅，借以韜光。年八十九，往省師昭覺，行至内江，病没於廣福寺。明年其徒葬之中江般若寺。」錦江禪燈二十有傳，作卒年八十八。丈雪紀年録順治八年條，言：「師四十二歲，仍住禹門，領衆開田。山主年七十，率衆皈依，起名徹智。」所謂七十，舉成數也。順治八年辛卯，黎年實六十四，蓋長丈雪廿二歲。破山全録十一，有示策眉禪人法語云：「學道無分老少，只要信得及。」即指此也。丈雪語録十，有寄禹門策眉監院詩云：「年將天命喜逢遊，行盡閻浮海盡頭，衲拂秦雲連楚塞，帆懸泗水傍吳樓。長風收得三千斛，野月遄裝一葉舟，非我心矗欺佛祖，人天債負要吾酬。」丈雪五十，策眉七十二矣。

右黎懷智

明季南略十六，孫可望敗逃後，十八忠臣吳貞毓、鄭胤元家屬，扶兩公柩合葬海源寺，陳起相弔之以詩，已見前。時吳鼎爲户部郎中，亦有詩弔之曰：「國運如絲繫暴秦，鬚眉那得有完人，智稱武簡知名重，美謚文忠見道真。千古史傳雙烈士，一山石伴兩孤臣，黃冠釃酒臨風弔，愁説中興志未伸。」吳鼎見雲南阮志寓賢引舊志：「鎮江人，選貢，官禮部員外郎。因流寇之變，託跡緇流，歷覽名勝，入滇嘗居新興嵒峨，自號大拙。善詩工書，州人多師事之。醉後輒仰天悲嘯，康熙十年始歸。」擔當遺詩七，有見大拙和尚印章賦贈一首云：「浩氣摧殘冷似冰，撐天拄地有枯藤，姓名不敢汙青史，一字猶存是僞僧。」雞山范志十有山齋紙簾一絶，達諦撰，注曰「俗名吳鼎」，然則吳鼎又號達諦。陸天麟煙坪詩鈔下，有贈吳石峰詩云：「敢言不諱衆人師，跋扈將軍亦道奇，下獄猶能三抗疏，出關不爲五歌噫。路迴棘道孤雲冷，身歷秋風拄杖知，豈爲袈裟能隱遯，要津先據莫遲遲。」注：「石峰嘗疏李定國獨攬威柄，命繫獄，出獄後遂薙髮爲僧。」又云：「石峰江南人，近傳歸里。」明季滇南遺民録以爲石峰即吳鼎，則非先溝通其僧俗名號，不易知爲一人也。在當時本欲逃名，故屢更名號，所謂「姓名不敢汙青史」，又何暇顧後人之艱於考索耶！

右吳鼎

讀錢邦芑祝髮記，知蒲村遊侶有富順杜爾侯、西湖許飛則，然不知爲何人也。閱黔詩紀略三十傅爾元詩，有癸巳春日過蒲村謁錢開少師，兼訪杜爾侯鼎黄、許飛則振鷺二首，知杜爾侯名鼎黄。又閲雞山范志十，有遊雞足山五古，古乘撰，注曰「俗名杜鼎黄」，知鼎黄亦曾爲僧。詩云：「飛鳴不得意，解脱事遠遊，每從山水間，嘯傲忘吾憂。跋涉數千里，夢寐雞山頭，神仙那可遇，還丹豈易修！真能徧五嶽，自可輕王侯。生也本如寄，宇宙一何悠，行樂須及時，毋貽達者羞。」讀此可略窺其人之大概。野竹語録九，有復古乘上人偈云：「挂冠歸隱禮空王，忠孝又尋寂滅場，周子留衣亭上偈，何曾一字貴韓昌。」知古乘亦遺民之一。野竹録十三又有喜晴柬杜爾侯一首，即此人。

雞山范志八有僧古笑，俗名戴若，曾撰雞足山記云：「余在蜀時，即聞滇雲有山名雞足，心甚慕之。歲戊戌，隨大錯和尚至滇，遊蒼洱，住三塔寺數月。」卷十又有古笑詩數首，其九重崖下獨坐一首，注曰「四川安居人」，今録其蒲團一絶：「不是枯禪習坐功，當機一悟萬緣空，蒲團入定消塵劫，山鬼何勞伎倆工。」滇詩拾遺六曰：「古笑里居無考。」今知其里居俗名，其他事跡仍不詳也。范志十又有古道俗名吴子朗，小坡俗名熊軾，貴州志藝文有熊軾草塘寒食詩，仕履不詳。古道，大錯弟子，甲辰秋曾隨大錯遊衡嶽，見光緒湖南志山川四大錯遊衡嶽記。

右杜鼎黄　戴若

雲南阮志卓行引蒙化府志有：「宣廷試，字逢泰，崇禎癸酉舉人。初授密雲知縣，丁憂歸。明末任刑部主事，擢左江道，兼督學道事，所在有聲。鼎革後祝髮爲僧。宣廷賓字逢盛，廷試弟。以拔貢任興化府推官，有善政，丁艱歸，值喪亂後，與兄廷試皆爲僧。」廷試應據蒙化志作廷式。阮志寓賢又有：「朱蘊鑑，武昌人。宦滇，值沙定州、孫可望之變，遂祝髮爲僧。名不錯，字衷白，結庵浪穹之標山，題曰楚雲，坐卧三十年，惟與唐泰往來。善弈，工吟咏。李學期字知音，南溪人。明末父爲建水州牧，期自蜀來省，爲流寇所獲，欲强以官，不屈，削髮爲僧。」

小腆紀傳五六有：「賀奇，字庸也，武陵人。以拔貢加兵部職方主事，監察御史。鼎革後祝髮峨嵋，隱滇黔間二十年，當事强加巾服，具題以原官用，不赴。」存信編五永曆十三年七月條下，有「清兵陷成都，主事賀奇自山中出降」語，當是未祝髮時事。紀傳五七又有：「林英，字雲又，福清人。崇禎中以歲貢知昆明縣，有神明稱。永曆時官兵部司務，明亡祝髮爲僧，由滇遁入臺灣卒。」凡此諸人，除朱蘊鑑外，皆不知其僧號，其他祇知僧號，不知俗名，如祝髮記中之古心、古雪等，更無從載筆矣。又黄平人李占春，字少白，滇南遺民録下謂其：「明亡後棄官遊順寧。工詩，知府米璁優禮之，留順半年，歸里爲僧。有與汪咸伯約在黔同卜靜室詩。」然阮志官制題名，順治十六年第一任楚雄通判爲李占春，故不録。

右宣廷式等六人

景邃堂題跋一，雷尚書殘集條引尹樹人廿我齋集載新興雷石庵事云：「永曆帝奔滇，以前禮部尚書雷躍龍爲刑部尚書。從駕西行，中途兵亂散失，躍龍薙髮爲僧，隱騰越雪山中。」是躍龍亦遺民之逃禪者也。滇詩拾遺補四言：「雷石庵字躍龍，省志無傳。」誤。阮志入卓行傳，云：「魏璫熾盛，躍龍避不與交，璫敗籍其家，朝士名刺皆滿，獨無躍龍名。」並加案語云：「倪蛻滇雲歷年傳稱『孫可望入滇，躍龍首先降附』。審爾，則無足取，特傳聞異辭，或不足信，今仍據一統志、舊志纂入」云云。永曆實録一：「永曆二年，孫可望自東川攻雲南，誘沐天波及副使楊畏知至，脅降之，詹事雷躍龍，春坊閔仲儼，行人龔彝，皆降。」先降後反正，卒能盡忠故國，矢志不渝，君子善善從長，嘉其晚節，謂宜與沐天波、楊畏知等同科，未可繩之過甚也。雷石庵遺集有寄方神生詩九首，神生方于宣，孫可望編修，見有教無類篇。

景邃堂雷尚書殘集條又云：「時隱雪山者尚有宦遊三人，曰周東華，本南京崔探花之弟，甲申之變，闔門罹難，入滇改匿名姓，始寓寶峰寺，後隱雪山，著雪山集二十四篇。今騰越西南城外毗盧寺有聯云：殿古含煙冷，樓空得月多，其遺墨也。曰徐宏泰，江西南昌人，永曆丁酉，任雲南右布政，隨蹕至鐵壁關，散失，薙髮爲僧，隱於雪山。曰蕭道明，江南無錫張涇橋人，稱行脚僧。」按周東華事不甚可據，阮志寓賢亦載之，但明自正德十二年有探花崔桐後，二百年無探花崔姓。雞山范志六謂：「周東華，河南歸德人。通三教，尤精道德之旨。年二十五雲遊方外，崇禎甲申至雞山，後遊騰越，人皆以神仙呼之，周答詩云：『人人說我是神仙，我是神仙豈偶然，只爲南滇無大道，故來此地示真傳。』後竟隱去。」說又與阮志異，不可究詰矣。且其人本非僧，不入本題範圍，故不録。阮志寓賢據臨安府志並收熊開元，謂其：「棄家爲僧後，嘗避地阿迷，聞弘儲居蘇州，從受印記，名正志。」偶一至滇，亦不録。

右雷躍龍

滇釋紀三有：「弘宗，字曉了，昆明戴氏。舉鄉試，仕翰林侍讀。後棄官隱雞山碧雲寺，祝髮，歷參知識。因大理海東魯川，有崖泉，滴珠如雨，創庵以居，名曰雨珠，隱靜二十餘年。集有雨珠饒舌。」按明末雲南舉人，並無戴姓，或乙酉以後取士歟！據阮志仙釋，則宏宗乃明諸生，不知滇釋紀何據。新續高僧傳六二又有：「石寶山思明，劍川趙氏。本名啓華，以諸生試高等，將貢太學而明亡，因入寶巖披薙，自號思明以寄意。往來三迤閒，行脚無定，晚出黔、蜀，不知所終。所著詩曰一衲吟草，已佚，獨雞山傳其題壁一律云：浮杯萬里涉煙波，白衲團團破似簑，龍象箇中知己少，江湖方外故人多。幾年行脚誰能識，一曲陽春獨自歌，到處隨緣堪挂錫，無邊風景寄松蘿。」雞山范志十以此詩爲行脚僧壁閒留題，今曰思明撰，亦未審所據。明季滇南遺民録上，則謂：「雞山題壁者趙氏名鰲，字海六，弟龍，號思明和尚。」姑存以俟考。

右戴弘宗　趙思明

以上所舉皆文人，然武人亦有國變後逃禪者。留溪外傳十八：「也是和尚，名自非，字普然，族姓鄧，名凱，吉安人。膂力絶人，性剛介。明末與閣部楊廷麟，大魁劉同升，中丞郭維經，督師萬元吉，銓部龔棻，起兵於贛。兵敗，諸君子死之，元吉、棻以二子託焉，乃共匿于楚攸邑。越明年父某被殺，潛歸殯葬，復集衆興師，又敗績，遂散壯士，伏吳楚間。數載皇皇，親識見之，懼其遺禍，無敢與立談者。知永王在滇，冒險歸之。辛丑，永王被執，將凱分給鑲黃旗胡章京家，凱大哭，不食求死，胡曰：『子死何益？雖然，曾作大臣，理當如是。』以好言相慰，令左右善守之，如是者五日，不得死，胡乃從容問曰：『子欲何爲？吾當成子之志。』答曰：『吾不死，即出家。』胡曰：『此好事。』乃送郡南水德庵披剃爲僧，既而遷于昆陽之普照寺。後聞永王死，骨棄于郊，乃椎心泣血，提筐拾之，滇父老子弟相向悲泣，軍中皆感動，各贈金錢無算，遂葬其骨。後足跡不出户者數十年而卒。」

雲南阮志寓賢引舊志：「鄧凱明末舊臣，嘗與沐天波護永曆入緬。比還抵昆陽，聞永曆死，乃祝髮爲僧，號鄧和尚，州牧童復晊爲結庵於陽光寺。以詩自娛，時復狂嘯，或痛哭，居數年歸去。」明遺民所知傳則謂：「凱時爲都督同知，先數月爲馬吉翔所擊，傷足不能渡河得免。還入雲南昆明州普照寺爲僧，作也是録，述緬時事。」諸家所記不盡同，然云削髮爲僧則一。晚明史籍考也是録條謂：「凱爲僧，名弘智，字無可，號藥地。」以方以智爲凱，當是偶誤。留溪外傳所述之胡章京，即吳三桂壻胡國柱，能詩好客，詳有教無類篇。

右鄧凱

小腆紀傳卅六，趙印選、胡一青、王永祚傳：「三人皆滇將，一青短小便捷，馬上騰擲如飛。朱治憪嘗作胡將軍臨陣歌云：『將軍用槍如擲梭，上馬殺賊功最多，馬頭一卒鷙鳥過，往來拔刃誰敢何！將軍神勇孰同科，除是漢代雙伏波，我書露布盾筆磨，比田僧超壯士歌。』蓋一青於三將爲最雄，己亥滇都亡竟降」云云。此紀傳之訛也，據存信編五，一青先薙髮爲僧，據永曆實録，一青爲僧後被殺，降者王永祚耳。實録八，胡一青、王永祚傳：「一青本名一清，隆武中改名。大榕江之役，清將線國安爲一青所敗，盡奪其馬仗幕帟，遂復全州。李定國軍南寧，將迎上攻孫可望，請一青爲導，一青不肯與定國偕，屯聚既久，爲清將全節所困，乃披剃爲僧，與其徒種山而食。居數年，線國安以榕江之怨，遣兵就山攻之，遂見殺。王永祚既降，復爲僧逸去，見擒，孔有德縊殺之。」據此，則一青亦遺民逃禪者之一，與也是和尚同，倪蜕滇小記下，言：「一清歸農後，爲奴所陷，幾死。」未言其爲僧，然亦未言其降也。

右胡一青

小腆紀傳補遺：「皮熊，字玉山，臨江人。父爲銅仁賈，遂家焉。以功封定番伯，鎮貴州。孫可望攻黔，熊爲所敗，遂隱新添山。復之水西，依女夫張默，默宣慰司安坤師也。丁酉，王師入黔，坤迎降，熊祝髮於水西之可渡河。既永曆帝被執，有常金印者，與坤謀反正，熊亦使蜀人陳進才給放劄付，招集部曲。事洩，熊走避烏撒，三桂執至雲南。時年八十餘，背立不順命。諸降將往省之，熊稱引古今忠義，追敘國家敗亡之故，詞意慷慨，積十三日不食死。」存信編五亦言：「熊於己亥年祝髮爲僧，隱水西山中，謀興復不克。康熙四年正月，吳三桂滅水西，熊被獲不屈死。」夫既已出家，仍不忘復國，全謝山所謂「易姓之交，遺民多隱於浮屠，其不肯以浮屠自待宜也。」語見退翁和尚第二碑，觀皮將軍事而益信。

弘光閣臣貴陽馬士英，兵敗後，亦削髮入四明山中，爲清兵擒戮，事見劉鑾五石瓠。明史士英傳言：「清兵破揚州，逼京城，王出走太平，士英奉王母妃，以黔兵四百人爲衛，走杭州。杭州既降，士英率衆渡錢塘，窺杭州，大兵擊敗之，士英擁殘兵欲入閩，唐王不許。明年大兵勦湖賊，士英被禽，詔斬之。而野乘載士英遁至台州山寺爲僧，爲我兵搜獲，斬於延平城下」云。所謂野乘，即五石瓠之類。老友安順姚大榮先生謂明史以士英入姦臣傳不當，撰馬閣老洗冤録以駁之，其説允否，自有公論。惟士英實爲弘光朝最後奮戰之一人，與阮大鋮之先附閹黨，後復降清，究大有別。南京既覆，黄端伯被執不屈，豫王問：「馬士英何相？」端伯曰：「賢相。」問：「何指奸爲賢？」曰：「不降即賢。」諒哉！馬、阮並稱，誠士英之不幸。易曰：「比之匪人，不亦傷乎！」可爲士英誦矣。嘗見阮大鋮詠懷堂丙子詩，有馬士英序，妙説禪機；又顏從喬撰僧世説，有士英及大鋮序，足證士英平日之喜談禪，惜乎其輒與大鋮偕也，特附論之于此。

右皮熊

留溪外傳十八：「幻闍黎，陝西人，失其姓名，咸陽諸生。有膂力，善射工棒擊，嘗持鐵棒重二百四十斤，舞動如枯葦，日行三百里不憊。明末流賊亂秦中，乃提鐵棒走中原，與諸豪傑結納，起義師，集數千人，隸巡按御史朱明。北京陷，幻提鐵棒走保淮南，與藩鎮高傑遥聯屬。傑遇害，乃薙染爲僧，自稱幻闍黎，遂携鐵棒入六安山參學，又數年携鐵棒入武當茅蘆山中求道，又數年携鐵棒南游粵越吳楚間，又數年携鐵棒入雞足山。康熙壬寅歲，忽抱鐵棒死點蒼山下。既死，手握鐵棒不可解，其徒並舉與葬，題其墓曰鐵棒和尚埋骨處。」

黔詩紀略二一四：「孟本淳，普安州人。幼讀書，尚氣節，有勇力。年二十，見天下將亂，棄儒服從戎，積功至總兵官。鼎革後薙髮爲僧，名本謙。初從武岡多福林寺太初和尚授法華經，已飛錫新化高坪之靈真村，從村中王爾雅秀才乞雪山爲古白林寺，自號葛天和尚，時順治十一年也。十五年逃兵掠新化，至村界顏公廟，本淳出山慰撫之，其黨見所持鐵拄杖，重可百斤，遂相戒不敢犯。居白林九年，趺坐逝，建塔於寺前。本淳居邵，與王嗣乾稺潛，劉應祁澹山，交至密，酬倡甚多，而詩不傳，寶慶志載數首，稱釋本謙詩。」

黔詩紀略三二：「眼石，湖南邵陽黄氏。以勇力入伍，崇禎癸未授千總，遷四川守備，從劉承胤迎桂王入武岡，遷錦衣指揮，又從轉徙兩廣，至安隆。丁酉，孫可望逼授僞官，遂逃入敷勇衛西望山，從語嵩禪師披薙，使守廚。一日過廚，見之曰：『汝何不作官來此？』答曰：『佛尚不爲。』語嵩異之，使司茶。眼石質所疑，語嵩輒答偈不容辨，眼石參究益力，寢食俱忘。一日運水山谷間，語嵩突杖擊之，水盡傾，忽有省。自是語嵩弟子辨論，皆爲眼石屈。語嵩之夷陵，使從高弟醒閒論法，遂與棲綏寧集福寺。庚子正月，醒閒出源流拂子强授之。康熙十九年，卓錫武岡廖田伏牛山，有大帥駐軍山下，居民欲避之，眼石曰：『無恐，山中自有活韋馱救爾也。』已而大帥上謁，眼石以爲請，於是數十里皆得歸耕。」按醒閒濟宗世譜作醒閒智，疑有誤字。眼石濟宗世譜作眼石乘。胡一青、皮熊不知僧名，幻闍黎、眼石不知俗名，然皆能勘破生死，故可以生，可以死，順其自然焉。

右幻闍黎　孟本淳　眼石乘

武人而外，亦有宦者，湯中先生告我，戴南山集六有與余生書，云：「前日浮屠犁支自言永曆中宦者，爲足下道滇黔間事，余聞之載筆往問，而犁支已去。因教足下爲我書其語，去年冬乃得讀之，稍稍識其大略。而吾鄉方學士有滇黔紀聞一編，余取犁支所言考之，兩人之言，各有詳略，而亦不無大相懸殊者，傳聞之間，必有訛焉。然而學士考據頗爲確核，而犁支又得於耳目之所覩記，二者將何取信哉！足下知犁支所在，能召之來與余面論其事，則不勝幸甚。」犁支雖閹人，然國變後能學道，又能留心當代史跡，蓋有心人也。康熙五十一年正月，刑部奏察審南山集案，戴名世擬凌遲，著滇黔紀聞之方孝標已故，擬剉屍，犁支當時若在，恐亦不免。

右犁支

南雷文案十，仿枚乘七體作七怪，其第一怪曰：「近年以來，士之志節者，多逃之釋氏。」邵廷采明遺民所知傳亦曰：「明之季年，故臣莊士，往往避於浮屠，以貞厥志，非是，則有出而仕者矣。僧之中多遺民，自明季始也。」魏叔子文集十七高士江濈傳曰：「予嘗私問濈：『兄事愚庵謹，豈有意爲弟子邪？』濈曰：『吾甚敬愚庵，然世之志士，率釋氏牽誘去，吾儒之室幾無人，此吾所以不肯也。』」愚庵者三宜盂，洞宗大師。明季遺民多逃禪，示不仕決心也。永曆之時，滇黔實爲畿輔，各省人文薈萃，滇黔不得而私。茲篇所舉，特遺民之關係滇黔者耳，非盡滇黔人也，若推而求之滇黔以外，所得更不止此。范蔚宗謂「漢世百餘年間，亂而不亡，皆仁人君子心力之爲」，然則明之亡而終不亡，豈非諸君子心力之爲乎！

遺民之禪侶第十五

文祖堯與蒼雪石奇等　黄孔昭與無住幻空　施于身與石奇
陳佐才與知空擔當等　何蔚文與擔當　朱昂與博也知空等
鄭之珖與大錯　胡欽華與山暉野竹等　吴中蕃與鐵壁梅溪
朱文與息知　劉蓝與敏樹靈隱等

滇南詩略十：「文祖堯，字心傳，號介石，呈貢人。天啓辛酉選貢，操履嚴正，敦崇實學。初任四川名山縣訓導，崇禎癸未，晉江南太倉州學正，首輯黌宫，整祭器，修祀典，刊儒學日程頒諸生，月朔考其進退，躬行以率之，一時咸謂安定復生。甲申國變後，人情洶洶，孺人郭氏倉卒偕女赴水死，先生棄官從中峰寺蒼雪師遊，僑寓曇陽庵，服僧服，以青烏術自給。婁人無賢愚貴賤，愈益敬愛，吳浙獨行君子，爭相延致，歲會講學，後還鄉，士大夫競爲詩歌送行，繪像作傳，以誌思慕。既聞先生道卒，因就其所常居室爲位以哭，顔曰思賢廬以祀之，私謚貞道先生，事載吳滇兩志。著有明陽山房詩稿，日程講義。」按先生赴任，並未攜眷，孺人郭氏赴水死一節，殆因先生遺集有挽節烈郭孺人詩而誤，秦光玉撰先生傳已辨正。

梅村家藏藁三六，有文先生六十序，曰：「滇南文先生，崇禎十六年爲婁人師，教以君臣父子之禮，堯舜周公孔子之道。董其怠惰，誡其凌誶，以期於有成，遠近咸曰，先生君子也。無何北兵至，先生義不可留，弟子進曰：『先生所居者職也，所事者道也，盍謝其職而修其道乎！』先生拂然不悦曰：『異哉二三子之爲此言也！吾比者教汝何，若而棄之耶！吾之行也，不可以過今日，且吾固非歸也，吾將從蒼公游。』先是蒼公講法華於婁之海印庵，先生以同里而異術，豎義相論難。婁人知先生與師深，及是聞之，喜曰：『先生去我未遠也。』久之有以私舍設都講，布函丈請者，先生放杖而笑，理其鬚髯曰：『吾已僧服矣！』盍謝其徒，杜門不交人事者四年。年六十，弟子請一言壽先生，余曰：滇南天下饒樂地也，其人隔絶山海，今猶襲冠帶以居，而先生獨阻亂不得歸，且奈何哉！ 或曰：蒼公學道者也，捐親黨，棄閭里，離人而立乎獨，以彼視萬里，猶尋丈也。 余應之曰：蒼公所學者佛也，其道如是，先生所學者堯舜周公孔子之道，今先生居此四年矣，庶幾師弟子之禮存焉，君臣父子之道不行者多矣，謂非先生之窮歟！ 抑吾聞之，滇南所産，輒多高人絶學，先生以儒者籠絡萬物，不名一德，今毁服童髮而遊於世，將得乎儒釋之合而探其原，浩浩乎靡所津涯，其爲道也，吾烏足以知之哉！ 蒼公曰：嚮者吾論難，固自以爲勿及也。」

按文先生之爲儒固矣，先生在婁，與鄉大夫陸桴亭世儀、陳確庵瑚，以道學相標榜。與蒼雪雖鄉人，道術實不相合，一旦國難，乃棄横舍而住伽藍，平時水火，患難時則水乳也。據梅村藁六，有送文學博以蒼公招，同住中峰寺詩，則先生之住中峰，實由蒼公之約。 南來堂集四，寄先生詩云：「西山久待來何晚，一片青氈占幾多。」即切盼其來也。 惟桴亭詩鈔二，送文介石入中峰詩，在順治三年丙戌，確庵詩鈔一，擬邀文介石住尉遲廟詩，在順治五年戊子，是先生既入中峰，陳確庵猶欲邀之住尉遲廟，此或因中峰遠，尉遲廟近，便於學子請益耳，其後太倉人迎之住曇陽觀亦以此，非有道不同之見也。 順治四年，蒼雪六十，先生壽以詩，有云：「舌底獅音震天壤，處處映川惟月朗，一時名宿悉皈依，幾代公卿咸景仰。鍼芥相投氣味馨，揮麈抒毫闡性靈，博識雄談齊物論，精言奥理太玄經。 隨機游戲皆天巧，謾説江花併謝草，鍾王不敢獨縱横，元白從今常壓倒。」備極推崇，何嘗水火！順治十三年，蒼雪卒，先生仍住曇陽，梅村藁十，有曇陽觀訪文學博，兼讀蒼雪師舊跡一首可證。計先生之住曇陽，凡十餘年，確庵文鈔四，貞道先生祠堂記云：「先生辛丑南還，道病，殁於桃源縣，門人顧士璉聞之，率諸生哭於僧舍之西偏。」僧舍即曇陽庵也。先生之歸，在辛丑之春，桴亭詩鈔六，有二月二十八日集宏志堂祖送滇南先生詩，同卷又有聞文先生歸途卒，遥哭四首，則已在壬寅冬至詩之後。交通不便，無怪聞訃之遲，特今明陽山房遺詩附録贈挽詩文，僅寥寥十首，以吾所見，尚倍於此。即陳瑚贈先生詩，見確庵詩鈔者六首，附録僅二首，又陳輯離憂集，以先生詩冠首，並撰詳傳，稱爲今之聖人，陳輯從遊集，有錢嘏、王抃，婁東十子詩選，有許旭等贈先生詩，皆附録所未載。

至先生禪侶，蒼雪法師外，見於遺集者尚有陪風上人，含光法師，頂髻上人，若鏡法師，南上人等，可見其交遊之衆。遺詩又有聞中峰師和木、繼兩和尚續夢中詩感賦一首，序云：「木、繼兩師，遭越謗還吳，意不能平，繼師遂夢『深林坐石生秋隱』之句，覺後續以成章。中峰蒼師亦從而和之，未免中多感慨，余因感咏一絶云：『深林坐石生秋隱，夢裏天然絶妙詞，覺後漫勞重續句，一言原自蔽全詩。』意猶未足，又復賦此。」木者木陳忞，繼者靈巖繼起儲，皆天童派鉅子。所謂遭謗，殆指順治八年事。舟山既陷，士類連染者衆，方外亦受嫌疑。木陳布水臺集三，有「辛卯九月，予與靈巖儲姪，俱以弘法嬰難，至明年春仲，質獄東甌，辛苦歸來，漫成三十韻」。徐枋居易堂集二，答靈巖老和尚書云：「像法末流，鬬諍堅固，風波噂沓，所賴大人者兼容并包。」亦即指此。

石奇雲語録十，有彌陀懺儀弁語，注曰「介石文公請」，語云：「三界無安，猶如火宅，俊哉丈夫，甘在業海中頭出頭没而不知返，惟是上根利智，不難自着眼腦。張紫巖云『我學佛然後知儒』，學佛豈小緣哉！滇南介石文翁仕於婁，述彌陀懺儀，以公紳士，爲祛業進福者勸，然則現前水鳥樹林，皆悉念佛念法念僧，在會君子其薦之否乎？夫遠公後而蓮社不作，文翁猶今之遠公也，予爲之加額。」據此，則先生之學，本不囿於儒，不待國變後，始從蒼公遊也。石奇太倉人，宜與先生接。先生子俊德，亦遺民，詩集曰醉禪草，禪固先生家學哉！

右文祖堯與蒼雪石奇等

介石滇人仕吴，亦有吴人仕滇，而與介石並稱者，爲黄含美孔昭，即黄孝子紀程所尋之父也。孝子紀程，知不足齋刊本有愚古道人二跋，前跋言紀程爲介石先生所刻，後跋言：

「介石與含美爲同庚，含美以崇禎癸未令大姚，介石亦以癸未司教太倉；介石以乙酉被兵棄職，含美以丁亥被兵亦棄職。兩先生相去萬有餘里，而其生平出處，遭逢心事，若合符節」云。按愚古婁東陶鴻祚。孝子名向堅，字端木，以辛卯十二月自吳入滇，明年六月見父於白鹽井，時父棄官與諸生講易於五葉庵，至冬復奉父歸吳，時已癸巳六月矣。中間備歷艱險，不可名狀，抵滇後曾晤姚安土司高姓，當即前篇所述永曆亡後爲僧之高耀，其言曰：「出姚城，過白塔，拜土司高公。門有永爲外藩一扁，進內衙，衆僧繞廊，莊嚴如古刹，靜室焚香，敬寫經文。公年少長齋佞佛，素與家君善。云全滇干戈鼎沸，凡不受職者，悉被慘禍，得解綬善全者，惟老父母一人。年來與無住、白空長老結蓮社于妙峰、龍山諸刹，將修來世因，今幸復得聚首，豈偶然事。」按無住名洪如，定遠鄧氏，崇禎初曾隨本師徹庸參密雲悟於天童，歸後開壇洱海水目寺。徐霞客滇遊日記五：「戊寅十二月十七日，曾至舊寺訪無住不值，十八日往無住處，十九日雨雪，無住苦留。」即此人。白空當作幻空，雞足高僧，見僧徒生活篇。鮑刻號稱善校，已誤幻爲白，滇繫藝文十八所載更無論矣。黃大令在滇，與無住、幻空長老結社於妙峰；文學博在吳，與蒼雪、若鏡法師講經於中峰，萬里同時，遙遙相應，「風雨如晦，雞鳴不已」，噫，盛矣！

右黃孔昭與無住幻空

石奇語録九，有與僊居邑侯施清城居士書云：「睽隔許久，每以道履爲念，兹聞清勝，慰心多矣。但前所云僧問趙州，狗子還有佛性也無？州云無。即者無字，能透脱也未？古德云：不得向無字上作活計，不許向意根下卜度，不許向開口動舌處承當，門下但即如此究竟，久之日用應緣處，覺得漸漸省力，者便是得力處，此處不可放過，一念疑情忽破，乃到家受用也。世界騷然，當事者多所分憂，所貴者一着子有個下落，則古所謂長安雖閙，吾國晏然耳。」

施居士何人，卷十一有贈施清城居士詩，注云：「諱十身，雲南人，仙居令。」序云：「清城居士每以本分事相質，别來一十五年，重復叙晤，徵詰之餘，乃知逆順境中，不忘參究脚跟下事，且喜不受人瞞。余將還雪竇，而居士亦擬過留都，作偈志别，不妨言中有響，因次韻相酬，以表道信，并書原韻於前，有識者自能鑒之。」

原韻云：「當時混跡赤城西，早識浮名夢幻齊，濁熱中間親猛喝，浪流着處覓真棲。貧來自笑錐無立，參後應知路不迷，越水吳山重悵别，恒瞻孤月印千谿。」石奇詩云：「休云南北與東西，法法當前物物齊，覷破不妨隨自得，了知何處着真棲。錐無立我貧誰立，路不迷人參甚迷，珍重兩眉横額上，清聲時聽在山溪。」

施于身，崇禎九年舉人，十六年任仙居知縣，與文祖堯之任太倉學正，黄孔昭之任姚安知縣，同在一年。國變後亦同棄官參禪，抑何巧也。然文、黄二居士，知者尚多，施居士則知者鮮矣。滇志無傳。其原韻一首，可入滇詩拾遺補。石奇録十三又有送施于身居士還滇南詩云：「故人分手處，柳色暗河梁，不謂同風旨，今添萬里長。古稀我已近，强仕爾方剛，爲贈臨行句，吾宗賴舉揚。」石奇卒於康熙二年，年七十，此云古稀我已近，則施居士之還滇，亦在順治末。明陽山房遺詩，附録顧士璉撰文先生思賢廬記，言：「先生之寓曇陽庵也，有同鄉人施孝廉，寄孥於先生。先生受託，復於庵之西偏，構椽居之，贍之數年，回滇日併挈爲伴。至桃源縣，孝廉子先患痢，先生染病而卒。聞孝廉已抵家，而先生之孤棺，得回與否不可知」云。吾頗疑此施孝廉即施于身也，既同鄉同時，而又同嵇石奇，謂非施于身其誰！

右施于身與石奇

滇南詩略十一：「陳佐才，字翼叔，蒙化人。少倜儻不羈，世亂習才技，隸沐黔國標下，受弁職，後乃隱居。發憤尚學，喜吟咏，著有寧瘦居、天叫集、是何庵等稿。暮年鑿石爲棺，作詩自挽云：『明末孤臣，死不改節，埋在石中，日煉精魄，雨泣風號，常爲弔客。』遠近知交，皆有和章，名石棺詩，俱鐫棺上。」始吾未見陳翼叔集，僅在滇南詩略窺見一斑，不意其禪友之衆也。既而讀寧瘦居集，僅二卷，其所與遊之僧，有名可籍者十五人焉，曰慧然、擔當、嵩谷、月潭、知空、淵淵、幻夢、了然、月希、玄止、恂質、破浪、無庵、太虛、深修。是何庵集一卷，有僧四人焉，曰梅溪、雲岩、隨宜、道南，已見前集者不計也。天叫集二卷，有僧七人焉，曰天空、大潤、宗解、蒼語、唯然、恆鏡、先覺，卷末附題石棺諸僧十人，亦不計也。翼叔而飯僧，當設數席矣。其中酬唱最密者爲知空、擔當、月潭、嵩谷。卷末有梁谿孫仁溶撰義士傳，略云：「順治辛丑，滇版圖已入清三載矣，時無不清制是遵者，君獨蓄髮，加冠峨峨，仍漢威儀，出入里閈，意氣坦如也。矙者遂羅而致之鎮府，鎮府王永祚，忍人也，庭見作威，將刑之，君凝然自若，不稍挫，曰：『吾受遺體於父母，弗敢傷，若欲執清法而死明人耶？』聲色俱厲，挺身請刑，頑懦爲之辟易。永祚亦踧踖言曰：『子誠義士，吾奈何以衣冠獨異，戕義士爲？其釋諸。』君遂曳笻行，一時義士之名嘖嘖。」按翼叔之敢於出此者，勘破生死耳！「誰謂荼苦，其甘如薺。」當寧瘦居草之刊成也，篇中有犯時忌者，友人深爲翼叔恐，翼叔曰：「吾於辛丑歲，已打破生死關矣，何恐之有！」威武不屈，翼叔有焉。知空和尚評其詩曰：「不堆古語，不寫時套，無庸腐氣，居士詩是也。今山僧與居士評詩，居士與山僧談禪，何耶？自古詩情半個禪，以詩爲禪，以禪爲詩，無可無不可也。」擔當和尚曰：「說得是。」

右陳佐才與知空擔當等

滇南詩略十：「何蔚文，號穉元，浪穹人，邦漸之孫。志稱邑人能詩，自邦漸始。然邦漸以文名，如法象論，其最著者。今觀蔚文之詩，殆較勝於邦漸」云。蔚文與擔當遊，有擔當過訪賦贈一首云：「夕陽僧影澹，一笑菊花秋，老尚多奇癖，狂猶憶壯遊。有心追正始，大膽議名流，高吐滇雲氣，同盟讓執牛。」蔚文亦遺民，與陳佐才均見阮志卓行傳。

詩略十八：「朱昂，字子眉，昆明人，布衣。工詩，善山水，著有借庵詩草。」孫髯翁海光寺記言：「昂本名源，字禹源，擔公外甥。闔門三百餘口，俱遭流寇，擔公因攜至雞山，從學詩畫，釋名把茅。後還俗，改名昂。」有喜晤博也上人於筇竹寺一首云：「相逢仍古寺，坐笑意俱閒，一別干戈裏，十年煙水間。風涼吹碧樹，雪老壓蒼山，多少寒猿夢，今宵共汝還。」博也名妙地，亦昆明人，雞山范志十，有妙地晚步鉢盂庵一首，又有朱昂與古道片雲居詠梅聯句，又雞足山絶頂聯句，有大錯、普荷、學蘊、玄珠、廣稱、古道、古笑、朱昂等，凡十人，山中緇流之盛可想也。學蘊即知空，玄珠號仙陀，廣稱號眼藏，古道吳子朗，古笑戴若，均已見前。

右何蔚文與擔當　朱昂與博也知空等

黔詩紀略二五：「鄭之珖，字於斯，本四川廣安州人。舉崇禎三年鄉試，授廣東高州府推官，考最晉知通州，未行而北都陷，粵人留之。唐王稱號，召入閩，授工部主事，升員外郎。順治四年秋，大兵收八閩，於斯落髮爲僧，走新會賣藥。明年永明王稱號，乃蓄髮赴行在，改授户部。七年二月，升禮部祠祭司郎中，典試貴州。行至貴陽，適孫可望入黔，勒秦王封，殺建議不從之大學士嚴起恆等五人，脅朝士授僞職，遂棄官。携妻孥隱湄潭縣湄水上，躬耕教授。時丹徒錢邦芑亦棄官隱餘慶之蒲村，嘯歌往還，不復以人世爲意。十三年十月卒，門人葬之湄水橋西，事跡詳邦芑所爲傳。」按傳見明季南略十五，言：「甲午春，邦芑祝髮爲僧，之珖聞之大哭，走唁邦芑曰：『昔吾遇閩難爲僧，今公遇賊亦爲僧，天厄我輩固如是乎！』丙申九月，之珖忽病，謂妻曰：『我若不起，大錯和尚必來，後事惟彼可託。』十月初五日卒，邦芑聞訃，奔往哭之。時其友山陰胡欽華，門人西川陶五柳，湄水龔惟達，俱來會哭，立碑表其墓。所著有明書二十卷，鱸史八卷，櫝庵文集六卷，詩集七卷，紀難二卷，雜著尚多，散失不可考矣。」錢邦芑曰：「士之犯難不辱，激於一時，義形於色，易易也。至屢遘大變，百折不挫，幾幾乎難哉！三十年來，國難頻興，所見抗節自全者，固不乏人，若夫張、鄭二子，文章事業，已光昭天壤矣，而矯矯志節，復風被百世，振起懦頑，非自祖宗布德之深，曷臻此哉！」張者抗清死節張同敞也。朱昂、鄭之珖皆爲僧還俗，滇繫六載蒙化張端亮，因吳三桂之迫，亦曾遁水目山爲僧，後返初服，蓋時風如此。

大錯遺集三，湄潭水源洞記，言當時遊侶頗詳，可略見遺民生活，云：「湄潭北七里，有山聳起，高五里，土人呼爲五里坎。五里坎之半，岩有洞，洞口高丈許，轉入之路甚險，每遇兵荒，此洞恆藏數千人，外寇攻取萬端，弗能害。中有潭甚深，其水涌沸，冬夏不息，流出灌田數十頃，曲折成渠，再分再合，八九里乃入湄水。余自甲午祝髮，移居湄水之陰，挂錫西來庵，與吳扶靈望衡對宇，動靜相聞。時曹子壽宇，自夾江解組歸來，隱居水源洞之左，授徒自給，馮仲立兄弟，隱居寶洞，黄月子亦授徒十里溪，祝子雨蒼在客樓屯，龔子上之則結廬馬峰山下，皆湄水有道之士，或率妻子躬耕，或教授自晦，與峨眉道人梟庵居士遊止略同。春朝月夕，或諸子命酒過西來庵，或余提琴相訪，連床夜話，風雨無愆。夫荒裔遐陬，當孫氏偏據時，士大夫俯首困辱，以爲善類幾盡，而我輩猶得山水琴書，嘯傲天地，嗚呼！士君子亦在自致耳，孰謂時勢能困人哉！」黔詩紀略三十，言曹壽宇名椿，湄潭人，邦芑門人。馮仲立祝髮記作馬仲立，峨眉道人即鄭之玧，梟庵居士即胡欽華，示意邦芑祝髮者。

右鄭之玧與大錯

胡欽華，武康伯執恭子，曾著天南紀事。永曆實録二六陳邦傳傳，言：「執恭奏用其子欽華爲僉都御史，巡撫湖廣。欽華佻達惡少，舉止妖冶，楚師大譁。」船山蓋不喜執恭，遂並詆其子，不知欽華晚節之足嘉也。黔詩紀略二五錢點詩，客欲移居蒲村，問此中山水風俗，長歌答之，有句云：「湄潭尚有胡客溪，先我十年居此始，手栽梅花遶溪邊，兒童盡識名下士。近得王家兄弟好，古貌古心居密邇，時時越陌度阡來，互爲主客情堪倚。」注：「山陰胡皃卿居客溪，長垣王幼輿、高密王敬修，居楊仙峰，相去十五里。」貴州志藝文有胡嶔華暮春還客溪別業云：「花源不似避秦時，擔荷行歌日正遲，路轉千峰尋故業，身慚匹馬識前溪。桐華簌簌閒門閉，柳色毶毶舊館移，初願幾年成錯計，白鷗重與水相期。」嶔華黔詩紀略作嶺華，皆誤。擔當遺詩三有寄答胡皃庵詩云：「擔當久矣如病鶴，即不巢松亦落落，半個枯崖了一生，敢謂過人之丘壑。我公忽投明月珠，蓽户生輝不寂寞，媿無瓊玖以報公，點蒼十九在空中，其中常賣千年雪，寄將一片與春風，吹到公前香若芷，結爲雜佩心如此，天下寧有幾騷人，正好從旁端屈指。君不見顔鮑顧陸未曾死，好把高蒼圖片紙，傀儡百出不爲奇，只要大雅堂前有知己。」

山暉語録十一有與胡開府書，注曰「諱欽華」，書云：「客邸無聊，岑寂萬狀，逮尋勝跡，忽遇君侯，此夙緣未墜也。時復飲我以茗，飽我以餐，連日盤桓，深談教益，不獨佳趣良多，亦消窮途多少積衷也。歸來坐臥間，猶想高吐，但不識後會何期，直令人依依永日耳。承賜佳詩，艸艸以疇，倘不以方外俚言擿地，一爲斤正，則李白不封而願見韓，良有以也。」野竹語録十有寄胡蒉庵居士偈，注曰：「時許作嵩山碑。」偈云：「何事書淫惜此光，嵩山不放照幽堂，曹谿南嶽千年石，緑字猶能記寶坊。」赤松語録四有次答蒉庵胡居士詩云：「逃名丘壑伴林松，何幸奇緣世外從，自信煙霞惟我有，難將詩酒與君同。三生石上花含笑，半畝池中月色溶，好理前身金粟事，居塵策進舊禪翁。」

右胡欽華與山暉野竹等

黔詩紀略二六：「吳中蕃，字滋大，一字大身，貴陽人，舉崇禎十五年鄉試。桂王時除遵義知縣，擢重慶知府，吏部文選司郎中。明亡，奉母棄官逃入山中，以雲南知府召，力辭不就。康熙中吳三桂反，遣使聘之不應。」夫遺民仕吳三桂與仕清，等可恥也，然三桂日短，清日長，短則筆削由人，長則彌縫有暇，故仕吳者羣以爲恥，而仕清者惘然也，能如吳偉業之自疚一錢不值者幾人哉！日知録十三引戰國策安陵君言：「先君手受太府之憲曰：『國雖大赦，降城亡子，不得與焉。』下及漢魏，而馬日磾、于禁之流，至於嘔血，終不敢靦於人世。後世不知此義，文章之士，多護李陵；智計之家，或稱譙叟。此說一行，則國無守臣，人無植節，反顏事讎，行若狗彘而不之媿也。何怪五代之長樂老，序平生以爲榮，滅廉恥而不顧乎！」噫！遺民易爲，遺民而高壽則難爲。血氣既衰，戒之在得，老而嗜利，則有委曲遷就者矣。吳中蕃明亡後五十餘年未卒，不能不與當事委蛇，幾乎晚節不保，爲天下笑，幸能臨崖勒馬，猛然回頭，此其道力有過人者。潄帚集三，有癸丑正三日，走謝曹澹餘中丞，未及見而歸，作此自咎一首云：「破衾高臥萬山雪，忽致新吟詩數帙，若論時情固所難，循分也應躬走謁。及到轅門忽一思，我年亦已過半百，鞠躬後進行輩中，尚復何求甘磬折！急呼籃輿昇余旋，懷刺一任空漫滅。入門老母問城事，半晌低頭說不得。園中羞見砌傍梅，開遍南枝又到北，如此清光如此香，胡爲竟使終朝隔，移床花下意茫茫，没盡殘陽猶面熱。」癸丑，康熙十二年。曹澹餘即曹申吉，時聘中蕃纂修貴州通志，修志云者，遺民之通餌也。中蕃此詩，責己諷世，深得風人之旨。傳曰：「士有諍友，則身不離於令名；父有諍子，則身不陷於不義。」中蕃之得力，非有佳子弟，則必有道義交，不然，豈易至此。

鐵壁機年譜順治十年條，有答太守吳公中蕃書，吳來書云：「憶廿年前從宜興周相國座上讀聚雲老人廣集時，固髮未燥也。竭來走九夷，揖衡廬，雲天謦咳，榔栗震威，雖未必撞倒鐵牛，擘心爲脯；然亦曾尋蛇茂草，抉骨爲宮。其如一入芥城，冤冤蓼集，骨肉膏斧，井香灰泥。即今桎梏一官，拘牽萬里，畜霄禽於籠竹，縶梺狙於冠裳，神不善也。幾欲薙此數莖，逍遥鵬表，而母老裔單，未能割絶，是以倚徙於此，再奉指點，汗浹通身，五更鐘未云多也。何日拂衣向鐵壁山頭，膜拜禮足，一沾法乳乎！」鐵壁，吹萬子，三山燈來父，破山派所視爲僞統者，見法門紛爭篇。順治十年，蜀中永曆七年，時吴爲重慶知府，已與禪侣往來矣。

㵾帚集四有一如師將還峨嵋，別余山中詩云：「幾年峰頂住，於我獨平生，一旦懷千里，連宵坐五更。野雲原不懶，佛子最多情，寄語陸通叟，狂歌大得名。」卷六又有贈華嚴閣老僧詩云：「窮山存古寺，廢院寄閒僧，老作無爲伴，平爲不二乘。話闌因止宿，導往自持燈，鄭重覘衣履，清微及鉢藤。愁心降曙杵，了義向金繩，遥影濃依榻，輕香暗撲甍。悟來生豈有，識去智難矜，擬續華嚴語，蘇公亦未能。」卷八又有僧至五絶云：「一杖破幽獨，雲移雨脚斜，翻嫌林影薄，未得晒袈裟。」皆足爲中蕃歸隱後仍與禪侣往來之證。卷九又有羨僧一首，序云：「督府薦亡，延僧法事，禮拜甚恭，餽贐復厚，而士民赴弔者，數日乃得入，不得一茶而出，因羨之。」詩云：「毘盧帽子錦袈裟，高坐公堂頌法華，世上威儀都改盡，看來不改是僧家。」不勝衣冠今昔之感矣。督府甘文焜，康熙十二年三桂反時自殺者也。梅溪度語録有康熙三十年中蕃序，云：「梅師箭鋒着處，致撫軍慕公爲新梵宇，固無異祇陀之施樹，給孤之買園。而中丞田先生紀東山之勝，亦以能詩見稱，又何異皎然之遇顔公，了元之值蘇子哉！道藝既隆，因緣不小，迺圓覺一叙，不問於當代之鉅公，而問於窮山之逸老，豈以余爲裴頭陀耶，噫誤矣！」末題「康熙辛未，紫泉天閒老人，吴中蕃大身氏和南書。」時中蕃七十餘矣。慕天顔、田雯，皆康熙中黔撫，梅溪則歷住滇黔名藍者也。

黔詩紀略三十：「朱文，字湄雲，廣順州人，崇禎諸生。鼎革後自號大傲，棄冠服，隱居放言，以終其身。與吴滋大中蕃相友善。爲詩清放有奇氣，又最老壽，康熙中安順梅廷楨有壽明季朱老丈八十詩，即湄雲也。」潘淳撰墓表云：「當吴三桂虺張時，兇焰漲空，人心紛紛煽動。逆黨馬寶聞君名，遣其腹心，厚幣相招，以主贊畫，君嚴詞拒之，賊殊忿恚。愛君者咸以宜稍通達爲自全計，君笑曰：『聖達節，賢守節，吾自矢當希賢耳。』」朱文與吴中蕃皆高壽，明季南略十五曾以吾鄉黄狀元士俊，晚年薙髮，爲多壽不幸，然朱文、吴中蕃何嘗非多壽！大錯和尚曰：「士君子亦在自致耳。」紀略載朱文遊相寶山示息知上人詩云：「乘醉逃禪散步遊，閒雲笑我碧山頭，忘年古木棲玄鶴，超劫朱欄臥白牛。開路昔人沉電火，彈丸故國事蜉蝣，欲來就此同君住，弄月吟風任歲流。」息知，聖可玉弟子。聖可語録十，有與息知禪師行脚偈云：「向上程途無限，恐其不能力行，今既子歸就父，助以三十烏藤。」即此人。

右吳中蕃與鐵壁梅溪　朱文與息知

雲南阮志寓賢引舊志：「劉茝，字文秀，富順人。官翰林，寓居河陽。工詩文，風流豪放，士大夫多從之遊。著有愛蓮軒集、萍滇信筆。」又藝文一上狩緬紀事條，引烏私泣集序，言：「劉蒞字文季，入國朝爲道士，旋卒。」按茝或作蒞。明四川有兩劉蒞，一弘治十二年進士，與此異。文季，阮志寓賢誤作文秀，遂與同時先從孫可望後歸正之武人劉文秀混。蒞官翰林，在永曆三、四年，與撰所知録之錢秉鐙後改名澄之者同爲永曆親試所取士。永曆未亡，即已好佛，永曆亡後，未嘗爲道士，康熙九年仍未卒，阮志藝文失考。

滇繫藝文十二，王思訓烏私泣集序：「予髫年耳劉文季先生名，人指爲勝國翰林，入興朝守節不仕，心頗忠之。今年先生令嗣出所著烏私泣集示予，詳讀之，悽惻欲絶，更知其爲孝子。先生逮事永明，建言忠梗，觸怒權奸，瀕危者數。王將出奔，獻幸蜀策，格廷議不果，播遷緬甸，間關險阻，極人世所不堪。咒水難作，從狩諸臣，竟血塗洲畔，先生攀髯不及，魂斷神傷，遇聖朝寬大，得遂黃冠方外請，未幾亦竟從故主於九京矣。求忠臣必於孝子之門，於今益信。聞先生有狩緬紀事一卷，載永明入阿瓦事最詳，與王紳慟哭滇南記同其愷摯，余將合爲一帙，以爲世之事君事親者勸。」

讀此序，知阮志之誤，由誤解黄冠二字。夫黄冠方外，特泛言隱逸耳，非必爲道士也。敏樹相語録八有贈内翰劉文季居士詩，注曰「别號醉和尚」，詩云：「公今自稱醉和尚，斗酒百篇滄海量，或坐蒲團竹石間，或持竿釣煙波上。閑耕自愛築茆廬，笑傲雲山幽景況，不是風狂不是顛，神通遊戲光明藏。亦非羅漢亦非真，可與子瞻無兩樣，佛印當時輕放過，老僧今日無情棒。直下承當更不疑，脱略胸中真坦蕩，徹底了無元字脚，方能超出離諸相。」詩無年月，然敏樹以永曆五年辛卯住石阡三昧禪院，蒞之號醉和尚當在此時。敏樹録十又有復内翰劉文季居士書，略云：「讀來翰無一字一句不是楞嚴血脈，内翰别號醉和尚，又是一格外奇人也。且二乘聲聞小果之人，一飲菩提酒醉，尚經八萬塵劫而不能醒，何況外道之流。久欲奉送松蘿茶與内翰飲，誠恐美味不中飽人喫，又欲奉蒙山頂上茶，誠恐又是貧道私人情，不若奉些趙州茶來解酒渴，作一個醒和尚也。」靈隱文語録二，載：「太史文季劉公入山，師坐禪不起，公云：『請老和尚出定。』師云：『何定可出？』公遶一匝而出，師撫禪床三下。」靈隱以永曆十二年戊戌住安順靜樂庵，此段因緣，當是靈隱住靜樂時事，時永曆尚未亡也。恆秀林語録有康熙八年劉蒞序，略云：「吾鄉恆秀禪師，弱齡出家，幾經喪亂。最後余相晤於黔之思石間，見其雅度玄朗，一門深入，因爾結茆問難，五越寒暑，迨虎谿話別，相隔旬年。戊戌中余有絶域之遊，徧歷刀山劍樹，生死未了，復入五濁。而秀師自蜀得天童嫡孫雲幻和尚之法，一枝南來。丙午冬，握手仙湖，撫今悼昔，則已十有三年矣。夫以予百折狂瀾之塵客，而對不見不聞之逸致，其芰製可焚，荷衣可裂也。」末題「己酉長至日，西蜀華東逸史劉蒞拜題」。所謂戊戌有絶域之遊，即隨永曆狩緬也。狩緬紀事，吾友朱逖先先生藏有鈔本，言：「永曆亡後，蒞被押至雲南，抗節不屈請死，吳三桂甚重之，尋安置附近。」

恆秀録三有遊華藏寺，次太史劉護法韻云：「樓閣門開不二關，到來華雨麗其間，庭前嫩柳舒青眼，澗外寒梅展翠顏。太史藤疏蜂釀熟，僧巖松韻鶴吟還，謾將儒釋窺門户，人是人非總擲閒。」當是未出奔時語。同卷有丙午訪劉太史公一絶云：「一自阡陽分手後，韶華又度十年餘，客中秋色隨愁記，及至相逢半句無。」丙午康熙五年，則永曆亡已久矣。卷四又有復太史文季劉公書云：「護法道學篤，至絶去世味，斫額相望，非一日矣，每接德音，一讀三歎。不謂老護法垂念法門之深切，且喜能以正知正見振起儒釋從上家聲，得不令人私心愛之慕之，但未審何時下我久懸之榻耳。承諭戒以遲起，謹遵藥石。然邊地瘴霧不時長作，似不能久處，待來春禪期之後，輕衣薄裳，曳杖而來，與護法徜徉於松石之間，一開懷抱，或可期也。」

書無年月，而云「邊地瘴霧不時長作」，則當是恆秀康熙七年住開化吉祥寺，或康熙八年住阿迷善覺寺，蒙自鹿苑寺時語。野竹語録十三，有秋日答劉文季内翰詩云：「相逢古道在，高論亦何奇，悦老相徵詰，張公啓笑眉。更殘翻溺器，曉後説家私，自是雲山衲，清閒可得披。」又有送内翰劉文季歸里用來韻一首云：「自投書劍學深藏，每見秋高憶故鄉，千里峨嵋無限恨，十年昆海不勝忙。人歸故國愁荒塞，夢到天涯淚染裳，此去蠶叢莫久住，兔園寂寞思梁王。」莅蜀人，敏樹、靈隱、恆秀、野竹皆蜀僧。此所云歸里，當是亂後歸里，惜原作未見，又無年月耳。

野竹後録五有與劉太史書，注云「諱莅，自號火居和尚。」書云：「石壁揖别，渴想清誨，無翼能飛，時對老松古澗，怪石奇峰，何啻在昆明與火居和尚之夜話，坐樹義坊之談楞嚴邪！及抵威楚，小坐垂柳之下，微諷所賜佳什，又覺神清氣爽，不止百倍也。太守馮公，不以居方面之尊，下交山野之夫，可謂今之濟川，則知外護吾宗，佛日永賴矣。塗中裁寄不莊，其嵩山常住，恃在匡扶爲感。」馮公指馮甦，康熙九年知楚雄府，則莅康熙九年仍未卒，何謂「未幾竟從故主於九京」耶，王思訓序蓋大約言之耳。莅初號醉和尚，繼又號火居和尚，其不爲道士可知，後之修志者，似均須依此改正。惟庭聞録三，載：「順治十七年四月十八日，岷藩朱企鋘、編修劉莅等，自邊外詣騰越來降。」小腆紀年順治十六年閏三月條，亦云「大清吴三桂兵至姚安，明大學士張佐宸、翰林劉莼等皆降。」並注曰：「本吴三桂入雲南始末。又中有左副都御史錢邦芑，邦芑實以僧終，未嘗降也。當日降表中，諸臣銜名，倉卒據仕滇者姓名填列，不必人人與聞其事。」按小腆紀年之解釋，可備一説。然清人所謂降，以薙髮爲唯一條件，凡遵令薙髮，即謂之降。黄孝子紀程，奉父歸里，至清軍淪陷區，即爲父改妝，改妝即薙髮也。當時遺民自僧道外，鮮不改妝者。吴中蕃詩所謂「世上威儀都改盡，看來不改是僧家」是也。故能否保持遺民資格，應以有無出仕爲斷，不以曾否改妝爲斷，王思訓既稱其「入興朝不仕」；吾在長目電語録下，復發見有挽劉翰林詩，而信其以遺民終老。長目湘人，恒秀弟子，曾住箇舊彌陀寺。詩云：「太史清高甘澹奇，不將荆璧换城危，義之懶洗廬山硯，坡老曾遊赤壁池。五柳屋低陶靖節，三槐庭亞魏公枝，採薇不食周家飯，抱忿先皇仕不爲。」火居和尚庶幾免夫！昔孔子論逸民有三等，曰不降其志，不辱其身，伯夷、叔齊歟，此忠義傳人物也。謂柳下惠、少連，降志辱身矣，言中倫，行中慮，此隱逸傳人物也。謂虞仲、夷逸，隱居放言，身中清，廢中權，此方外傳人物也。薙髮可謂降志辱身矣，然苟不仕，君子猶以爲逸也。

右劉莼與敏樹靈隱等

明季滇黔佛教考卷六

釋氏之有教無類第十六

方于宣　馬　寶　高得捷　高俊捷　祁三昇　綫維明
胡國柱　衛　樸　劉茂遐　蹇而泰　曹申吉

往讀明季南略，即熟聞方于宣之名，不知其學佛也。南略十六孫可望犯闕本末條，言：「于宣諂事可望，爲可望撰國史，稱張獻忠爲太祖。可望兵敗降清，時于宣正爲提學，考試沅靖等處，所出表題，有擬秦王出師討逆大捷語。聞可望敗，即馳書錢邦芑云：『欲糾集義旅，擒可望以獻。』邦芑鄙之，答以詩云：『脩史當年筆削餘，帝星井度竟成虛，秦宮火後收圖籍，猶見君家勸進書。』蓋于宣脩史，嘗言帝星明于井度，秦王當有天下也。」

始余所知方于宣，大抵如此。後讀小腆紀傳六五方于宣傳，亦無更新史料。一日讀丈雪紀年録，至順治八年辛卯條，有内翰方神生贈序，并致書問道云：「弟子於單傳之旨，未及深諳爲憾。」師答云：「怎怪得山僧。」亦不知神生爲何人。又順治十年癸巳條云：「時孫可望據滇黔，自號秦王。五月十日，有司馬程源見訪，未遇，發怒而歸，控王，方神生密楮付僧湛水星夜至云：『殿下即天竺之鶱屈也，宜少避焉。』師微笑曰：『萬般皆有數，大丈夫處世，禍患臨頭，豈苟免哉！』安坐不顧，事亦尋息。」始知神生與可望有關，而又極愛護丈雪，因憶大雅崧高詩，有「維嶽降神，生甫及申，四國于蕃，四方于宣」語，神生之號，當取於此，此即方于宣也。紹興先正遺書本行朝録五作方于寅，誤。

山暉語録十有寄神生方太史偈云：「不是心珠不是佛，亦非情緣亦非物，傳聞丞相見石霜，也被石霜奪却笏。」十一又有復太史方居士諱于宣書云：「聞楚歸，將欲過萬壽，令行者埽徑以俟，何馬首竟不東邪！豈亦畏毒害與棒頭惡辣也。無盡見東林龍安，每爲擡捺，始入佛祖堂室，天下人羡慕不已，居士屢慕無盡之爲人，何吝此一往也。來諭狐鼠成羣，於平越獨識師子，恐居士只識皮而不能識髓，何也？佛祖尚不識，況居士以一滴而較海味耶！只發一笑。」附後小偈：「翻天一棒奮然施，擊碎昆侖腦後皮，血濺梵王鼻孔裏，回頭誰是小師兒。」並附來書云：「咫尺禪席，無由一見。讀法語肝膽披露，始知威音已前，與和尚覿面久矣。末法時狐鼠成羣，若師子一出，蹤跡自別，此閒一瓣香，終當拈上。明日成行，不能奉謁，以竢後緣可也。附呈一偈，略表供具：萬壽堂前法雨施，木人糙破舌頭皮，毒人麴子傳來辣，醉倒靈山師子兒。」于宣詩文不多見，倘輯滇詩者不棄于宣，此書偈其吉光片羽矣。

書無年月，山暉之遷萬壽，在永曆十年，十二年即遷聖恩。此云「欲過萬壽」，當是永曆十至十二年語。孫可望以永曆十一年降清，此書似在可望未敗之前。破山年譜有復方太史神生書，亦在順治十三年，即永曆十年，惜破山録未載全文，莫由知其内容。然嘗考可望降清以後，不見于宣有活動消息，小腆紀傳亦言其「終事不可聞」，國粹學報六十三期載闕名撰旅滇聞見隨筆言「可望敗後，于宣縛至滇，以淩遲處死」，而滇繫雜載則言「縛至滇後，竟得逃死」，吾頗疑于宣學佛以終，滇繫之説爲得實也。黔詩紀略三二有語嵩答神生居士詩二首云：「一燈續燄百燈明，照破昏衢待客行，休戀途中風景好，只須步步到家庭。今朝病起問維摩，昨日同誰看插禾，下水農人脚不溼，白頭童子唱田歌。」似可望未敗時語。語嵩語録余未見，貴州志仙釋作語松，云「語松化後，錢邦芑爲作塔銘，方于宣序其語録行世」，則于宣當卒在語嵩後。錦江禪燈十一，語嵩傳無卒年，山暉録十二，康熙三、四年猶有復語嵩書，惟卷十一與錢中丞第三書，言「哭破山後，又值語公遷化」，吾在法門紛爭篇，假定破山卒後，不久語嵩卒。吾文已發刊及半，忽接友人尹石公先生自巴縣萬里貽書，抄寄語嵩塔銘。石公蓋大錯鄉人，久注意其遺著。據塔銘語嵩實卒於康熙五年十月，于宣又卒在語嵩後，其爲學佛以終，似無疑義，而孰知其不甘寂寞，有出人意表者。存信編五於永曆十二年五月條下，書「廷杖方于宣，戍邊衛」，此竟得逃死之説也，然十三年三月條下，復書求入平西府爲書辦者，有「李定國中書王徽，前孫可望僞翰林謫戍方于宣」，是真鐘鳴漏盡而不知返者乎！當可望未敗時，語嵩已有「休戀途中風景」之諷，至是又與吴三桂結緣，抑何可已而不已也，嗚呼！

右方于宣

馬寶陝西人，初爲亂，後反正，封安定伯。永曆四年，清尚可喜攻廣州，永曆遣寶襲清遠，以解廣州之圍，後孫可望勢强，寶又附可望。永曆十一年，李定國破可望，寶又附定國，封淮國公。十三年永曆奔緬甸，寶又降吴三桂，三桂見其獷猛，厚結之。康熙十二年，三桂叛清，寶又隨三桂叛。二十年清兵圍吴世璠急，寶又降清，執至京，磔於市。乾隆間修逆臣傳，三桂第一，寶第二。綜其一生反覆，酷似演義中之吕布，若而人者，可謂無佛性也。然狗子有佛性，馬寶何得無佛性！ 吾讀山暉録十一，有復馬尚公書，注曰「諱寶」，凡千一百餘言，噫異哉！ 吾人閲逆臣傳諸書，先入爲主，以爲寶乃武人中之極不堪者，而孰知山暉和尚乃與論道至千餘言也。 文繁不能備引，請略其大意如後：

承諭龍門燕居不拜揖，與人我，之兩者皆錯。 若論拜揖，不過偶爾，非道中急務，即使講禮，周孔自有明文，百丈亦有儀注，倘一有不節，君子鄙之，山僧豈不熟讀邪！ 方外人以道爲務，而往來之禮次之，則不拜揖未常錯，來諭謂之大錯，得非情見邪！ 若論人我，最是生死根，故三涂往來，四生沈溺，一一皆人我之誤，所以佛用慈悲設教，使破人我執，燕公不惟去人我，更曾人我，豈宜處知識位，汙亂吾法乎！ 賢者默擯於法外久矣，人稱方外士，不能忘物，不能超越俗塵，何公然要人拜揖，豈不是自欺之心過也！ 有自欺心，便是人我心，有人我心，故動必相爭，所以訑訑之音聲顔色，常見於朝夕也。 由是觀之，人我未常不錯，來諭謂之小錯，得非情見邪！ 自有佛法以來，王公貴人，留心此道，如楊大年、富鄭公、范文正、蘇黄韓趙之類，皆大振祖道，美流萬世。 公欲成就是道，可居恒體究應物者承誰恩力，或於應物之際，忽然識得家裏事，便知坐寶華王座，與騎千里追風，皆仝此鼻孔，禮也得，不禮也得，明眼人檢點也得，不檢點也得，總傳之道外。

書無年月，然稱之曰尚公，則永曆十一年封淮國公後也。 時山暉住平越萬壽，正與燕居申爭席之時，已見法門紛爭篇。其足令吾人驚異者，乃以此家醜訴之吕布，並以吕布與楊大年、富鄭公並稱。對牛彈琴，昔人所哂，今對「馬」論道，不愈見佛道之廣大無外乎！

同卷尚有復馬尚公第二書，曰：「再接手教，一時戲論，非公論。山僧與燕居便爲戲論，即從上千聖萬聖盡屬戲論，所謂一代時教諸祖因緣，皆因末那戲論，據此何妨道業，直任風旛之擾可也。又云不可互爲人我，令識者笑，此正山僧現身爲公説法，切不可錯過，何也？無明實性即是佛性，公唤作人我，似非極力承當目前美惡盡是佛性應用理也，此外别有佛性，則公成佛時，將此日用應物者何處安置，如不安置，終爲帶累，此必不然也。公但將日用應物處，一一認得明白，則動静美惡，盡是佛事也。亦可謂不出魔界，即入佛界，而老瞿曇，盧行者，亦不在人頭上稱尊。」

山暉録未附來書，不知馬公妙論如何。庭聞録六言：「寶字城璧，狡黠善戰，唐初有驍騎將馬三寶，人羡其勇，亦以三寶呼之。寶雖起羣盜，好與士大夫遊。次子自援，恂恂儒雅，諳韻學，有詩集行世。」廣陽雜記三，言：「馬盤什，馬三寶第二子。聰穎絶人，不假師授。自悟等韻字母之非，更爲新韻，雄視宇宙，嘗謂人曰：『假我數年，以盡聲音之變，雖鴉鳴鵲噪，吾有以通其語言矣。』滇黔平，盤什亦就僇，廣陵散于今絶矣。」又云：「其父成璧，亦異人，少爲羣盗，未嘗讀書識之無，乃古今之世代治亂，是非成敗，爛如指掌。所著見聞録若干册，明末清初雜事，皆口授小史書之，文亦可觀。」按盤什，高奣映馬氏等音序作槃什，四庫提要小學存目二，重訂馬氏等音條，「不知自援爲何許人，只知其籍本秦而生於滇」，即此人。馬寶與山暉書，是否自援代筆不可知，據二劉所言，則馬氏父子皆能著書。鮚埼亭集三五，記馬惟興語，謂：「馬寶兄惟興，嘗爲雲南總兵。不諳文墨，然發言時有合禮，可爲世法。」所知録下亦言：「安定伯馬寶，拔自流賊中。恭順知禮，好與士大夫交。金堡受杖後，曾親爲堡洗創。」此澄之所目覩而記之者。「盜固有道」，何怪山暉與之論道耶！吾文發表後，得見燕居申語録八亦有復城璧馬居士書，附來書二，詞旨可觀，足與廣陽雜記之言相印證。

右馬寶

山暉録十一又有復都統高居士二書，注曰「諱得捷」，吾始覽之，覺高得捷之名極熟，未憶爲何時相識也。偶閱求野録，猛省此人以曾負永曆帝得名，爲讀南明結局史者必不能忘之人，惜余衰老，幾忘之矣！求野録末言：「三桂既以大兵臨緬城，緬人紿帝曰：『李定國兵至矣。』語未竟，舁帝所坐以行，後宫號哭震天，步從五里外，乘舟渡河，舟大不及陸，三桂使將負帝登岸，帝問曰：『誰？』對曰：『臣平西王前鋒章京高得捷也。』帝默然。三桂遂以師擁帝還滇。」此事不獨求野録載之，凡與求野録同類如庭聞録之屬，多載之。負帝者即山暉録所謂都統高居士也。

高居士兄弟，本問法於山暉之徒野竹慧，其後高太夫人亦願皈依三寶，循世法應高其子一輩，乃求法號於山暉，如是則輩行不紊矣。山暉復都統高居士第一書云：「前專人往嵩山，未及裁寄者，以未晤，不敢先之以書，何期返辱雲章，竝香茶諸物，令山僧媿汗多矣。刻寒夜無聊，鐙下取嵩山諸稾目之，始知法門有人，第不識果如蘇黄唱疇，楊李擡捺否！書之行在即，不能過訪，先寄拙書一幅，以竢後緣可耳。太夫人崗德俱尊，敢收派下，然尊命難方，聊贈一號。」

書無年月，然必在永曆亡後，康熙初年。太夫人法號爲何，吾在野竹後録發見之，後録八有壽高太夫人劉覺證詩云：「庭下芝蘭秀，冠蓋舊聲名，伯仲英雄并，提兵各專城。黄鶴今來下，玄冠映高旌，林下如何祝，上壽過籛彭。」此本無聊酬應之壽言，特録之者，取證高太夫人法號爲覺證耳。

山暉與高居士第二書云：「佛法澹泊，冷如秋霜，有志者睹此，莫不尋山覓水，掉頭不顧。埜竹癡心腸，尚作大厦一木，弗知將來如何合尖。然總賴居士與之眉毛相結，共維末運，庶幾可了後一段事。太夫人及令弟皆佳否？山僧暫寓蘇州雙塔寺，寺爲百丈禪師舊跡，但荒廢日久，所住皆俗僧，無可與語。便中懷我好音，庶不致寂寞。」

此康熙三年書也。山暉以是年離黄平長松，暫住蘇州雙塔。所謂令弟，高俊捷也。得捷法名佛果，俊捷法名佛度。山暉録十，有贈都統高居士偈云：「年來問道上嵩山，萬慮全消心自閒，祖印一枚君已得，逢人惟説破三關。」然則高居上已佩祖印矣。同卷又有寄佛度高居士偈云：「傳聞君自厭塵心，下馬獨來訪道林，會得無情解説法，人閒何用更投簪。」卷十一又有寄高居士諱俊捷書云：「耳居士名久矣，不能一晤爲恨。前者差人上滇致法衣與嵩山主，以未面故，不敢辱台旌，何期返引信供遠頒，不令山僧感媿交集邪！想緣晤有期，暫對蘧使拜領，容當面謝。嵩山法門有金昆，可無憂也。沍寒之極，裁候書不能作長語，惟居士爲道自珍。」此山暉對兩徒孫之懷柔政策也。

至野竹與兩居士因緣，則可於野竹録見之。前録十三有寄都統高居士詩，注云「諱得捷」，詩云：「晴日浮滄波，清風吹芰荷，喦深藏虎豹，邨遠隔笙歌。山静人來少，林疏月上多，何時王事暇，一騎入煙蘿。」卷九又有示佛果高居士偈云：「一從白社廬山中，人世千年别遠公，今日將軍身再見，依然談笑舊春風。」此問道未久時語也。卷十四有贈高居士偈云：「佛果佛果，如蓮出火，開口見肝，内不著我。祖債佛冤，一杖擔荷，師子遊行，野干自墮。事事見成，行行回互，分付宗元，一切莫附。祖代源流，從此屬佛。」卷五機緣，又有：「佛果高居士問『西來的旨，可得聞乎？』師云：『得得。』果禮拜，師以扇掀之，果云：『從今更不問和尚也。』師云：『汝見箇甚麽道理？』果再拜而去。」此則居士分燈矣。濟宗世譜野竹慧法嗣下，特著「高得捷佛果圓居士」，有以也。其弟則聞道尚淺，未見有分燈之偈，僅前録九有寄佛度高居士詩云：「煙樹蒼蒼月色微，秋天一雁向南飛，此情遥寄哥舒翰，玉露泠泠在釣磯。」未得爲受印可之證。

至其後二人之擔負祖道如何，果能如山暉、野竹之所期否，書闕有間。據庭聞録五，則「康熙十二年，得捷隨三桂反後，十五年死於吉安。」並言：「得捷老於兵間，所將卒鋭甚，能以少擊多。孤軍踞吉安，間以百餘騎出戰，我師輒挫。一日於副將色勒故宅獲窖金數萬兩，韓大任以告胡國柱，國柱遺書得捷曰：『我兵乏餉，公所得幸假以佐軍，公立大功，何患不富，他日償公者且百倍也。』得捷怏怏，恨大任賣己。先是得捷主兵，大任等奉令惟謹，已賊進大任爲揚威將軍，位與得捷並，遂不爲下。得捷受侮於後進，鬱成疾死。」此清人之言，可據與否待考。推高居士之心，豈不以己中國人也，而有負帝一役，卒至帝被絞殺，明遂以亡。高得捷三字，乃長污青史而不可濯，誠有負於帝矣，抑亦有以自負也。其後一家事佛，復隨三桂反清，未必不由此。若謂區區窖金及權位，能攖其心，至憤鬱成疾，則未免淺之乎視高居士矣！

右高得捷俊捷兄弟

野竹前録十，又有贈總戎祁居士諱三昇，及總戎線居士諱維明偈。祁三昇，明之咸陽侯，線維明，吳三桂之鐵騎前將軍也。求野録於永曆十三年四月條書云：「咸陽侯祁三昇，帥師迎蹕，緬人請勅止之曰：『朕已航閩，將軍善自爲計。』三昇奉勅痛哭，以爲帝真航閩也，遂撤師。」是三昇本欲盡忠於明也。庭聞録三：「順治十七年二月吳三桂奏：永曆在緬，而僞王李定國、白文選，僞公侯賀九儀、祁三昇等，分駐三宣六慰孟艮一帶，藉永曆以惑衆心。若不乘時大舉入緬，以盡根株，萬一此輩立定脚跟，整敗亡之衆，窺我邊防，禍患無已。」是三桂亦知三昇等可畏也。然順治十七年五月，三昇竟降三桂。小腆紀年書其降於順治十八年二月，二説不同，然其爲降城亡子則一也。且三昇豈獨降清而已，庭聞録並謂其曾與馬寶合兵逼緬也。然野竹贈祁居士偈云：「親擐戈甲塞雲開，手握青蛇氣噴雷，走馬虎谿尋勝跡，雲房無力下牀來。」後録八又有洱水贈祁鎮臺詩云：「松杉萬樹列蒼巒，洱水迢遥下雪灘，三寸交梨霜夜赤，一拳火棗雪時丹。牙旗令肅將軍帳，鳳詔泥封玉帝翰，不棄梁城當日事，何妨賁茗對嚴寒。」竟盛誇其戰跡，夫亦不可以已乎！

同卷又有悼祁總戎詩云：「訓練之餘喜逃禪，羽扇幅巾得自然，已似瀾滄滄波月，更勝楊李口中次。肅清南服韋皋績，埽蕩妖氛諸葛蠲，緑柳淒風來洞壑，紅桃血語響春鵑。蕭森若木夜殭立，寒瑟邊月徒空縣，江上雲峰懷玉斧，邊城鐵柱誰爲樹，異牟賓服沙磧寒，梁益祇今無將主。」三昇何時卒，史無明文，然三桂反時，不見其名，則亦幸而早卒，不至爲馬寶之續，未始非降臣之福也。

廣陽雜記一：「延綏祁三昇，流賊也，後在雲南爲三桂後營總兵。今上初即位，冊封親王大人至滇，云皇上頗聞三昇勇，請一見，歸爲上言之。三昇于未亂時死，其死也預知時至，坐脱而去，且知未來諸事，其兵爲雲南諸營最。夫三昇武人，且起于寇，而生死之際，乃能如此，人固不可以跡論也。」按繼莊未知其有親炙野竹一段因緣耳，然吾因繼莊言，而信其不至有與馬寶合兵逼緬之事也。

線維明，則三桂反時點將録有名，庭聞録五言：「維明統兵苛虐，部下李成材鼓噪殺之。成材敗死，田進學代維明爲鐵騎前將軍，鎮永昌。」則三桂未敗時，維明已死。野竹贈線居士偈，似在康熙初年三桂未叛前，偈云：「嵩雲帶雨潤江皋，橫海將軍在不毛，令肅嚴更縣夜月，南方小醜漫稱豪。」又云：「神武軍威徼外陳，當時出塞車粼粼，靈山舊識公還記，共坐嵩山詠早春。」大匠之門多朽木，良醫之門多病人，野竹可謂大匠良醫也已。

右祁三昇　線維明

以上所舉，方于宣外皆武人，尚有文人可舉乎？曰有胡國柱，不獨文人，且詩人也。國柱爲吳三桂壻，順治十一年北榜陝西舉人。滇繫雜載因其能詩，謂「韻語不足定人」，以史載李密、黃巢能詩爲例，夫謂「韻語不足定人」，是也，以「賊亦能詩」爲異，則與王西莊十七史商榷九二謂「惡僧豈能著述」，同一可笑，吾不知惡僧何以不能著述，「賊」何以不能詩，古昔政治中所謂「賊」，能詩者衆矣，國柱曷足異耶！宋琬安雅堂未刻稿六，有胡怡齋詩序，盛稱其詩，怡齋即國柱。野竹在滇，屢與唱和。後録八有過胡公怡齋五律云：「太華開曉霧，北去到怡齋，入户聞琴瑟，登庭步玉階。香辞茶華盛，瑞雀石蘭喈，滿苑生秋色，清言可暢懷。」又有次怡齋看梅原韻云：「鍊就鐵衣喜種梅，梁城東上草堂開，白沙隄擁連雲綻，青草橋通帶雪來。幽徑風微香細細，晴窗日暖粉皚皚，誰知貴種人間少，却向名園日幾回。」又有贈擎天胡公云：「每望清華一色秋，飄飄桂氣上書樓，窗紗彩畫雲霞活，詞賦新奇李杜儔。愛客偏能忘勢分，談兵不必貴封侯，梁園孔雀屏開日，早見乘風作上遊。」擎天國柱字，怡齋其號也。孔雀屏開，正指其爲貴壻，野竹虛與委蛇，意欲藉爲護法乎！然豈料冰山不久即倒也。旅滇聞見隨筆言：「胡國柱勸吳三桂反正，敗匿雲龍州，爲都統希福提督桑格所獲，供詞八千餘言，沉痛强梗不少屈，臨刑猶著有絶命詞以見志。」撰者蓋嘉其能反正也。桑格應作桑額，辨見逃禪篇。

右胡國柱

庭聞録六，言三桂壻尚有衛樸，卷五則作衛樸，或作璞，或作僕，據廣陽雜記一，朴字完初，則模訛而樸正也。三桂反清時，樸爲驃騎後將軍。野竹後録五，數有與衛使君書，而無名號，吾頗疑爲樸也。第一首寄賓川衛使君云：「客寓報國，承枉顧，直使桑門生色，兼飽之以德，敢不銘五内邪！山中勤舊，無不合十稱於左右。前登絶頂，兩日便回石鐘，竟欲再謁，苦爲諸刹勉留，本月二十五日已結禪期矣。不揣材櫟識庸，大辱風化，徒恃高明作外護，不識得保全始終否。倘不忘付屬之心，使慧日長明，俾迦葉老人與蒼山洱水竝耀，則山野慶幸，諸刹慶幸，亦千古一遇也。春暖風和，萬花吐蕊時，旋杖侯門，復聆清訓，指日可待，臨穎不勝神馳。」

第二首答衛府祖護阿哥云：「自昆明來，沿途無他喜，獨是喬松古木，山秀水明，怡然滿目，既已忘勞，不十五六日即至賓川矣。承州牧款渥甚隆，皆阿哥遠庇也。及到山中，假即修候，奈間關修阻，實非疏慢，自取過咎也。忽辱佳章，注意山野，不勝舞蹈，水邊林下，全章祖道，使無文印，遇性慥漢，兩手付之，阿哥真法門之金湯也。」書無年月，同卷有遊鷄山記，凡千三百餘言，云「十年十月至賓川，使君衛公館余城東上帝閣」，當是康熙十年也。

第三首復洱海衛總戎云：「自晤對梁益來，一紀餘矣，弘護祖道，眷注雲水，惟護法枉顧之勤，藩塹之固，前不讓邪舍，後不遜楊李，直使風旛無恙，真千古一遇也。護法以貴客榮陞元戎，梁州鎮鑰，南方干城，不以山野無似之夫，羽翰頻來，俾雲嶺荒院生色多矣。既翹首行旌，曷勝懸切。」稱曰阿哥，曰貴客，其爲三桂壻無疑。

後録八有賓居道中，寄督府衛公詩云：「浮梁曳練冷谿濱，古木摇煙蕩野蘋，雪色如銀隨遠近，笳聲帶冷動嶙峋。黄柑樹樹三冬熟，碧瓦粼粼四野新，昨日肩輿來若水，孤城又得聽經綸。」又晚遊賓陽小西湖，贈衛使君云：「孤峰獨立字飛來，小坐西湖晚興催，好事幽人同感賦，無情野客共銜栖。接天墖様如天竺，覆地華陰看雪梅，更欲湖山都拾去，回頭早媿子瞻才。」又九日過衛府新創梵刹，贈尼性空云：「郎郎黄葉飛，況復直重九，我行南國西，梵刹砌瓊玖。金純亦界道，高閣背北斗，能仁趺青蓮，大士遥垂手。已勝獨孤園，末山道頗厚，將軍每參隨，侍從皆蘭友。咳唾西來意，屈信鐵磨肘，此是上上機，爾今斷疑否。」有新刹，復有尼僧，可見三桂未反時，滇南法席，鐘磬相聞，殊不寂寞也。

右衛樸

野竹語録尚有受印證者多人，大率吴藩部下，未暇一一爲之考出。然其中有劉玄初者，當即劉茂遐，庭聞録六言：「茂遐，字元初，四川諸生，劉文秀得之，以爲僞中書，後降三桂。」庭聞録四：「康熙十二年九月，三桂集謀士，議舉兵之名，劉茂遐謂：『明亡未久，人心思舊，宜立明後，奉以東征，老臣宿將，無不願爲前驅矣。』方光琛阻之，故三桂不從茂遐策。」野竹前録七，有復玄初劉居士二書，其第一書云：「手札三賜，不及一言奉復者，蓋山僧短於柬札，非敢疏謾爲辠，不知别後道念若何，昨來一帖，方知慕愛未已，但苦於公事耳。然古人有於公事中大得意者，傳鐙諸書往往見之，雖公事亦何妨學道，所謂『公事之餘喜坐禪』，此濟川居士徹證處，非公事時得意，必不出此言也，居士以爲何如？」茂遐地望疏微，遠非胡國柱、衛樸比，故三書不復，可見和尚之勢利也。第二書云：「福星當位，德音遠聞，彈丸地上，握靈蛇者幾人，而護持佛法者亦有幾人，居士居是任，不獨爲祥爲瑞，亦使見聞快意，敬信仰慕。但恨法社羇身，不得與居士密邇，説仝條生仝條死於三生石上耳。何時買舟過昆明，以晤言消此瀲塵乎。臨楮悵悵，不勝神遡。」卷九有寄玄初劉居士偈云：「擔折知柴重有由，如何不悟令心憂，尼山若是詞壇客，未必師人十二州。」後録八有壽玄初劉居士詩云：「須彌不足喻，河岳豈堪倫，壽等虛空界，此事不須論，嵩山更有一般祝，大道之人何秋春。」玄初，吾所見豫章叢書本庭聞録作元初，後人避康熙諱耳，廣陽雜記四載玄初勸三桂反正事，今刻本猶作玄初也。

庭聞録六有「蹇而泰，字文定，昆明人，本邑庠生。少爲孫可望所闟，可望敗，削髮安寧虎丘寺。名著不能匿，復入平西府。而泰博學，善詼諧，三桂或盛怒，泰微詞解之，恒冰釋。在府中專管圖籍，滇破，趙良棟携入都，曰此吳宮中賬簿也。以故諸將所攫取者，皆不能匿。」此敗類之逃禪者也，宜與比丘往來，而諸録不見其跡。野竹後録七有與蹇文山居士偈云：「要論諸方五味禪，不如歸去且高眠，一方明月如秋水，文山文山可了然。」吾疑文山即蹇而泰，泰與山訓合，今本庭聞録作文定者，或訛字耳，姑存以待考。

右劉茂遐　蹇而泰

赤松語録四，有挽澹餘曹老先生詩，澹餘貴州巡撫曹申吉也。吳三桂反時，申吉游移不引決，後卒見殺。清人謂之從賊，入逆臣傳，而赤松和尚目之曰忠臣。赤松詩曰：「我愛古忠臣，賢哉狄仁傑！身以武周覊，志報唐家切，豈不重捐軀，國耻誰爲雪，一朝歸帝子，日洗虞淵烈，心事炳千秋，生死何足説。嗟我澹餘公，今古同一轍，下車問循良，方外咨禪悦，識破夢幻因，無生亦無滅，報國期致身，耿耿丹心熱。偶罹豺虎亂，誘縶凡百折，砥柱不可移，守義心如鐵，不敢懷二心，借口豫讓列，豈不思舊發，慷慨以自決，存身將有待，欲以恢大業，所事已垂成，寧慮禍機洩，一死酧君親，日月同昭揭，憑弔古今事，三嘆增悽咽，先死及後死，忠在無勇怯，事成或事敗，品在何優劣，較之迎廬陵，忠貞昭奕葉。吳子寄挽章，紙落數行血，雖我素心人，憂來不可絶，薦向拄杖頭，吟風敲明月。」

逆臣傳二，言：「申吉喜爲詩，招致游士，邀名譽。三桂性忌，降者多見殺，申吉不知所終。」據赤松録，則申吉亦殉難者也，而誰諒之！赤松之闢黔靈，申吉實爲檀護，蹤跡密，相知深，故哀之。吳子云云，則吳中蕃也。黔詩紀略二八，有中蕃夢曹澹餘先生一首云：「石爛山頽後，珠傷月死時，每經開閤地，輒動叩門悲。桃李雖猶在，風光竟屬誰，精靈殊未散，髣髴尚遊斯。」中蕃曾以遺民資格，應申吉聘，修貴州志，故有賓主之感。申吉則以一念游移，令名不保，亦可憐哉！

然申吉曾入功臣傳矣，邵晉涵爲國史館提調，因法式善之揭發，始削去之，存素堂集三與邵二雲前輩論史事書云：「貴州巡撫曹申吉，叛降吳三桂，詳見實録及平定三藩方略，今功臣傳有曹申吉傳，言其殉難，而甘文焜傳仍言申吉從逆，兩傳牴牾，應改正。」一翻手間，申吉遂由功而逆，史家之筆誠可畏，然此豈遂爲定論邪！

赤松録二，尚有撫臺公子曹澧、曹泞，請對靈小參等佛事，今不録，録卷四再挽曹大中丞二首，在清人言之，則「和尚通賊」也。「廊廟拳拳繫遠心，幾思揮翰破幽霃，忘軀不念功名重，報國寧辭鼎鑊深。地下忠魂昭日月，天涯客夢繞山林，從來忠孝標千古，松嶺常聞鶴唳音。屈指歌遊跡若徐，丰姿何在謾欷歔，禪那已破浮生夢，錦繡空研數代書。秋半林蛩蕭瑟裏，夜深山月晦朦初，牽愁步步增遺思，無那關心念未除。」

右曹申吉

吕覽尊師篇曰：「顔涿聚，梁父之大盗也，學於孔子；段干木，晉國之大駔也，學於子夏。」往者不追，來者不拒，釋氏之有教無類，亦斯意也乎！句容華山，明季中興律宗巨刹也，據一夢漫言所記：「三昧和尚在日，有三太監皈依，孫太監號頓悟，劉太監號頓修。豫王渡江，逃進山中，和尚未回，達師爲之懸像披剃。後頓修付銀四百兩與頓悟，買近常住田，作養老計，頓悟存心不實，以貴價買薄田，頓修恨極，備斧藏身，誓欲斫死頓悟。余以禍起蕭牆，常住即壞，幸而修塔銀有餘，與彼二人解冤，常住乃寧。」此見月律師所親記，僉人惡習，並未因爲僧而少改，律寺如此，其他可知，毁之爲藏垢納污，譬之則有教無類也。

亂世與宗教信仰第十七

利根慶　寬夫宏　達夫上　不聞懤　補樵秀　暢文喜
赤松領　萬德開　三能柔　行之篤　語聖正　語賢英
語林先　古源鑑　以四教　桂鉉慧　善權位　慧穎緒
紹南解　藍田碧　明輝月　卓庵閒　長靈祐　雲峰高
嵋霽宗　天一悦　續燈常

人當得意之時，不覺宗教之可貴也，惟當艱難困苦顛沛流離之際，則每思超現境而適樂土，樂土不易得，宗教家乃予以心靈上之安慰，此即樂土也。故凡百事業，喪亂則蕭條，而宗教則喪亂皈依者愈衆，宗教者人生憂患之伴侶也。六朝五代，號稱極亂，然譯經莫盛於六朝，五宗即昌於五季，足見世亂與宗教不盡相妨，有時且可擴張其勢力。茲舉滇黔僧之因亂出家者數十人於篇，以證吾說。

黔詩紀略三二：「繼慶字利根，本名常慶，赤水衛指揮張大壯孫也。天啓初，奢崇明叛，將犯赤水，大壯曰：『予雖致仕，然再受命矣，當與掌印城守。惟吾母年九十餘，子陛升文弱，穉孫常慶、常春，可不必同殉。賊果至，陛升可奉祖母，携妻子，走貴竹避之。』二年三月，崇明及奢寅率其部落百餘營，屯衛城東白帝坡，陛升携妻子走天鼓巖，賊追將及，妻李投巖死，賊得陛升，縱之曰：『孝子也，且儒者無所用。』惟縶其二子以去。陛升衛諸生，嘗刲股療祖母，故蠻人以孝子稱之。既脱蠻禍，念父兄皆殉節，二子爲蠻擄，遂不食死。張氏一門，男女死難凡七人。賊留常慶、常春於營，使常慶隸頭目鬼師，常春隸頭目阿七，令皆習夷語，左衽，學騎射擊刺，常春墮馬死。崇明敗，逃鎮夷之麼響，以常慶畀紅蠻，轉賣之銀河蠻，奴作益苦，乃竊其善馬走金川，依其戚。戚已遷去，始廉知父死已七八年，痛哭於野，遂祝髮入石龍山爲沙門。更名繼慶，事高僧漢月爲得法弟子，以利根字之。已又事密雲、雪嶠二師，皆獲心印。遍歷天下名刹，與名士遊，編所著詩文曰霜柏集，楊文驄爲之序，華亭宋徵輿次其先代死難者爲張氏五忠傳焉。」

明季黔僧，多非黔籍，黔籍之有高僧，自利根始。利根完成嘉興藏因緣，已見藏經篇。然利根不遭家難，則未必出家，不出家則未必離鄉井，參名宿，而得法於漢月，雖襲職，終不免爲鄉人而已。惟既削髮爲僧，僧貴遊方，故能徧歷天下名刹，與宗師大德接，卒能完成刻經事業，其因緣非小也。然貴州志仙釋不載利根，黔南會燈録亦不載利根，則以利在外時多，未嘗弘法桑梓，黔人久已忘之，如滇人之忘見月也。邢昉石臼前集四有冬日吳門逢利公贈別二首，又有亂離詩贈黔僧利根次潭吉韻二首云：「故國兵戈地，風雲尚覺昏，亂離思舊鬼，驚定住新魂。行世已如葉，言愁別有根，三年蠻海淚，猶記昔成痕。尋師萬里外，何事不心傷，赤水河猶折，峨嵋雪轉涼。不知成幾佛，始得報諸亡，還想南天樹，曾沾十月霜。」潭吉忍，亦漢月弟子，曾著五宗救，雍正揀魔辨異録所稱爲魔忍者也。利根依韻答邢居士云：「尋師天欲盡，歸夢尚昏昏，九死來依佛，三年未聚魂。君親長此負，身世了無根，每向空王訴，低眉亦淚痕。蜀黔無限事，回首即心傷，盡吸長江水，那澆劫火涼。如公發宏願，爲我念諸亡，乞假如椽筆，冬青寫古霜。」利雖遁跡空門，未泯亂離之痛，雲間三子合稿六，載宋徵輿過利大師蘭若題贈二首，注：「利師黔人，卓錫嵩郡。」有句云：「黔山嵐彩變，百道列干戈，親故同時盡，勞生爾自過。」旁觀者亦未泯其亂離之痛也。

右利根慶

達夫蘊上，楚藩裔，遭張獻忠之亂，其家難亞於利根。達夫雞肋集有先大人文貞先生行狀云：「大人諱華圉，字仲叔，號淮仙，明楚昭王七世孫。癸未三月，夢游異跡，隨告親友曰：『時危矣，去之可也。』親友疑信相半，大人即携老僕數人，匿桃谿，置田畝而學耕，侶漁樵而占韻。未兩月，城爲獻賊所陷，黑白被戮，不可言狀。先妣偕媳及許字劉氏之女，一時死難，此鋐、鈝終天莫雪之恨也。惟大人有先知之明，安然履吉，於是易名陶范公，字蠡仲，別號五湖長，人莫之測。鋐、鈝賴祖宗之靈，大人之德，幸免而得生還，見大人於桃谿之上，悲喜之容，見於顔面。越二年，李逆潰兵肆掠，原野震驚，大人整容顧鋐、鈝而囑曰：『今日之事，不可輕忽，吾兒慎諸，倘能矢志精修，方名報吾恩德。』言畢長嘯而逝。柩停桃谿八斗山二十二年，乃於丙午十二月，扶柩歸葬於長樂郙靈泉祖塋之側。嗚呼！鋐、鈝不幸，生遭季世，流離兵戈，雖存衣冠於滇土，然未能少展忱痛。大人前有遺命，不敢相違，因祝髮永昌郡之山寺，惟恨不能曲盡先佛之道，有負大人多矣。出家男蘊上謹狀。」

此藴上述其兄弟出家經過也。藴鉉、藴釴，楚藩派名，遺民篇有朱藴鑑，亦楚藩裔。鉉、釴爲僧後，去金旁，名宏、上，宏字竹眉，號寬夫，上字竹元，號達夫，嵩山野竹弟子，山暉得意徒孫，見法門紛爭篇。明末兵亂，楚藩受禍最酷，宏、上以虎口餘生，同修淨業，雖曰遺命，亦有託而逃焉耳。

右寬夫宏　達夫上

達夫鷄肋集又有書不聞道人卷首云：「吾友聞公，蜀國英才，金川世裔，垂髮時與吾爲莫逆交。潛心墳典，苦志空宗，每勸余究二楞奥旨，余以事冗，故不果志。後因風塵不偶，公從軍緬甸，余留永昌，此己亥事也。於是四年，中外隔越，魚鴻絶往，自期會無由矣。壬寅夏，余自迤西來會城，公亦隨師旋中土，邂逅慈雲，公具僧相矣。悲欣交并，感再世之奇逢；促膝談心，述歷年之涉獵，亦世之希有事也。既而公任嵩山監院，接納四衆，輔弼叢林，余因封先大人柩，東歸故國，自此又數年。今年春，公主弘覺席，聞余東歸，乃作詩送余。余來曲靖，會故人堅留休夏，未幾公又飄然卸弘覺而來，相與屏絶一切，惟作游戲三昧，若此真時流之所難測，然非於佛魔場取舍兩忘，孰能及此。」按濟宗世譜，野竹慧嗣有不聞懤，即此人。所謂從軍緬甸，疑即吴三桂軍。旋師中土，何以忽具僧相，此中必有極大因緣，其行徑頗與輪菴超揆相類，特輪菴從桑額征吴三桂而祝髮，此則從吴三桂追永曆而祝髮，其動機同，而輪菴則在後十餘年矣。明遺民録乃以輪菴入明遺民，豈征吴三桂，亦爲明人復仇耶！是則滑稽之甚者也。

右不聞懤

雲南阮志仙釋：「警秀字補樵，永昌周氏子。年十一，遭亂被掠至江南，爲宦家子，心厭富貴，遂入南嶽福嚴寺爲僧。好學能文，初師原直，後從見月和尚，及主德山，忽思親歸里，父母已逝，乃作告墓文、履霜詠而還，有湘煙集、倚嗚禪師語録行世。」沅湘耆舊集四二，載大錯和尚猶子錢點撰補樵堂頭五十初度詩，即此人。原直賦，繼起儲嗣，漢月孫也。

滇南詩略四六：「法喜字暢文，號大嗔，昆明人，海源寺僧。有嘉興真如寺晤曉蒼大師懷鄉詩云：家破梁州後，蕭條身世空，碧雞啼戰血，石虎動悲風。我走八千里，君將五十翁，天涯竟相遇，抵掌話從容。」身世之悲，鄉關之戚，見於詞句，其入道因緣可想也。

右補樵秀　暢文喜

黔南會燈録載明季黔僧百餘人，已見傳燈篇。此百餘人中，明著爲因亂披薙者，凡二十一人，幾占五之一，亂之爲淵毆魚，爲叢毆雀也，其力大矣。

赤松道領，潼川韓氏子，因世亂入黔。年十五，自喜出塵，遂入南望山。住静數載，到九峰參靈藥和尚，後禮白雲西識披剃，參敏樹和尚發明，親承印證，閉關三載，出關黔靈，開法三十餘年，道振黔地，湖海衲子，聞風翕集，座下得法者數十人，已見拓殖篇。

萬德佛開，潭州李氏子，因避亂入滇，寓慈雲庵，禮另別和尚剃度。後隨密行和尚行脚，下楚至衡陽，創闢開峰，時年二十六。得受具足後，乃偕行遊京都江浙，復轉開峰，蒙行印可，有事將赴滇，值世變，阻黔之普安，客居行化，來往二十餘年。後闢紫霞，遷鎮龍，縣主劉公令邑僧請住圓通休老。

三能性柔，蜀西楊氏子，生值離亂，被擄入營。在軍伍時皈依金提和尚，始發出塵之念。後辭軍伍，依九龍半雲和尚披削，圓具得法。雲寂後，繼席此山，卒以清苦振。

行之顯篤，蜀西李氏子，因世亂入黔，禮余山禪師祝髮。矢志遍參，遊江南至蔣山，參芥庵和尚印證。

語聖弘正，蜀富順楊氏子，因亂入黔，至安順府大士閣，禮覺旨老宿披剃，依天台月峰和尚具足，隱居丹山數載。有提臺李公，率普城衆姓請重建大士閣，適遇天吼和尚，見師氣概超然，履踐精確，遂印可，即開法普城，掩關於後閣上三載，復隱丹山休老。

語賢弘英，蜀酆都隆氏子，因世變，從戎入黔。至安平天台山，禮恒修剃染，隨恒創闢獅山。恒寂後繼守，矢志行脚，參敏樹老人圓具，後參天吼和尚印可，仍開法獅山終老。

語林弘先，西蜀朱氏子，因世亂入黔，寓安順水橋圓照庵，禮體如披剃。遇一行脚老宿，見師氣相不凡，以父母未生前話示之，謹領密行，參究多載，一日赴齋，忽值驢鳴，豁然大悟。後遇敏樹老人過獅山，往覲，受具足，參天吼和尚印證。後住萬德，康熙癸亥坐化。

古源海鑑，成都余氏子，值亂寓滇之曲靖圓通寺，禮滄海披剃，隱雞山數載。初參靈隱，次參靈藥，皆不契。又參渠山，偕渠至楚，復參靈隱，亦不契。遂遊江南，於金陵參大咸，充知藏，復充維那，後參天隱和尚印證，住楚之龍泉龍標迴龍，闢建岑山。回黔闢九龍，重興天龍，仍歸九龍示寂。

以四德教，蜀葛氏子，隨父避亂寓夜郎。年十二，禮朝陽寺月如剃染，廿五依天峰受具，久參天隱和尚印記，有不出世志，故闢眉潭白筠爲常住。

桂鉉傳慧，蜀東長邑陳氏子，因世變入黔，至普陽龍泉寺禮大光披剃，依雲腹和尚圓具，後參天語和尚印可。

善權達位，楚北瞿氏子，因世亂入黔，寓安順之太虛硐薙染，依含光圓具，參月幢和尚印證。住安南之萬壽，普安之松巋，次遷慈雲，後復松巋終老。

慧穎慶緒，湖南永郡蔣氏子，因時變入黔，至安順，禮覺悟薙染，依靈隱老人受具，參梅溪和尚印可，住金鳴終老。

紹南真解，湖南永郡唐氏子，因世亂入黔，寓觀音寺，禮霞章剃染。常親梅溪老人充侍者，梅示參「生從何來，死從何去」話，一經八載，渾無入處。至圓具後，一日入室，梅問：「本來原無生死，因甚人人只道生死事大？」曰：「者箇正是某底疑處。」梅曰：「汝疑還是有是無？」正擬開口，梅直亂棒打出，不覺通身汗下，恍如有得。後歸里省親，回過瑪瑙山，謁師林和尚，林問：「那裏來？」曰：「永州來。」林曰：「曾參甚麽人？」曰：「貴筑東山。」林曰：「東山佛法如何？」曰：「木人撫掌，石女點頭。」林曰：「子莫錯會。」曰：「若錯怎得到者裏。」林曰：「恁麽，則汝緣還在東山，速回親覲。」遂辭歸。承梅印可，又侍梅上天童掃祖塔，回至楚之漢陽，梅示寂，遺囑命繼東山法席。

藍田光碧，成都朱氏子，生值離亂，被擄入營數載，脱遇經題和尚薙髮，在雲南曲靖府東山寺，依余山和尚圓具，矢志行脚，參恒秀和尚印可。後住安南永興，十餘年足不越閫。一日示微恙，告衆而寂。

明輝淨月，成都趙氏子，生值世亂，隨戎入黔。於平越府圓覺庵，禮清海披剃，依達遠具足，參恒秀和尚印可。立誓施茶接待，數十餘年，不改初志。又募修通滇大道，數百餘里，厥功未就，偶恙圓寂。

卓庵明閒，蜀廣元丘氏子，因世亂入黔，禮佛旨和尚披剃，時年二十一。圓具後矢志徧參，遊楚至沅州十方庵，參行之和尚印證。復回安南，創闢雲山梵光寺。

長靈道祐，荆州胡氏子，值世亂，從戎入黔。至二十七歲，切思出塵，寓九龍山，皈依燕居和尚，又親西山語嵩和尚，後禮嵩眉祝髮圓具。并請益發明，親承印可，開法華嚴，遷卧雲，後復遊楚。

雲峰祖高，蜀符氏子，因亂入黔，寓貴陽牟尼山，禮月空薙染，依語嵩老人具足，得法於剖石和尚。住三潮水知非庵數十年，康熙戊辰圓寂。

嵋霽宗，河南汝寧蔡氏子。九歲時，值世亂，竄嶺南，忽染瘴疾，因發出塵之念。疾愈皈依雪巖靜主，乞示念佛公案，後參月幢老人於滇之石寶山，禮本實剃染，復依幢圓具，參祖鼻印可。

天一大悦，楚南吕氏子，因亂入黔，寓安南龍潭寺，禮無霞披剃，參善權和尚，在松巋。一日侍權與官人持論楞嚴經，至世尊舉手問阿難處，忽然有惺，遂以白權，權即印證。權寂後，繼席松巋十餘年。語録末附行實，言：「生值離亂，被擄入黔。值大清兵取滇黔，本營軍伍，一時星散，脱穎奔至安南龍潭寺，禮無霞披剃。」

續燈寂常，鄂蒲邑王氏子，母避亂入黔始生。年十三，聞母誦金剛經，動出塵念，從本庵巨徹芟染，依貴筑東山梅溪和尚具足，參四川華嚴聖可和尚印證。

右黔南録諸僧

永曆時寺院之保護及修建第十八

寂光寺　悉檀寺　金頂寺　石寶禪院　蘭陀寺　大覺寺

圓通庵　彌勒院　菩提場　報恩寺　般若庵　太子閣

又金頂寺　西竺寺　尊勝塔院　九蓮寺　天咫樓　迦葉殿

寶蓮庵　幻住庵　五華寺　大雲庵　曇花寺　太平寺

白猿寺　曹溪寺　九蓮庵　萬全庵　真覺寺　寶峰山寺

本言明季，此獨言永曆，何也？ 則以平時寺院保護，不限於滇黔，而修建則何時蔑有，恐不勝其記載，惟永曆時金甌已缺，僅守邊隅，王臣武夫，對寺院猶加呵護，是可異也。 且凡諸建置，皆僧徒自由興作，非濫用國帑，不惜民力者比，是其好整以暇，未受戎馬倥偬之累，又可異也。惜永曆年代短促，記載闕如，稗史所陳，非兵則政，宗教文化，向不經意。 今茲所采，多出雞足山志，志創於徐弘祖霞客，錢邦芑大錯，皆罕傳，所傳者惟瀋陽范承勳所修，及劍州趙藩所補而已。 范志修於康熙三十一年，悉本錢志之舊，稍增錢以後史料。 錢志修於庚子，是爲順治十七年，即永曆十四年，故凡志中所書順治年事，即永曆年事也。 持此例以求雲南阮志，其寺觀類明著順治年建者亦不少，惟貴州志不如阮志之繁博，末由執例以求耳。 范志又有不著年號，只著甲子者，亦錢志之遺，細爲鉤稽，即知其爲永曆。 趙志補於民國，尤注意晚明史料，時有新獲，能動人故國之思。合而考之，猶可見當日君臣護法之誠，及寺院工程之盛也。

雞山志補四：「永曆帝賜寂光寺爲護國興明寺勅，皇帝勅曰：『朕惟王道以修身爲本，佛法以見性爲宗，總之删妄存真，要在利民濟物。所以取依取化，咸爲有漏之因；去暴去貪，即是無爲之治。豈容附會，寧有町涯！考蓮花之付法，知雞足之開山；持正派以南來，曁永平而中盛。理雖不存思議，事則可以循持。要使日月山河，咸歸妙覺，君臣父子，各有等倫。爲末俗之津梁，護生民於湯火。道場不動，法眼常明，允宜作鎮炎方，迦維震旦，用披勝跡，賜額寂光，爲護國興明之寺。其餘在山七寺，及大小七十餘叢林，塵塵刹刹，法法如如，三乘經禪，宜遵參學，一切僧行，務守威儀。共飲佛光，各持道力，息十五國干戈之氣，酬三百年水土之恩。正域弘恢，大猷允濟，護茲法寶，常住奉行。欽哉特勅。』永曆十二年七月日，行在禮部尚書臣程源，左侍郎臣鄭逢元，右侍郎臣鄧士庶，祠祭司主事臣丁若郭等題請。」志補二載尊勝塔院藏釋玄珠自書詩卷雞足山一首，有「西巡聖主曾貽勅，南詔鑾王未敢封」之句，即指此勅也。玄珠號仙陀，霞客禪侶。

志補四又載悉檀寺藏李定國令諭云：「晉王李令諭，照得雞足名山，滇西形勝，本藩西征既捷，便道進香，遵麓躋巔，游覽已悉。惟是峰壑幽深，刹院不無傾圮，詢之僧衆，咸稱近苦差徭，因念其供奉香燈，出於常住，寺僧别無活計，雜派宜與從寬，即或增加田糧，有司當爲減豁。至於本山度牒，援納已經通免，自後或有奸胥積棍，播害滋端，過往官兵，搜求踐踏，許爾各寺僧人，指名啓究，永爲遵守，俱勿忽違，此諭。永曆十二年六月十九日。」景邃堂題跋一云：「民國初元，住悉檀寺者半月，於寺之天王殿得此，紙墨硃印，完整如新，至可寶也。」

志補二：「金頂寺大銅香爐，在銅殿前院落中。高丈五尺，圍亦如之，永曆時孫可望部將王尚禮鑄。爐陽面鐫陰文曰：固原侯弟子王尚禮，率男廣祿，原籍陝西西涼府固原衛羣門所張城人氏。自丁亥歲躬隨國主臨滇，發心清崇三寶，修嚴各山寺院，刊印釋道經懺二藏，施送十方，延請僧道，拜諷佛道經懺百二十藏，建設羅天大醮，已經三載。余於雞足金頂，竭誠修理殿閣，粧飾金身，鑄造大爐，供奉迦葉玄帝聖前，以垂永久。仰賴佛光普照，上祈國主聖壽無疆，皇圖鞏固；次冀文武曹僚，品秩崇高，四海昇平，民安物阜；伏願自身康泰，福壽深長，子嗣繁昌，吉祥如意者。左耳鐫文曰：永曆八年季夏月吉旦敬建。右耳鐫文曰：爵前中軍丘維良，旗鼓孫志高，標官徐應長，住持主事白玉。」按文，僧道並重，當時風氣如此。乾隆三十三年，王昶遊雞足山記云：「金頂寺前有金殿，殿有鼎，係僞永曆二年製。」當即指此。然八年作二年，何也！見春融堂集四九。

錦江禪燈十二：「安龍府月幢了禪師，江津毛氏子。年十六，因閱楞嚴，疑情頓發，遂薙染，遍參尊宿。忽一夜心境俱空，豁然有省，禮丈和尚于禹門，職維那，師資道契。癸巳冬，開法滇南石寶禪院，永曆帝嚮其道風，請開示求偈，法名真佛，上錫椹服，恩渥甚厚，發帑藏爲國祝釐，兩奏表呈偈頌，皇情大悅，上堂：『天不能蓋，地不能載，包括五須彌，吐納大千界。釋迦彌勒，無地容身，文殊普賢，有意難解。生死涅槃劃斷，真如佛性捉敗。雖然如是，爲國開堂一句，作麽生道，頓超諸佛祖師意，仰祝吾皇億萬春。』後徙安龍玉泉寺卒。」按永曆皇太后皇后太子，及大學士瞿式耜，總兵官焦璉，司禮太監龐天壽等，皆奉天主教，教會史言之鑿鑿。永曆實録載：「永曆三年正月，西洋人瞿紗微進新曆，詔頒行之。十二月給事中尹三聘奏：瞿紗微擅用夷曆，爚亂祖憲。乃廢新曆，仍用大統曆。」是永曆軍中，確有西洋司鐸，無足疑者。惟瞿式耜信教，未見漢文載籍。行朝録且謂其妾媵衆多。其所輯媿林漫録，又多釋氏之言，固可由瞿氏後人羼改，然其時士大夫熱心宗教者，往往耶釋不分，僧道並重，永曆帝既禮瞿紗微，又禮月幢了，亦其一證。

滇釋紀三：「道足六藏禪師，姓韓氏，昆明人。年十六，削髮雞足山蘭陀寺，師事蘭宗，受戒於野愚，愚導之參學。時江淮法席之盛，無如金粟、博山，師先依金粟，後歸博山，數年有省。而山法道嚴峻，不輕付授，身後留六偈傳六弟子，師其一也。闡道百粵，尚書熊文燦迎住粵東七星巖，後歸滇住雞足。癸巳，蜀王劉因事入山，求高僧，或以某應，召之，問：『達磨面壁作麽生？』時機不契，將毀其寺。後聞有師，召之不來，就之復舉前問，師應聲曰：『等個英雄來觸機。』劉忽下拜曰：『公我師也。』法以不滅。後主昆明白衣庵卒。龍眠方亨咸序録，方孝標銘塔。」按癸巳永曆七年。蜀王劉文秀。蘭宗、野愚，皆徐霞客禪友。道足阮志仙釋未載，五燈全書六三，博山六大弟子，亦無道足，惟嗣愚衡語録十八贈六藏禪人偈，有「遠自博山來，今將博山去」之句。

雞山范志六：「周璧號印如，葉榆阮氏子。自幼入山，禮大覺徧周和尚落髮。智性聰穎，深究教乘，明直指姜公遊山，甚爲相契，有詩贈之，因鑄洪鐘。至永曆聖主入滇，頒賜紫衣。」按永曆聖主上，原空一格，足證此爲錢志原文，范志沿而未改，與春融堂集之稱「僞永曆」者，敬慢殊科矣。

右永曆時寺院保護

雞山范志四：圓通庵，在彌陀庵右，嘉靖間僧海印建，丙戌年僧心慧重修。丙戌，隆武元年也。

彌勒院，在慧燈庵左，背靠迦葉殿。創建年遠，日就傾圮，丁亥年僧正用募鄉紳吏部曾高捷遷址重建。丁亥，永曆元年。曾高捷，見遺民逃禪篇。

菩提場，在般若庵左，萬曆年僧周科建，後荒廢，丁亥年僧本達募周京重建，今廢。

報恩寺，在尊勝塔院垂岡之下，嘉靖初年建，萬曆庚寅，姜應雷修，順治壬辰，僧寂順重修。順治壬辰，永曆六年也。

般若庵，在菩提場右嶺下，隆慶間僧海衆建，後廢。崇禎初年，僧雪峰重修，癸巳年，僧心怡再修。癸巳，永曆七年也。

太子閣，在華首門，即迦葉入定處。先年有僧建庵於此，日就傾圮，嘉靖四年，僧昌玉同阿國禎重建鐵瓦殿，萬曆己亥，僧性來募周懋和建二方塔，癸巳年，鄉紳曾化龍重修。

金頂寺，在天柱山四觀峰，古有方塔一座，今毁。弘治間有僧建庵其上，至嘉靖年，郡人李元陽建普光殿。萬曆己未，直指潘濬建觀風閣。天啓丁卯，直指朱泰禎建天長閣。崇禎丁丑，直指張鳳翮建喜雨亭。己卯，直指涂必泓建景星亭。辛巳，黔國沐天波移雲南省城太和宫金殿來山，廢普光殿併塔，就其址以立金殿。順治甲午，因殿宇頹廢，合山耆宿同僧自玉重修，因觀風閣舊址爲佛殿，廢天長閣爲伽藍殿，廢阿難殿爲藏經閣，廢喜雨亭爲卧龍軒，廢景星亭爲碑亭，後有土主殿，前有靈官殿。按崇禎十二年己卯，即徐霞客遊山之年。順治甲午，即永曆八年。以此與霞客遊記校，知霞客遊雞山後，十餘年間，雞山工程不斷，且改革甚大。天長閣，張鳳翮，均見法門紛爭篇，與此情形絶異矣。

西竺寺，在龍華寺前，弘治間僧慧徹建了空庵，其徒德林擴大之，更名古松庵。萬曆乙未，圓瑞重修爲西竺寺，後有昊天寶閣，姚安陶珽讀書於此。辛卯年災，甲午年僧真崇重修。按辛卯，永曆五年，甲午，永曆八年。陶珽見士夫禪悦篇。

尊勝塔院，在文筆山，乃雞足左峰盡處，迴顧一山，如張圖畫。崇禎戊寅，麗江府應襲木靖，同悉檀寺僧道源、道真創建，中立尊勝塔，高六丈六尺，周匝禪室四十楹，製度宏淨。順治丙申，木氏復捐貲治巨鐘，重二千餘斤，晨夕鐘聲震響，一山精修之士，藉以警動昏沈，即愚罔之夫，亦可震醒聾聵，實聞修之一助云。按尊勝塔之築，霞客正在雞山，見拓殖篇。順治丙申，永曆十年也。

九蓮寺，在福緣寺西里許，嘉靖間接待寺僧居靜於此。萬曆三十八年，延僧無爲居之，遂建寺，其徒紫真、覺用，相繼增修。順治丁酉，本湛重修。按順治丁酉，永曆十一年也。

天咫樓，在迦葉殿前，順治丁酉修建，上貯藏經，中奉萬佛塔，最爲莊嚴，其樓三層，而地又最高，故名天咫。見藏經篇。

迦葉殿，原名袈裟殿，在插屏山麓，登絶頂懸崖之半，明初間有羽人結一小庵，至成化時傾廢，嘉靖壬子，僧圓慶募鄧川土官阿子賢建寺，後又傾圮，復募阿國禎重修，萬曆壬子，阿岑增修，僧洪詔募造萬佛銅塔一座。順治戊戌，僧廣高與合山重修。按順治戊戌，永曆十二年也。

寶蓮庵，在鳳毛山下，淨覺庵上。古名蓮宗寺。萬曆庚辰，僧真慧創建，順治戊戌，僧普荷重修，内有罔措齋，庵後舊有斗母閣，今圮。

幻住庵，在林泉室下一里許，萬曆年僧如堂建。順治初年災，僧淨立重修。

以上均見雞山范志，其見雲南阮志者：雲南府五華寺，在覺照寺左，順治十年建。楚雄府大雲庵，在廣通縣城西三十里寶華山，順治間僧巍巍建。順寧府曇花寺，在城南五十里曇花山，順治七年郡人柴柱建。太平寺，在城西南二十里鬱密山，順治五年僧洪鑑建，蒼巖古徑，梵宇幽深，一郡禪林，此爲最勝。白猿寺，在城北十餘里，順治初建。曹溪寺，在城東北五十里高梘槽，順治五年僧學朝建。曲靖府九蓮庵，在尋甸州城東三十里，順治三年建。黑鹽井萬全庵，在治東井南，舊名海月庵，順治初，蜀尼捐建。真覺寺，在治西萬春山，順治十六年，提舉張逢嘉倡修。按所謂順治，皆永曆也。

景邃堂題跋二：「騰越寶峰山佛殿碑記，胡璇撰，民國十五年重修山寺，掘土得原碑，題皇明永曆七年，歲次癸巳，仲夏月，賜進士出身，北京吏部驗封郎，前太常寺博士胡璇書。開山居士夜拱辰、夜廷弼、張雲鶴，住持僧真徹，新建桂香閣善士劉御虛，指揮陳□輔、李鎮雄」云云。鎮雄，景邃堂十世祖也。可見永曆時寺院建築，無地不有，不獨雞山，惟雞山記載獨存耳。

右永曆時寺院修建

附弘光出家之謡

擁戴者	金國鼎	高士美	
反對者	皮　熊	米壽圖	
信者	李若星		
不信者	南豐王	李章玉	王達觀
未决者	喻思恂	范　鑛	
先信後反者	鄭逢元	徐　煒	

南詔史載段氏王南詔者三百十五年，歷二十二主，禪位爲僧者七人，蓋一時風尚哉！明初建文亦有出家之説，西南遺跡，所在多有。而弘光出家之説，亦發生於黔，奇也。建文事言者衆矣，弘光事，永曆實録、所知録、明季南略、棗林雜俎、三岡識略等，皆言之未詳，惟貴陽潘馴丙戌紀事專紀之，凡三千餘言，見黔詩紀略鄭逢元傳。馴崇禎十二年舉人，入清

仕蒙自縣，固嘗目擊其事，亦晚明佛教史趣聞也。今論明季滇黔佛教，不得不兼論及之。丙戌紀事云：

查顯仁者，年可四十許，未詳何許人，亦不知何時爲僧。丙戌春，挾兩徒遊食於黔之平清間，自稱宗藩，所過村落，厚索飲食供給，居民以其天潢也，稍餉之，去則舁以輿，如是者月餘，遂入平溪，止於蕭寺。時楚宗之避難者，多在平，偶遇一宗人，教之曰：「君托跡緇流，恐爲世人所侮，曷標識之。」因遺兩小赤棒樹門側，於是人咸以顯仁爲宗室矣。南豐王者亦楚宗，聞之過訪，適顯仁他出，南豐留刺而去。異日顯仁令其徒報刺，署曰華嚴僧拜，而不名，又不親往。南豐怒其輕己，率諸僮往詰之，顯仁匿不出，南豐益怒，遂排闥入。顯仁不得已，與南豐相見。南豐急詢顯仁名派，顯仁曰：「問欲何爲？」南豐迫之，顯仁終不言。南豐曰：「得非詐乎？」顯仁曰：「即詐亦何與君事。」南豐曰：「若此支吾，定奸徒也。」叱僮捽赴官，顯仁微哂曰：「何遽至是，吾當往耳。」遂振衣緩步，無懼容，亦無難色，諸僮不敢逼，但擁之行，南豐隨其後，往叩喻司馬。司馬名思恂，蜀人，曾撫浙，流寓平城，新奉督餉之命者也。閽人通焉，思恂報曰：「吾奉命來涖事，且詰奸諸有司責，其付衛訊之。」南豐遂返，令諸僮尾顯仁至衛署。顯仁入，登堂據公案，南向坐，兩徒鵠立侍衛，弁見之愕然，前致詞曰：「師系出何藩，因何至此，幸明語我，庶可復司馬命。」顯仁欲言復止，久乃嘆息曰：「此閒人那得知，須黔撫范鑛乃識我耳。」弁愈益訝之，密引兩徒入内叩其詳，徒曰：「我等相隨未久，實不知所從來，微聞師云是弘光帝，脱難雲遊，恐爲人覺，戒我等勿洩。」弁聞言大駭，亟走白思恂，思恂曰：「那有此，姑縻寺中，徐察之。」弁乃躬送顯仁還寺，而道路遂喧傳爲弘光矣。僮歸告南豐，殊驚悔。

平有金國鼎者，誕人也。先是鳳督馬士英徵兵於黔，鼎部數千人往應之，入金陵，得列裨校。金陵陷，鼎遁歸。每對人言，迎駕時親把弘光御衣，以是誇耀於鄉閭。平人偶憶其語，謂弘光鼎當辨之，趣召鼎。頃之鼎至，一見顯仁，即匍匐叩頭，涕泗交頤，曰：「臣何幸今日復覩天顔。」顯仁問何人，左右以國鼎對，顯仁曰：「好忠臣。」衆聽之，咸以爲真弘光矣。又有孝廉高士美，計偕歸，云過南都，曾與朝謁，亦在是。見國鼎拜，士美亦拜。衆見之，益以爲弘光無疑矣。蓋國鼎所據者道路之喧傳，而士美所信者國鼎之認識，兩人實未親炙弘光也。

思恂聞二人言已確，立命駕至，左右傳呼司馬來，顯仁命取片紙，舉筆書曰：「朕乃弘光主也，脱難至此，賴卿保護之。」思恂覽竟，即就席前跪奏曰：「皇上蒙塵北去，何緣得出？」顯仁曰：「朕行至中途，守者稍懈，乘閒脱身，仗天地祖宗福庇，閒關至此。聞國已有君，無顔復出，思托身空門，不欲人知，不幸爲汝等所覺。」言已泣數行下，又問聖母安在，思恂對曰：「臣閱邸報，馬士英擁護至杭，兩月後杭復告陷，今不知所往。」顯仁大慟，悲咽不自勝。思恂奏曰：「道遠尚未有的耗，幸寬聖懷。」俄思恂出，議奉蹕之所，士美進曰：「官署久荒落不治，且百無一備。某家有園宅，去某第僅數武，稍華整，願奉聖安居之。」思恂以爲可，遂以其輿擁顯仁去。至則各官以次謁畢，士美具蘭湯，設綺縠，爲顯仁沐浴更衣，日進庶羞珍味，夜設錦衣繡幄，趨事罔不恪。明日思恂率各官起居，一面具狀聞於朝，且飛書四達，遠近來朝者踵相接矣。

又明日，遂命士美爲太僕少卿，國鼎及諸弁爲錦衣衛，鼎等循故事，謹巡邏城門戒嚴。一日顯仁語思恂曰：「朕今已皈依西方，修淨土業，無復問天下事。大小臣工遠來修謁，不惟廢職，恐搖人心，宜禁之。」思恂乃標示各路云，某日早朝，奉聖安皇帝面諭云云。初遠邇風傳，識者疑之，此示出而人益信，來朝者日益衆，然左右須賂乃引見，有爲所阻抑，不得一面，觖望而去者。顯仁閒設宴與諸臣淋漓大嚼，謔浪笑傲，呼諸臣爲兒子，衆莫測，以爲弘光素不嫻禮，或應爾。顯仁每飲必火酒，且令每日進御。蓋人言弘光嗜此物，顯仁或得之傳聞云。

越數日，國鼎等議設羽林卒，以備非常。下令召募，諸不逞之徒往往應之，旬日至千人，而儲偫無所出，乃命撫按司道，下至郡邑長，各輸金有差。又以平城狹隘，議徙沅，刻期啓行，思恂以老病辭，士美等從。及抵沅，士民郊迎，皆掬香道左，有司飾臺使署爲行宫，備極華靡，諸器具牢醴茗粲稱是。黔舊督李若星，時寓黔陽縣，聞顯仁至，星馳來見，拜跪戰慄。顯仁命賜坐，謂若星曰：「兒子頗矍鑠，何馬士英遽謂老也。」若星叩頭謝。侍宴時，顯仁舉卮酒賜若星曰：「兒子飲此增算。」若星避席叩頭，跽飲訖，又叩頭謝。顯仁見若星恭謹，遂留侍帷幄，與密計。顯仁又降諭曰：「朕出亡時，對天默祝，幸免於難，當建無遮大會，施千僧以答神庥。今仰仗佛慈得至是，宜踐斯言，諸臣爲朕行之。」乃召多僧於東寺，大演法事，施僧帽千頂，衣千領，鞋千緉，有司竭蹷從事。至日，顯仁詣寺拈香，入門即下車，若星掖左，士美掖右，升殿，觀者如堵。禮畢，顯仁諭衆僧：「宜虔誠，用稱朕報答至意。」衆僧俯伏不敢仰視，顯仁還宫。

初思恂報至黔，巡撫范鑛，總鎮皮熊，先後往謁。黔紳進見於鑛曰：「聖安真僞未可知，且撫鎮俱去，會城空虛可虞，請留。」鑛曰：「聞舊主出，不一覲，臣子誼謂何。即使非真，就彼處分之，亦所以鄭重其事也。」時黔紳李章玉者，在弘光時爲職方郎，鑛約同行，且爲給傳，章玉曰：「聖安被縶北庭，必無脱理，其僞無疑。」辭不往，鑛强之，中途托病而還。鑛行次鎮遠，蹶馬折右足，不得前，而熊已先至沅矣。熊部將王達觀，洛陽人，曾充福邸儀衛，侍福世子久，熊攜之入見。時當盛夏，顯仁恒以幅巾蒙首，只露半面。達觀出曰：「頃雖未覩其全，然與福世子殊不類。」熊知其詐，而未敢倉卒，姑順左右意，以覘其動靜，而國鼎等遂執金吾禮與熊抗，熊亦不校。

越數日，而蜀按米壽圖又至。壽圖則真南都勸進，舟中親奉玉音，而日簪筆起居者也。入視顯仁，果大非，伏謁不起。大言曰：「自南都不守，諸大臣爲社稷計，迎立新主。陛下失國之君，既削髮爲僧，固應居蕭寺，候旨安置，何得儼然南面，臨涖臣民，署官職，蓄士馬，摇動人心，非自全之策。」顯仁不能答，壽圖又再申前説，慷慨抗論，聲淚俱下，顯仁色沮。左右俱叱：「米御史起，皇上自有鑒裁。」壽圖不得已趨出，往晤若星，若星極言聖主隆遇，感恩之狀，期以死報。壽圖知不可與言，晤熊，熊細叩弘光真僞，壽圖曰：「僞也。」熊曰：「某部校王某亦言其非，猶恐識認未確。且羽翼已成，未可輕動，俟公來耳。」壽圖曰：「願緩圖之。」相與握手而别。

次日，左右傳諭，昨米御史驚聖躬，今不豫，趨召醫診視，勅壽圖勿得再見。壽圖就熊畫計，熊曰：「君昨言太急切，故羣奸憚之，某稍委婉，彼不疑也。某部將某某，皆可使。明日言於左右，請以備宿衛，倘許之，吾事就矣。」又曰：「吾觀左右皆小人，可以利誘，君若啖之以重賂，必就吾縧旋。」壽圖深以爲然。遲明，熊即以前説告左右，皆許諾。熊因進曰：「昨米御史語言伉直，有忌故主意，若執迷不悟，當繩以法，以儆後來者。」左右是其言。而壽圖亦致重餽於國鼎等，且謝疇昔唐突之罪，祈代爲緩頰，國鼎受之。二人計已就，乃密約各官同歃血盟，與盟者爲太僕卿鄭逢元，辰沅道僉事徐煒。惟不令若星知，以其翼戴甚堅，恐生異議僨事也。

月幾望，擬顯仁當出，熊等選廐馬十匹，飾以錦韉，絡以金勒，每馬令壯士控之，皆衷甲以待，俾壽圖繕疏進獻。翼日，顯仁御正殿，熊等先入侍，次傳御史進馬，左右以受賂故，聽入，諸壯士控馬隨之，立丹陛，壽圖持疏上奏曰：「臣遠來，無以將悃，不腆下乘，以充外廐。」顯仁頷之。壽圖復奏曰：「天無二日，國無二君，今新主踐祚已久，陛下復招搖於此，是二君也。臣前日懇請退居屏跡，以安人心，實爲陛下計，願聽臣言。」顯仁曰：「已知。」壽圖曰：「陛下不聽臣言，臣不敢愛一死。」反覆辨析，聲色愈厲。熊進曰：「皇上南歸，臣民共戴，壽圖倡邪議，辜恩背德，無人臣禮，宜逮治。」顯仁目左右，叱緹騎執下。壽圖遽起曰：「吾天子從官，誰敢執者！」衆方欲前，爲控馬卒所格，不得近。熊急呼宿衛士，共擒壽圖，諸將應聲，鼓譟而進，直趨堂上。顯仁知事不諧，急向後走，諸將士追及之，去其幅巾，左額上一刀瘢，長二寸許。左右見顯仁被縛，皆長跽請死。壽圖曰：「汝等認假爲真，未足深罪，所可恨者，遽受僞職，作威納賄，不容於誅耳。」令俱付獄。若星聞之大恧，自批其頰數十，熊等遣人邀之，已駕舟遁矣。熊等就鞫顯仁於庭，顯仁閉目搖首曰：「兒子輩反矣。」欲加刑，恐致斃，乃取弓弦絞其足，顯仁楚，大呼曰：「若星兒子何在？速來救朕。」鞫其姓名，終不言。沅之長老曰：「沅有查顯仁者，爲僧出外，久不歸，貌殊類之。」遂皆以爲查顯仁云。

先是思恂等疏達於隆武，隆武批云：「朕因亂爲衆所推，勉即大位，實無利天下心。據奏聖安復出，朕心慰悦，既識認果真，當即備禮迎請前來，朕不難避位歸藩，九卿科道會議以聞。」議者或謂宜還大内，待以太上之禮，或謂宜置善地，厚以養膳之資。隆武批：「着遣部臣某，監臣某，往彼恭迎。經過地方官，用心保護，多備供億，不許怠事。」使臣方就道，而壽圖擒妖之報至矣。隆武批云：「妖僧查顯仁，假冒聖安皇帝，大逆不道。卿等設計擒獲，具見忠智，皮熊封定番伯，米壽圖陞都察院右僉都御史，鄭逢元等加秩有差。金國鼎等附逆顯著，即着壽圖究問正法。喻思恂不審來歷，幾致燎原，先雖誤認，後未相從，猶爲不遠之復，宜從薄罰。李若星身居大臣，妄冀擁戴之列，甘受兒子之呼，叩首乞憐，衣冠埽地，姑著革職爲民。顯仁作速解來行在，沿途嚴加防守，勿令致斃，俟與在廷諸臣及通國軍民共質，以釋天下後世之疑。」旨下，熊等乃取國鼎等杖殺之，士美得從末減。顯仁方就檻車，而八閩繼陷，遂不果行。顯仁在獄，每自言必稱朕，衣服必稱御用，飲食必稱進膳，或飯不時至，則曰朕躬飢矣，稍麤糲，則曰殊非朕所御，人至今傳笑。後數月，熊恐其在獄召釁，遂斬之。

按永曆之被紿至吴營也，有瀝膽將軍黎維祚者，密謀劫駕，入見上，上大哭曰：「兒子，爾可致意十王家等，若能救我出，我止願修行去。」語見播雅十一陳啓相撰瀝膽遺事，是永曆末路曾願出家也，而弘光出家之謡已先之。又皮熊、鄭逢元本以誅妖僧有功，而其後皆逃於禪，可笑也。惟逢元對妖僧，其始亦信之，爲此文所未及。明季南略十三，武岡播遷始末云：「太僕寺卿鄭逢元，以催粤餉駐武岡，見劉承胤兵盛，與承胤聯姻。先是沅州有妖僧查顯仁，假稱弘光帝，逢元亦具表稱賀，至是劉堯珍語譏之，逢元慙怒，以告承胤，次日對衆拳毆堯珍。」此一證也。又卷十四堵胤錫始末云：「丙戌四月，有僧自稱弘光帝，自思州歷平溪來，據沅道署爲行宫，辰沅道副使徐偉即徐煒馳文報公，公聞即曰：『此必假託者。』乃命監紀官某往辨之，諭以果僞即擒付有司。監紀至沅，見兵道徐偉及李若星，皆以爲無可擬議，時若星監軍鄭逢元，統兵二十餘爲之撫衛，儼然皇帝制。」又一證也。而黄嘉穀撰鄭逢元傳，則云：「甲申之變，人懷割據。歲丙戌，妖僧姓查，於辰沅間冒稱弘光，楚人輕剽，爲其煽惑。且遣使致書，加元顯秩，元知其贋，斬使焚書。一面申滇黔督撫，一面會合湖南郡將，星馳電掃，妖僧伏誅，民乃寧靖。」是特以此事歸功逢元也。然有建文事在前，則傳説之興，爲臣子者自當寧信其是，范鑛謂「聞舊主出，不一覲，臣子誼謂何。即使非真，就彼處分之，亦所以鄭重其事。」此説頗爲合理。永曆實録十一，陳友龍傳云：「有查和尚者，假稱弘光皇帝，入沅州，舉人高士美率衆推戴之。何騰蛟聞知不能辨，亦遣使問起居。僉都御史鄭逢元發其姦，已擒伏誅，騰蛟所遣使弗知也，猶馳傳行過武岡，爲劉承胤所得。」騰蛟之心，猶范鑛也，觀過知仁矣。雖然，是否爲弘光，固不可知，是否爲查顯仁，亦傳説而已。僧鮮稱姓，是可疑也。觀其飯僧之衆，乃至千人，猶可見當日沙門之盛，雖流離瑣尾，禪誦不衰。又觀其羽翼之成，及所以覆亡之者，皆出於個人權位之私，非真有愛國忠君之意，卒至同歸於盡，以是知明之亡，亡於内訌耳，非清人之力足以亡明也。

徵引書目略

明史　貳臣傳　逆臣傳　勝朝殉節諸臣録
烈皇小識　永曆實録　行朝録　所知録
存信編　明季南略　荊駝逸史　明儒學案
史外　留溪外傳　遺民所知傳　小腆紀年
小腆紀傳　劉健庭聞録　求野録　廣陽雜記
五石瓠　金文毅集　陳瑚離憂集　陳瑚從遊集
確庵文鈔　確庵詩鈔　桴亭詩鈔　南雷文案
南雷詩曆　亭林詩集　邢昉石臼集　牧齋初學集
牧齋有學集　梅村家藏稿　魏叔子文集　汪堯峰文鈔
青門簏稿　鄭敷教桐庵存稿　尤侗艮齋倦稿　徐枋居易堂集
宋琬安雅堂未刻稿　漁洋文略　婁東十子詩選　雲間三子合稿
明末四百家遺民詩　漁洋詩話　漁洋感舊集小傳　張穆亭林年譜

明詩紀事

右關明季之書

李元陽雲南志
嘉慶四川志
雞足山范志
黃孝子紀程
陳鼎滇黔紀遊
田雯黔書
李元陽中谿集
謝三秀雪鴻堂詩蒐逸
吳中蕃敝帚集
趙士麟讀書堂集
王昶春融堂集
雲南鄂志
道光寶慶志
雞足山志補
旅滇聞見隨筆
倪蛻滇小記
景邃堂題跋
鄒元標願學集
擔當遺詩
陳翼叔詩集
文化遠晚春堂詩
邵亭遺文
雲南阮志
光緒湖南志
四庫總目提要
滇寇紀略
王士禎皇華紀聞
明季滇南遺民録
王元翰凝翠集
大錯遺集
雷躍龍石庵遺集
沈奕琛寄庵詩集
邵亭詩鈔
乾隆貴州志
滇繫
徐霞客遊記
輪庵揆洱海叢談
李宗昉黔記
王文成全書
阮大鋮詠懷堂詩
文祖堯明陽山房遺詩
陸天麟煙坪詩鈔
查慎行敬業堂集
李坤思亭文鈔

袁嘉穀臥雪堂集　滇南文略　滇南詩略　滇詩拾遺
滇詩拾遺補　黔風舊聞録　播雅　黔詩紀略
黔詩紀略後編　黔詩紀略補

右關滇黔之書

中峰廣録　古庭語録　紫柏集　憨山集
密藏遺稿　蒼雪徹南來堂集　顓愚衡語録　靈峰宗論
牧雲門嬾齋後集　覺浪盛全録　百愚斯語録　寒松操語録
雲外澤語録　梓舟船語録　錦屏破石卓雜著　石奇雲語録
浮石賢語録　木陳忞布水臺集　費隱容語録　破山明全録
丈雪醉語録　敏樹相語録　密行忍語録　雲幻宸語録
靈隱文語録　聖可玉語録　蓮月正語録　山暉浣語録
雲腹智語録　恆秀林語録　知空蘊語録　梅溪度語録
赤松領語録　懶石聆語録　月幢了語録　野竹慧語録

野竹後録　達夫雞肋集　長目電語録　善權位語録
不磷堅語録　天一悦語録　善一純語録　玉林琇年譜
破山明年譜　鐵壁機年譜　丈雪紀年録　聖可玉年譜
補續高僧傳　曹溪一滴　五燈續略　續燈存稿
續燈正統　錦江禪燈　徑石滴乳集　五燈全書
濟宗世譜　黔南會燈録　滇釋紀　新續高僧傳
一夢漫言　寶華山志　野竹和三聖詩　大悲懺法
楞嚴懺法　刻藏緣起　嘉興藏目録

右關佛教之書

重印後記

此書作於抗日戰爭時，所言雖係明季滇黔佛教之盛，遺民逃禪之衆，及僧徒拓殖本領，其實所欲表彰者乃明末遺民之愛國精神、民族氣節，不徒佛教史跡而已。

本書特出者係資料方面多採自僧家語録，以語録入史，尚是作者初次嘗試，爲前此所未有。惜搜採未爲賅備，遺漏尚多；又因限於當時思想認識，過於重視知識分子，看不見人民大衆，致立論時有偏頗，此則有賴於高明之指正者也。

新纂雲南通志對此編採取甚衆，其宗教考關於滇僧史跡，幾全部收入；其藝文金石諸考舊志有錯誤，經此編糾正者，新志亦多已改正。惟卷七九藝文紀載滇事之書仍列周達觀「滇臘紀聞」，滇臘爲真臘之訛，真臘即今之柬埔寨國，與滇無涉，應削去而未削，蓋偶遺之耳。

一九五七年六月　陳　垣

〔最初作爲輔仁大學叢書第六種於一九四〇年八月排印出版。此據一九六二年中華書局本排印。〕

陳垣全集之二十八

清初僧諍記

安徽大學出版社

内容提要

本書講清朝初年東南法門的紛爭，共分三部分：一臨濟與曹洞之諍，二天童派之諍，三新舊勢力之諍。內容主要是叙述法門中故國派和新朝派的矛盾，雖然所寫為宗教派系的爭執，而實際却反映了政治上不同趨向的鬬爭。這書是著者在抗日戰爭時期所寫，書中不僅將清初東南法門中紛亂的問題簡練清晰地分析論述，並對甘心附逆、投降仕敵者予以抨擊。

清初僧諍記

小引

潛研堂金石跋尾八楊岐山禪師廣公碑跋云：「廣公者，乘廣也。古人稱僧曰某公，皆以名下一字，故支道林曰林公，佛圖澄曰澄公。宋元人稱僧，或名字兼舉，若洪覺範、妙高峰之類，亦取名下一字，今世知之者尠矣。」清詩別裁集輯於乾隆中，其卷卅二僧人小傳，屬筆多誤，如戒顯字晦山，誤悔堂，南潛字月函，誤月巖，正喦誤止喦，又誤爲徐繼恩，皆開卷前三名也。然徐繼恩止喦之誤，漁洋詩話已然。又清初僧派，密雲、天隱下，爲通、行、超、明四輩，而乾嘉以來總集，僧詩一類，每將通字行字列超、明字後，祖孫父子倒置。可見宗門掌故，注意者尠，錢先生之言，非無因而發也。不佞少讀儒書，不嫻内典，年來老境侵尋，讀書不能久視，閒閱僧家語録，以消永晝，覺其中遺聞佚事，頗足補史乘之闕，時復默而識之。去歲撰明季滇黔佛教考，本有法門紛爭一篇，以限於滇黔，未能論及東南各省，茲特擴爲此篇，以竟其説。南雷文定後集三周子佩墓誌謂：「子佩留心二氏，好與其徒往來，是時天童、三峰兩家，紛拏不解，青原、南嶽，又爭其派數之多寡，子佩以調人爲之騎郵，不辭勞攘。」兹篇所記，即天童、三峰紛拏之餘波，青原、南嶽鬬諍之往史也。凡十章，三卷，卷首冠派系年表，卷末以遺民僧之被諍者附焉。每諍必有一二士大夫點綴其間，酒後茶前，足資談助。以云知宗門掌故，則吾豈敢！

一九四一年一月新會陳垣識於北平勵耘書屋

禪宗五家宗派表

大鑒能
- 南嶽讓—馬祖一—百丈海
  - 黃檗運—臨濟玄
  - 溈山祐—仰山寂
- 青原思—石頭遷
  - 藥山儼—雲巖晟—洞山价
    - 曹山寂
    - 雲居膺
  - 天皇悟—龍潭信—德山鑑—雪峰存
    - 雲門偃
    - 玄沙備—羅漢琛—法眼益

南嶽下出臨濟、溈仰二支，青原下出曹洞、雲門、法眼三支，若將天皇改隸馬祖，則南嶽下出臨濟、溈仰、雲門、法眼四支，青原下出曹洞一支，是爲爭點之一。

清初濟宗世系表

以本文所及者爲限

- 笑巖德寶—幻有正傳—密雲圓悟
  - 漢月法藏
    - 一默弘成—豁堂正嵒
    - 澹予弘垣—仁庵濟義
    - 具德弘禮
      - 巨渤恒—雪悟思
      - 晦山戒顯
      - 三目智淵
      - 碩揆志
    - 剖石弘璧
    - 繼起弘儲
      - 大庾行韜
      - 曇應文杲
      - 僧鑒曉青
      - 檗庵正志
      - 月函南潛
      - 卑牧式謙—宙亭紀蔭
      - 輪庵超揆
    - 潭吉弘忍
  - 破山海明—丈雪通醉
  - 費隱通容
    - 隱元行琦
    - 孤雲行鑑

僧名上應稱號，然或稱寺，如密雲稱天童，漢月稱三峰，費隱稱福嚴，玉林稱報恩，繼起稱靈巖之類，今此表概稱號。

天隱圓修
雪嶠圓信

木陳道忞
獨冠行敬—水鑑慧海
天岳本晝
旅庵本月
山曉本晳
犀照本徹
雪檛真樸
蛤庵本圜

石奇通雲
法幢行幟
道嚴行恂

牧雲通門—古雲　傑—雪鑑　意

林野通奇—道莽　靜
霽崙超永
桂芳　林

箬庵通問—天笠行珍

玉林通琇
白松行豐
茚溪行森
骨巖行峰

松際通授—雲外行澤

清初洞宗世系表

- 小山宗書
  - 幻休常潤
    - 慈舟方念
      - 湛然圓澄
        - 麥浪明懷
        - 石雨明方
          - 遠門淨柱
          - 位中淨符
        - 三宜明盂
          - 俍亭淨挺
          - 西遯淨超
          - 蔗庵淨範
        - 爾密明澓
          - 唯岑淨巘
        - 瑞白明雪
          - 百愚淨斯
            - 寒松智操
            - 拙庵智朴
          - 伴我淨侶
    - 無言正道
      - 心悅慧喜
        - 涵宇海寬
        - 別山性在

- 蘊空常忠—無明慧經
  - 無異元來
    - 嵩乳道密—南庵大依
    - 宗寶道獨—天然函昰—澹歸今釋
    - 雪磵道奉—祖心函可
  - 晦臺元鏡—覺浪道盛
    - 竺庵大成—楚雲興源
    - 石潮大寧
    - 無可大智
    - 嘯峰大然
    - 同岑大燈
  - 闃然元謐
  - 永覺元賢—爲霖道霈

五燈嚴統小山下僅列幻休一支，而列無明慧經、無異元來於卷十六未詳法嗣，晦臺、闃然、永覺三支遂無從列統，亦爭點之一。

明清間僧諍年表

天啓四年甲子	密雲悟手書源流付漢月藏
天啓五年乙丑	漢月藏住鄧尉著五宗原
崇禎八年乙亥	漢月藏卒年六十三
崇禎十五年壬午	密雲悟卒年七十七　繼起儲重刻天童七書
崇禎十七年甲申	首次天童塔銘諍
永曆元 順治四 年丁亥	雪嶠信卒年七十七
永曆二 順治五 年戊子	覺浪盛因事入獄
永曆五 順治八 年辛卯	木陳忞繼起儲質獄東甌
永曆七 順治十 年癸巳	靈巖樹泉集成　木陳集同人詩文名新蒲緑
永曆八 順治十一 年甲午	五燈嚴統成　雲外澤卒年四十八

永曆九 順治十二 年乙未	箬庵問卒年五十二　蕅益旭卒年五十七
永曆十三 順治十六 年己亥	二月玉林琇應清帝召至京　二次天童塔銘諍　九月木陳忞應清帝召至京　覺浪盛卒年六十八
永曆十五 順治十八 年辛丑	費隱容卒年六十九　繼起儲繼住金粟　徐昌治撰辛丑紀事　漢月藏年譜成　木陳出北遊集
康熙元年壬寅	密雲彌布扁諍　晦山顯撰天王寺碑
康熙三年甲辰	徐昭法撰繼起六十壽序
康熙四年乙巳	黃梨洲撰漢月塔銘　百愚斯卒年五十六　三宜盂卒年六十七
康熙六年丁未	雪嶠塔諍　位中符出法門鋤宄　十月具德禮卒年六十八
康熙七年戊申	晦山天王碑諍
康熙九年庚戌	木陳撰寶奎説及從周録序
康熙十年辛亥	牧雲門卒年七十三　無可智卒年六十一
康熙十一年壬子	繼起儲卒年六十八　位中符出祖燈大統
康熙十二年癸丑	九月寒松操離善權

康熙十三年甲寅　木陳忞卒年七十九　九月善權燬
康熙十四年乙卯　八月玉林琇卒年六十二
康熙十五年丙辰　檗庵志卒年七十八
康熙十九年庚申　澹歸今釋卒年六十七
康熙廿三年甲子　俍亭挺卒年七十　晦山天王碑立石
康熙廿六年丁卯　天笠珍與雪悟思法諍
康熙廿七年戊辰　毁牧雲五論板
康熙廿八年己巳　月函潛撰洞宗世次疑問
康熙卅一年壬申　蔗庵範卒年七十三
康熙卅二年癸酉　五燈全書成　拙庵朴與霽崙永第二書
康熙卅七年戊寅　徐釚序離六堂集
康熙卅八年己卯　徐嘉炎序拙庵語録
康熙四一年壬午　潘耒致粤東當事書　石濂汕卒

清初僧諍記卷一

濟洞之諍

一　五燈嚴統諍

五燈嚴統廿五卷，費隱容撰，前二十卷悉本五燈會元，僅將天皇悟以後各代，及雲門、法眼二宗，會元所標爲青原下幾世者，改爲南嶽下幾世；又將卷六末未詳法嗣，移置卷十六後，而著無明慧經、無異元來等於其中，即謂之嚴統。如此著書，亦太易矣，顧與重刻會元一次何異，而乃以「嚴統」二字，排斥他宗，凡例中訑訑之聲，尤距人千里，諍烏得而不起乎！夫天皇、天王之諍，本起於北宋，釋氏疑年録五曾論之。蓋北宋末，五宗惟臨濟、雲門特盛，好事者乃造爲雲門亦出南嶽之説，欲以息諍，而不知諍因此而愈熾也。石門文字禪廿三僧寶傳序，謂「自嘉祐至政和之初，雲門、臨濟兩宗之裔，卓然冠映諸方」；林間録最早載丘玄素僞碑，亦謂「今妄以雲門、臨濟競者，可發一笑」；元豐三年孫覺序玄沙備廣録，謂「近世言禪尤盛，而雲門、臨濟獨傳」；宋徽宗序續燈録亦謂「雲門、臨濟二宗，獨盛於天下」。據此，可見北宋雲門之盛。息諍者欲引雲門歸南嶽，會皇王二字，傳寫偶誤，遂謂有兩天皇，天皇屬青原，天王屬南嶽，而雲門自隨天王屬南嶽矣。釋氏疑年録所謂「其意不在天王，而在雲門之改屬也」。

俍亭語録十三有祁季超居士來書，謂：「天王之誤，實始於張商英，林間録出大觀元年，誤引玄素碑文，以道悟嗣馬祖。後十七年爲宣和六年，僧寶傳成，請侯延慶作序，謂慶曰：『達磨之後，析爲二宗，其一爲石頭，曹洞、雲門、法眼宗之。』是林間録之謬，覺範已自悔其非，潛行改正，不宜與商英同條共罰也。」俍亭答之曰：「尊見極是。弟非敢苛求覺範，但張無盡無忌憚小人，本不足責，其視雲門、臨濟，一如元祐、熙寧，亦欲分門裂户。覺範悞信，遂爾墮其術中，一盲衆盲，爲可憐憫。大川濟作五燈會元，祖述傳燈，無別爲天王道悟者。後一二百年元至正間翻刻，誤引林間録作小注，皆自覺範開之。故曰商英不足責，責在覺範，雖侯延慶辨之於卒，罪何補哉！」

季超祁駿佳，俍亭淨挺，即徐繼恩，皆三宜盂弟子，其説實先得我心。然謂元至正間翻刻五燈會元，始引林間録作注，則吾見宋寶祐本會元，已有此注，不始於元也。蓋南宋以後，雲門漸衰，曹洞起而代之，葉夢得在紹興中著避暑録話，其卷上言：「近歲談禪，唯雲門、臨濟二氏，及洞山道楷出，爲雲門、臨濟而不至者，皆翻然捨而從之，故今爲洞山者幾十之三。」又紹定二年吕瀟序天童淨語録云：「五家宗派中，曹洞則機關不露，臨濟則棒喝分明，雖作用弗同，實殊塗一致。」又元大德四年陳晟序雲外岫語録云：「禪有五派，今行於四方者，曰臨濟，曰曹洞，然學禪者多宗臨濟，而曹洞爲孤宗。」據此，知宋末元初，與臨濟並稱者爲曹洞，非雲門，與北宋時異。故濟雲之諍，遂移爲濟洞之諍也。

至明兩宗並微，晚而復振，撰燈録者紛起。嚴統之病，在過信林間録及譌謬不堪之佛祖通載。丘碑之僞，辨者已衆，通載之謬，言者尚希，嚴統以通載爲曾頒入藏之書，篤信而不加别擇，遂有此失。然當時之諍，不盡在天皇之改屬，而在列無明慧經於未詳法嗣，及謂湛然圓澄來源無據，大傷洞上之心。洞上顯學，莫覺浪盛、三宜盂若，盛爲無明之孫，盂爲湛然之子，因此二家遂爲原告，費隱爲被告，而掀起禪宗史上所謂甲乙兩宗大鬨矣。甲乙者，順治十一二年甲午、乙未也。於時奔走作調人者，有箬庵問、繼起儲；加入戰團者，有遠門柱、百愚斯；旁觀者，居士則有黄梨洲，緇流則有蕅益旭。柱著摘欺説，斯著闢謬説，今從略。

宗統編年順治十一年條，載箬庵問與繼起儲書云：「自鼻祖西來，六傳至大鑑，宗雖列五，派實兩枝，藥山得悟於馬祖，而仍嗣石頭，太陽寄託於浮山，而代付投子，兩枝何嘗非一派也。宗教分河飲水，尚謂泥於文字語言，豈同爲的骨兒孫，幾欲操戈對壘，寧不爲識者痛哭嗤笑乎！徑山嚴統，有當嚴不嚴之弊，遂開不當嚴而嚴之釁，天皇、天王，其說已久，闕疑成信，著書立言之慎，固應如是。會元以南嶽、青原，俱稱大鑑第一世，足見古人之公。壽昌、雲門，不忝爲曹洞中興之祖，有統系，無統系，而洞宗的旨，敢不尊崇。東苑隱德深潛，得棲霞而大闡，車溪一段公案，去世不遠，見聞當有公評，是是非非，法門關係，寧免紛爭。獨至藉力有司，世諦流布，此實下策，不得不爲洞上諸公扼腕。棲霞、顯聖，久係相知，徑山復同法嫡血，自無坐視之理。昨至吳門，審知專遣座元，往還兩間，周旋微密，在今之世，寧復有秉爲法無私之公，如吾老侄禪師者乎！敬爲前佛後佛，額手稱慶。」

徑山指費隱，壽昌指無明，雲門指湛然，東苑指晦臺元鏡，棲霞指覺浪，顯聖指三宜。吾嘗謂稱僧應稱其名號，不稱其所住院，蓋寺院所同也，名號所獨也。車溪公案，見嚴統凡例，亦攻擊洞上石雨方者。繼起儲復費隱書云：「儲頻見諸方聚訟盈庭，紛紜溢路，未嘗不寢食徬徨，撫髀浩歎。蓋法門至今，譬之尫羸久病之夫，若更投以攻擊之劑，則元氣頓盡，亡可立待，焉能冀其浸昌浸隆乎！ 此二十年痛心疾首，欲使天下咸歸無競之風，盡坐柔和之室，吾祖之道，久而愈光，雖赴湯蹈刃，亦所不辭。 承紳士殷勤致懇，謂兩家所信諒者，惟儲一人，故不自揣，越俎而治，得邀佛祖之靈，俾法門不致瓦裂，則彼此幸甚。」結果卒將嚴統燬版，諍始寢。 事後繼起與姜伯璜書，言：「兩宗角立，老僧與南澗和尚不惜性命以成彼此之好，何心哉？ 彼時即對天界浪兄、愚庵三兄曰：雲門、法眼歸青原，無減於南嶽，歸南嶽，何損於青原，吾輩爭之，盡成戲論。」當時濟上往來書翰，悉以俗諦相稱，如姪禪師、孫禪師之類，與洞上人相稱則不然，以洞上世系有爭論，兩宗輩數不易比擬也。 故此書兄覺浪、兄三宜，而箬庵與繼起書，則稱老姪，亦宗門掌故之有趣者。

或疑濟上顯學，當時尚有木陳，何以箬庵、繼起出頭，木陳不與？ 不知此事木陳本在被告嫌疑中，無調人資格。 因木陳曾撰禪燈世譜，列有兩天皇，誤與嚴統等，雲外澤語録十四，有妄刻續燈諸録説曰：「慨自禪燈世譜行，而諸方所刻，將十餘處，各各自譽爲正傳，果孰是而孰非乎？ 夫古人創叢林，立規矩，其志豈爲欲己名之高掛傳燈以爲榮乎！ 爲串習機鋒語句求後昆之宗尚乎！ 謀寺院，鬧門庭，祈子孫，如閭巷庸俗之所爲乎！ 今乃昧其性，而區區竊法門之名，以濟其私，不知何所圖而爲此也。 或曰私刻固未必行，近有結交權貴，上章乞聖勅刊定者，是可行乎否耶？ 曰至道之在人心，自有公是公非，如佛祖統紀、續高僧傳，豈非聖勑頒行，而非之者何限！　世史是非，天子尚不能操其柄，況道脈乎！」雲外，天隱修孫，亦木陳之姪禪師也，其言可謂直矣，然木陳不以爲謗己也。

南雷文案四有答汪魏美問濟洞兩宗爭端書云：「五家宗派，出自南嶽者二，出自青原者三，今溈仰、雲門、法眼三宗俱絶，存者惟臨濟、曹洞耳。近濟宗依五燈會元附註，謂有兩天皇道悟：石頭所傳之天皇，不再傳而絶；其出爲雲門、法眼之天皇，則馬祖所傳者。於是南嶽得四宗，青原僅一宗，以此而分優劣，至兩家聚訟不已。弟常謂昔之學佛者，自立門户者也，今之學佛者，倚傍門户者也，自立門户者，如子孫不藉先人之業，赤手可以起家，倚傍門户者，如奴僕占風望氣，必較量主者之炎涼。雲門、法眼，其宗既絶，猶過去之高門巨族也，吹已冷之燄，爲掃室布席之光，則郭崇韜哭子儀之墓，又何怪乎！　故兩家是非，不必爲之辯。」魏美汪渢，常與三宜往還，國變後不入城市者也。

靈峰宗論五之二，復錢牧齋書云：「濟雲鬬諍，不啻小兒戲，閱儒釋宗傳竊議，可付一笑矣。」宗論五之三，儒釋宗傳竊議云：「禪宗自楚石琦大師後，未聞其人也，庶幾紫柏老人乎！　壽昌無明師，亦不愧古人風格。今之爭師資授受者，譬諸世主，身苟無道，天子不若匹夫，桀紂是也，今之雖有師承，顛覆如來教戒者，何以異此。苟得其道，匹夫竟開大統，漢高明太是也，今之雖乏師承，能自契合佛祖心印者，亦奚不然。」靈峰蕅益，即居士鍾始聲，崇禎間曾輯闢邪集，攻天主教，後爲僧，名智旭。其持論若此，故所舉紫柏、無明，皆嚴統所指爲未詳法嗣者。而雄視當時之密雲圓悟，反不在蕅益議中，蕅益可謂豪傑之士矣。

順治十二年，蕅益及箬庵卒，十六年原告覺浪卒，十八年被告費隱亦卒，嚴統之諍，已成陳跡。惟費隱卒後，繼起繼住金粟，竟因嚴統舊案，爲居士鹽官徐昌治所翹，致有賠修衣塔之事，亦法苑珍聞也。無依道人録卷下，辛丑年紀事云：「繼和尚之住金粟也，殉一人之見，不謀于衆，不聞于鹽，奔走當事，爲壓服諸護法計。且繼公曾受托，許藏老人嚴統板八百餘塊，及攜板至靈巖，悉送杭州銷毁，未免老人介意。但此嚴統内，前四卷，末五卷，皆昌治捐資刻成，以此推敲，進院遲至六月十五，方對張侗老招認刻還我板。因於十三十四日，挪金購一新做塔樣，小而精巧，此時河涸，止可力盪。復捐工費作料，匠人，刻字人，寫字人，一齊入山，造成費隱容禪師舍利衣鉢之塔，明尊舊住持也。」無依道人即徐昌治，崇禎間輯聖朝破邪集，攻天主教，與鍾居士闢邪集相呼應，固費隱信徒也。侗老張侗初鼒，曾著甲乙倭變録，鮚埼亭集外編有跋。此事可爲嚴統一諍之尾聲。不意康熙七年，復有晦山天王碑之諍。

二　晦山天王碑諍

天王碑者，荆州城南天王寺之碑也。寺建於楚僧水鑑慧海，而碑撰於吳僧晦山戒顯。佷亭語録十三，與青原和尚書，述此事甚詳，曰：「僧自楚中攜一小刻，是楚僧水鑑於荆州城中一土地祠，僞立天王道悟名色，惑亂鄉愚，如小説家誤杜拾遺爲杜十姨，伍子胥爲伍髭鬚故事。詢其所由，水鑑蓋費和尚孫也。就孔氏故居，穿地得鐵，謂有『天王』二字，其土地祠，即天王土地也。天王道悟，唐史紀載，並無其人，丘符二碑，都緣僞造，五百年影響狐疑，當燒嚴統時，昭然揭出。在鼓山老和尚、浪杖人、與先愚庵老人，及嘯峰兄、竺庵兄、百愚兄、遠門兄、惟岑兄、伴我兄，及法門昆季，諸方正人，語特詳盡，即濟宗名宿，從未有言嚴統爲是者。當時如南㵎、靈巖諸老，曲爲調停，早有廢置此書之論矣。天王名號，在在有之，四天王今時叢林設立庭廡，固不獨荆州一處。地中出鐵，誠有『天王』二字，亦何預法門事，乃欲借此描摹，謂是渚宫道悟，可謂癡人説夢矣。蓋嚴統燒廢，在甲午、乙未間，水鑑以戊戌還楚，住鐵佛寺。又三年，從天王土地祠種種捏怪，不過爲他福嚴畫蛇添足，法門正人，已有起而辨之者。顧中間刻一碑記，讀其詞旨，殊似不倫，前後且不足論。即詆道原尊宿，謂是譌書，只此一語，何其敢於非聖耶！夫道原尊宿非他人，韶國師之子，法眼之孫，於天皇爲九世，於石頭爲十世。當時歷代親承，師師傳授，從何處得有差譌。苟使龍潭信不得法於天皇，則雪峰老漢，必不曰自從先德山、石頭以來，傳此祕密，雲門、法眼兩派，必不絲絲傳述，自云系出青原。且傳燈出自景德，楊文公大年，更加刪訂，大年宋代名臣，非張商英可比。心燈出于元末，通載纂自近人，並皆依據僞碑，支離附會。前焚燒嚴統時，辯書盈尺，亦既詳且至矣。從來議論之是非，決於其人之邪正，楊大年，正人也，張無盡，敗類也，不信大年，乃信無盡，已是没鼻孔漢；況丘符兩碑，全然無據，此事三十年前，余集生中丞、黄元公司理，一時喝破，海内宗匠，耳所共聞。荆州去丈室不遠，豈能聽其顛倒耶！」

書無年月，而稱愚庵盂爲先老人，愚庵卒於康熙四年。書與青原和尚，青原即無可智，卒於康熙十年。又云「此事三十年前，余集生、黄元公已喝破」，集生余道裕，元公黄端伯。雪峰語録末，附余集生辨龍潭不嗣馬祖書，崇禎十二年刊版，越三十年爲康熙七年，則此書當作於康熙七八年間也。書中所舉洞上人名，皆見世系表，鼓山老和尚爲元賢，浪杖人爲覺浪盛。嘯峰大然，竺庵大成，與無可皆覺浪嗣。百愚淨斯，伴我淨侣，瑞白雪嗣。遠門淨柱，石雨方嗣。惟岺淨巙，爾密澓嗣。書中何以不舉撰碑人名號？爲賢者諱也。何賢乎晦山？晦山與無可、佷亭，皆以遺民逃禪，本同氣類，故爲之諱也。晦山婁東人，婁東耆舊傳：「王瀚，字元達，國變爲僧，號晦山，名戒顯，字願雲。庚寅夏入廬山，遂主席江右。」瀚雖入空門，悲憤激烈，曾檄討降敵諸臣云：「春夜宴梨園，不思凝碧池頭之泣；端陽觀競渡，誰弔汨羅江上之魂。」讀者俱爲扼腕。陸桴亭詩鈔五：「晦山願雲和尚，予舊同學也，國變棄儒爲僧，駐錫雲居，便道歸里，過予齋劇談，賦此以贈：一別廿年久，歸逢非偶然，頭顱悲各異，肝膽喜同憐。刦火未應熄，浮生寧苟全！何時上廬岳，携手白雲巔。」陳確庵詩鈔五，望雲居：「我友願雲，以名諸生丁國變，削髮爲僧，隱於雲居，思之而不得見，乃作是詩：一峰天上是雲居，慧遠於今此結廬，他日故人來入社，不知沽酒意何如。」讀此，可略知晦山之爲人矣。

晦山薙染於華山，而得法於漢月弟子具德禮，戒律精嚴，化行江楚，名甚著，故水鑑借以爲重。碑撰於康熙元年，水鑑刊版傳布。洞上位中符即撰法門鋤宄以諍之，時在康熙六年，對水鑑固大肆譏彈，對晦山亦未嘗爲諱。曰：「惟善人能受盡言，吾於晦公，豈敢以不善人待，故盡言之也。」今法門鋤宄末，有石潮寧書後，對晦山尤加責備。其言曰：「年來濟洞兩家，幸安和好，實法門福。不謂今又突有水鑑者，於荆州城南御路口，買孔蔚然文學宅基，搆庵而居，平白鑿空，額名古天王寺，誑惑愚癡，亂真害是。夫荆州城南，固有天王土地堂，居民凡於事神具鄉貫，則莫不曰『城南天王土地堂祠下』云云。若天王寺，則從未聞也。

而有之者，但曰城東天皇寺，稱荆南首刹，重興爲道悟禪師，乃龍潭信餽餅得法之地，湖廣全省誌第七十四卷載之甚詳。今草市大殿巋然，巷名事實，種種可稽，固不與鑿空假捏之城南天王，可同日語。嗟嗟！水鑑搆庵供佛，何必借名古跡，始爲得計，即借名，亦須考郡乘寺觀類中有無，有然後借之，今借之於脱空無根，豈不仍成虚捏，水鑑之愚，一何至是！晦山居然一知識，不以真語實語誠諦語取信方來，乃於舉事孟浪之水鑑，反從而文其過，飾其非，是豈所謂見道之知識哉！吾聞晦山亦法門正人，於圓戒羯磨時，嘗有『寧斷吾舌，毋毁法門，如違此誓，甘墮苦坑』之語，刻之梨棗，意在息諍。乃今遽作此文，以非爲是，指空言有，於所立之誓，迥爾相違，將爲可以蒙惑戒子，聾瞽方來。噫，晦公晦公！請以自所製立誓息諍文，向清夜無人處，洗心淨慮，細讀一過，問之自己，以爲何如。康熙七年秋初，金陵天界法弟大寧謹書。」大寧亦覺浪嗣，與無可同門。

鋤宄又附有禪通劍叟昰諍晦山書曰：「正法眼藏之布在方策也，莫不載青原出石頭，石頭出天皇悟，悟出龍潭信。信家世于荆州天皇寺巷，是以楚産，習知楚事，今其故里與子孫具存，何所容旁參異議。刻前賢刊有正謁、熄邪、據實諸書，行世既久；近在本朝，甲午、乙未間，經朝野巨儒，大公至論，力爲抵正。台翁爲法門砥柱，豈不習聞之熟，了然于費公之詭譎乎？一聞有妄人水鑑者，將土地堂建爲天王，僭稱祖刹，以僞亂真，以烏有先生，簒空王之嫡派。台翁宜何如持公秉直，嚴訶斥以正之？胡乃爲文勒石，佐助妄人狂騁！春秋責備賢者，恐適以寬妄人之過也。聞在癸卯，天然湘大師與台翁邂逅生生林，語之故而告之悔。乃復走荆訪其故老，考其遺蹤，拜其祖塋，驗其銘狀，果與傳燈正宗所誌者，的切著明。歸舟遽取原稿于江漢焚撤之，因咬齒自誓曰：『顯實爲水鑑所賣，敢昭告于青原、石頭、天皇、龍潭諸大祖師，我若不廢此藁，斷此葛藤，禍如白水。』台翁言猶在耳，江漢之間，一時傳頌，莫不心服子路改過之勇。今妄人以尼告發，而太守公差鎖拏，暴其過惡于道路，百醜傳播，賄乃脱逃。所恨太守不知法門大事，不能一奮蕭斧，直碎其碑，以掩日月之蝕。或者曰：非台翁自碎之，不足以了白水之誓，故留之以有待也。倘蒙俯鑑愚忱，轉託知交，以廢石改額之權，仍屬之太守；或台翁自命一介之使，直自爲之，則台翁芳名，不惟遠播千古，而昰老死深山，亦可無憾也。戊申八月杪，禪通弟空昰和南奏記，時年七十五。」

晦山復劍叟書云：「承諭天王碑文，原非弟本意，弟與洞上諸知識，多水乳交好，豈肯存生滅心，懷人我見，作此不中心行。壬寅，偶閲藏漢上，因水鑑兄勤懇求文，孟浪屬筆，然亦實未到荆州時作也。是秋因護國請，遂親履其地，一到新創天王，心疑非天王遺址，何故諸家記載，皆云城西，而此在城南？急欲索回原藁，水鑑已往儀真矣。豈意水鑑多事，刊版傳送。且弟署欵，不過曰水鑑海兄而已，乃自更沙翁大禪師，妄自標榜，誇張過分，豈不取笑識者耶！幸近日水鑑兄傳得刻本到山，拙作止刊木板，未曾上石，其現勒石天王者，乃一榷關使李護法文也。合府官僚及勒石名字，皆載碑尾，現册可證。辱老法翁見教，自媿一時妄作，以涉爭端，道聽塗説，實非信史。弟在青原拈香，何嘗不曰三宗鼻祖；且親到天皇，其城西城南，豈肯妄爲曲説。雖水鑑兄興復古寺，亦屬好事，然欲以城南而混城西，顯則不敢復附會矣。拙作幸未刻石，不必慮其傳遠，前文偶爾孟浪，自知懺悔，倘有校正理論等事，老法翁自爲主張，顯斷不怙過也。己酉七月初六日，靈隱法教弟戒顯再拜謹復。」

據劍叟書，則晦山於撰碑之明年，即覺爲水鑑所賣，誓將此稿銷廢。據晦山書，則此稿僅刊木流布，未曾上石，上石者，另一李姓之文。然吾嘗見水鑑六會語録，卷十有天王寺碑文，乃水鑑自撰；又有一荆州天王禪寺中興碑記，注「康熙元年撰文，二十三年立石」，結銜稱「前住南康雲居、現住黄梅四祖、晦山戒顯撰文」；又一碑，注「康熙三年撰文立石，二十三年入志」，結銜稱「賜進士出身、奉勅提督湖廣荆州等處地方抽分，兼管河道、工部屯田清吏司主事鄭日奎撰文」，而未見晦山書中所謂榷關使李姓撰文。又卷二有天王寺立二碑、兼碑文入荆州志，上堂云：「今寺鼎興，重樹豐碑，鄭工部、顯雲居爲文，胡驛憲修入郡乘。」今檢康熙荆州府志卷三十八藝文，祇有鄭日奎撰記，無戒顯及李姓撰記。志修於康熙二十四年，有「原任江西管理通省驛傳鹽法道、按察司參議、江陵胡在恪序」，所謂胡驛憲也。然何以鄭日奎之文，撰於康熙三年，同年即立石，而晦山之文，撰於康熙元年，至二十三年乃立石耶？是可疑也。蓋晦山於撰文之明年，親履其地，即發見水鑑之謬，急欲索回原稿。又數年而法門鋤宄等諍書出，水鑑不得不掩旗息鼓，以避其鋒。越十餘年而劍叟九十，恐其人已卒。晦山卒年歲數無考，然與陸桴亭、陳確庵、吳梅村皆同學，梅村家藏稿一，贈願雲師詩，序云：「願雲二十而與予遊，甲申聞變，常相約入山，予牽帥不果，而師已悟道，受法於雲門具和尚。今夏從靈隱來，云將遠遊廬嶽，貽書别予，以兩人年踰不惑，衰老漸至，學道一著，不可不勉。予感其言，因作此詩贈之，並識予媿也。」卷十三喜願雲師從廬山歸詩序又云：「願師住雲居十年而歸，贈予五十初度詩，其落句曰：『半百定將前諾踐，敢期對坐聽松聲』，蓋責予前約。會時方喪亂，衰病無家，高堂垂白，不能隨師以去也。」卷五一具德和尚塔銘又云：「偉業稱同學於晦山者四十年矣。」銘撰於康熙七年戊申，時梅村年六十。而靈隱寺誌七，載徐增撰晦山詩文集序，云：「和尚與吳祭酒生同邑，年相若，又同學，才名不相下。」晦山既與梅村年相若，則康熙二十三年，晦山亦七十五六。梅村康熙十年卒，年六三，桴亭康熙十一年卒，年六二，確庵康熙十四年卒，年六三。晦山詩文集吾未見，吾所見晦山之文，止於康熙十一年靈隱寺誌序。吾恐康熙廿三年，晦山已卒，水鑑乃敢用其名立石，而荆州又多一僞天王寺碑也。

廣陽雜記四，言：「冰鑑和上，爲費隱和上之孫，而獨冠敬和上之法嗣也。冰鑑嘗參天童密老人，天童曰：『荊州有天王道場，女能重興之，不勝如親近老僧耶！』天王即道悟道場，廢久矣，惟存一鐵塊，基皆爲人所占，和上遂于此發願尋訪，久而後得，竭力恢復，今已輪焉奐焉，儼然一祖庭矣。天王、天皇，音既相同，其人又皆名道悟，皆在荊州，亦一奇也。由此濟洞二宗，各以其所見，互相是非，浴血而戰，兵連禍結，至今未已，竢予少暇，爲彼考之，自有定案矣。」故雜記五又有天王天皇考，所引不出嚴統解惑編範圍，僅考出丘玄素確有其人，見歐公所録貞元神女廟詩而已。然黄梨洲答汪魏美書，早已考出。雖有其人，不能證其碑不僞；即有其碑，亦不能證其碑必真。晦山可謂實有其人矣，且果曾爲天王寺撰碑矣，然今水鑑語録所附之晦山碑，何嘗非僞耶！非然，何不與鄭日奎碑同時立石，而必遲至二十餘年後耶？執柯伐柯，其則不遠，辨丘碑真僞者，可以此爲鑑矣。雜記冰字蓋誤。玩其詞句，繼莊似嘗與水鑑遊也。

三　五燈全書諍

五燈全書百廿卷，編輯者霽崙超永，林野奇孫，道莽靜嗣，見本書百；校閲者輪庵超撰，漢月藏孫，繼起儲嗣，見本書八六，皆臨濟密雲悟三傳也。書成於康熙卅二年癸酉，時永住京師聖感寺，撰住玉泉山華嚴寺，曾進呈御覽，頒内府梨板刊行，冠以御製序，蓋半官書也。書合五燈會元及五燈會元纘續，而增其所未備，南嶽、青原下，各迄於三十七世，集五燈之大成，爲宗門之寶窟，與嚴統之疏陋偏激，不可同年語矣。

顧天皇、天王，仍信有二人，不據景德傳燈，而據襲謬沿訛之佛祖通載，可云未達一間。至洞宗世次，悉據洞上人著述，本無可議，而竟以此嬰一部分洞上人之怒，肆其鬬諍，則甚矣載筆之難也。盤山拙庵智朴，瑞白雪孫，百愚斯嗣也，聞永著五燈全書，洞宗疊出五代，天皇仍據嚴統，特著存誠録初刻二刻以諍之；電光録又有與霽崙永五書，皆諍此二事。今録其第二書如下：

「事本于真，理貴乎正，友朋有切磨之益，前有書不見答，兹再持問。公知洞宗五代疊出乎？曾見大覺希辯自撰之塔記乎？曾檢勝果佛祖傳法偈之碑文乎？一載辯參覺有省，覺指禮楷一段因緣，親口自述，公孫師資，顏色相接，豈比後人揣摩僞造之詞也；一直載芙蓉楷、鹿門覺、青州辯云云。即此二碑所載，便可斬盡狐疑，何必牽引葛藤，搬弄是非邪！聖感去二碑不遠，舉足便至，公若不知，何謂窮搜極討邪？若果不知，妄自屬筆，是謂孟浪；若知而不取，是謂眇目盲心人矣。居勅建之寶坊，受皇恩之榮寵，作此譌謬之僞書，欺人誑世，清夜思之，能無愧乎？永公永公，何所圖而云然乎？不過紊亂别人之統系，張大自家之譜牒。如此心行，恐龍天不祐，憲律不容，于宗鏡堂中，無處著脚，三塗苦趣，置身有地哉！雖然，我更爲公謀之，急據二碑釐正洞宗世次，求哀懺悔，猶不失爲正人。若堅執續略、纘續等書，謬辯不從，此真妄人也已矣。勿足道，勿足道！癸酉九月二十日。」

五代疊出云者，洞宗世次，芙蓉楷下，有有丹霞淳、長蘆了、天童珏、雪竇鑑、天童淨等五代，而後至鹿門覺、青州辯者。有無丹霞淳等五代，而以鹿門覺直接芙蓉楷者。主有者謂無者删削五代，主無者謂有者疊出五代，各是其是，爲洞宗内部一大諍。青州辯塔記晚出，真僞無定論；勝果寺傳法偈，立於明正統十一年，亦未盡足據。五燈續略，遠門柱撰，五燈纘續，涵宇寬撰，皆主有五代者也。

蔗庵範語録三十，有考定宗本説，其略曰：「先老人住雲門時，範問及湛祖拈大覺香，謂傳洞山二十六代，董玄宰撰少林無言墖銘，謂傳曹洞二十六代，續略則云三十二世，何也？老人曰：前人不謬，所謬者後人。以大覺、無言俱出潤祖之門，故叙洞上源流，世代井然。老僧欲正之，而此書傳久，若動則費手矣，姑存疑以待賢者。據鹿門墖銘曰：『鹿門自覺禪師，從芙蓉楷公落髮，親依久之契悟，出世住大乘，徽宗崇寧間，詔住淨因，政和遷鹿門，遂終焉。』又青州辯自叙：『政和間參鹿門自覺，記莂後，覺使見芙蓉，道經鄧州，得謁丹霞淳，宣和間出住青州，次補華嚴。』此實據也。而後之續傳燈者，祇收丹霞至天童淨一派，而不及鹿門、青州者，或世同地異，集其所聞見，其遐陬絶域，或聞而未見，不敢擅收，非埒彼此。今丹霞淳五代疊出，爲續略所誤，蓋遠門不知丹霞與鹿門實同門昆季，而芙蓉嗣曰淨因自覺，即鹿門覺，非天童淨下别有一鹿門覺也。今白巖考歷祖出處，世數年代，真確無疑，且有鹿門墖銘、青州自叙可證，吾宗人應尊行以傳後，否則終古不明矣。」

先老人者三宜盂，白巖即位中符，與遠門柱同嗣石雨方，而二人持論不同，三宜則是符而非柱。符後著祖燈大統，宗統編年於宋宣和元年載丹霞淳寂，謂祖燈大統删五代爲誤；於南宋乾道九年載天童淨寂，引月函潛洞宗世次疑問。月函則疑删五代爲合也，今録其説如後：

「洞宗有祖燈大統之刻，見聞其書者多非之，非之不一端，其著者没浮山之代續，删濟宗之兩祖，南潛亦非之而不疑者也；其據青州塔記，削去芙蓉楷下丹霞淳五世，南潛則甚疑而不敢驟決其非。考湛然澄語録，嗣法門人明懷編：『萬曆甲寅，師開法雲門廣孝寺，拈香云：供養北京大覺堂上，嗣曹洞正宗第二十六代清涼大和尚。』乙卯開法徑山，拈香辭同；而宗門或問原序，題『會稽雲門顯聖寺住持、嗣曹洞正宗第二十七代、沙門圓澄撰』。

則大統之削五人不可非也；使雲門拈香非，則今天下曹洞宗派不知當誰凖也。時己巳中秋後五日。」

月函本遺民逃禪，見後樹泉集章。祖燈大統之刻，木陳曾著寶鐸醒迷論四篇攻之，載百城集廿一。月函所見之湛然澄語録，稱本師爲二十六代，似也；然吾所見湛然語録，有稱本師爲三十一代者。故同一語録也，甲編者與乙編者異；同一編也，元刻與翻刻又異；同一刻也，初印與後印又異，蓋編者、刻者、印者隨時有所改易也。至謂删削五代者，爲欲與濟宗老宿爭坐位，則誣詞耳。竊嘗考之，洞宗自宋南渡後，盛行河北，惜其時江淮河漢，縱横萬里，悉爲戰區，古刹名藍，多罹兵燹，歷數百年，未遭殘破者，僅燕京一城耳。金史八載金世宗言：「燕人自古忠直者鮮，遼兵至則從遼，宋人至則從宋，本朝至則從本朝，其俗詭隨，有自來矣。雖屢經遷變，而未嘗殘破者，凡以此也。」然區區一城，能保存幾許！中國分裂，南北隔閡，道人竄身荒谷，聲聞罕通，譜牒源流，遂生淆亂，此時爲之也。欲使不生異議，應選舉天下同派博學宗徒，開大會決定之，不然，彼一是非，此一是非，終無定論也。今智朴乃以此諍超永，不亦異乎！使永而删削五代，不又爲反對删削者所諍乎！則永固左右爲難者也。

其與永第四書，則又重提天王之案，若有甚不得已者，此鬭諍所以終不能息也。曰：「二月下旬，遣僧持書併存誠録去，獲公欵待，歸述所言，殊非雅論。謂悉據洞宗著述譜五代，非臆剏也；謂天皇天王據佛祖通載，非嚴統也。試問永公，洞宗著述，除淨柱僞説之前，更有何説？僞説足據，青州自撰之塔記反不足據乎？僞説足據，續略以前諸家金石之文獻反不足據乎？請公下一轉語。再問永公，佛祖通載載龍潭崇信果誰屬邪？本朝順治十年，通容嚴統出，始翻亂藏典，據會元小注收龍潭爲天王之嗣，援雲門、法眼爲馬祖之所出，以致諸山公詰，有司公討，卒至醜態百出，難于爲言。今公集五燈全書，不能救正其非，且從而效之，陰懼罪案久定，人所共知，故游易其詞，曰據通載，然通載所載果如是乎？余埋頭盤山，二十餘年，未敢輕易論法門事，恐辱宗風，迫不得已，四次寄書與公，苦口勸誡，即欲殺欲割，亦不敢辭，無他，惟冀報佛恩祖恩于萬一耳。存誠録二刻成寄覽。甲戌五月十五日。」

與超永書外，復有上張相國素存書云：「近有妄人，突出僞書，誑君罔聖，靡所不至。某眂法如泰嶽，眂身如游塵，恐辱至道，不惜微軀。作存誠録初刻成，進呈覽觀，今以二刻奉上，我大護法不忘宿因，俯垂明鑒，法門幸甚。」素存張玉書。又有與王侍郎阮亭書云：

「某辱知遇于先生，幾二十年，不爲不久，先生知某戇直，不爲不深，書札往復最夥，不爲不信。而先生謂某豈好辯之人哉？然事有不獲已者，即斧鉞當前，固弗暇避耳！或謂出家應忍辱，不應辯諍，此户外之見，皮膚之語也。昔吾佛世尊，有折攝二門，降伏外道，制諸魔王，非一概慈悲，以聽其戾亂横詖也。今超永根嚴統之僞書，引近日之譌言，種種繆亂，某若隱忍而不敢言，此誠法門之罪人也。前存誠録初刻成呈覽，今以二刻奉上。先生靈山囑累，當代鴻儒，維持世道，不無公論。」蠶尾集八，答拙庵禪師書云：「侍者至自山中，詢知道味甚適。大刻存誠二録，具知衞道苦心。向所以不奉報者，以天界浪杖人與費隱一段公案，流傳諸方，至今以爲口實，似不必又煩筆舌。且張無盡行事汙人齒頰，其言何足爲有無哉！冤親平等，豈況鬬諍，唯吾師裁之。」拙庵來書急，漁洋答書緩，拙庵來書熱，漁洋答書冷。漁洋所養，超於拙庵矣。

惟徐華隱嘉炎撰拙庵語録序，頗爲拙庵張目，然亦限於丘玄素僞碑一節，至洞宗世次，局外人不能贊一詞也。序有云：「余于禪宗，雅不能爲楊大年、張無垢之入室，顧常留心考證之學，于方外典籍，時復博稽而詳核之。獨怪近者兩宗之爭，爲張無盡所傳丘玄素僞碑事。無盡之品，視無垢不啻薰蕕，觀其陰陽于惇、卞之間，已非君子，彼所援附，豈足爲信，乃欲借以獨張南嶽之軍，爲識已陋矣。拙庵爭之急，辨之疾，固有所不得已」云。無垢張九成。序作於康熙卅八年己卯，華隱己未鴻博也。然鴻博參加五燈全書之評者，尚有潘次耕耒，則别有作用者也。

石濂大汕，住廣州長壽寺，自稱覺浪盛嗣，不知其是否也。著書名證僞録、不敢不言、源流就正等，攻全書兼攻嚴統，攻丘碑兼攻疊出五代。潘耒乃作天王碑考反駁之，見遂初堂别集四，耒非袒全書，實惡大汕耳。然天王碑考，皆陳説，無發明。遂初堂别集又有致粤東當事書、與梁藥亭書、答鼓山爲霖書，皆攻大汕。爲霖道霈，永覺元賢嗣，主有丹霞五代者，曾爲書關位中符，同是洞宗，而主張與位中、大汕、智朴對立者也。

耒致粤東當事書謂：「大汕明知皇上爲聖感寺僧霽崙作五燈全書序，而故將霽崙極力詆毁，故將御製序所褒之書極力貶剥，兼有『不顧皇上道德文章之大』，及『累我君王，瞞請當今御製序文』等語，隱然謂皇上不當製序，則皆狂悖之甚者。又擅改洞宗世系，删去五代，則有滅絶祖宗之罪，故不得不辭而闢之。」夫僧人滅絶祖宗，與居士何涉，而耒乃熱心至此。

其與梁藥亭書，則因梁爲大汕作序，請梁將序撤回。書謂：「嚴統毁板，乃浙中當事一時剖判之事，而以爲奉旨嚴禁，是矯旨也；五燈全書業經御覽賜序，而痛加非毁，是訕上也；削洞宗丹霞淳等五代，是删削祖宗也；素稱三十四世，而忽稱二十九世，是紊亂世次也。此皆有傷世教，有礙法門之大者。弟念同鄉之誼，不得已作書數千言規之，冀其少知悔悟。」又謂：「此在江浙，必不能行，不知何以得行於貴鄉，三十餘年，而無人檢點也」云云。此則侮辱粵人之甚，吾見大汕離六堂集，序者十五人，梁藥亭、屈翁山外，江浙人爲多，中有徐電發釚，亦已未鴻博，與潘耒同邑，而盛稱大汕，豈亦念同鄉之誼耶？何毁譽之懸殊也。

續檇李詩繫三九，選大汕詩，引沈歸愚曰：「石濂主廣東某禪院，能詩通畫理，安南國王師禮之。以貨幣結往來賓客，分三等，翰林某，以所贈平等，作詩文詈之，石濂亦以詩文交詈，翰林忿入都，適臬司某往任廣東，屬其猝擒治，緩則有救之者，臬如其言，刑僇遞歸，旋殞。君子譏石濂之不檢，而歎翰林之褊窄也。」臬司許嗣興，此康熙四十一年事。大汕本諍五燈全書，而反爲潘耒所諍，以致於死，固夢想不及也。然大汕與翁山交惡後，曾欲首其軍中草，陷之死地，見國粹學報第七十八期選録潘耒救狂書，果爾，則潘亦效汕所爲耳。漁洋南海集下，有詠長壽寺英石贈石公詩，而分甘餘話四極詆之，殆受潘之影響。道古堂集外詩，遊長壽庵傷石濂大師云：「離六堂深坐具空，低徊前事笑交訌，紛紛志乘無公道，締造緣何削此翁。」注：「省府縣志皆不言師建寺。」深惜之也。余季豫先生言援鶉堂筆記四六論潘向汕索賕事頗詳，可參證。

清初僧諍記卷二

天童派之諍

一　天童塔銘諍

天童塔銘之諍凡二次：

其一爲費隱對木陳。費隱語録十一與侍御心韋徐居士書略云：「先師塔銘一事，關係匪輕。去歲孟冬，嗣法弟昆曾合上公書，并王孝廉行狀，祈大手筆垂留一碣。迨四月望後，接尊製塔銘讀之，文質兼到，不勝欣服。但末後嗣法弟昆之名，未承紀載，某於此殊有隱慮焉。方今木陳以代付爲事，欺昧諸方，嗣法十一人，倘不列名，則凡受代付者，俱得混濫此中，天下後世受其欺昧者當何如也。且原叙止及木陳，尚未及衆請之意，與王孝廉所紀之詳，在某雖不敢以己意疑人，而在木陳豈必無忽略公書，自作主宰之事，果爾，則不惟蒙蔽某等弟昆，抑且蒙蔽門下矣。先師晚年駐錫甬東，道播天下，惟門下與有力，末後光明，還藉筆頭點出，是天童法價冠世，實賴大護法始終之。前公書稿具在，恐浮沉未達，特重録一通，上呈記室，以證其有無，并求詳定原文，以垂世世。」

書發於甲申之夏，所諍者二節，一爲嗣法人名不列舉，一爲未及衆請。此乃撰文常例，固可由主者自行填入，無庸諍也。然費隱對木陳不信任之情，昭然如揭矣。徐心韋者，鄞人徐之垣，天啓五年進士，累官江南提學御史，蘄州失守，以學臣衣婦人衣而遁，聞者哂之。全謝山續甬上耆舊傳於心韋頗有微詞。然心韋國變後削髮爲僧，居碧溪大音庵，庵有在澗樓，髣髴錢氏絳雲樓結搆，自題曰：「早已覺來渾是夢，譬如死去未曾埋」，士論深諒之矣。

同時費隱又有與廣文客卿張居士書云：「天童先師過後，法門被木陳大壞，妄代先師付法，訛僞相傳，不勝錯謬。此如朝臣不奉王命，私鬻官爵，罪例相等，諒我居士智鑑高明，早已了辨，不須山埜再悉數也。但先師塔上之銘，舊冬嗣法諸弟昆等，同具公書，敦請四明徐心韋翁大手筆。茲見來稿，不列的傳法嗣十一人名，但云某某若干人，則吾十一人盡同夫己氏，而凡受代付者皆可冒昧承當，其關係法門豈淺鮮者。且原文叙述，但謂據黄介子行狀，及木陳忞傳云云，傳語多有未妥，姑不具論；即如介子行狀中，原只混稱法嗣，不及詳明，狀爲求文之贄，名實亦嫌無據，然其時尚未有代付一事也。況碑窆千古不朽，苟置法嗣於若存若亡之間，流弊不大可寒心耶！惟居士現身四明文治，力易挽回，煩道駕撥冗，與山埜法嗣隱元同往一謁心翁，痛切轉道此情。尤望據王大含所紀，歷然開載，天童一枝燈，庶不致爲後人混濫，先師常寂光中，亦應佩明德於無涯，豈惟山埜諸弟昆等永藉荷擔之力已也。」

客卿餘姚張廷賓，天啓四年舉人，鄞縣教諭。癸甲之間，國事大壞，而江南溺于承平，尚謂收復可望。客卿獨慨然謂：「數十年來，人心喪失，其禍遂流于國家。今朝埜諸人，急須痛自克省，先復其本心，然後共圖國事，不然，恐神州陸沉，事在旦夕。」因作復人心說，榜明倫堂。鮚埼亭詩集八，姚江三哀詩所云：「恢復人心第一檄，傳者竊笑聞者嘻，豈知天地遽崩裂，竟坐此故成陵夷，乃信岩疆在方寸，不恃高城與深池。」即詠其事也。國變後入雪竇山中祝髮，石奇雲語録四，有受張孝廉客卿爲僧法語曰：「相逢莫道休官少，林下今朝又一人。」遂爲石奇掌書記，名行恂，字道嚴，號退安，晚居妙高峰，學者稱妙峰老人。杲堂文鈔一有妙峰集序，稱爲道嚴尊者。木陳代付一事，諸方非難，至比爲父亡代父生子，見布水臺集卅二復次牧馮居士札，則木陳當日之不理於人口可知。此天童塔銘第一次之諍也。

其二則爲木陳對繼起。密雲之寂，在崇禎十五年，徐撰塔銘，在崇禎十七年，文載天童寺志七。至順治十六年，木陳又請錢謙益爲之，今附密雲語録後。嘗取與有學集校，字句偶有不同，大體無異，惟法嗣十二人，集亦未列舉，此爲常例，語録則已一一叙入矣。又請銘一節，集單作忞公，語録則作忞公、門公，門公者牧雲門，木陳不敢自專，引牧雲以爲重，蓋所以塞同門之口，知前此費隱之評爲有效也。然前評甫已，後評隨來。天下多文人，何必謙益！天童在甬，徐以甬紳久爲天童護法，請徐固有因也；錢自乙酉後，名譽掃地，何所慕而求之？且錢選列朝詩丁集十二譚元春傳，謂：「天喪斯文，竟陵之詩，與西國之教，三峰之禪，並爲孽於世。」其與黄梨洲書，附今南雷文定後，亦謂：「三峰之禪，西人之教，楚人之詩，並是世間大妖，三妖不除，斯世必有陸沉之禍。」牧雲嬾齋後集六攝魔論，亦謂：「漢公跋扈，士庶咸惡而薄之，太史錢牧翁特甚。」然則漢月爲謙益所痛嫉，木陳固稔聞之，請痛嫉漢月之人爲天童作塔銘，其於漢月利乎不利乎？漢月之徒之不能不有所顧慮，猶費隱也。

然試觀木陳之辯則何如？布水臺集廿二復西遯超道人書云：「先師塔上之銘，久空麟筆，創懷非一日矣。去秋所以重請虞山者，不過借託文言，以光昭先老人之徽烈耳。西遯固信山翁決不幸虞山舞弄筆舌，而雌黄天下也。況三峰爲先師行二之子，則於山僧爲同氣連枝，手右而戕其左，葉滋而掊其根，在他人或恬然爲之，辱在西遯見諒之山僧，斷不出此矣。或虞山信筆直書，不留餘地，而猶子中如玄墓，如靈隱，即猶孫中如豁堂，如仁庵輩，走一使持片楮焉而問山僧，豈可不手勒八行，專人請改，矧靈喦之與山僧，尤稱當世籍咸者乎！見不出此，乃規爲布置，斡旋虞山，又勤勞足下之管城君，是謂無識，且昧山僧。夫以明白之山僧，往往見疑於世，獨一西遯諦信之，可慶也，亦可弔也。改易之銘，即如命定刊。雙白遠來多媟嫚，乞爲山僧修飾，弗備。」

西遯即祁季超，梨洲先生嘗曰：「祁氏藏書，自季超學佛，一切視爲土苴，多半爲雲門沙彌持去賣錢。」見鮚埼亭詩集六注。玄墓剖石璧，靈隱具德禮，豁堂正喦，仁庵濟義，皆漢月法裔。雙白王廷璧，靈巖護法。布水臺集同時又有復靈巖儲姪禪師書云：「先老人塔銘，去秋始託虞山屬筆，七襄之報，諾以今夏浴佛爲期。中間詞鋒，有礙漢兄和尚，則山僧都未省覽。老姪既陰得其事狀，何不移牘山僧，俾爲删改，乃假手張靜翁斡旋錢牧老，抑復何也？雖老姪出乎機，入乎機，妙有化裁，但用之以待老阮籍，則所謂附同氣荷同心之語，又似信不由中矣。老姪自是天生妙慧，山僧深媿賦性顓愚，然則患難欲其相成，德業欲其相劭，無乃太孤老姪之心耶！老姪言滿天下，道播江湖，先老人可謂有子有孫，是則借光多矣。區區十八年來，松柏既實之枯骨寒原，遠煩玉步，或有媟嫚，得不深山僧之罪，而消老人之福哉！乞泯此念，荷感尤多。改定銘詞，謹依雙白頒宣口諭，即如命施行矣。」

季超、繼起去書何詞，不可得見。然繼起託人斡旋謙益，則有學集十有詩證之，序云：「己亥夏五，十有九日，靈巖夫山和尚，偕魚山相國、靜涵司農枉訪郵居，雙白居士、確庵上座諸清衆俱集，即事奉呈四首。」其第四首云：「妙蓮花界自圓成，法海何因起墨兵，少分觀天知眼闊，多生持地學心平。蟭螟地曠當街叫，蠻觸人饒晝角爭，放箸與君同噴飯，須彌盧頂一螢明。」

夫山即繼起，魚山熊開元，靜涵張有譽，確庵僧鑒青，皆繼起弟子。丁閭公明事雜詠所謂「大丞相與大司農，左右靈巖侍退翁」，此亦木陳妬忌繼起之一因也。木陳兩書，嬉笑怒罵，兼而有之，不可嚮邇。計其時奉召入京之訊已到天童，木陳正擬爲僧人之錢謙益，藉新勢力以排除舊勢力，其得意可想也。此天童塔銘第二次之諍也。

鮚埼亭詩集一，言：「牧齋本與茶村相契，及國初，竟陵譚侍講主試江寧，致敬于茶村，如燕太子所以事荆卿者。茶村叩之，則長跪流涕曰：『欲先生爲吾家報仇也。』茶村嘿然。是日餞別侍講詩，有云：『海内于今極可憐，江南遍唱李龜年』，指牧齋也。而是後操戈于初，有學集者，實由之始矣。」茶村杜濬，有變雅堂集。譚侍講篆，順治十五年進士。竟陵之詩，既有茶村爲之報復，三峰之禪，豈可遂無抵抗。無獨有偶，於是梨洲之三峰塔銘出焉。以梨洲敵謙益，在當時似稍弱，在後人視之，則謙益豈梨洲比，不能不歎繼起之巨眼也。碑載南雷文案六，其略曰：

「萬曆以前，宗風衰息，雲門、潙仰、法眼皆絶，曹洞之存，密室傳帕，臨濟亦若存若没，什百爲偶，甲乙相授，類多墮窳之徒。紫柏、憨山别樹法幢，過而唾之，亦遂受未詳法嗣之抹殺，此不附之害也。其後胡喝亂棒，聲焰隆盛，鼓動海岳，開先從而厭之，既飲荆溪，而野祭無祀之鬼，開先亦遂爲唐子逋人，此附而不附之害也。三峰禪師從而救之，宗旨雖明，箭瘢若粟，師弟之訟，至今信者半，不信者半，此附之之害也。密雲悟公以臨濟第十三世，開法金粟，師徘徊而就之。雲大喜，上堂告衆曰：『漢公悟處真實，出世先我，所以屈身來此者，爲臨濟源流耳。老僧從來不易安第一座，今累漢公。』當是時，雲雖有憾于師，心服其英偉辨博，非及門所及，姑且牢籠之。而及門者多惡其張皇，讒搆間作，於是有闢妄七書，天下視其師弟子之間若水火焉。今之議新會者，謂其從聘君無所得，獨坐十餘年，怳然覺如馬之有勒，其不宗聘君明甚。儒釋同例，則師之齟齬于師門，又何害耶！師卒後廿九年，羲見儲公于靈巖，出師之年譜、道行録讀之，謂羲曰：『天童師翁塔銘，前有作者，自子發之，改撰于錢宗伯；吾師之塔銘，董宗伯所撰，亦未備，子可引前例爲一通乎！』羲曰：敢乎哉！昔柳子厚爲大鑒碑，劉夢得繼之，遂書第二。無已，則有斯例在，乃掇其大者言之。」

置紫柏、憨山於未詳法嗣，擯開先雪嶠信於龍池派外，謂五燈嚴統也。師弟之訟，箭瘢若粟，英偉辨博，非及門所及，惡其張皇，讒構間作，明天童、三峰之諍，由同學釀成之也。碑撰於康熙四年，謙益已先一年卒，碑固明言與錢撰天童塔銘對立也。南雷續文案一又有輪庵語録序，云：「余上靈巖，退翁集徐昭法、周子潔、文孫符、鄒文江、王雙白于天山堂，縱談者七晝夜。余詩『誰知此日軍持下，盡是前朝黨錮人』，記其事也。退翁遂屬余作三峰第二碑，此後語録無不有寄余書札，余或見或不及見，而退翁惓惓之意，不可忘也。」繼起與梨洲之交情若此，與謙益則有異矣。謙益曾序繼起語録，未卒前數月又曾撰壽量頌壽繼起，然其卒也，繼起輓之曰：「笑看東澗寫新銜」，則其文果足重耶！

二　密雲彌布扁諍

海鹽金粟寺，當山有碑亭，亭有扁，題曰「密雲彌布」，崇禎間費隱住金粟時，檀越蔡子穀聯璧所書也。後亭爲費隱弟子孤雲鑑拆廢，此扁遂懸丈室樓前。順治末，費隱師弟，相繼淪亡，繼起補住金粟，改建祖堂，乃將此扁卸下，另書「親聞室」三字，鈐滹沱大宗三峰真子之印，褫舊扁上，而懸置侍寮焉。此諍之所由起也。密雲者，天童悟號，金粟者，密雲舊道場，然扁非密雲手書，詞非密雲自擬，子穀偶爾拈毫，費隱歎爲巧合，本山門恒有之事，無不許侵犯之條。孤雲既可拆亭，繼起何不可糊扁，然木陳則視此爲攻擊繼起之最佳題目矣。於是反正有録，杜逆有説，聲討有書，其書名復靈巖儲姪禪師書，當未寄達時，已傳播諸方，並欲付梓，經人勸阻，卒刻入布水臺集第廿二卷。熊魚山爲本師緩頰，木陳竟予以一掌，緇素大譁，真前此所希聞也。其書略曰：

「山僧向來於猶子之中，眎吾姪爲最厚，以至忘名分，夷高下，甚欲舉爾住持天童，愛爾施設，文言豁達，將來德業聞望，殊有可觀也。不謂爾於先師包藏禍心，筆舌譸張，雌黄無忌，山僧由是疎爾薄爾，不爾聞問者七年。去歲聞爾遷金粟，往來僧俗，謂爾弁髦先人，欺侮尊宿，稱師翁則曰天童大師，祠三峰、覺範則曰振祖之堂，北堂有先人廟貌，弗躬弗親，旬香月燈，潦草塞白而已。山僧以爲金粟道場，乃先師發跡之鄉，在他宗之人承而襲之，不興食德報恩之思，且非人類；矧爾孫子，梟獍爲心，始終一德。嗟嗟，『密雲彌布』之扁，何刺爾瞳，亦自書『親聞室』三字，糊之又糊，抑何喪心悖理，欺祖逆天，若此之甚哉！昔人謂黄檗勝亦奇衲子，但晚年謬耳，今爾晚年則一味窮欲極奢，抑人揚己。慢山突兀，高踰須彌，貪壑汪洋，深淪滄海。出入務同卿宰，則丹塗香柏之舟，招摇而過市焉；受用擬埒王侯，則采買定窑之盌，羅列而陳餐焉，服御遊從，動求精妙。罔思歲比荒戎，室十空九，今我身衣口食，非由諸天報德，要皆信脂檀膏，減割妻孥，施我而營福者也。久欲向爾深規切諫，慮爾驕矜傲兀，不能盡厥所懷，今因爾侮慢先師之故，始得乘間有言。所冀改往修來，化凶爲吉，否則福消報盡，厥戾非輕，恐不止頓足扼腕之追矣。」

書作於康熙元年，時木陳年六十七，繼起亦五十八矣。所以爲繼起罪者，糊抹「密雲彌布」扁外，一爲奢侈，一爲兀傲。尚有關涉靈巖樹泉集一段，將於次章述之。曩讀鮚埼亭集退翁和尚第二碑，知繼起爲浮屠中之遺民，能以忠孝作佛事，足比宋之大慧杲，不知其爲木陳深惡至此也。然木陳此書傳播後，繼起未聞致辯，僅有門下周居士靜香名荃者，致書木陳，爲之調護，附布水臺集來書中，可略識此諍之顛末。書謂：「雙白居士於七日過南嵩，歷言和尚待法姪法孫之寬大仁厚，而歎植繼堂頭尤深篤。自知孤負老人處甚多，聞督責之語，踞蹐無地，惶媿欲死，其來非泛常，可默會也。荃叨爲法嗣，何敢向人一句，今法戰已勝，小杖渠已全受，義無再加大杖之理。學人傳語，云有致靈喦一書，欲付梓工，荃清夜思維，似可商略。伏乞以稿見擲，令荃與看，使之感服，尤勝刊刻。倘以荃言爲不然，亦祈過吴門面呈一切，商萬妥而行可也。總在先師翁一脈，曲全之，幸甚幸甚。」

木陳復書，略謂：「金粟一席，乃先人起家之地，頃以主失其道，門徑荒蕪，殊可惻愴，因過武原，擬商諸檀，擇一代司俎豆之人。始覩靈喦所作所爲，日以陵毁先老人爲事，他不具論，即『密雲彌布』一扁，糊抹至三，況其小者，此山僧聲罪致討，扶綱維常，義不容已。來諭述王雙老代渠修飾，謂自知孤負山僧處甚多，山僧自念道涼德儉，何能于尾大不掉之人，有所獻植。獨是先師爲祖，繼起爲孫，以孫蔑祖，爲不可長此厲階耳。靈嵒身爲人天知識，非狂非惑，公然陵毀祖翁，必聞山僧督責之語，而後跼蹐無地，惶媿欲死者，豈不零仃洋裏更歎零仃，惶恐灘頭重説惶恐乎！極知尊意爲先師一脈，開曲全之路，然其告文自白，素非先師一脈，奈何奈何！與繼公書，臘底既封緘，俟新春寄託轉致，幸專人來，附上靈嵒爲感。」

此復周靜香第一書也。尚有第二書，述熊魚山受辱事。魚山爲繼起入室弟子，以剛直聞天下。前此天童塔銘之諍，魚山曾斡旋謙益，此諍發生，魚山亦在調人之列。顧措詞切直，觸怒木陳，木陳直提：「汝既爲靈巖嫡子，便須認得我家宗派，汝非吳江令，我亦非吳江編氓。」遂當機一掌，斯時魚山啼笑不得，一座紛紜，不歡而散。天啓間，魚山曾任吳江令，故木陳云然。隆武時，魚山曾授東閣大學士，木陳故作不知也。吾草明季滇黔佛教考，曾於法門紛爭篇，述丈雪庭折木陳，木陳不敢與校，同是法姪法孫，昔何其怯，今何其兇？昔爲順治十三年，在東甌庭決大杖之後，今爲康熙二年，在萬善衣紫榮歸之後也。魚山雖遺老，而木陳以新貴驕之，欺魚山君子耳。使遇丈雪，還奉巨拳，木陳又將何如乎！今將周靜香第二書録後：

「獅駕行急，未及述荃是夜同雙白至檗庵舟中一段話。檗公楚人，帶性負氣，其平日文章施設，全從氣骨上發揮，虛衷劑物，以通彼我之意，本非其能。然任事既剛，認過亦勇，昨代靈嵒下山之時，原爲本師禮足而來，豈嘗有宰官在意。任心之過，以至傷於坦率。如爾汝之呼，重房輕扁之論，同來者皆爲縮頸掐指，而彼尚不覺悟，其不留心於疇問可知矣。老人愛人以德，不忍姑息，養其過誤，翻手一掌，當機剪截。熊父母此時似冷水澆背，陡然一驚，然後知老和尚一片婆心，無非慈愛子孫至意，不忍以門外疎親相待也。舟邊語次，皆是銘感之詞，但云：老和尚如是慈悲，非惟寸中知之，本師亦知之，今日原爲本師而來，既承提誨，即可云榮及本師。老和尚從此可以釋然，如杜逆、反正諸刻，似宜寢閣，議論俱可歇息矣。荃今日不避杖叱，敢復進言。荃等婚宦後學道之人，修持未熟，每於不及檢點處，露出本來習氣。況檗公生平以骨氣自負，固不免偶錯，要其初來代師禮足之誠，蒙誨後受過不辭之勇，皆足仰祈慈炤，鑒諒于語言事跡之外。若云必反正，必杜逆，則老人一掌示其意矣，而又多乎哉！萬祈弘宥，寢此諸刻。不日容同雙白居士再叩函丈代荆何如？」

檗庵魚山僧號，婚宦後學道之人，修持未熟，每露出本來習氣，此梨洲所以誓不入其局也。豈獨梨洲，清初三大儒，顧、王二先生，皆不喜佛。薑齋詩話三，言：「方密之閣學，逃禪潔己，受覺浪記莂，主青原，屢招余，將有所授，誦人各有心之詩以答之。意乃愈迫，書示吉水劉安士詩，以寓從臾之至，余終不能從也。」南雷文定八黄澤望壙誌，則言：「余於釋氏之教，疑而信，信而疑，乃爲澤望反覆之，終於不可同而止。而澤望則穿剥三藏，出觀今之所謂宗師，發露其敗闕，亦遂牛毛繭絲。」澤望，梨洲弟宗會也。魚山既入其苙，薄言往愬，逢彼之怒，讀柏舟之什，能毋興受侮不少之感乎？然木陳復周靜香第二書，則已放過魚山矣。書云：

「來翰述南岡艸堂山僧與檗庵一掌，及居士規諭檗庵之故。蓋山僧原以祖宗一脈待檗庵，若檗庵果以吴江知縣自待，則是門外人，又何必干預吾家事？抑山僧縱年邁，敢云非沙門釋子！然則掌檀越且不可，況掌吴江知縣？唯檗庵自任爲靈嵒法子，則靈嵒亦是我家子姪，山僧尚可以家法繩之，況檗庵哉！聞檗庵因居士之言，即幡然悔悟，還是讀了兩行書，到底知文識墨，不敢自越倫常。雖然，檗庵唐突老僧，不過措大家一時腐氣，尚屬無心之失。不審靈嵒，又何心行，種種毁侮師翁，落之于筆，見之于書，以至糊抹先師名號，使凡在先師門下者，莫不聞之疾首，見而痛心。非但山僧毅然有説，即古南亦正言對使，璧還趙珍，豈非事關彝倫，義難緘默，所謂以吾從大夫之後，不敢不告者乎！唯高明其鑒裁之。」

木陳自言年邁，然是年魚山亦六十五，少木陳三歲耳。老而逃禪，仍不免受辱，梨洲贈魚山詩：「盡黐諫草支那述，危舉僧條同室讐，脱得朝中朋黨累，法門依舊有戈矛。」即指此。夫爲道而受棒喝，常也，爲事而被掌，前此所未聞，此士大夫非常之辱也。然木陳對魚山已放過，對繼起仍不肯放過。周靜香所求，在寝反正、杜逆諸刻，今木陳復書，舍此不提，而金粟反正録、杜逆説，仍刻入布水臺集，則始終視繼起爲大敵也，其必引古南爲重者，亦懼力弱焉爾。古南即牧雲，有五論闢漢月，繼起，見後章。

三　靈巖樹泉集評

樹泉集者，蓋取樹植法源之義，繼起順治辛卯、壬辰語録也。鮚埼亭集退翁和尚第二碑，言：「丙戌以後，東南之士，濡首没頂於焦原，相尋無已，而吳中爲最衝。退翁皆相結納，從之者如市，辛卯竟被連染，惜文獻脱落，弗能詳」云。然吾從諸僧録中，細爲鉤稽，尚可識其大略。辛卯者，順治八年。舟山之役，甬士殉難者無算，木陳、繼起，均曾開法天台，故同遭白簡。事發之始，木陳曾致書繼起，言：「前數日亦風聞此矣，其詳不可得知也，天城來，始審中間委曲，彼婦之口，可以出走，今昔其有同然哉。但山僧自念法道波靡，誰揭狂瀾而東之，惟老姪與山僧共有此心。然山僧老矣，無能爲也已，老姪春秋富强，正可行道利生。故今不必問其事之真假，禍之重輕，縱有彌天過患，山僧自出頭承當。千祈老姪穩處釣舟，一切坐斷，即山僧起倒，亦不煩挂念。」

書載布水臺集二八，曾經點竄與否不可知，因布水臺集之刻，在與繼起鬭諍之後也。集中又有復覺浪和尚書，言：「專使去後，即與靈嵒繼姪赴鞫東甌，庭決大杖歸，聽臬司研審，想別無重辟可加也。所不去心者，吾師未出姑孰，竊以爲憂。昨常禪至自石頭，聞已飛錫天界，寧第爲吾師喜，喜羣彙雲從，將有在田之見耳。但道與世喪，人心正危，猶然天地閉而未開之象，尚冀吾師斂翮集叜，相時變動，杞人之憂，出自真誠，知不我誕也。」

順治五年戊子，覺浪曾以論道書中有「我太祖皇帝」等字，爲忌者所告，繫獄一年，後以其書作於崇禎，獄始解。覺浪門下，遺老亦衆，嘯峰倪嘉慶、無可方以智，其最著者也，以故木陳復爲覺浪危。然即此可見世變之來，宗門不能獨免，雖已毁衣出世，仍刻刻與衆生同休戚也。牧雲嬾齋別集六，有與木陳書，亦作於此際，曰：「古人弘法罹難，何代無之，如石門、棲賢、覺範，皆英偉奇傑之人，自經世患，而光明愈赫赫難掩，苟不經憂患，又誰見其英偉奇傑也。」言雖如此，然大難當前，非養之有素者，鮮不張皇失措，此臨難毋苟免之所以垂爲大戒也。退翁第二碑，言：「辛卯之難，寺中星散，歸安故諸生董説，獨負書策杖入山，以是尤爲時所重。其後居堯峰，名南潛」云。

徐昭法居易堂集二，與堯峰月涵和尚書曰：「杞人之天既墜，然豈無斷鼇足而柱之、煉五色石而補之者。鄙意百凡宜以靜鎮之，即此天而終墜矣，尤宜以靜鎮之，何也？動固無益也，況人定自能勝天乎！近者頗聞山頭不無紛紜，我心悵然。及雙老札來，云一衆星散，我心益悵然。及聞道兄獨襆被書卷，振策登山，不覺以手加額曰：賴有此耳。宋紹興中，金亮南侵，兵焚采石，長江無一舟敢行北岸者，獨張魏公以一小舟徑進，一軍見之，以爲從天而降，遂以退敵。今以合衆下山之時，而道兄奮然獨往，何以異此！古德云：『出家乃大丈夫事，非將相之所能爲』，今日若無道兄一人，不幾疑此語爲欺我耶！亦不幾令天下後世謂法門無人耶！心折之至，不覺開懷饒舌，惟心亮之。近來聞見，頗多不愜鄙望處，獨賴道兄一人爲狂瀾一砥耳！并望敬致老和尚，爲萬世觀瞻，不佞弟不勝手額望之。」

謝山之言，蓋本諸此。月涵即月函，南潛號。衎石齋記事藁七，亦有南潛傳記其事，着獻類徵隱逸傳十一、雪橋詩話續集一均誤爲錢大昕撰。讀徐昭法書，可見當時風聲之緊急，事態之嚴重。然大庾韜之溺死，即爲赴此難而來。桐庵文稿、棗林雜俎和集，皆有庾傳，言其溺斃，而未言其赴難。樹泉集有偈哭之，紀蔭宙亭詩集十一，亦有詩哀之，云：「弘法乃嬰難，東嘉質獄行，不啻如剥膚，趨吳夢難成。百程煙水渺，一葉布帆輕，風波忽反覆，昏黑隔柴荆。馮夷見恨晚，河伯笑相迎，浩氣横滄海，松風澹玉笙。狗師患難忘，重道形骸傾，崢嶸山嶽立，爲世作楷程。」注：「靈巖翁弘法嬰難，質獄永嘉，師聞自台趨覲，舟至平望，怪風覆舟，師溺水中，屹立不傾。」大庾本名趙庾，崇禎十六年進士，國變後爲僧，受靈巖記莂，名行韜。此赴難之最顯者，不獨南潛也。

嬰難之經過略明，則可進言靈巖樹泉集，集有靈巖學人昭柄序，昭柄即徐昭法也。序曰：「事之從歡喜讚歎中出者，其事不立；道之從安樂愉快中得者，其道不明。故子輿氏曰：『然後知生於憂患，而死於安樂也。』生者道在之謂也，非偷視息、全軀命之謂也。苟道從吾而明，前吾之聖，相得益章，後吾之聖，示之周行，則九死猶生也，千百世猶生也。而欲安常處順，飽食煖衣以希之，吾知其没世而無遇也。靈巖儲和尚，印宗之所稱『肉身菩薩』，寶誌之所稱『傳佛心印』者也，海内緇素，翕然宗之。而辛卯、壬辰之交，誤罹世網，幾蹈不測，賢士大夫無論知與不知，皆殫竭心力，欲脱師此厄，如手足之捍頭目。而師怡然受之，身入湯火，無所辭避，今其言具在，可覆按也。其佛法非不學者所窺，而讀其書問、詩偈，可見其衛道之嚴，任道之重。其與諸方往還，言及續慧命，寄道統，則義形于色，勤勤懇懇，若恐當吾世而墜地者。至于吉凶禍福，則曰此定業也，曰委然順受也，非所謂不以其道得之不去者乎！曰使真宗不墜，雖此身碎爲微塵，猶爲幸甚，非所謂朝聞道，夕死可矣者乎！曰果自反無愧，即有意外風波，自然久而論定，非所謂禮義不愆，何恤人之言者乎！曰道人家得力，全在不如意處，曰鑊湯鑪炭，褰裳就之，非所謂無入不自得，而見危致命者乎！　嗟乎，何其深有合于聖人之道也！　夫日月光華，炤臨無際，而一經風雨薄蝕，若愈增其晶瑩皎潔者。　古之人有行之者矣，大慧弘法嬰難，竄謫梅陽，嶺海瘴癘，非人所居，而緇衲奔湊，法席愈盛。　識者謂其所説之法，函蓋天地，囊括宗乘，無他，憂患成之也。師不其然乎！」

居易堂集十，又有書先文靖公墨刻後贈靈巖老和尚一文，曰：「嗟乎，此先文靖公自初筮仕以及畢節，十八年中，見危致命，之死不渝之手澤也。　乙酉之禍，先文靖從容止水，枋痛悼罔極，即倩臨摹善手，勒之貞珉，嚮搨百本，非其人不示也。　癸巳秋，靈巖大和尚以樹泉集屬序於余，見其往還昕夕，率多遺民故老，而所爲流連風景，舉目山河者，又多殷麥周禾之悲焉，此實唐宋以來諸大善知識中所絶無者也。　余故特出篋中藏本，裝潢成帙，致之座下，乞師即以忠孝之旨，衍説大法，庶使毫端碧血，直爲人天光明幢乎！」徐昭法父名汧，國變後投水死，明史二六七有傳，魯王監國時謚文靖。　讀此，可略知樹泉集之内容，然孰知木陳之評，即由是起也。　前章言木陳聲討繼起書，有關涉樹泉集一段，今録如後：

「最可恨者，本一南通小販，專賣李四囂虚。　如山僧居廣潤時，爾應臨海天寧鄰封打齋，諸山常套，爾則載之語録曰：『廣潤某和尚請師上堂。』嗣後山僧與爾同遭事議，名挂按君白簡，爾時祇託天城傳一口信上山僧，旋即門封户閉，杳不知其所之矣。山僧裁答爾後，自分臨難不可苟免，徑詣臬司投到，遲爾三月始來。至明年質獄東甌，爾則不勝怨天尤人。及乎杖決憲庭，爾之徒屬，益怨山僧剛愎自用，輕出累爾，即爾亦謂『此行不是法叔老和尚，小姪不願有生』。何事畢之後，遂有如許誇張之書，見之樹泉集哉！豈非爾生平之言，類皆妝點出來，以欺世盜名者乎？昔也按君參奏，劾爲妖言彌勒下生，今則以彌勒後身自命矣，然則當日何不一欵招承，必高叫憲天，以求哀赦，其故何也？昔也台邑圖形，杭都畫影，露布長書，會打繼起賊秃，今則以天台古佛自居矣，然則當日何不臨凡降世，化導衆生，必通途畏過黄嵒，偏僻遠遶家子，又復何也？則是爾欲欺世，而世不爾欺，爾欲盜名，而名不爾盜，究竟一文偷不得，至今空作不良人，非爾之謂與？他若千籠百絡，結勢要權，謀徑山，攘金粟，正晝攫金之態，蚖蛇戀窟之羞，魔梵修羅之大慢過慢增上慢，火刀血塗之苦因惡緣極障緣，皆爾一身占盡矣。」

木陳之諍，如村婦罵街，殊失善知識體統。黄梨洲至平陽，木陳弟子曾出百城集，請爲删訂，梨洲序之曰：「世無文章久矣，釋氏爲尤甚。釋氏以不立文字爲教，人亦不以文章家法度律之，故今日釋氏之文，大約蝃蝀在東，莫之敢指。嗟乎！無言則已，既已有言，則未有不雅馴者。山翁之文，亦不免於堆垛妝點，然稱情而出，當其意之所之，既不顧人之所是所非，并不顧己之所是所非，喜笑怒駡，皆文心之汎濫，如是，則於文章家之法度，有不期合而合者，奚有於習染之戔戔乎！」今百城集無此序，而仍用布水臺集之錢謙益序，吾在南雷文定後集發見之。木陳謂樹泉集之言，類皆妝點出來，梨洲謂山翁之文，亦不免於堆垜妝點，抑何針鋒相對也。然樹泉集順治十年已刊布矣，木陳何嘿爾而息，至康熙二年，始與密雲扁事并案乎？蓋木陳始與繼起競遺老勢力，不勝，繼以新朝勢力競繼起之遺老勢力，亦不勝，乃憤而出此，噫異矣！居易堂集二有與靈巖曇應和尚書，言：「風波之世，鬪諍之交，誓不欲以此身一涉其間，故今不特欲口絕譏評，亦并欲口無讚歎。恐一有讚歎，則又爲不讚歎者生嗔，如何如何？此語并可一呈老人，使一開笑口，且以見不肖之所存也。」曇應名文杲，孫愼行猶子，亦繼起嗣。昭法標榜繼起太過，遂爲不喜繼起者生嗔，標榜亦須有限度乎！然閱一年繼起六十，昭法爲壽序，又讚歎如故，序見居易堂集七。其言曰：「余不敏，獲侍吾師十有七年矣，俯仰十七年中，法門之多難，世網之高張，人事之日窮，天心之未悔，於吾師一身之所遭逢，而一切可駴可愕，可歎可涕，已不啻吹波而煽燄矣。吾師或談笑而麾之，或不見不聞而置之，弘法嬰難，命如懸絲，荷擔大道者固然，而吾師今日所爲固極難耳。不爲毘邪之杜口，則衆忮不息；不爲子輿之好辯，則大道不明。且異乎吾者之爲異，其異小；同乎吾者之爲異，其異大。以事爲潝訿，其害淺；以道爲謡諑，其害深。而吾師皆任之而皆受之，故曰吾師今日所爲極難也。甲辰春，二月八日，爲吾師六十壽誕之辰，名公鉅卿，操辭稱祝，歡喜讚歎，而余獨質言其詘者阨者，以爲吾師壽，自以爲知吾師獨深也。」名爲言詘者阨者，而其實仍爲讚歎。同時吳梅村壽繼起詩，有「不羨紫衣誇妙相，惟憑白足徧諸方」之句，亦隱指木陳，此諍所以終不息也。

四　牧雲五論諍

牧雲五論，皆攻擊繼起師弟之詞。作於康熙初元，刻於康熙十年牧雲卒後，則未知果爲牧雲撰乎，抑假牧雲之名以行乎？密雲悟之下，二牧並稱，而木陳自赴召後，聲勢赫奕，識者鄙之；牧雲則始終煙水一舠，深自韜晦，門庭壁立，見者望崖。援鶉堂筆記四九言：「牧雲居嘉興梅里一村寺，沐塵盛輿從謁之，閉門不見，曰：『我方出世，子入世，奚相見爲！』」是二牧晚年本冰炭也。然木陳攻擊繼起師弟，仍恒引牧雲之言爲重，自審新朝勢力，不足懾遺老之心，不能不借遺老所信仰者以爲聲援，此五論所由刻也。康熙二十七年五月，緇素公集虞山，毀五論雜詩板，吾求之久而後獲。五論者：一叛師，二讐祖，三惡狡，四憫愚，五攝魔，凡七千餘言，並雜詩十餘首，刻嬾齋後集後，即爲嬾齋後集之第六卷。

其叛師論曰：「天童老人謝世二十餘年矣，興福洞祖又先之二十載，時日益遠，漢公之事何言哉？ 惟是靈巖爲三峰子，作天童孫，不能蓋父之愆，重興蔑祖之訕。 近作年譜，揚詡其師，陰抑洞祖，若不有當年及門一事。 尊卑倒置，教育推開，壟斷爲心，滅倫欺世，是可忍乎？ 余雖衰廢，忝在父行，重感人心之傾危，少疏往日之情事，託之歌詠，且感且歎。 其間祇述漢公之悖，若寬假於靈巖者，何也？ 靈巖之悖，漢公開之也。 綿駒處於高唐，而齊右善謳，無意移俗，而漸染若是。 況漢公生平所爲，著於筆墨，見之行事，朝夕教誨其子，式穀似之，則無父無君無師之心，乃靈巖之素習也。 伏聞世祖皇帝日應萬幾，留神內典，覽三峰抗天童老人之書，雷霆赫然，斥爲跛扈之夫。 以此知佛祖之徒，雖處世外，而師尊弟卑，罔違名教，孰謂三峰蔑倫害理，遂寬斧鉞之誅乎！」

漢月年譜作於順治十八年，木陳北遊集亦刻於是年，密雲崇禎十五年卒，今云謝世二十餘年，又引北遊集述順治斥三峰語，以是知此論作於康熙初元也。 興福洞祖者，洞聞法乘，見五燈全書百廿，牧雲剃度師，亦漢月所嘗受業者也。 論名叛師，論末忽謂無君爲靈巖素習，危言聳聽，與牧雲平日之言不類。 繼起號稱以忠孝作佛事，烏得謂之無君，但不與木陳等同其君耳！

其讐祖論曰：「靈巖既扁其師初受法處曰『親聞』，則是幸其師面聞是法於天童老人也，古者有舍全軀而乞半偈，其重法固如是也。若是者宜何如酬天童之恩，而不負天童之以大任授而師，及而孫也。若之何狃而師之悖，踵而師，詆而祖也。則所謂『親聞』者，又將何以自解焉？噫！人道之不修，倫理之不講，而儼然踞佛祖位，稱人天眼，即世俗可愚，而自揣其中爲何如哉！夫子曰：『汝安則爲之。』夫如是，則非天童見絶於靈巖，而靈巖自不爲人類久矣。夫何責哉！」親聞室者，繼起自書懸於金粟侍寮之扁，亦順治十八年事，已見前章。吾謂牧雲五論，實爲木陳聲援，至是又多一證。

其惡狡論曰：「疇昔漢公曾事洞祖矣，山中之人，稔知其心術，則其嗣天童也，猶之乎事洞祖也。始而親之，尋即背之，始而尊之，尋即叛之，曾不少變其習，何哉？漢公畏人磨礪，洞祖於法乃奪其意見，遇事則懲其狼戾，宜其背也；漢公喜人稱揚，天童乃直判之爲知解宗徒，宜其叛也。由是觀之，漢公豈欲有其師，尊其教，踐其實者歟，特恐名譽之求而弗得也。故其背洞祖則棄如遺矣；叛天童乃陽附而陰排，猶有不能舍之情。何也？洞祖者，本色住山人也，無機智，襟懷坦蕩，不汲汲於榮名利養，漢公以爲如是而已矣，不足依也。天童老人者，有過之也，衆星羅天，明者獨月，爝火雖舉，太陽莫倫，意今臨濟之道，舍天童奚適哉，則非附天童，而我之名不揚，非借天童，而我之法不行。故雖不欲有其師，然不得不師，雖憾天童，而卒不能舍天童也。靈巖蓋是則是傚者也。雖然，如是而止，漢公未大爲狡也，惟其意更謂今之海内，但知有天童，則天童誠愈己也。又嘗卑我爲知解宗徒矣，奈之何哉？於是復張其説，而駕天童之上，曰：『我法勝於天童。』或詬之曰：『子之法苟勝，何反屈於人？』則以『紙上源流未得』爲解。嗚呼，豈海内之尊天童，在一紙源流耶！此一妄也，亦一狡也。」其説與北遊集毁三峰之詞無異，吾故疑有人假牧雲之名以行也。

其憫愚論曰：「潙山云：道人之心，質直無僞。夫漢公之謗師毁師，行詐法門，誠不可以訓世，今已再世矣，其風固不可長。或曰：靈巖亦好大喜名者也，其家風信然。余曰：名者實之賓，古聖賢之名，皆有可稱之實，實者本也。今靈巖阿其師，習其僞，喪其本，初不知取名之道。彼所取者不過奢靡受用，嚴飭門庭，倚仗聲勢，博目前愚子贊歎之名而已，豈正人君子有德有行，百世不朽之真名哉！」

夫謂繼起好大喜名，似也，然謂繼起所博爲目前愚子贊歎之名，則當時之歡喜贊歎繼起者，莫徐昭法若。昭法爲愚子，則必「國破從新朝北闕，官高依舊老東林」始爲智子也。康熙十一年繼起卒，時五論已刊布，昭法仍不避愚子之名，爲哀詞贊歎如故。曰：「昔昌黎、廬陵爲吾儒豎赤幟，而濂洛以下諸儒復揚其波，詆訾佛道，幾同楊墨，歷千百年，固儒曲説，牢不可破，而荷擔佛道者，未能一辭而闢之。何也？垂世立教，實以道而不以言，在躬行而不在鬭諍也，苟無其道，言之何益，苟非躬行，諍之愈損。惟吾師一以忠孝作佛事，使天下後世洞然明白，不特知佛道無礙於忠孝，且以知忠孝實自佛性中出，則吾師之於佛道世道爲何如。故于其逝也，無論知與不知，皆爲流涕，憑龕一哭，聲若崩城，嗚呼，可以見人心矣！或曰：吾師之以忠孝作佛事，可得聞乎？滄桑以來，二十八年，心之精微，口不能言，每臨是諱，必素服焚香，北面揮涕，二十八年如一日。身爲法王，年垂七十，而明發之懷，孜孜靡已，有非賢士大夫之所能者，吾師之忠于國、孝于家者如此。而又推其忠孝之心，以翼芘生全天下之忠臣孝子，不容悉數。即嘗爲不肖枋排大難、禦大患者，謬以枋能無毁先人之志，孝也，必使枋能無失故國之身，忠也。」詞見居易堂集十九，惜牧雲已先一年卒，不見昭法贊歎之詞，然木陳則猶及見之，未識生嗔奚若耳！

五論最末爲攝魔論，曰：「夫言謗師毁師，憎師嫉師，法中大魔，乃華嚴經中普賢菩薩語耳，不責爲凶徒，不責爲逆子，直謂之魔，何哉？以魔有大力故也。漢公不然，自鬭書出，垂頭喪氣，凡至道侶家，見有鬭書，即收去。見天童會裏人，即匿跡避影，風聲鶴唳，疑皆晉兵。以是觀之，漢公又非有膽氣，强有力者，似未可謂之魔，但撓亂正法，謂之魔亦可。」

是魔非魔，吾人不辨，惟謂漢月見有鬭書即收去，似非事實。吾嘗見繼起重刻天童七書三書序，言：「弘儲於崇禎癸酉在萬峰侍者寮見此録，歎曰：『大人哉用處乃爾爾！』丙子、丁丑，見此録廣布鄉邑，逮壬午以後，問之來學，禪林中流行漸少。空山無事，閒行至香乳寮，復見此録，慮其日久湮没，隨命刷印房重梓流行。弘儲生平逆順因緣，一切消歸向上，即先三峰和尚前後復言，慮不知者謂事屬於爭，概不行世，兹刻蓋以昧昧然傳天童者，唯恐是書之不行，道豈有是非勝負乎哉！」據此，則繼起師弟見闢書，不特未嘗收去，且嘗重刻流行，攝魔論所言，豈非出於裝點乎？故吾始終疑五論非牧雲所撰也。

王士禎居易録二七，言：「予嘗讀三峰藏禪師語録及五宗原，以爲末法中龍象。其提智證傳，闡發臨濟汾陽之旨，欲遠嗣法於寂音，亦天童之諍子也。而牧翁列朝詩，謂三峰之禪，爲孽於世，詆諆如此，豈别有謂耶？」此猶門外之言，若覺浪盛則固當時巨子，無所偏倚。覺浪語録十一，有靈巖夫山儲像贊曰：「濟下已仆之宗，決不可無天童，又不可無三峰，更不可無夫翁，問誰爲靈巖知己，莫不是棲霞老儂。」可以結束兩家之諍矣。

丁闇公明事雜詠云：「三峰漢月古禪堂，鐘板飄零塔院荒，是道是魔吾不解，山門竟有蔡忠襄。」注：「蔡忠襄懋德，爲漢月入室弟子，在太原圍城語人曰：『吾學道多年，已勘了生死，今日正致命時也。』雍正揀魔辨異録，爲漢月作，並令天下撤其鐘板。又稱漢月爲魔藏，潭吉忍爲魔忍。」據南雷文定後集四張仁庵墓誌：「仁庵名岐然，字秀初，叢林稱仁庵禪師。天童、三峰有宗旨之訟，三闢七闢，三峰壓於師弟之分，幾如鄭綏。潭吉忍在安隱，作五宗救，以申三峰之屈，大概多出仁庵，三峰之道，賴以不墜。」鄭綬，見莊子列禦寇篇，受壓迫人也。梨洲八哀詩：「曾入南都防亂揭，旋參安隱救宗書」即詠其事也。仁庵國變後爲僧，名濟義，雍正而知五宗救出於仁庵也，必將斥之爲魔義矣。門多忠義，亦易爲不喜者生嗔，尚何言哉，尚何言哉！

宗統編年康熙二十七年條，載：「鶴林牧雲門和尚寂已久，時刻其嬾齋後集，末附五論雜詩，皆毁誣三峰、靈巖之語。鶴林法孫雪鑑、秀峰兩和尚，皆云論詩之刻，爲人所誤，親賫板至虞山興福，集闔邑士紳耆舊，禮佛懺悔，劈板焚之。鐵牛居士錢湘靈，七十九老孝廉，札報許青嶼侍御曰：是役也，非爲三峰奮螳臂，正是爲古南拔鶴箭耳。祥符蔭曰：佛祖住世，各相讚歎稱揚，以引衆生信向，增長福慧。未聞有毁呰雌黄，退人善根者，書之以示立言者不可不慎，毋逞一時之娼忌，而爲正人公論所不容也。」祥符紀蔭，繼起法孫，錢湘靈，檗庵法子，其祖三峰、繼起固宜，然不若覺浪盛中道而立之言爲可信也。

清初僧諍記卷三

新舊勢力之諍

一　雲門雪嶠塔諍

丁閶公明事雜詠又云：「天童法嗣滿人寰，萬善巾瓶奉御顏，獨有獅翁不傳拂，心香雙瓣壯河山。」注：「天童悟弟子，多開堂說法，道忞亦其一，順治間召至京，住萬善殿。雪嶠名圓信，與天童悟同得法於幻翁，獨不傳法，惟授金陵殉難之黄端伯，與浙東死事之徐啓睿，時稱雙瓣香。」鮚埼亭詩集一，有雪嶠和尚雙瓣香行。雪嶠之開堂徑山也，從之者三千人，顧未有付法，相傳最後得江西黄端伯，即付之。及徐啓睿至，請曰：「某或亦端伯之亞也。」雪嶠相對而笑，亦付之。後二公皆殉國，說者嘆雪嶠之冰鑑也。而木陳撰禪燈世譜，於龍池派下，獨削去雪嶠，今續藏影印本世譜有雪嶠者，後復增入也。北遊集三，載：「上見禪燈世譜曰：『此書老和尚集得極好，但幻有傳和尚下，因甚不載雪大師？』師曰：『本有名字在磬山前，因雪師自謂上嗣雲門，始刊去其名。』」據雪嶠自述，則：「當初在山陰看雲門語録，得他的力，豈可忘却，所以一齊拈香供養，諸方便道徑山遥嗣雲門，其實不然」云。然何以後來世譜又增入雪嶠，則以順治之推崇也。

北遊集六，有越州雲門寺興修疏引云：「今上好善忘勢，居然古帝之風，而嗜道求賢，不間芻蕘之賤。爰自己亥仲冬以來，徵車四出，博訪禪門耆宿，而余亦忝辱天書下逮，馳驛上京。蒙上恩遇，待以不臣，每當叩擊玄關，未嘗不虚己潔誠，勞謙選問。尤復紆懷先德，企慕前修，然獨於雪嶠老人之高風逸韻，日理於口，殊切景仰之思。及余辭闕還山，尚以道影購求是託，則今上之於老人，豈非夙緣有在者邪！夫越州雲門寺，海東望刹也，雪嶠老人實發跡於斯，開悟於斯，闡法於斯，歸真窀窆於斯。喆人遂往，曾幾何時，今僅數椽屋矣，復爲風雨之所摧剥。吾聞君子愛其所親，敬其所尊，凡爲臣若子，于君父之所重，疑莫不皆然。昔者曾晳嗜羊棗，曾子不忍食羊棗，羊棗一微物，以吾親嗜好在斯焉，且不忍食之；矧今上之嗜好老人如此！而越諸賢士大夫同爲臣子，顧于君父所重之人之室廬，忍聽其覆敗，不一出手匡扶之，豈理也哉！余還山過越，適道際上人以興修雲門之疏言來告，故余不序次雲門之往跡何如，而獨播宣上意者，蓋欲越諸賢士大夫知宸衷攸尚，將廣推愛敬之思，當有以仰體君父云爾。」

此木陳第一次以其新君父之嗜好告越人也。新君父既嗜好雪嶠，則禪燈世譜不得不仰體新君父之意，增入雪嶠。北遊集卷首又載有御札云：「錫杖還山，時縈遠念，茲覽音問，式慰朕思，來伻言旋，裁書附往。並有欲語者，朕每念法門，輒景先哲，知雪嶠大師藏塔，卓立雲門，後學諸方，應共瞻仰。比聞山界雖分，基址漸圮，恐年深人遠，陵毀堪虞。今特捐五百金，重爲修治，雖未必足窣波之費，然經朕一爲整葺，人必改觀起敬，自不敢復行侵侮矣。禪師重念儀型，久懷崇飾，當勉爲經理，承朕敬禮尊宿之義，以副夙心，故茲特屬禪師其悉之。」此札並載康熙紹興志五十六雪嶠傳。雪嶠卒於順治四年，塔雲門右隴，距木陳入京之歲，不過十一二年，塔址何至傾圮，竊嘗疑之，初不知木陳藉此以與具德諍也。

具德弘禮，亦漢月弟子，久住靈隱，與繼起齊名，康熙六年卒。宗統編年論之曰：「鄧山、靈巖、靈隱，海内稱佛、法、僧三寶，靈隱門庭甲天下，學衆滿數萬指，不減南宋佛海時，具大方便，有大慧、圓悟不及施之手眼，至沉幾駿發，則又度越於古雲門。真欬唾迴天，揚眉倒日，故能擔荷如來，稱後勁諍子也。」晦山爲具德行狀，稱：「師受江北請，轍環一轉，萬人擠擁。時適盛夏，揮汗成雨，至洗浴水一時呷盡，宋元以來，法門罕見。」故師有偈曰：

「五千衲子下揚州，百億瓊花笑點頭，七尺烏藤行活計，憑何面目得風流。」此偈流布海內，其盛若此。木陳好諍，對繼起頻加攻擊，既如前卷，而對具德則未嘗以一矢加遺，抑又何也？偶閱續甬上耆舊詩七二，有錢布衣豹過育王寺一絶云：「雨過松堂靜，秋來玉几深，如何清淨域，猶未泯爭心。」注：「具德欲興育王，木陳阻之。」是木陳與具德，未嘗無諍也。謝山生康熙末，已云文獻脱落，今去謝山之世，又二百年，舊聞散失益甚。近閱百城集七，發見有復機石胡封翁書，始知前者御札，實木陳攻擊具德師弟之利器。書作於康熙六年，未知在具德卒前乎，抑在其後乎。具德蓋以是年十月卒也。書云：

「頃者廣孝改册一事，知諸檀極力調護，殊費深心。但山僧區區安全微念，尚荷默成，乃先帝保護雲門一片苦心，三目獨不見原，何也，請得以降詔始末，爲諸檀誦之。山僧以曩劫因緣，得談禪對御，日奉天顔，竊見先帝景仰雪嶠大師道德，每每頌説不休。及山僧得請還山，上留旅庵、山曉二子在京開法，不時召見，因詢大師藏墖，知在雲門，殿址爲廣孝具德侵毁，盡然痛傷。二子曰：『今其徒智淵，復耽耽虎眎，恐雲門一抔土，非大師所得有也。』上曰：『其如藏墖何？』數日後，上從南苑歸，謂二子曰：『昨師兄輩所言雲門事，朕連夜卧不安席，思所以保護雲門之策，莫若裁書一通，捐金五百兩，委託老和尚，爲朕崇飾一番，則可保無虞矣。』二子曰：『皇上誠欲保全雲門，不如詔降有司，恐彼强横，老和尚不在意中也。』上曰：『若是，則彼自取誅滅，非關朕事。』於乎！皇天后土，實聞先帝之言矣。故詔書有『陵毀堪虞』，及『不敢復行侵侮』之旨。山僧受詔之後，以上既賓天，重違宋公荔裳及鄉老先生之意，仍讓竹園爲廣孝出路，則山僧所以曲全廣孝，亦既至矣。今三目復賄弓書，舞欺詔册，計圖併吞，不惟目無三尺，豈目有先帝哉！然山僧復不審皇皇先帝，遂爲三目屈辱如此。若夫當事持論，自有天日鑒臨，山僧安敢置喙，第蒙惠教，故敢以先帝保全雲門隱衷，瘋思泣血，上聞諸檀而已。」

三目智淵，具德法嗣，繼具德住持廣孝者也。雲門與廣孝，昔合而今分，故有山界之爭。然雪嶠塔在雲門，與木陳何涉？據禪燈世譜，木陳既排除雪嶠，對雪嶠自不推崇，今何以忽爲雪嶠藏塔泣血？書中「先帝」二字凡六見，髣髴武侯出師，曰「皇天后土，實聞先帝之言」，夫帝既賓天，則此言亦惟皇天后土聞之，孰證其真僞哉！曰「皇皇先帝，遂爲三目屈辱如此」，此則極慫慂激動之能事。危哉三目，憑何抵抗此炙手可熱之新勢力耶！故此一諍也，在木陳可謂躊躇滿志矣。

北遊集五，有「由京國抵吳越，水程四千有奇，官舟所過，瞻敬皈依者傾市井」一首：「遠涉關河道，驚聞聳百城，聚觀如堵立，稽首若潮砰。由上尊崇意，發渠向慕情，乃知君子德，風動小夫傾。」後嘉興藏本已删去。又百城集九，有復華山見月和尚札，順治十七年官舟中作，云：「遥望華山片月，風露娟娟，不禁神思駿躍，第恨無因飛渡長江，一睹記光華耳。去秋九月，謬承寵召入京，皇上求道方切，再四慰留，今春大壽，遂不能敬致封祝，殊爲歉然。然每于上前揄揚道範，少申企慕之懷。兹者夏五之望，得旨還山，水泗途遥，遷延抵邗，僅一衣帶水，復以天使陪從，王程有限，促席晤譚，又不獲願，緣慳何如。謹遣侍僧代問興居外，上所賜二十五條，比量衣裁凡三頂，分一奉高座，乞説戒禮佛時披之，幸邀福德，爲上增益遐齡也。所有不腆，敬呈别幅，臨楮可仞繾綣之至。」

見月雲南人，明季滇黔佛教考曾詳爲介紹。順治十七年，即永曆十四年，時西南猶奉中國正朔，木陳乃以此矜見月，何其陋耶！居易録二四有康熙卅三年紀事一則，言：「金粟木陳忞公，順治末應詔入京，賜號弘覺國師，南還至淮上，與諸當道酬酢，氣燄烜赫，從者如雲，爲諸方口實。嘗一至金陵，其弟子某供張輒數百金，至稱貸以應。康熙乙巳，予謁華山見月律師，師蹙額語予云：『渠胷中面上，只有國師大和尚五字。』頃棲霞楚雲禪師亦云：『今高僧名衲，所至招摇衒鬻，以要觀聽，有司關防，甚如巨猾。』謂忞也。」

乙巳康熙四年，漁洋追紀前事也。玉林賜號國師，木陳賜號弘覺禪師，非國師，人以國師呼之耳。始吾見居易録，知見月不滿木陳，而不知其有分贈賜衣之事，今觀百城集，則見月之蹙額，其有由乎，以見月視木陳，猶糞土耳！楚雲名興源，覺浪盛法孫，竺庵成法嗣。

木陳煊赫一時，而所流傳於緇素口碑者若此，世榮烏足尚哉？况爲學道之人也。

百城集三十，又有見聞一則，記一僧人受騙，如小説故事，有意影射具德。其言曰：「武林屬某寺，有僧某，住持多年。一日忽有男子，所將侍從及諸行裝，皆甚都麗，踵門而告僧曰：『某從京師來，我某旂王爺新修一寺，欲得南方善知識，于中弘揚法化，久嚮吾師大名，業經奏過朝廷，特命某來敦請。』所陳金幣，亦甚厚腆，僧某信爲實然，擇日登程矣。其男子復語僧曰：『我王爺居宗室之長，諸王殿下，皆其子姪昆季，師至京日，咸來造謁，亦宜備諸方物珍玩，以餽遺之，使其延譽朝堂，皇上必然召見，師道豈不大光哉。』僧某由是罄竭衣資不足，稱貸而益，亦近千餘金，然後登舟啟行，舟中器具服用，儼爾王侯陳設，僧某喜不自持。及抵維揚，忽有十數道人跪拜河干，請僧受齋。其男子故爲駡詈曰：『我王爺顒望大和尚尅日至京，汝輩何人，敢來遲我程期。』麾斥不允，諸道人哀懇不已，其男子始語僧曰：『觀此諸人，果真信敬三寶者，某停舟半日，用全吾師慈悲攝受之心，亦弟子方便事也。』令隨行一衆，齊登岸赴齋。至則齋筵肆設，極其隆備，一果一蔬，皆諸道人從容跪獻。迨將日晡，則漸次入内，久而不出，使人窺瞰，乃一祠宇，虚無人焉。亟率衆歸舟，則前舟已失，不知所往，僧某方頓足長吁：『我被渠欺賺矣。』」

僧人奉召入内廷，賜號賜紫，事所恆有，順治十一年，别山在奉召入萬善殿，賜號靜善禪師，見五燈全書六四，康熙十一年，桂芳林奉召入萬善殿，賜詩賜扁，見五燈全書百，二公何嘗有所誇炫。況京中貴人，新修寺院，延僧住持，更屬習見，某僧被騙，亦何足異。木陳之記此事，蓋欲顯己被召之榮，而某僧被騙之可哂耳。然究有其事與否，某僧究係何人，謂住杭多年，有大名，得維揚道人敬仰，甚似暗指具德。果爾，則其心理之齷齪，尤可鄙矣。

二　平陽御書樓評

平陽寺在會稽化鹿山，舊爲平陽觀，崇禎間山陰祁虎子彪佳購爲別業，藏書其中。虎子殉國難，別業頓毀，木陳應召南還，構御書樓其上，復恢大其基，爲平陽寺，西河合集序十六，有募修平陽寺大殿疏序。當木陳之應召也，士大夫多非之，何非爾？以其未應召前，深於故國之思，與忠義士大夫等，薦嚴有疏，春葵有風，不勝原廟之悲，極寫煤山之痛，然曾未幾時，走馬應新朝之聘矣。先是玉林亦奉召，一再堅辭，使者至於三啓奏，不許，官差催迫，寸步不離，如影隨形，擬於押解。不得已就道，至津仍稱病，有旨許問道畢即放還，乃入京。此據超琦撰玉林年譜，恐有飾詞，據木陳北遊集載：「上述大覺應詔始末因緣，且言：當日在山，即堅臥不起，到天津却欲餓死不來，如人家請客相似，客到門不肯入，教東家體面何在。朕是直人，便草箇札子，數他一上。故論佛法，朕當拜他，若朕去歲教他一番，報恩和尚又當拜朕。」似此，則玉林當日情景，實有李中孚、傅青主之風，木陳對之，當有愧色。還山而後，木陳著北遊集，誇耀恩遇，復於天童寺建奎焕閣，平陽寺建奎焕樓，與玉林正相反，據續指月録十九玉林傳，言：「上賜大覺普濟禪師金印，師雖受歸，並未一經展視。」行峰撰玉林年譜，亦言：「師自赴召還山後，對御論道之言，未嘗形諸口吻。至欽賜紫衣金印等，不獨從未一用，即最親法嗣，亦未嘗得覩，逮涅槃後，繳勅印歸庫，衆始獲見。」故鹽官范驤有頌云：「風流處也不風流，底事人間敢唱酬，説法屢回天子詔，還山不起御書樓。」贊歎者如斯，宜爲不贊歎者生嗔，此御書樓之諍所由起也。

「少陵野老吞聲哭，春日潛行曲江曲，江頭宫殿鎖千門，細柳新蒲爲誰緑。」此老杜哀江頭句也。順治十年癸巳，繼起出樹泉集，木陳亦集同人詩文，題曰新蒲緑，頗傳誦於世。婁東十子詩選有王撰讀山翁大師新蒲緑、依韻柬寄一首云：「江頭父老話興亡，蒲柳春光又十霜，徒有子規愁望帝，更無鸚鵡憶明皇。唐陵麥飯悲寒食，漢臘桑門祝上方，指示傍人盡流涕，講堂鐘鼓暮雲黄。」及其應召也，甬士咸以新蒲緑嘲之。續甬上耆舊詩六五，張即園立中，有浮屠道忞北上一首云：「北地惡風塵，如何上道頻，非關追六祖，不亦笑三人。饒弄豐干舌，難藏羅什身，新蒲依舊緑，莫忘舊時因。」卷九一董巽子道權，聞客談天童近事、亦戲作二絶，其一云：「文字傳燈記北遊，鋤山擬築御書樓，從今不哭新蒲緑，一任煤山花鳥愁。」南雷文約二，巽子墓誌，謂：「嗣法木陳者持刀欲殺巽子，逃而免。」然其弟子中不以應召爲然者，亦大有人在，續甬上詩五十，錢聖月光繡，入太白山贈西照、雪櫵兩師詩，注云：「時兩師隨弘覺老人應召，歸自都下，非其志也。」又，出山寄劍安、可立諸開士詩，有云：「竭來暫憩巢許世，此去仍堅黄綺心，寄語二三同學侣，月明有夢擬招尋。」又，挽囊雲大師詩：「棄官已盡西山操，出世還同雪屋禪。」注：「雪屋珂禪師，宋鼎既遷，即謝寺事。」又：「一瓢未必皆周粟，百拜何曾到冷泉。」注：「斷江恩禪師，有『伯顔丞相拜牀下，不肯爲渠來冷泉』之句。」山庵雜録載：「元兵下江南，金山賢默庵被伯顔脅置幕中，時中竺珂公雪屋已謝寺事，默庵言之伯顔，請公陞住靈隱，默庵親持疏扣門，公抽關問誰，曰：『和尚故人某也。』公落關云：『我不識公！』」

光繡，錢忠介肅樂從弟；西照，龍泉郭忠烈維經子，濟宗世譜作犀照；可立，休寧金文毅聲子；雪櫵名真樸，五燈全書云是漳州徐孝廉，即編次北遊集者，四人皆木陳弟子。囊雲周齊曾，則石奇弟子也。續甬上詩九，高玄若斗樞，有「晤天童西照禪師，言詞激昂，問其姓名，堅不肯答，既而知爲郭公雲門子也。」感賦一首：「間關離虎穴，香界一枝安，圓面恆相對，丹心耿未寒。乾坤藏姓氏，海岳判衣冠，更嘆空門裏，腥塵也易干。」又有與可立談時事二首，其一云：「壯心遵晦託禪關，把臂深談淚雨潸，騁望中原堪運掌，飛魂萬里繞燕山。」統觀以上諸詩及注，可見木陳門下之不以應召爲然也。寒香道人戴苍翁，亦受法木陳，續甬上詩四八，載其寶巖梅花絶句，有云：「休恨人攀折，其如隱不深，若於危嶂植，何處野蹤尋。」既矢冰霜節，應堅丘壑情，若移東閣去，斯負北山盟。」全謝山跋，謂：「此蓋爲木陳而作，以其應召入都也。」師有慚德於弟矣。苍翁又有禪頌云：「風落殘紅點翠蘋，白雲深鎖洞中春，不教一片隨流水，何處漁郎來問津。」亦與梅花絶句意同，皆歎修行之不可不密也。

同時粤僧弘贊，有與昂溪書，見木人剩稿二云：「空王風化，與法兄同歸；獦獠家鄉，與法兄同出。頃聞法兄修行不密，被人天子見知，此又因緣不偶，視弟才如枯櫟，跡類閒雲，相去天壤矣。」昂溪即玉林弟子茚溪森，木人不以茚溪應召爲然，自不以木陳應召爲然，蓋當時道俗，識大體者尚衆。惟木陳耄而好諍，自東甌庭決大杖後，亟欲藉新勢力排除舊勢力，不惜輕車一出，遂至聲名掃地，全謝山生數十年後，猶痛惜之。鮚埼亭詩集八有太白山中弔二公子詩，二公子，即西照、可立也。其中一首云：「密公高弟子，少亦不碌碌，所以兹山中，接踵來耆宿。記得甲申年，曾賦新蒲緑，一朝荷徵書，夜猿厭空谷。欲稱大薙師，新著朝天録，痛絶諸葛兒，隨車遭迫促。白圭險被污，素絲危見辱，高厚所照臨，誓難負幽獨。幸得脱身還，有淚已萬斛，終身西向戒，豈以長齋贖。空門亦易腥，殆哉此孤躅，方歎中司言，前知良以卓。」中司謂高玄若贈西照詩「更歎空門裏，腥塵也易干」也。

木陳在故國派中，既遭唾棄，在新朝派中，又有玉林與之相競，乃欲中傷玉林，而玉林不與諍也。順治出示玉林真容，頭戴青帽，此小節也，木陳以爲「從上佛祖，無此體制」，後超琦撰玉林年譜，雖辯之，然玉林當時不一辯也。黔僧燕居，與山暉有奪徒之事，見明季滇黔佛教考，而木陳與玉林亦有之，又不聞玉林一諍也。西河合集序十四，有蛤庵語録序，塔誌銘一又有蛤庵塔誌銘，略曰：「蛤庵詣天目參報恩（玉林），留枯木堂凡十年，報恩欲付師，而故有待也。會報恩赴召，攜師入京，每于御前問答，輒當聖意。既平陽（木陳）相繼赴召，師隨報恩歸，平陽欲留師不得。還山即覓師于湘湖之濱，出帝所賜金襴袈裟并白拂，手書列代源流于玉軸付師，師乃留平陽。報恩曰：『吾芻象十年，而衣纓在禁門，豈不足示天下觀哉！』」玉林之言如是而止，與山暉之連篇累牘，痛詈燕居者懸殊矣。蓋玉林性陰鷙，能忍辱負重，力行而不多言，邢、尹同時，尹非邢敵也。會有「還山不起御書樓」之頌，愈相形見絀，不得不起而掊擊玉林，百城集二十於是有寶奎説，其言曰：

「百丈大師建叢林，立清規，爲天下緇流萬世師表，其清規九章，首先祝釐。故住持日用之法，開堂必祝聖焉，朔望必祝聖焉，景命日必祝聖焉，萬壽千秋節必祝聖焉，凡所以惓惓屬意於國王者，豈佛若祖尚有寵榮在念，貪冒居心與！誠以我法孤行世間，前有三武之災，後有道君之厄，時而易僧爲德士，時而改寺爲神霄。即近而廣督上沙汰之章，輔臣下酌裁之議，一時僧衆惶駭，還家無路，填溝壑而死道途者，蓋不知幾千焉。於乎！使無佛心天子，則我法危亡若朝露矣。況叨九重延想，萬里馳誠，聖敬隆崇，奎章焕發，有不竭酬恩報德之懷者，是謂有目無心，又焉知佛祖嘿扶教法之至意哉！今之詇高僧者曰：忘榮謝寵，還山不建御書樓。噫嘻！使果榮忘寵謝乎？則山且不出，何有于還；御且不瞻，何有于書。故我先師密老人有言：貞觀嚮道，欲瞻風彩，上表遜謝，往還三四，引頸就刃，神色自若，吾敬道信大師。茅茨石室，累煩聖主，且請前行，我從別道，澡身淨髮，結跏趺逝，吾敬汾陽無業。休心息念，斷絶攀緣，賜紫及號，力陳昔誓，收付有司，恬然受刑，吾敬芙容道楷。此則忘榮謝寵之高僧也。若夫欲前且却，進退趦趄，既食其恩，還遺其德，則是陽爲忘榮謝寵，而實陰行其沽名弔譽之術矣。所以大覺懷璉，宋世高僧也，不没英廟手書；今之稱高僧者，未能企璉萬一，奈何欲陵駕而軼其上哉！或曰：國清百録非隋煬之御書乎？未聞天台智者有建樓之舉。況由唐遡漢，中間佞佛君王，與高僧往還章疏，不啻汗牛充棟，曷乎不樓？曰：此樓之所以不必也。在今法門衰替，曠典難逢，參之運會，酌諸時宜,權衡佛祖屬累祝釐之深衷,故凡大君之錫予,表而奉之,可懾魔外之心,可堅黎庶之信,故必樓而後可。其或眎同故紙,棄將若遺,自非洛邑頑民,皆名大不敬,而無天者也,奚其可,抑又奚其可哉!」

說作於康熙九年,危言聳聽,不減攻具德師弟之書,然其罪名,不過曰沽名弔譽而已。夫以不建御書樓爲沽名弔譽,則不啻承認建御書樓爲喪名失譽。而猶曰「可懾魔外之心,可堅黎庶之信」,何也? 黎庶云云,晝錦堂記所謂「庸夫愚婦」耳,非愛國有識之民衆也。號稱人天知識,僅取信於「庸夫愚婦」而已耶,無惑乎以「官舟所過,瞻敬皈依傾市井」,爲躊躇滿志也。以寶奎說之未足,同時復撰從周録,則所以革洛邑頑民之心,而消其細柳新蒲之感者也。從周録余未見,百城集十三有從周録序曰:

「魯論曰:『周監于二代,郁郁乎文哉,吾從周。』孔子之先,本殷人也,於殷周之際,獨無間言,何哉? 蓋踐周之土,食周之毛,不敢以商之支庶,自外周之臣民,而有越志也。伯夷唯不甘從周,故義不食周粟,餓死首陽山之下。乃司馬子長著伯夷傳,不知何據,述其作諷寫怨之詞。夫牧埜師陳,前徒戈倒,殷之土宇,已入周之版章矣,西山之薇,非周之薇乎? 采薇而食,苟延旦夕,與食周粟也奚辨? 吾是以知此詩非伯夷之詩也。然武王伐紂,雖曰勘亂,猶是殷之侯伯,乃一旦舉變伐大商之師,以芟夷其宗廟,此大蘇所以有武王非聖人之論也。向使殷之喪師，同於明之亡國，武王之王，同於世祖之興，則伯夷將彈冠入周，安事首陽清餓哉！乃世固有非宗臣，非國士，往往託首陽以自高，則已昧乎周清從違之義矣。復有圓顱方服之輩，尤而效之，祈博譽名，不亦大惑也與！夫薙染爲僧，當師佛說，善逝不云乎：『三界若空華，四生如幻夢』，以三界四生，悉皆業力所現，如夢中有境，覺後全無，故曰若人識得心，大地無寸土。爲佛之徒，不達唯心法界，而逐夢裏清明，則正眼已失，何以開鑿人天。且佛制，比丘不得爲君父報讎，正以此念纔興，則怨害相尋，無有窮已，三聚淨戒，豈不一時俱破。況承願示生，奠安海宇，光顯吾宗之佛心天子，奈何不懷德畏威，而貳爾心。此則非魔即魔所使，蓋假我衣裳，陰以破壞我法者，吾滋懼矣。故反覆論辨，直揭從周之義，即世流不敢問，將以曉吾徒，使泯其越志云爾。」

寶奎說專諍玉林，從周録則諍玉林兼諍繼起；寶奎說專諍僧人，從周録則諍僧人兼諍國士。曲解從周之義，排斥伯夷之詩，以殷爲明，以周爲清，而謂伯夷將彈冠入周也。昔錢謙益爲瞿稼軒撰浩氣吟序，全謝山譏其顔甲千重，然則木陳之爲從周録序也，不且顔甲萬重乎！章太炎葑漢昌言三有曰：「託於無執箸，故守節之志傾；託於無我慢，故羞惡之心沮，王維所以降犖山也。或曰：儒不有揚雄邪？曰黄門郎，下隸也，給事中，顯要也，新莽，諸夏也，犖山，胡虜也，雄尚當議，而況於維。」學道者應知所惕矣。雍正五年十二月硃批李衛奏摺，謂：「木陳係宗門罪人，伊之法派，何足爲貴。」嗚呼！以木陳之從周，而終膺「宗門罪人」之謚，知古昔之枉作小人者多也。此事並見吴振棫養吉齋餘録四。

三　善權常住諍

善權寺在宜興西南五十里善權山，齊建元中以祝英臺故宅建，唐會昌中廢，大中中復建。寺有雷書，有偃柏，境奇勝，宋名廣教禪院。嘉定間撫幹陳宗道，施貲入寺，買田常住，殁後立檀越木主於寺側，每年忌日一祭，是爲陳祠。明改院爲善權寺，清初百愚斯爲住持，頗有增拓。百愚洞上人也，康熙四年寂，即塔寺後，嘗見百愚語録，有陳其年序，略曰：

「吾見今之執拂而踞上座者矣，其上者剽竊古德傳燈，單文隻字，支離撏撦，嚼蠟捕風，輒揚揚然詡於人曰：我臨濟嫡傳也。是與王謝家不慧子弟，專以門閥上人者何異。甚或牽綴權勢，憑藉貴游，攫人之田廬而魚肉之，猶曰我爲祖塔司糞除也，五宗嚴支派也。識與不識，無不從而嘔噦之，聞禪師之風，亦庶幾自媿矣。余涉秋行國山道中，憩善權寺門松巷，屈指疇昔，則禪師既寂，即寒松亦席不暇暖他徙。問其寺，則已爲豪有力者主之矣；問寺中一二病僧，暨當日老道人，皆鳥獸竄矣。驚飈所及，林無靜柯，俛仰之間，能無慨然於中乎！因至師塔下汲澗水一盂而飲之，風霜刻轢，泉香而石瘦，則猶能想見師之爲人。」末署荆溪法弟子陳維崧拜撰。

寒松智操，百愚弟子，有詩名，顧茂倫有孝曾選其詩爲方外英華，方坦庵拱乾亦曾選其詩爲拈來草行世。康熙十年，繼席善權，十二年九月，拂衣而去。此序蓋作於寒松去後，序中所謂豪有力者，即大覺國師玉林琇也。先是龍池幻有傳剃度師樂安塔亦在善權，玉林以保護祖塔爲名，欲據善權而有之，排除洞上勢力，此諍之所由起也。序中所云「爲祖塔司糞除，五宗嚴支派」，即指此。寒松語録五有再住善權寺一則云：

「師因有僧倚勢謀吞常住，上堂，僧占僧居，於今罕見，不是貪嗔出世，安能徧界縱横。所以從周録云：既得浙西之隴矣，又望荆谿之蜀焉。真如秦人之蠶食六國地，不盡不休也。今日看來，果然其事。任他誑求當道，約束有司，説是説非，分門分户，休言人不測，自是己難瞞。須識衲僧行處，如火銷冰，獅子遊行，不求伴侣，何必假豪貴之威權，壞法門之綱紀。大衆，善權若與之，縱彼貪心逾熾，不與之，增他嗔念益多。畢竟如何，但將冷眼觀螃蟹，看彼横行到幾時。」時癸丑九月十九日也。

寒松語録十一，又有指迷普説，凡二千三百餘言。略曰：「莫習狐假虎威之輩，盗名欺世之流，苞苴投刺，廣結豪貴，貪美食以適其口，占大厦以快其居。奪人之寺，曰我祖寺也，奪人之居，曰我祖居也，我宜繼之尸之，淩之轢之。殊不思自齊迄今，朝凡數易，代凡幾更，祖則祖於何人之祖，繼則繼於何人之後？況此并吞爲事，世之人亦未見之，安忍同爲圓頂方袍，盡行驅占，一時僧道，告訴無門。更可笑者，假借修樂庵塔，以爲入門之計，豈非謬之大謬者乎！然樂庵明季人也，生居顯親，去世顯親，非善權之僧也，其友吉庵讓塔，得入善權之由也。何得欺心欺世，無所不至。謀占天目，而天目緇素有揭；盗塟虞山，而虞山遠近有檄；彊僭龍池，而龍池護法出書以責之，平陽和尚刻從周録以罪之。今又并吞善權，山僧上堂鳴鼓而攻之，道房出王林吞謀善權説以誅之，是不約而同者也。至於十載不拈香，貳心待帝主，不認剃度之敏然，勒行九拜之朝儀，此數事更有公論。正是戒律不必持，定慧不必習，道德不必修，嗜慾不必去，豈特起叢林之害，真法門萬世之害也。諸兄弟倘或遲疑，更聽一偈：王林却繼緑林風，慣占叢林伐己功，天目虞山爲別業，善權地藏作行宫。長言大義何曾義，自謂孤忠却不忠，冒寵欺君人不識，法門也有此奸雄。」

玉林本以新朝勢力欺人，而寒松反責其貳心待帝主，冒寵欺君，與從周録同一聲口，何也？此正玉林與木陳不同之點，所以稱爲半新朝派也。天目緇素之揭，虞山之檄，龍池之書，道房之説，今皆不易得見，指迷普説幸附寒松語録以傳。然吾所見寒松語録，玉林玉字均闕點作王林，又時有挖空字句，猶想見國師當時氣勢。惟樂安既爲龍池剃度師，木陳亦龍池派下，與玉林同祖，寒松乃引木陳爲同調，以攻玉林，誰謂其爭派系耶，爭個人勢力耳！兩雄並立，木陳固無奈玉林何。然自指迷普説刊行，國師威嚴，業已掃地，吾人正不必問其孰是孰非也。

玉林既得善權，令其徒白松豐主席，豐乃以得善權之故智，復施於陳祠，先欲改爲方丈，陳氏不允，康熙十三年九月十八日，爲陳氏忌日公祭，耆長咸集，揖拜未已，寺中拳棍猝發，陳衆披靡而遁，豐遂焚其主，撤其宇。陳氏不能忍，復率衆蠭擁而至，舉火爇寺，可憐一炬，豐焚死。巡撫馬祐聞於朝，陳氏罹大獄，族長陳榜伏辜，衆始得釋。吾嘗以此事詢之荆溪宗人，至今猶有餘痛。

超琦撰玉林年譜，乃謂此事與三藩之叛有關。蓋凡一新勢力發生，舊勢力爲之推倒，必思乘時報復，此自然之理也。玉林年譜康熙十三年條，載：「冬十月，善權寺遭燬。師返浙時，善權院事，一付豐公主持。寺中天人師殿，號曰無塵，邑有陳邵二姓，恃族衆，向稱豪横，據無塵殿之後軒爲祠宇，歲烹割以祭，時豐公不許以血食汙殿。是年三藩叛亂，乘機盜劫者充斥，宜興與新安、寧國悉屬江南，信地相距無幾，時徽歙與寧國界限浙地，淳安、昌化、於潛咸爲叛寇所殘破。於是陳氏等聚族歃血，冀圖非分，遂白日火善權寺，以阻祠爲名，搶攘庫司方丈，發掘祖塔，縱火燬寺，殺僧衆幾十餘人。豐公遂領衆上殿，稱揚藥師如來。凶勢愈熾，豐公知不可免，曰：『我不能保護祖塔，有負師託。』遂展尼師壇，敷坐殉難。師聞信，即致書與藩臺云：『殺生不如放生，當依梵綱行之』；再手書并衣與龍池法姪天笠珍公，令瞻視樂安祖塔。時徽、寧諸處叛寇，王師至，已皆鼠竄。當事臺憲捕陳氏，惟爲首一二正典，餘悉罔究，實師以慈忍力活之」云。

吾不謂年譜之説，盡爲誣詞，且可見宗教與政治之關係。陳寅恪先生序明季滇黔佛教考，謂「宗教與政治，雖不同物，然終不能無所關涉」，此亦其一例也。善權燬後，明年八月，玉林遂寂，玉林之寂，實緣於此。續指月録玉林傳言：「龍池傳祖剃度師樂和尚塔，在宜興善權，傾毀日久，師命豐首座督修，土人搆禍燬寺，豐罹回禄。師聞，盡屏參侍，不食粒米，自荷衣單出遊，渡江而北，至孫居士家，改號無住，命士作偈，送隱東海，至清江浦慈雲庵，示微疾而逝。」孫居士即孫孝則宗彝，續指月録曾經其論定，其言當可信據。玉林蓋避叛軍，倉皇北遁，改號匿於其家，危懼以至於死也。新勢力之不可恃如此。四安樂行品以不得親近國王大臣，爲説法者誡，豈不然哉，豈不然哉！

陳其年迦陵文集三寒松禪師指迷録序云：「西方之教，其精微吾不得而知也，其觕者大抵均物我，齊得喪，眎世間一切資生之具，凡可忻可羡之屬，一毫不以動其中。其徒之賢愚，吾又不得而知也，其人能薄滋味，惡衣服，忘身窘形，抑性克欲，在彼稱之曰賢。觀於今，乃有大異乎吾所聞者。吾荆溪奇秀甲江左，巖壑之巉削，則張公、善權爲最，而善權尤以寺名。始吾游國山煙寺之間，石之色蒼然，泉之味泠然，松柏之離立者落落然。窺其水旱之洞，悄然窈然，酌茗於三生之堂，捫雷書所鑱刻處，若怒犀駭兕之不受縛，而思壞牆屋以自絶也。日下舂，一宿於道院始去。及吾再至善權，而山林晦冥，鳥獸悲嘷，求一二零甎敗甋於荒榛灌莽間不可得，蓋寺之墟也久矣。噫，甚矣哉！則誰爲之也，此固嚮之所謂人天帝釋者也，此固挾才角力，思攫福地而有之者也。吾常憫夫欺凌攘奪之習，思逃於西方寂滅之鄉以自適，顧其所爲若是，吾又安歸也夫。寒松和尚懼世之誹謗佛教者，以是人爲口實也，不得已有指迷一編，冀存其教於永永焉。雖然，從來廢興成敗之數，莫不有物焉以相之，是役也，庸詎非盛名之不可久盜，而天爲暴其跡於天下乎？抑釋名而跖行，固山靈所不樂與居也，則一炬也，安知非山光水色助之焰，而自爲湔洗乎？則是人也，即不謂之迷也亦宜。」

始吾未見寒松録，不知序中所云是人者何人，繼而知爲玉林，則又瑟然驚，嗒然若喪也。嗚呼，所謂新朝國師者，固如是乎！以若所爲，誠足以退人善根，阻人向上者也。木陳若是，玉林又若是，安歸之歎，吾與其年有同感焉。夫二人者，性格似絶不同，然藉新勢力以欺壓同儕，則並無二致。所以彼此謗書皆盈束，非至死而諍不息也。

懋勤殿檔有乾隆八年閏四月諭旨一道，略云：「昔我皇考雍正十一年八月內，以玉琳、茆溪法嗣不昌，命超盛、超善、超鼎三人嗣茆溪後，十三年閏四月，續以超海、超源、超廣、超成四人嗣焉。乃超善者，忽於今年潛至京師，船插黃旗，書寫『奉旨進京』字樣。事發，查得超鼎等往來字跡，有謂『法道凌夷』，有謂『天語稀聞』，又謂『道不同不相與謀，當此時只宜退不宜進』，種種怨望之言，難以枚舉。甚至超海畏罪自經，羞辱法門已極，伊等有何性急，不過俗情塵狀，以帝王外護爲榮，如此污濁心行，可惜皇考當年一番眉毛拖地。夫必以帝王宰官之隆重，爲佛法之興，是何佛法耶！當日玉琳、茆溪在皇祖時，僧行峰紀録內廷語言，以爲世榮，皇考深惡其人，斥出玉琳派下，此已行之成例也。今超善、超鼎、超海等，詐稱詔旨，大妄語成，怨恚觖望，貪嗔並發，甚至破佛戒律，自戕其身。每將皇考時承恩之處，誇耀於人，漏洩禁中言語。學爲詩文，以結納士大夫，顯悖皇考當日聖訓。茲三人者在佛法爲宗門之敗種，在世法則爲梗化之頑民，皇考若在今日，亦必重治其罪。爲此特曉示天下宗徒，並令超善、超鼎、超海斥出茆溪派下，不得敘入『超』字輩內。在京在外諸紫衣僧，須以三人爲戒。特諭。」趙孟所貴，趙孟能賤，誠哉！超善、超鼎、超盛者，雍正十一年御選當今法會，沙門羽士六人中之三人也。法嗣不昌，帝爲立嗣，其結果如此，帝力果足續佛慧命乎，續佛慧命果賴於帝力乎？則前此所諍皆幻也。

記餘

或曰：右十章所諍，不論爲濟、洞，爲天童、三峰，皆爲門户勢力諍也。夫天童、三峰之諍，初不爲門户勢力，然則清初僧諍，亦有爲宗旨學説者乎？曰有。宗統編年康熙廿六年條，曾大書夾山與天寧法諍矣。曰：「夾山天笠珍住南礀時，有一居士從南礀往靈隱參碩揆志，問女子出定公案，志答之，而珍别其語，傳至維揚，天寧雪悟思晚參舉而評之，珍聞而上堂批摘思，思因出正辯録，珍出杜邪説。祥符蔭曰：碩揆之答出定語，雖未必言中有響；天笠之别，豈能句下無私；雪悟之舉，亦非黨親不黨理者，正辯、杜邪之出，均之過矣。法門以無諍爲宗，行道當先忘我見，雖曰爲法，實未忘情，不能不爲之扼腕也。」蔭爲繼起孫，思爲具德孫，志爲具德子，皆所謂三峰派也。珍爲箬庵問子，天隱修孫，天隱亦素反對漢月者，見天隱語録十三答三峰漢月藏公書。則珍、思之諍，雖爲學説，仍門户之見也。

有不爲門户勢力諍者，翁山文外九書嘉興三進士傳後，言：「熊魚山國變爲僧，嘗過孝陵不拜，有問先生故名臣也，何以見高皇帝不拜，豈非無禮於君乎？魚山曰：佛之道，君父拜之，于君父不拜。」此一事也，嚴修能元照記之尤詳，蕙櫋雜記言：「熊公開元，國變爲僧，一日攜侶遊鍾山，有楚僧石谿者獨不往。及熊歸，石谿問曰：若輩今日至孝陵，如何行禮？熊愕然，漫應曰：吾何須行禮。石谿大怒，叱罵不已。明日熊謁石谿謝過，谿又罵曰：汝不須向我拜，還向孝陵磕幾個懺悔去。」此道義之諍也。石谿名髡殘，武陵劉氏子，住金陵牛首寺，以畫名。亭林詩集二，恭詣孝陵後、同楚二沙門詩：「落日照金陵，出郊且相羊，客有五六人，鼓枻歌滄浪，盤中設瓜果，几案羅酒漿。上坐老沙門，舊日名省郎，曾折帝廷檻，幾死丹陛旁，南走侍密勿，一身再奔亡。復有一少者，沈毅尤非常，不肯道姓名，世莫知行藏。其餘數君子，鬚眉各軒昂，爲我操南音，未言神已傷。」省郎下注熊君開元，少者下注釋名髡殘，蓋即石谿也。此遺民僧之諍遺民也。

有以遺民僧諍遺民者，續甬上詩六二，深柳堂長朱釴詩云：「三月十九日，與友人談及澹歸貽梅村詩有感，和其原韻：五十年來屈指思，眼前白髮昔嬰兒，乾坤顛倒忘初位，日月沈埋異昔時。十郡喪心甘置酒，一僧冷眼獨吟詩，與君重洒新亭淚，話到傷懷欲碎卮。」注：「吳梅村於三月十九日，集十郡名士，置酒於鴛湖，席半有僧緘詩投入，啓視，一坐失色，訪之知爲澹歸所作。澹公原名堡，金姓，字道隱，庚辰進士，永曆後爲僧。」原詩云：「十郡名賢請自思，座中若箇是男兒，鼎湖難挽龍髯日，鴛水爭持牛耳時。哭盡冬青徒有淚，歌殘凝碧竟無詩，故陵麥飯誰澆奠，贏得空堂酒滿卮。」是亦道義之諍也。然續甬上詩六三，全北空吾麒亦有和詩，而未指爲道隱作，北空，謝山大父也。詩云：「聞中吳於國難日集十郡名士合舉大社，有頭陀以詩嘲之，步其原韻：湘江千載翠華思，今日衣冠愧女兒，寒食禁煙原有節，杜鵑啼血更何時。黄冠未死遺民種，白社慚收嫁婦詩，一十五朝勤養士，何當消盡一春巵。」雖未明指爲澹歸，然既曰頭陀，則其爲遺民僧必矣。此遺民僧之諍遺民也。

又有以遺民而諍遺民僧者，如黄梨洲兄弟之諍遺民僧，其諍爲更有意義，述僧諍已，應並及之。鮚埼亭集十一梨洲神道碑云：「公多碑版之文，其於國難諸公，表章尤力。至遺老之以軍持自晦者，久之或嗣法上堂，公曰：是不甘爲異姓之臣，反甘爲異姓之子也。故其所許者，祇吾鄉周囊雲一人」云。囊雲周齊曾，見御書樓章。鮚埼亭集外編二五周囊雲集序，言：「囊雲逃禪而不肯上堂嗣法，高檗庵所以序之詳矣。當時如林閣學增志，方閣學以智，熊給事開元，皆逃禪之最有盛名者，然不能不爲君子所譏，囊雲夐乎上矣。」檗庵高宇泰，原序見四明叢書四集。林增志，崇禎元年進士，僧名行幟，號法幢，石奇雲嗣。

竊嘗疑之，嗣法上堂，僧伽本色，遺民逃禪，梨洲何惡其嗣法上堂，則御書樓章曾言之矣。曰：「百丈大師建叢林，立清規，首先祝釐。故開堂必祝聖焉，朔望必祝聖焉，萬壽千秋必祝聖焉。」夫遺民逃禪，爲不甘臣異姓也，今開堂必祝聖，所祝何聖，甲申以後，猶可云祝弘光、隆武、永曆也；永曆而後，所祝何聖！聖而可祝，何異木陳之從周，髠髮染衣胡爲乎！此梨洲所痛心，而不便明言者也。當宋室全盛及南渡，君相皆崇尚三寶，其時尊宿多奉勅開堂，故有祝頌之詞，帝王之道，祖師之法，交相隆重，理固然也；今非其時，而依然撾鼓白椎，拈香祝聖，不幾爲木陳輩所竊笑耶！梨洲斥爲七怪之首，有以也。

尤有甚者，結交貴游，出入公庭，如澹歸晚節之所爲，則不如即反初服之爲愈矣。續甬上詩三九，載黄晦木閱澹歸語録詩序云：「澹歸名今釋，故給諫金道隱也，從亡西南，其大節多可觀。行朝嫉之，以杖戍遣，遂祝髮爲僧，竟忘所自，但成一領衆募緣俗漢而已。閱其徧行堂集，尤爲濫惡不堪。使道隱逃禪，而不受源流，不開堂營建，豈非千秋義士。即以若所爲，而無此語録，作彼供狀，傳之後日，或疑是雪庵之徒，朦朧影響，令人可思。今則一誤再誤，使前此之苦節，雲飛煙燼，不足觀也已。天下之因好名而自敗其名者，皆澹歸之語録乎！鍼神補綴苦辛勤，無縫天衣穩稱身，感慨流連懷故國，趨炎附勢媚時人。詩文撮合爛朝報，凡例差排新搢紳，畢竟西山採薇曲，武成未可一齊陳。」雪庵，建文從亡僧。鮚埼亭集十四，載天多老人楊秉紘言：「近聞澹歸晚節稍委蛇，諸公可爲我審之，如其果也，則其人可絶，如不然，莫妄言。」邵廷采西南紀事七，亦言：「堡爲僧後，嘗作聖政詩及平南王年譜，以山人稱頌功德，士林訾之。」今所傳徧行堂續集二，有某太守，某總戎，某中丞壽序十餘篇，卷十一有上某將軍，某撫軍，某方伯，某臬司尺牘數十篇，覩其標題，已令人嘔噦。鮚埼亭詩集十肇慶訪故宮云：「辛苦何來笑澹翁，徧行堂集玷宗風，丹霞精舍成年譜，又在平南珠履中。」注：「丹霞精舍在南雄，予嘗謂澹歸在五虎中，本非端士，不待爲平南作年譜而始一敗塗地也」云云。則晦木之譔澹歸，又有以也。然則遺民逃禪者，必如何而後可？曰：宙亭詩集十九初夏詩注，言：「東塔僧某，刻一印，取東坡句，名其堂曰病不開堂。」堂且不開，何有歌頌功德之事，若是，庶可免梨洲兄弟之譔也夫。或謂梨洲晚節，亦頗頹唐，爲晦木所不滿，此則遺民之譔遺民，非本篇範圍所及矣。

徵引書目略

五燈嚴統
五燈會元續略
五燈全書
佛祖通載
法門鋤宄
續指月録
宗統編年
禪燈世譜
濟宗世譜
漢月藏年譜
行峰撰玉林年譜
超琦撰玉林年譜
湛然澄語録
天隱修語録
覺浪盛語録
費隱容語録
石奇雲語録
百愚斯語録
蔗庵範語録
俍亭挺語録
雲外澤語録
寒松操語録
水鑑六會語録
拙庵電光録
木人剩稿
靈峰宗論
布水臺集
北遊集
百城集
嬾齋別集後集
靈巖樹泉集
偏行堂續集
離六堂集
宙亭詩集
亭林詩集
南雷文案文定文約
南雷詩曆
薑齋詩話
桴亭詩鈔
確庵詩鈔
居易堂集
杲堂文鈔
牧齋有學集
列朝詩集
翁山文外
梅村家藏稿
迦陵文集
漁洋南海集

蠶尾集
西河合集
遂初堂別集
鮚埼亭詩文集
道古堂集
林間録
石門文字禪
避暑録話
山庵雜録
衎石齋記事藁
婁東十子詩選
續甬上耆舊詩
續檇李詩繫
丁傳靖明事雜詠
無依道人録
廣陽雜記
居易録
分甘餘話
援鶉堂筆記
蕙櫋雜記
養吉齋餘録
婁東耆舊傳
西南紀事
康熙荊州府志
康熙紹興府志
天童寺志
靈隱寺誌
雍正硃批奏摺
懋勤殿檔

後　記

一九四一年，日軍既佔據平津，漢奸們得意揚揚，有結隊渡海朝拜、歸以爲榮、誇耀於鄉黨鄰里者。時余方閲諸家語録，有感而爲是編，非專爲木陳諸僧發也。今因重印，特説明此點，識者諒焉。

陳　垣識　一九六二年三月

〔一九四一年發表於輔仁學誌第九卷第二期。此據一九六二年中華書局本排印。〕

陳垣全集之二十九

南宋初河北新道教考

安徽大學出版社

内容提要

南宋初河北新道教考是作者在抗日戰爭時期繼明季滇黔佛教考之後所寫。叙述宋遺民義不仕金，聚徒訓衆，自謀生活，先後創立全眞、大道、太一三教，因不屬以前道教，故名之為新道教，當時在河北一帶，有很大影響。

書中對三教之起源、發展及其活動情況，根據散見于碑刻和諸家文集的資料，加以考核分析。三教創立之初，本為不仕新朝，頗具民族氣節，故作者借此題材以諷當世，並供研究道教歷史及宋金元史的參考。

全眞教傳授源流表

以本文所及者爲限，授受不明者仍闕。

- 王　喆重陽
  - 馬　鈺丹陽
    - 于志道洞眞——李道謙天樂——孫德彧開玄
    - 楊明眞碧虛——李志遠無欲
  - 譚處端長眞
  - 劉處玄長生
    - 于道顯離峰
      - 孫伯英
      - 王志明
    - 崔道演眞靜
      - 張志偉天倪
      - 王志深
  - 丘處機長春
    - 尹志平清和
    - 李志常眞常
      - 張志敬誠明
      - 樊志應重玄
    - 王志坦淳和
    - 宋德方披雲
      - 祁志誠洞明
      - 秦志安通眞
      - 申志貞洞元
    - 李志全純成
  - 王處一玉陽

- 李志方重玄
  - 霍志眞寂然
- 陳志益重顯
- 劉道寧眞常
  - 褚志通伯達
- 房志起沖虛

- 郝大通廣寧
  - 范圓曦玄通
  - 王志謹棲雲
    - 徐志根洞陽
      - 孫履道明德
    - 張志信逍遙
    - 姬志眞知常
- 孫不二清淨

全眞教歷任掌教表

稱歷任不稱歷代，說見末流貴盛章。

姓名	號	籍	卒年或掌教時代	壽數
王喆	重陽	咸陽	金大定十庚寅卒	五八
馬鈺	丹陽	寧海州	金大定廿三癸卯卒	六一
譚處端	長眞	寧海州	金大定廿五乙巳卒	六三
劉處玄	長生	東萊	金泰和三癸亥卒	五七
丘處機	長春	登州	元太祖廿二丁亥卒	八十
尹志平	清和	萊州	元憲宗元辛亥卒	八三
李志常	眞常	開州	元憲宗六丙辰卒	六四
張志敬	誠明	安次	元至元七庚午卒	五一
王志坦	淳和	湯陰	元至元九壬申卒	七三
祁志誠	洞明		元至元三十癸巳卒	七五
張志僊	玄逸		元至元卅一至大德六	

苗道一	凝和			元至大三
孫德彧	開玄	眉山	七九	元至治元辛酉卒
藍道元				元至治二
孫履道	明德			元泰定元二
苗道一	凝和			元天曆二至元統元
完顏德明	重玄			元元統三

王重陽生宋政和二年壬辰，卒金大定十年庚寅正月四日，壽應五九。因其庵壁留題，有「害風害風舊病發，壽命不過五十八」之句，解者謂是年閏五月，正月十一日始立春，故止五十八也。

又丘長春卒丁亥，翌年戊子七月大葬，王靜安西遊記校注序云「庚寅七月大葬」，蓋因記末有「戊子四月上丁，除地建址，歷戊己庚」句而誤，此戊己庚指日非指年，陳時可處順堂會葬記可證。道教源流四鞠志圓傳，改爲「歷己庚三年」，亦誤，並正於此。

大道教祖師傳授表

*者三代疊出，詳疊出稽疑章。

世次	姓名	號	籍	卒年	壽	行教年	附注
初祖	劉德仁	無憂	滄州	金大定二十	五九	三八	宣和四年生
二祖	陳師正	大通		金明昌五		十五	
三祖	張信眞	沖虛		金興定二	五五	二五	著玄眞集
四祖	毛希琮	體玄		金元光二	三八	五	
五祖	酈希成	太玄	嫣川	元憲宗九	七八	三六	
六祖	孫德福	通玄		元至元十	五六	十五	
七祖	李德和	頤眞		元至元廿一		十二	曾遇焚經厄
八祖	岳德文	崇玄	涿州	元大德三	六五	十六	
*九祖	趙			元大德六			二趙一鄭五
*十祖	趙			元大德七			年間相繼歿
*十一祖	鄭進元	明眞	永嘉	元大德十一			
九祖	張清志	玄應	乾州	泰定二未卒		十九	

太一教祖師傳授表

世次	姓名及本姓	字	號	賜號	籍	卒或謝事年	壽及掌教年
初祖	蕭抱珍			一悟	衛州	金大定六	六十？二八？
二祖	蕭道熙　韓	光遠		重明	衛州	金大定二六	二一
三祖	蕭志沖　王	用道	玄朴	虛寂	堂邑	金貞祐四	六六　三一
四祖	蕭輔道	公弼	東瀛	中和	衛州	元憲宗二	三七
五祖	蕭居壽　李	伯行	淳然	貞常	汲縣	元至元十七	六十　二九
六祖	蕭全祐　李			純一	洺水	元延祐五？	九十？三九？
七祖	蕭天祐　蔡			崇玄			

？是假定，蕭抱珍卒於金大定六年丙戌，假定年六十，則生於宋大觀元年丁亥也。

南宋初河北新道教考卷一

全眞篇上

全眞教之起源第一

元史釋老傳，分道家爲四派：曰全眞，曰正一，曰眞大道，曰太一。正一天師爲宋以前道教舊派，全眞等爲宋南渡後河北新創三教。全眞史料，所在皆有，與大道、太一不同。余昔纂道家金石略，曾將道藏中碑記，及各家金石志、文集，並藝風堂所藏拓片，凡有關道教者，悉行録出，自漢至明，得碑千三百餘通，編爲百卷，顧以校讐不易，久未刊行。其金及元初部帙，十之一屬道教舊派，十之二屬大道、太一，十之七皆屬全眞，元併江南，始有正一諸碑，與全眞對峙，然河北大部仍屬全眞也。故今考全眞，即以此書爲基本史料，祇患選擇不精,考訂不審,組織不密,不虞史料闕乏也。且前有甘水仙源録,祖庭内傳,近有長春道教源流,皆全眞舊史,足供參證。惟諸書爲傳記體,吾今所述,略仿紀事本末之意,各有微尚,不相因襲焉。若大道、太一史料少,則不盡能拘一體也。

全眞之初興,不過「苟全性命於亂世,不求聞達於諸侯」之一隱修會而已。世以其非儒非釋,漫以道教目之,其實彼固名全眞也,若必以爲道教,亦道教中之改革派耳。王惲秋澗集五八,奉聖州永昌觀碑云:「後世所謂道家者流,蓋古隱逸清潔之士,巖居澗飲,草衣木食,不爲軒裳所羈,不爲榮利所怵,自放於方之外,其高情遠韻,凌煙霞而薄雲月,誠有不可及者。自漢以降,處士素隱,方士誕誇,飛昇煉化之術,祭醮禳禁之科,皆屬之道家,稽之於古,事亦多矣,徇末以遺本,凌遲至於宣和極矣。弊極則變,於是全眞之教興焉,淵靜以明志,德修而道行,翕然從之,實繁有徒。其特達者各潛户牖,自名其家,耕田鑿井,自食其力,垂慈接物,以期善俗,不知誕幻之説爲何事,敦純樸素,有古逸民之遺風焉。」以逸民名初期之全眞,誠得全眞之眞相。

甘水仙源録二有東平徐琰撰郝宗師道行碑,郝即王重陽弟子郝大通。徐號容齋,嚴實領東平行臺,招諸生肄古業,迎元遺山校其文,預選者四人,徐爲其一,至元末,拜翰林學士承旨。元詩選癸之乙選其詩,稱爲徐承旨琬,刊本避嘉慶諱也。碑曰:「道家者流,其源出於老莊，後之人失其本旨，派而爲方術，爲符籙，爲燒鍊，爲章醮，派愈分而迷愈遠，其來久矣。迨乎金季，重陽眞君，不階師友，一悟絶人，殆若天授，起於終南，達於崑嵛，招其同類而開導之，鍛鍊之，創立一家之教曰全眞。其修持大略以識心見性，除情去欲，忍恥含垢，苦己利人爲之宗。老氏所謂『知其雄守其雌，知其白守其黑，知其榮守其辱』，『爲道日損，損之又損，以至無爲』。莊生所謂『游心於淡，合炁於漠』，『純純常常，乃比於狂』，『外天地，遺萬物』，『深根寧極』，『才全而德不形者』，全眞有之。老莊之道於是乎始合，重陽唱之，馬譚劉丘王郝六子和之，天下之道流祖之，是謂七眞，師其一也。」全眞不尚符籙燒鍊，而以忍恥含垢苦己利人爲宗，此遺民態度也，謂其合於老莊，殆遁而之老莊耳。重陽起自金初，郝大通卒於金季，今謂重陽起於金季，偶失詞耳。

虞集道園學古録五十，非非子幽室志云：「昔者汴宋之將亡，而道士家之説，詭幻益甚，乃有豪傑之士，佯狂玩世，志之所存，則求返其眞而已，謂之全眞。士有識變亂之機者，往往從之，門户頗寬弘，雜出乎其間者不可勝紀。而澗飲谷食，耐辛苦寒暑，堅忍人之所不能堪，力行人之所不能守，以自致於道，亦頗有所述於世。爲其學者，常推一人爲主，自朝廷命之，勢位甚尊重，而遡其立教之初意，同不同未可知也。」道園生較晚，目睹全眞末流之貴盛，而疑其與立教之初意不同，洵稱卓識！末流貴盛，後章詳之。立教之初，本爲不仕新朝，抱東海西山之意，何期化民成俗，名動公卿，束帛蒲車，相將巖壑哉！道園之所懷疑者此也。

終南山重陽宫有金源璹撰全眞教祖碑，凡二千六百餘言，見金石萃編一五八。又有劉祖謙撰重陽仙跡記，碑高丈餘，寬五尺，二十六行，行五十九字，萃編未載，其略曰：「終南山重陽祖師，始業儒，卒成道，凡接人初機，必先使讀孝經、道德經，又教之以孝謹純一，其立説多引六經爲證。在文登、寧海、萊州，嘗率其徒演法，建會者五，皆所以明正心誠意、少思寡欲之理，不主一相，不居一教也。師咸陽人，姓王氏，名喆，字知明，重陽其號。美鬚髯，目長於口，形質魁偉，任氣好俠，少讀書，係學籍，又隸名武選。天眷初，以財雄鄉里，歲饑，人多殍亡，有盜盡劫其資，一日物色得盜，終不之問，遠近以爲長者。正隆己卯，忽遇至人於甘河，以爲可教，密付口訣，又飲以神水，自是盡斷諸緣，同塵萬有，佯狂垢汙，人益叵測。嗚呼！箕子狂，九疇叙，接輿狂，鳳歌出，權智倒，橫直豎，均於扶世立教，良有以也。後於南時村掘地爲隧，封高數尺，榜曰活死人墓。又於四隅各植海棠一株，曰吾將使四海教風爲一家耳，三年復自實之，遂遷於劉蔣。大定丁亥夏，焚其居，人爭赴救，師婆娑舞於火邊，且作歌以見意。詰旦東邁，徑達寧海，首會馬鈺於怡老亭，馬亦儒流中豪傑者，與其家人孫氏，俱執弟子禮。又得譚處端，劉處玄，丘處機，王處一，郝大通等七人，號馬曰丹陽，譚曰長眞，劉曰長生，丘曰長春，王曰玉陽，郝曰廣寧，孫曰清靜散人，並結爲方外眷屬。己丑季秋，留王郝於崑崙山，携四子西歸，抵汴，寓王氏逆旅。無何，呼丹陽付密語，無疾而逝，春秋五十有八。四子歸其柩，葬於劉蔣故庵之側，丹陽廬於墓次，今之祖庭是也。有詩詞千餘篇，分爲全眞前後集，傳于世。若其出神入夢，擲傘投冠，騰凌滅没之事，皆其權智，非師之本教，學者期聞大道，無溺於方技可矣。天興元年九月，翰林修撰同知制誥劉祖謙謹記，安西王府文學姚燧，以至元丙子中秋日書并題額。」文撰於金天興元年壬辰，書題於元至元十三年丙子，相距四十五年矣。祖謙金元史無傳，名見中州集五，字光甫，安邑人，金承安進士，家多藏書，金石遺文略備，一時名士，皆遊其門云。閲此則全眞教之起源大概可知矣。

教徒之制行第二

全眞家之制行不一端，大抵以刻苦自勵，淡泊寡營爲主，故能保西山之節，不然，鮮不靦面向人，敗名隳行，以殉世俗之慾矣。甘水仙源録九載溪南詩老辛敬之願撰陝州靈虚觀記有曰：「今所謂全眞氏，雖爲近出，大能備該黄帝、老聃之藴，涉世制行，殊有可喜者，其遜讓似儒，其勤苦似墨，其慈愛似佛，至於塊守質樸，澹無營爲，則又類夫修混沌者。異於畔岸以爲高，黠滑以爲通，詭誕以爲了，驚聾眩瞽，盗取聲利，抗顔自得，而不知愧恥者遠甚。間有去此而即彼者，皆自其人之無良，非道之有不善也。」

元遺山集三五朝元觀記亦云：「予聞黄老家黜聰明，去健羡，前賢以爲大概與易道何思何慮者合。自年少氣鋭者觀之，往往以惰窳不振爲嫌，及更事既多，閲得喪休戚益熟，乃稍以淡泊之言爲有味，迴視世好，若芻豢之悦其口者，或厭而唾之矣。况乎執兵凶器，行戰危道，奮迅於風塵之隙，而角逐於功名之會，伏尸流血，僅乃得之。大方之家，方以拱璧駟馬，不如坐進此道，彼功定天下之半，聲馳四海之表，且不能滿渠一笑，其下者當置之何地哉。故雖文成君之豪傑，一旦自視缺然，願棄人間事，絶粒輕舉，以從赤松子游，非自苦也。」觀爲崞山軍節度閻德剛所創建，請記者梁辨疑，爲孫仲陽高弟。石在崞縣，現存，山右石刻叢編廿四跋，謂「閻侯之孫名仲陽」，誤也。

全眞家言行散見於道藏全眞家語録及碑銘者，言不雅馴，不盡可誦。今節採事實文章可觀者以例其餘，其語涉虚渺者仍不録也。仙源録一載王利用撰馬丹陽道行碑，碑在終南重陽宫，現存。王利用，元史一七〇有傳。「師謂門人來靈玉曰：『世所稱衣服舊弊重修潔者何名？』曰：『拆洗。』師曰：『東方教法，年深弊壞，吾當往拆洗之。』遂以關中教事付丘長春。東歸過濟南，有韓淘清甫者慕康節之爲人，所居號安樂園，禮師乞垂開發。師曰：『夫道以無心爲體，忘言爲用，柔弱爲本，清淨爲基。節飲食，絶思慮，靜坐以調息，安寢以養氣，心不馳則性定，形不勞則精全，神不擾則丹結，然後滅情於虛，寧神於極，不出户庭，而妙道得矣。』」此馬丹陽之訓也。

秋澗集五六尹志平道行碑云：「四方學者輻湊堂下，歸依參叩，于于而來。師摘要訣誨之曰：『修行之害，食睡色三欲爲重，多食即多睡，睡多情欲所由生，人莫不知，少能行之者。必欲制之，先減睡欲，日就月將，則清明在躬，昏濁之氣不生，向上達者，率自此出，人徒知從心爲快，不悟制得此心，有無窮眞樂也。』」此尹志平之訓也。

元遺山集三八長眞庵銘云：「淮安張澤之爲予言，福昌之東韓城，長眞譚公舊隱之跡在焉，其徒王志明者葺居之，名之曰長眞庵。志明初隸唐州營卒，在諸類中獨以性行見稱，其主獄囚，有矜憫之實，飢飽寒暑每爲調護之。既久轉將領，貲産亦厚，一旦與道人語，慨然有高舉遠引之意，即棄家入道。其子追及于襄城，泣拜請還，志明確然不移，遂入崧山，師事紫虚于大師，及即僊翁積年。避壬辰之兵，東之海濱，亂定還洛陽，築環堵于韓城居之，道俗歸向，以爲堅坐六年，非世人所能堪，乃即譚所居而奉之。今年過八十，神觀殊未衰，目光炯然，人望之知爲有所養者，長眞爲得人矣，幸吾子爲之銘。澤之予舊交，其言可信不妄，乃參用溪南詩老辛敬之之語爲作銘」云。此王志明之行也。

姬志眞雲山集七開州神清觀記云：「張志信，號逍遥子，彰川人。賦性剛決，芥視塵累。貞祐南遷之亂，居民嘯聚，互相攻剽，先生慮禍所及，以身爲大患，自逸而之深山窮谷，思所以出世之方，而未得也。聞棲雲王老師開道盤山，方來之學道者多從之，遂不遠千里，趼足往覲其所以，久之獲預席下，鄭重參謁，曾無少怠，曲盡其妙，辭師下山，鶉居鷇食，心之所存，非向之有我者之能爲也。特以天地爲蘧廬，形骸爲逆旅，衣絮帶索，面垢首蓬，歲時寒暑之易，其志不變。若有人之形，而無人之情，視塵物之往來，人事之膠擾，猶鳥雀蚊虻之過乎前，未嘗介意。蓋塗隙守神，藏身深眇，而得其所謂大本大宗者歟！世以跡觀之，特見其制行清苦而人不堪，庸詎窺其閫奥哉！」此張志信之行也。吾人讀逸民傳、高士傳，見其飄然遠引，輒心嚮往之，以爲古人不可及，豈知運會所趨，精英自出，要有大力者爲之登高而呼耳。

姚牧庵集三十有太華眞隱褚君傳，褚名志通，劉道寧眞常弟子，丘長春再傳也。今以仙源録八校之，曰：「靈臺眞隱褚君，幼業儒，長遭時艱，求所以託焉而逃者，寄跡老子法中，受學劉眞常，棲遲不在城邑，多名山中，後由眞常主華陰之雲臺宫，始從之西。眞常逝，徙上方，上方天下之絶險，自趾望之，石壁切雲霄，峻削正矗，非恃鐵絙，不得緣縋上下，將至顛，下臨壑谷，深數里，盲煙羃翳其中，非神完氣勁，鮮不視眩而魄震，君負食上下自給，如由堂適奥，嬉然不爲艱。薄寒則上下負食益勤，爲禦冬備，一歲偶未集，冰雪塞山門，計廪餽得當冬之半，始服氣減食爲胎息，遠或數日一炊。明年山門開，弟子往哭，求其屍，見步履話言，不衰他時，方神其非庸人。伺下山，止之曰：『不可復往也已。』君難逆其請，又屏弟子獨居，或勸宜留一人自佐，曰：『吾居此樂，彼居此戚，所安先不同，猶强而留之，能勉期月之外，要終相棄否。』亦有他土樵人獵夫適山，初未聞君爲何人，責之具炊，寢則假榻，甚者易而詬咄之，益勤以安，無難色，若職宜然者。去或問姓名，惟他語不告，終問之，則曰：『吾求人知耶，必求人知，而求若知耶！』人見其苦身，不近人情如是，然不違俗，上自王公，下及臺皁，爭以一際顔色爲快。燧亦嘗一再造廬焉，告以人間聲利，泛如秋風之過耳，噤不酬應。叩之山間爲樂何如，必盡舉平生所見好石幽樹，佳泉危棧，亹亹忘疲。若幸夫人一往，而我能先之者，相舍以出，覺胸臆塵鄙，如雪之見晛，消釋無餘者數日。益信夫遊方之外，有恬愉静退之士，如君者罕類例求也」云云。嗚呼褚君！此亂世所生之人物也，邦有道則見，邦無道則隱，見被髪於伊川，知百年而爲戎，所謂無道也。獸蹄鳥跡，交於中國，入山唯恐不深，斯其時矣。褚君以堅苦卓絶之姿，效巢由高蹈之行，儕諸古高士傳，何多讓焉，誰謂古今人不相若哉！

殺盜之消除第三

或曰：全眞教徒之苦行，吾聞之矣，隱居求志，獨善其身，於世何補，仁人固如是乎？曰窮則獨善其身，達則兼善天下，此仕者之言也，全眞不臣不仕，無所謂窮達，能修道而行教，自獨善而兼善，其説高於仕者遠矣。全眞家亟亟立觀度人，消除殺盜，固非獨善之教也。

仙源録九載麻知幾九疇鄧州重陽觀記云：「王重陽有文武藝，當廢齊阜昌間，脱落功名，日酣於酒，歲四十有八，遇二異人，得證玄理，彌復跌宕。東邁瀕海，從遊者衆，今鄧之鎮防營偏校王立，幼嘗受誨於其徒，執干戈數十年，今老矣，思昔玄言，樂於恬退。家之南有柱下古祠，剪荆築垣，乃建斯觀，仍其師之號以榜之。」廢齊者，金人以稱劉豫，河北既陷，人情不服，金立宋太宰張邦昌爲楚帝，旋被竄；金又立中國降虜劉豫爲齊帝，都大名，還都汴梁，尋又廢之，故謂之廢齊，宋人則謂之僞齊。僞齊之廢，重陽年二十六矣，痛祖國之淪亡，憫民族之不振，脱落功名，日酣於酒，宜也。然三朝北盟會編一八一記劉豫事，謂：「豫初僭立，奔附者衆，識者譏之云：濃磨一鋌兩鋌墨，畫出千年萬年樹，悞得百鳥盡飛來，踏枝不著空歸去。」可見當時倚劉以爲食者之衆。又：「豫廢後，拘於瓊林苑，常蹙額告撻懶云：『父子盡心竭力，無負上國，惟元帥哀憐之。』撻懶曰：『劉蜀王，劉蜀王！爾猶不知罪過，獨不觀趙氏少主出京日，萬姓燃頂煉臂，香煙如雲霧，號泣之聲，聞十餘里。今廢了爾後，京城内無一人爲爾煩惱，爾恁做人，猶自不知罪過。』豫遂默然語塞。」又可見劉之不齒於人，雖倚劉爲食者，未嘗不知其非也。王立者武人，幼聞重陽之風，老而懺悔，投戈學道，此全眞消除殺盜之效也。

秋澗集五三有胙城縣靈虚觀碑，述李志遠消除殺盜事尤顯著，曰：「衛之胙縣有觀曰靈虚，玄微眞人度師李公所建也。貞祐初金駕南遷，竟河爲界，建帥府，宿重兵，繫浮梁，阸爲汴京北門，歲壬辰金人撤守，天兵徇取之。明年京城大飢，人相食，出逃死北渡者，日不下千數，既抵河津，人利其財賄，率不時濟，殍死風雪間，及已濟而沉溺者，亦無慮千百數。時全眞教大行，所在翕然從風，雖虎苛狼戾，性於嗜殺之徒，率受法號，名會首者皆是也。師時在衛目其事，愀然嘆曰：『人發殺機，一至此耶！吾挐舟而來，正爲此爾，玆焉不化，安往而施其道哉！』遂稅駕河上，起觀距城之北墉，曰：『將以此道場爲設教張本。』於是仁風一扇，比屋回心，貪殘狼戾，化而柔良，津人跋俗悔禍，徼福於門者，肩相摩而踵相接矣。兇焰燎原，撲殺心於已熾；慈航登岸，夷天險爲坦途。由是而觀，非好生大德，洽於人心者，其能若是哉！」

全眞爲教，本以不殺不爭爲尚，王立之投戈，猶是個人感悔，李志遠之立觀，已化導一方矣，丘處機之止殺，豈非澤及天下乎！元史釋老丘處機傳：「太祖時方西征，日事攻戰，處機每言欲一天下者，必在乎不嗜殺人。及問爲治之方，則對以敬天愛民爲本，太祖深契其言，命左右書之，且以訓諸子。又其時國兵踐蹂中原，河南北尤甚，民罹俘戮，無所逃命，處機還燕，使其徒持牒招求於戰伐之餘，由是爲人奴者得復爲良，與瀕死而得更生者，毋慮二三萬人，中州人至今稱道之。」嗚呼，處機誠有功於民矣！

然元遺山獨抑之，此遺山偏見也。遺山批評全眞，後章詳之，即今止殺一端，遺山亦似有所不滿，集三五修武清眞觀記言：「自神州陸沉之禍之後，生聚久而未復，蚩蚩之與居，泯泯之與徒，爲之教者，獨全眞道而已。人情甚不美，重爲風俗所移，幸亂樂禍，勇鬬嗜殺，其勢不自相魚肉，舉六合而墟之不止也。丘往赴龍庭之召，億兆之命，懸于好生惡死之一言，誠有之，則雖馮瀛王之對遼主不是過。從是而後，黄冠之人，十分天下之二，聲焰隆盛，鼓動海岳，雖兇暴鷙悍，甚愚無聞知之徒，皆與之俱化。銜鋒茹毒，遲迴顧盻，若有物掣之而不得逞，父不能召其子，兄不能克其弟，禮義無以制其本，刑罰無以懲其末。所謂全眞家者，乃能救之蕩然大壞不收之後，殺心熾然，如大火聚，力爲撲滅之，嗚呼，豈非天耶！」

馮瀛王者謂馮道，歐五代史五四雜傳：「耶律德光嘗問道曰：『天下百姓，如何救得？』道爲俳語對曰：『此時佛出救不得，惟皇帝救得。』人皆以謂契丹不夷滅中國之人者，賴道一言之善也。」道對遼主之言，誠與丘對元主之言相類，然道自號長樂老，歐公斥爲無廉恥，遺山乃以比處機，其揚乎，其抑乎？平情論之，道爲人刻苦儉約，和光同塵，頗有合於全眞，所異者一仕一不仕，易言之，即求富貴與不求富貴耳。全眞爲遺民之淵藪，馮道爲四姓之貳臣，其視喪君亡國，未嘗一以介意，孔子所謂德之賊，烏可以比全眞哉！魏初青崖集三磻溪長春成道宮記云：「仁人之言，其利溥哉。」馬易之金臺集三南城詠古長春宮云：「草昧艱難日，神仙第一功。」皆指止殺之言也。

士流之結納第四

古之治方術者多矣，然或傳或不傳，其故不一端，而有無士類爲之推轂，亦其一因也。語曰「射人先射馬，擒賊先擒王」，欲其教廣傳，而不先羅致智識分子，人幾何不疑爲愚民之術，不足登大雅之堂耶！全真王重陽本士流，其弟子譚馬丘劉王郝，又皆讀書種子，故能結納士類，而士類亦樂就之。況其創教在靖康之後，河北之士正欲避金，不數十年又遭貞祐之變，燕都亡覆，河北之士又欲避元，全真遂爲遺老之逋逃藪。王鶚撰真常真人李志常道行碑，見仙源録三，言：「公以儒家學道，主宫門二十年，方其與同舍張君敏之之訣也，各言其志，敏之卒中詞賦高第，而公竟掌道教長春。別幾二紀，敏之以使北見留，隱爲黄冠，公兄事如昔，并其屬給養之。時河南新附，士大夫之流寓於燕者，往往竄名道籍，公委曲招延，飯于齋堂者數十人，或厭其煩，公不恤也，其待士之誠類如此。」

元遺山雖不喜全真，然其爲離峰子于道顯墓碑，見集三一，以張敏之、孫伯英爲保證，謂敏之、伯英，皆佩服離峰，予又何疑者，則全真之結納士流，誠有以也。曰：「有爲全真之言者衛致夷，狀其師離峰子之行，請予爲墓碑。予在三鄉時，蓋嘗望見離峰子於衆人之中，及官東南，離峰子亦嘗寓書求予爲録章封事，予雅知若人樂與吾屬游，思欲叩其所知而未果也。且致夷求予文有年矣，今年復自聊城走數百里，及予於濟上，待之者又累月，予病，懶於筆墨，若謂有疑於其師者，然予於離峰子何疑哉。予聞之，全真道有取於佛老之間，故其憔悴寒餓，痛自黥劓，若枯寂頭陀然。及其有得也，樹林水鳥，竹木瓦石之所感觸，則能事穎脱，戒律自解，心光燁然，亦與頭陀得道者無異。故嘗論之，夫事與理偕，有是理則有是事，然無是理而有是事，載於書，接見於耳目，往往有之。予譔夷堅志，有平居未嘗知點畫，一旦作偈頌，肆口成文，深入理窟者三數人，黥卒販夫且然，況念念在道者乎。張内翰敏之，離峰子舊也，叙其歌詩曰：『師自以其言爲道之棄物，今所以傳者，欲知此老林下百眂塵中幾蜕耳。』又曰：『悠然而風鳴，汎然而谷應，彼區區者或以律度求我，是按天籟以宫商，而責渾沌之尠丹青也。』吾友孫伯英，河洛名士，在太學日，出高河南獻臣之門，若雷希顔淵，辛敬之愿，劉景玄昂霄，其人皆天下選，伯英與之游，頭角嶄然，不甘落其後，一見師即北面事之，竟爲黄冠以殁。張予所敬，而孫予所愛也，二君子且然，予於離峰子何疑哉！」

張敏之名本，與雷淵、劉昂霄，皆見中州集。孫伯英墓銘，亦遺山作，見集三一，曰：「伯英在太學時，所與遊皆一時名士。貞祐初，中原受兵，朝廷隔絶，府治中高庭玉獻臣，接納奇士，號爲衣冠龍門，大尹復興惎之，會有爲蜚語者，云治中結客，將據河以反，遂爲尹所搆。凡所與往來者，如雷淵希顔，王之奇士衡，辛愿敬之，俱陷大獄，危有一網之禍。伯英出入府寺，得先事遁去，變姓名，從外家稱道人王守素，會赦乃歸。貞祐丙子，予自太原南渡，故人劉昂霄景玄愛伯英，介予與之交，因得過其家，登壽樂堂，飲酒賦詩，談笑有味，使人久而不厭。伯英時年四十許，困名場已久，重爲世故之所摧折，稍取莊周、列禦寇之書讀之，視世味蓋漠然矣。世已亂，天下事無可爲，思得毁裂冠冕，投竄山海，以高蹇自便，日暮途遠，倒行而逆施之。古人或爲抱關，或仕執翿，或妄從博徒賣漿者游，皆出於無聊賴之至耳，非本志也。又明年，客有來崧山者，云伯英爲黄冠師矣。正大庚寅十月，歿于亳之太清宫，春秋五十有一，因即其地瘞之。伯英初名邦傑，後改天和，孫氏，雄州容城人，居雒陽四世矣。」

高庭玉見中州集五，金史一二七隱逸辛愿傳云：「愿爲河南府治中高廷玉客，廷玉爲府尹温迪罕福興所誣。」福興即復興，廷玉即庭玉也。金時統治者與被治者之間，意見甚深，防制亦甚嚴。庭玉爲中國人，因好結納，卒爲復興所誣，至於瘐死。中州集選其飛山怨一首，蓋獄中作也。曰：「漢家自有飛將軍，軍中駭嘆箭有神，一朝乃與獄吏對，惜無千金書牘背。手把屬鏤口銜須，號天者三我何辜，伊吾壯志長已矣，不得提携玉龍死，可憐休唱白浮鳩，至今秦人悲杜郵。」其不平之慨可想，此孫伯英所以掉頭不顧，遁而之全真者也。伯英詩，中州集九僅録一首，道藏離峰老人集上有繼孫伯英韻云：「孤身到處便投棲，踏碎煙霞路不迷，翠鳥天邊誰信息，白雲風外自東西。玄霜搗出蟾中兔，真火驅來日内鷄，收向玄中成久視，一靈真性與天齊。」又有贈孫伯英四首，其一云：「高人久已厭京華，却憶仙山卧彩霞，竹杖芒鞋爲伴侣，藥鑪經卷作生涯。飢餐橡實和山芋，渴飲松黄與石茶，彼是此非都不校，只知身屬大方家。」離峰詩吾終嫌其有香火氣，宜張敬之謂不可以律度求，惜乎未見伯英原韻也。劉静修爲伯英鄉人，集八有道士孫伯英容城故居詩，云：「政教才氣敵希夷，冠帔翻然亦未宜，誰辨胡寅論鴻客，只除坡老識安期。可憐喬木空秋色，惟有青山似舊時，欲傳先賢問遺事，故園猿鶴不勝悲。」徐洪客，隋末道士，反對隋煬者也。時金社已屋，河北又屬於元，故靜修之言如此。

當金未亡時，終南另有一于真人，名志道，與離峰子齊名，亦喜與士流接納。楊奂還山遺稿上洞真于真人碑，列舉其所與遊之士夫，凡二十人，所謂百足之蟲，死而不殭者也。曰：「師諱善慶，字伯祥，寧海人，得道後易名志道。常謂學仙者存乎積累，赴人之急，當如己之急。泰和八年，南征凱還，憫其俘纍，必盡力購援而後已。元光二年，隴山亂，中太一宮李沖虛聞之，舉以自代，不起。正大改元，上悼西軍戰歿，遣禮部尚書趙公秉文祭於平涼，充濟度師，秉文高其節，圖像薦諸朝，召之，又不起。二年饑荒，或言：『路直秦岐之咽，過客無別，歲計奈何？』師曰：『吾門一見其難，而遽如許，不廣甚矣。』言者悚愧。未幾遷五姓洞真觀，環居弗出，逼中使絡繹不絕，鎮陽馮侍郎璧，傳其事甚悉。在汴，則尚書左丞張公行信，平章政事侯公摯，司諫許公古，禮部尚書楊公雲翼，王府司馬李守節，修撰雷淵，應奉翰林文字宋九嘉。在燕則陳漕長時可，吳大卿章，張侍讀本。在關中則參省王輔臣，郎中邳邦用，講議來獻臣同德，寺丞楊天德，員外郎張徽，中書掾裴憲，經籍官孟攀鱗，署丞張琚，蓋當世景慕者也。」

碑在今終南祖庭，汧陽述古編下載之，有長跋，碑中人名，大半已考出，金元史有傳者外，餘見中州集，遺山集，或還山遺稿，長春道教源流四亦考之，今從略。夫全真家之好與士流接者，必其兼通儒學者也，即不通儒學，而於士流末務，如文字之屬，必有一長，方足與世接。畿輔本劉靜修集一論爲學之序，曰：「志道，據德，依仁，藝亦不可不游也。詩文字畫，今所謂藝，雖或不工，亦不可俗，技至於不俗，則亦已矣。」故夫文字，誠末務也，然穴居野處，不與人通，則亦已矣，不然，舉世方以此爲尚，吾安得不以此與之周旋，禹入倮國而從倮，魯人獵較，孔子亦獵較，猶斯意也。而俗師乃欲屏棄文字以掩其固陋，適形其爲俗師而已。茲更舉全真家之好與士流接者數人如後。

遺山集三八有皇極道院銘，序云：「虛白處士趙君，已入全真道，而能以服膺儒教爲業，發源語孟，漸於伊洛之學，方且探三聖書而問津焉。計其真積之力，雖占候醫卜，精詣絶出，猶爲餘刃耳。處士名素，字才卿，河中人，虛白其賜號」云。又范鍊師真贊云：「戊戌之夏，予過東平，留宿正一宮，時范鍊師已東邁，門弟子王仲徽出其寫真求予爲贊。鍊師初事崑嵛郝公，號之曰玄同子，後從棲霞丘公，復有玄通之目，故兼及之。贊曰：異欲其同，介欲其通，惟天與之形，而道與之貌者不可變，故無地以受運斤之風。三山微茫，貝闕珠宮，野服蕭然，與雲俱東，橫絶四海者，亦何慕冥冥之鴻耶。」鍊師名圓曦，集十四有普照范鍊師寫真詩，仙源録四有宋子貞撰普照真人范公墓誌，言：「公爲人開朗尚義，汲汲於濟物，輕財如糞土，樂從士大夫遊，汴梁既下，衣冠北渡者多往依焉。尤邃於玄學，神怪幻惑之術，略不掛口，其嘗受戒籙稱門弟子者，不可勝計。四方請益之士多乞爲歌詩，及其手字，公布紙落筆數百幅，殊不致思，而文彩可觀，得片言隻字，皆藏之什襲，以爲祕寶。所至之地，則候騎絡繹，幢蓋塞路，馬首不得前，自郡守縣令而下，莫不奔走致敬，北面師事，其爲時所重如此。」

秋澗集五六衛州紫極宮碑云：「宮爲全真師沖虛子房公所創建，師諱志起，濰州昌邑人，幼業儒，既而以異夢有覺，遂入道。爲人氣貌魁奇，操行清峻，通古今，善篆籀，樂與名士夫遊。至於醮祭之獲福，雲鶴之顯異，所在驚動世之耳目者爲多。遺山謂師『外朴而内敏，質直而尚義，似夫墨名而儒實者』，蓋確論云。」語見遺山集三五清真觀記，仙源録九載此記，已易其詞，故研究諸教史者不得不搜求異本也。秋澗集五七又有輝州重修玉虚觀碑，謂：「梁志一來嗣後，復於百泉西涯，買田數畝，築致爽亭，貯經史，植松竹，號嘉惠別館。娛言一室，罔間儒墨，暇則鼓琴詠歌，將以挹蟾房之景氣，接鸞鳳之遺音，豈惟與泉石而爲伍也。雪齋姚公愛其幽勝，亦嘗徜徉其間，與師爲蒼煙寂寞之友。傳曰，尚友知人，梁之爲道，概可見矣。」梁志一未知何派，然文爲鍊師范君所介，當即范圓曦，故附之全真末。又道園遺稿六鳴鶴餘音序言：「全真馮尊師，本燕趙書生，所賦歌曲，高潔雄暢，最傳者蘇武慢二十篇，前十篇道遺世之樂，後十篇論修仙之事，會稽費無隱獨善歌之，聞者有淩雲之思，予每登高望遠，則與無隱歌而和之，無隱曰：公當爲我更作十篇，居兩年，得兩篇半，殊未快意也。昭陽協洽之年，嘉平之月，長兒之官羅浮，予與客泛舟送之，清夜秉燭，危坐高唱，得七篇半，每一篇成，無隱即歌之，馮尊師天外有聞，能乘風爲我一來聽耶！」馮尊師未知何名，然既爲全真，且爲北方學者，故亦附之全真末。鳴鶴餘音，道藏有刻本，昭陽協洽爲至正三年癸未。述此以見元之季世，全真家猶能與文士唱酬也。

藏經之刊行第五

汴宋既亡，道經散佚，金明昌間道士孫明道重刊於燕京，是爲金藏。金亡經復佚，元太宗時全真宋披雲等重刊於平陽，是爲元藏。今分別説明之。

宋南渡後六十二年，爲金大定二十八年，始有詔以汴京道藏經板移付中都天長觀，明昌元年提點觀事孫明道始以現存經板，印經一藏，復遣人分採遺經，募工補刻，有趙道真者，願以板材自任，不二年鏤槧具完。凡得遺經千七十四卷，補板者二萬一千八百册有畸，積册八萬三千一百九十八，列庫四區，爲楹三十有五，以架計者百有四十。明道乃與諸道侶依三洞四輔，品詳科格，商較同異，而銓次之，勒成一藏，都盧六千四百五十五卷，爲秩六百有二，題曰大金玄都寶藏。請應奉翰林文字知制誥兼國史院編修魏搏霄爲之碑，碑見今道藏不字號宮觀碑誌。誌凡一卷，不著撰人，所載多金元二代碑，清人最録金文者未之見也。白雲霽目録題爲翰林學士陶穀撰，穀五代宋初人，蓋誤以第一碑撰人爲全誌撰人，覩目未覩書者遂無由知其中有金元二代碑也。魏搏霄見中州集四，孫明道蓋舊派道士，非全真。全真創教之初，固不以前此道藏爲重也。

金爲元滅，經藏復廢，長春弟子宋披雲始收拾亡佚而重建之，距金藏之成，僅五十年耳。祖庭内傳下披雲真人傳云：「師姓宋，諱德方，字廣道，萊州掖城人。年十二，問母曰：『人有死，可免乎？』母曰：『汝問神仙劉真人去。』時長生劉宗師闡教武官，師徑往，長生一見，留侍几杖。後得度於玉陽，占道士籍，迨長生仙去，事長春宗師於棲霞，儒經道典，罔不涉獵。庚辰春，大元太祖起長春於東海之濱，侍行者一十八人，師其一也。三載還燕，住長春宮，是時衆皆勤勞，師獨以琴書自娱，有評之於長春者，長春曰：『汝等勿呶呶，斯人已後扶宗翊教之業，汝等皆不可及。』長春亦嘗私謂師：『汝緣當在西南。』師因語及『道經泯滅，宜爲恢復』，長春曰：『茲事體大，我則不暇，他日爾當任之。』長春羽化，清和嗣典教事，令師提點教門。癸巳，大丞相胡天禄時行臺河東，請主醮事。甲午，游太原西山，得古昊天觀故址，有二石洞，皆道像儼存，壁間有宋童二字，師修葺三年，金碧丹雘，如鼇頭突出一洞天也。丁酉，復主平陽醮事，因於玄都觀思及長春『藏經大事，我則不暇』之語，私自念云：『吾師以神化之力，發爲前知之妙，凡有言之於先，莫不驗之於後，謂緣在西南，我已安而踐之矣，何獨於藏經而疑焉。』遂與門下講師通真子秦志安等，謀爲鋟木流布，丞相胡公聞而悦之，傾白金千兩，爲刱始之費，即授之通真子，令於平陽玄都觀總其事，事成之日，故翰林學士李治作碑。從倡始至畢手，靡不備録，讀之見其補完亡缺，搜羅遺逸，海内數萬里，皆親歷之。猶假餘力，即萊州神山開九陽洞，建立宫觀，自燕至秦晉，凡四十餘區。甲辰春，來終南祖庭，應皇子闊端大王醮事，時藏經勝緣，俱已斷手，即閒居雪堂，日與耆年宿德，相會談道。丁未冬十月，示微疾而逝於所居之待鶴亭，春秋六十有五，葬於宫之仙蜕園，所作詩文曰樂全前後二集，行於世。戊申冬，門人遷葬於河東永樂鎮純陽宫，至元庚午，追贈玄通弘教披雲真人號。」

今終南重陽宫有王利用撰披雲真人道行碑，高七尺六寸，廣三尺五寸，三十行，行六十五字，延祐七年立。内容本祖庭内傳，而凡涉刻經事，均删略，或以他詞易之，蓋撰於焚毁道經之後，有所諱也。故吾今不引碑而引傳。傳言有翰林李治撰碑，未見，今道藏末闕經目録，附載至元十二年道藏尊經歷代綱目刻石，不著撰人，未知即李撰否。王利用碑首句云：「三燈傳一燈，光明不得不大；一燈續三燈，氣燄不得不弘。」謂披雲先後親炙長生、玉陽、長春三子也。太原西山二石洞，甚爲今人所注意，然洞是披雲發見，非披雲開鑿。披雲之功仍在重刊道藏，其共事可考者以秦志安、李志全爲最著，今洞中猶有二人石刻也。

遺山集三一通真子墓碣云：「通真子諱志安，字彦容，陵川秦氏。大父諱事軻，通經博古，工作大字，爲州里所推重。父諱略，字簡夫，以詩爲專門之學，自號西溪道人，當代文士極稱之。生二子，通真其長也。蚤歲趣尚高雅，正大中，西溪下世，通真子已四十，遂致家事不問，放浪嵩少間，取方外書讀之，以求治心養性之實，於二家之學有所疑，質諸禪子，久之厭其推墮滉漾中而無可徵詰也，去從道士游。河南破，北歸，遇披雲老師宋公於上黨，數語即有契，嘆曰：『吾得歸宿之所矣。』因執弟子禮，受上清大洞紫虛等籙，且求道藏書縱觀之。披雲爲言：『喪亂之後，圖籍散落無幾，獨管州者僅存，吾欲力紹絶業，鋟木宣布，有可成之資，第未有任其責者耳，獨善一身，曷若與天下共之。』通真子再拜曰：『謹受教。』乃立局二十有七，役工五百有奇，通真子校書平陽玄都以總之，其於三洞四輔，萬八千餘篇，補完訂正，出於其手者爲多，仍增入金蓮正宗記、煙霞録、繹仙、婺仙等傳附焉。起丁酉，盡甲辰，中間奉被朝旨，借力貴近，牽合補綴，百萬並進，卒至於能事穎脱，真風遐布，而通真子之道價，益重於時矣。通真子記誦該洽，篇什敏捷，樂於提誨，不立崖岸。居玄都垂十稔，雖日課校讐，其參玄學，受章句，自遠方至者，源源不絶。寶藏既成之五月，爲徒衆言：『寶藏成壞，夙關幽顯，冥冥之間，當有陰相者，今大緣已竟，吾其行乎。』越二十有五日，夜參半，蜕形于所居之樗櫟堂，得年五十有七。高弟李志實等奉其衣冠寧神於天壇之麓，披雲命也。所著林泉集二十卷，行於代。往予先君子令陵川，予始成童，及識通真子之大父，閑居崧山，與西溪翁爲詩酒之友者十五年。通真子以世契之故，與予道相合，而意相得也，乃爲作銘。」

秦略見中州集七。通真子不獨與遺山爲世契，李俊民亦數與秦彦容唱和，見莊靖集。彦容寄詩有「先生高見真吾師，速營菟裘猶恨遲，窗明炕暖十笏地，松風蕭蕭和陶詩。山野已尋雲外路，直入天壇最深處，踏開李愿舊游蹤，請君自草盤谷序」之句，蓋未入道時作。莊靖集十又有書道藏經後，疑與秦之重刊道藏有關，因李與秦同是遺民，雖未出家，而與道衆往還甚密也。元藏目録余未見，今道藏闕經目録末數種爲修真文苑、煙霞録、繹仙傳、婺仙傳，而通真子墓碣言通真子補藏完成，仍增入金蓮正宗記、煙霞録、繹仙、婺仙等傳，以此知今本闕經目録，即明正統刊藏時校元藏所闕之目録，其次第同也。金蓮正宗記，秦編，修真文苑，李志全編，李與秦同校元藏，故皆以己作附藏末。藏創始於丁酉，爲元太宗九年，訖工於甲辰，爲乃馬真后稱制三年，前後凡八載，而秦即以甲辰卒，蓋先卒於披雲者三年。濟源縣有李蔚撰講師李志全墓誌，亦見仙源録八，言：「宋披雲以道書焚於劫火，奉朝旨收拾散亂，李爲校讐，始終十年，朝夕不倦，中統二年卒，年七十一。」李蓋後卒於披雲者十四年也。

或問全真家何以刊行道藏，第一全真崛起，本不屬以前道教；第二全真重在修養，何用多書？曰：全真家之刊行道藏，將以承道家統緒，留讀書種子也。何謂承道家統緒？汴京既覆，人鑒林靈素輩之誤國，對道家漸失信仰，王重陽崛起而改革之，河北景從，本無藉乎傳統也。經歷數世，乃始覺無徵不信，欲引古人爲重，於是全真傳自鍾呂及五祖之説出焉，五祖謂東華子，鍾離權，呂純陽，劉海蟾，王重陽也。據王粹七真讚，七真本爲重陽及馬譚劉丘王郝六子，至是以重陽爲五祖之一，乃增孫不二爲七真，金蓮正宗記倡之，前此所未聞，此信道不篤之過也，長春道教源流闢之，是矣。然全真既刊行道藏，隱然與從前道教相接，全真初興，其勢不能自成一藏，今全真諸集，得附道藏以傳，此其利也。然其後卒受焚經之累，王利用撰披雲碑記，且諱刊藏事而不敢言，此披雲所不及料也，詳焚經章。何謂留讀書種子？全真家可貴，非徒貴其不仕也，貴其能讀書而不仕也，若不讀書而不仕，則滔滔天下皆是，安用全真乎！若因不仕而不讀書，則不一二世悉變爲無文化之人，此統治者所求而不得也，故全真雖不仕，書却不可不讀。庶齋老學叢談卷中，言：「元兵南下時，疊山謝先生率衆勤王，潰散而遯，兵至上饒，拘謝母，必欲得其子，母曰：『老婦今日當死，不合教子讀書，是以有今日，若不知書，不知禮義，不識三綱五常，那得許多事，老婦願得早死。』」嗚呼！此書不可讀之説也。道藏雖不講「三綱五常」，而包涵中國固有雜學，如儒墨名法史傳地志醫藥術數之屬無不備，固蔚然一大叢書也。能寢饋於斯，雖伏處山谷，十世不仕，讀書種子，不至於絶，則全真家刊行道藏之意義大矣。

教史之編纂第六

元時詔旨，恒以僧、道、也里可温、答失蠻四教並稱，而也里可温、答失蠻二教幾無考，往予得磻溪谷長春觀公據石刻，爲蘄新史料。其略曰：「先來欽奉聖旨，該漢兒國土，不揀那個州城裏達魯花赤，這聖旨文字裏，和尚根底寺，也立喬大師根底胡木剌，先生根底觀院，達失蠻根底蜜昔吉，那的每引頭兒拜天底人，不得俗人搔擾，不揀甚麽差發，休交出者。總府除已欽依外，今據全真道人張志洞等告給公據，前去磻溪谷重建長春觀院宇，合行給付者。戊戌年閏四月十八日，治中鳳翔副都總管馮，同知鳳翔總管府事巨」云云。

戊戌，元太宗十年。此公據亦以和尚、也立喬、先生、達失蠻四教並稱，所獨異者，也里可溫作也立喬，又以胡木剌與寺觀對稱，爲前此所未見，胡木剌當即鎮江大興國寺碑之忽木剌，蓋寺院異名耳。然由此可見金末元初，漢兒國土，也立喬、達失蠻寺院，已與僧道比盛，而也立喬、達失蠻事跡無聞，豈非無史之故耶。大秦景教碑何嘗不云「寺滿百城，化流十道」，而碑以外，景教事跡亦寥寥，有史則傳，無史則絶，史之重要如是也。全真之興，幾及百年，迨元太宗十三年，秦志安撰金蓮正宗記，全真始有教史，然其書前則濫收鍾呂，後則止述七真，大輅椎輪，未爲善本。迨天樂道人李道謙撰祖庭内傳，至元八年撰七真年譜，二十五年又撰甘水仙源録，全真教史始大備。内傳所收三十七人，鎔鑄諸家碑記而成，仙源録所收六十餘人，前八卷爲道行碑，後二卷爲宫觀碑及傳贊，皆排列諸碑原作。吾愛内傳，尤愛仙源録，以諸碑皆出一時名手，且足知著者與本人之關係，其意味尤雋永也。金石之壽，往往不及簡册，宋杜大珪有見及此，曾纂名臣碑傳琬琰集，學者便之，今仙源録不啻全真之碑傳琬琰集也。四庫提要謂「石本不盡拓摹，文集又皆散見，互考爲難」。大珪多採諸家别集，仙源録則多採各碑拓本，吾纂道家金石略，即仿其體。顧吾所收金元二代道教碑，視仙源録何止數倍，然非其事不足傳，即其文不足採，其撰人又多鄉曲之士，方志以外，無可考見，其甚者並方志而無名焉，白葦黄茅，雖多何用！而仙源録撰人，則大抵方聞之士，無可考者蓋寡，以是知其具有別裁，非普載而無擇也。特其中所載，與今所傳各家集本，及余所得拓本，時有異同，此則在乎讀者之自得矣。宗人友珊先生撰長春道教源流，大半取材於道謙之書，其第七卷入明以後，即感史料闕乏，幾不成章，深致慨于道謙以後，無人繼述也。

道教源流卷六有李道謙傳，僅據仙源録自序及所撰樓觀説經臺記，樓觀有宋渤撰天樂真人道行碑，友珊先生未之見也。余得有拓本，碑高六尺二寸，廣三尺五寸，三十三行，行六十二字。宋渤，宋子貞子，時官集賢學士。其略曰：「近世大宗師重陽王公，以道德絶倡，號稱全真，矗興金大定中，始方羊於東海上，既而演溢八表，行至人之無爲，説千載之心傳，二百年於兹矣。公生終南山下，舊居地尚存，其弟子盛啓之，擬成宫室，歷代崇飾，又勅扁其顔曰重陽萬壽宫，主宫務者，非名勝閎博之士莫得與。天樂真人李公和甫，當師席者三十年，操行踐履，羽流想聞神采言論，景其範模。公諱道謙，汴梁人，七歲以經童貢禮部。天興癸巳金亡，朝廷遣使區別四民，凡衣冠道釋之流寓者異籍之，公在儒者籍，時兵事方殷，遂改着道服，以謂世利多累，弗若究性命之真，終已可樂無窮也。遂於三墳、五典之正，老氏五千言之微，及所謂内聖外王之説，祠祀上章，金丹玉訣之祕，咸詣精奥，當時全真之門，老師耆德，所在尚多，爭欲邀致之，公悉無所許。壬寅，西遊秦中，見洞真真人于公持籙方嚴，著見幽顯，心然之，即執贄往拜，列弟子行，洞真器其賢，待以文章翰學事，尋傾平生所得舉付之。辛亥，提點重陽宮事，至元二年陞京兆道門提點，十四年安西王開府陝西，署公提點陝西五路西蜀四川道教，兼領重陽萬壽宮事。元貞二年六月，忽微疾，遽長逝，歲七十有八矣，葬之日會者數萬人。公純誠清粹，負氣正大，雖爲道者師，不眩以誕，不擾以紛，不妄語笑，平居澹然，人莫測其津涘。終身未嘗廢書，經史百家，靡不周覽，晨起日課，取道德經、周易恪誦一通，盛寒暑弗輟。重陽爲宮，四方都會，園田殖産，收入不少，而自奉菲儉，不減寒素，問學必踐履，許予必公是，疏財尚義。宮西北有小溪，竹石林樾可愛，洞真居時，嘗名曰筠溪，公復爲堂其上，爲文章詩詠其中，積有什一帙，曰筠溪集，奇麗超詣，若陶謝風致，作者尚之。蓋公本儒家子，能讀六經，及入道者門，輔之以清淨性命之學，故蓄之胸臆者義理精深，溢爲言議，則英華粲發，非直槁中枯形而已也。往時先輩如紫陽楊先生奐，雪齋姚公樞，翰長永年王公磐，左山商公挺，公皆從之翺翔爲方外友，許可之文，見於往還篇章中。著述有祖庭内傳三卷，七真人年譜一卷，終南山記三十卷，仙源録六卷，筠溪筆録一十卷，詩文五卷。」

碑立於大德十年，去重陽之生，尚不過百九十五年，而云大定中至今二百年，虚詞耳。李道謙以金亡後入道，爲于志道弟子，志道見上士流章。楊奐還山遺稿下有題終南和甫提點筠溪詩，石刻在祖庵，和甫即李道謙，道教源流作字公和，似沿元詩選癸之壬之誤，元詩選則誤讀碑中天樂真人李公和甫句也。詩云：「仙家靜住西南溪，竹外須信無餘師，平生高節鬼亦畏，一點虛心人得知。林深自有天地在，歲暮不受風霜欺，何時借我半窗月，萬里黄塵雙鬢絲。」碑所謂「先輩許可之文，見於往還篇章」者，此其類也。終南山記三十卷，必與全真教史有關，惜未之見。仙源録今本十卷，碑作六卷，疑有後人增益。王秋澗集一有未央瓦研賦，注：「贈終南李鍊師和甫。」十六有寄李和甫覓未央瓦研詩。廿五又有跋李提點和甫筠溪亭二絶，注：「和甫開封人，早年應神童。」詩曰：「碧鮮庭户玉琤琮，影透疏簾翠幾重，中有道人高節在，青青初不易秋冬。洗耳無煩近潁川，虛心獨愛此君賢，何時拄杖敲門去，讀罷離騷聽夜泉。」和甫爲李道謙，李道謙爲汴人，均無疑義，而潛研堂金石文跋尾十八樓觀宗聖宫説經臺記跋謂：「王秋澗集有贈道者李雲叟詩，序云：『道人諱道謙，出東齊世家，年十六，棄家入道，禮丹陽馬公高弟劉爲師。既冠，遊諸方洞天，參求玄契，又嘗圜居於陜，多積靜功，今主東雍之神霄宫。曰雲叟者，蓋其别號云。』此碑自署夷山天樂道人，又題古汳，汳即汴字，蓋先世自齊而徙於汴者歟。」元時全真道士，有兩李道謙，皆馬丹陽再傳，皆曾居陜，皆與王秋澗爲方外交，一字和甫，汴人，一字雲叟，齊人。竹汀先生號稱精審，元史尤所專長，今此跋竟混兩李道謙爲一，則考訂之事亦未易言矣。竹汀所引秋澗集見卷廿三，余所引見卷廿五，相距才兩卷耳。

南宋初河北新道教考卷二

全眞篇下

人民之信服第七

前卷言全真自己之修爲，此卷言人對全真之好惡，人民信服全真之事，隨處可見。即其推行之遠，傳佈之速，已足驚人，其第一流勿論已，其第二流以下，亦恒有弟子千人，庵觀百所。今唐縣北七十里葛洪山，有清虚宫重顯子返真碑銘，河東高鳴撰並書，渾源劉郁篆額。重顯子者陳志益，道教源流五有傳，然此碑源流未見也，吾得拓本。曰：「凡物衰盛，存乎其人，夫全真之教興，由正隆以來，僅百餘載，以九流家久且遠眡之，宜若濫觴而未浸也。今東盡海，南薄漢淮，西北歷廣莫，雖十廬之聚，必有香火一席之奉，非存乎其人而何。

矧子挺然奮起，閎衍之氣，超出夷等，而所度弟子，又無慮千人，其劇者如高志筌、史志筌、趙志完輩，例能光揚羽翼，擴其師之意。故在處若庵若觀，營建至百所，譆，可謂能也已！雖然，因緣際會，亦非偶然者。」高鳴，字雄飛，元史一六〇有傳，劉郁則劉京叔之弟，以撰西使記著名，與真定劉郁同時同姓名，詳施北研禮耕堂叢説，丁謙西使記考證所誤爲一人者也。高鳴、劉郁，皆方聞之士，其言宜可信據。重顯子爲馬丹陽再傳，其師靈真子無考，其弟子如高志筌、史志筌等亦無考。重顯子在全真末爲第一流也，而高鳴稱其吸引之力已如此，則全真之得人信服，誠非偶然也。

然全真何以能得人信服乎？竊嘗思之，不外三端，曰異跡驚人，畸行感人，惠澤德人也。異跡凡宗教家皆有之，或出情感，或出附會，或出迷信，今不必述，述其畸行，試以李志常爲例。李著長春西遊記，繼尹志平掌教，所謂第一流也。王鶚真常真人道行碑，言：「公至即墨之東山，屬貞祐喪亂，土寇蜂起，山有窟室，可容數百人，寇至則避其中，衆以公後，拒而不納。俄爲寇所獲，問窟所在，捶楚慘毒，絶而復蘇，竟不以告。寇退，窟人者出，環泣而謝之曰：『吾儕小人，數百口之命，懸於公一言，而公能忘不納之怨，以死救之，其過常情遠甚。』爭爲給養，至於康調，迄今父老猶能道之。」此所謂畸行感人也。

陝西盩厔有棲雲王真人開澇水記碑，安西王府記室參軍薛友諒撰，孫德彧書，至元十六年立石。友諒見元文類四七，德彧見末流貴盛章，其碑文未見著録也，吾得其拓本，曰：「終南澇谷之水，關中名水也，淵源浩瀚，隨地形之高下，批崖赴壑，枝分其流，去山一舍，徑入于渭，然無疏導之功，初不能爲民用。丁未春，棲雲真人王公領門衆百餘，祀香祖師之重陽宫，館于會仙堂之西廡，愛其山水明秀，一日杖藜緩步，周覽四境，語其徒曰：『兹地形勝如此，宫垣之西，甘水翼之，已爲壯觀，若使一水由東而來，環抱是宫，真萬世福田也！』即與一二尊宿，親爲按視，抵東南澇谷之口，行度其地，可鑿渠引而致之。於是聞諸時官，太傅移剌保儉，總管田德燦，二君深嘉賞焉，遂給以府檄，明諭鄉井民庶，應有所犯地土，無致梗塞。公乃鳩會道侣，僅千餘人，揮袂如雲，荷插如雨，趨役赴功，其事具舉，曾不三旬，大有告成之慶。澇之水源源而來，自宫東而北，縈紆周折，復西合于甘，連延二十餘里，穿村度落，蓮塘柳岸，蔬圃稻畦，瀟然有江鄉風景，上下營磨，凡數十區。雖秦土膏沃，但以雨澤不恒，多害耕作，自時厥後，衆集其居，農勤其務，闢荆榛之野，爲桑麻之地，歲時豐登，了無旱乾之患。兩涘居民，舉爪加額曰：『非王公真人之力，弗能如是，豈特爲吾生一時之幸，實亦世世無窮之利也。』」此所謂惠澤德人也，如斯之例，不勝枚舉。

程雪樓集十八有徐真人道行碑，真人棲雲弟子也。曰：「師諱志根，梁之扶溝人。弱冠爲道士，學於王真人志謹。初重陽入梁，主太寧坊王氏，嘗曰：『吾後必宅是。』金亡，其地爲虛，後六十四年，志謹即之爲宫，廣袤七里，賜名朝元，工未竟，而傳之師。師躬畚鍤，率夫役，勤力而勞心，克潰於成，壯麗甲四方，至元乙酉，賜號崇玄誠德洞陽真人。壬寅，優詔存撫，師益奮勵，以弘道濟物自任，遠近慕嚮，雲歸川赴。宫之役，夜自輦土石，道得遺橐數百金，伺其主，乃榷場盗也，懇致其半，師曰：『女亡命利此，爲貧耳，我欲之，固全有，何半耶，速持去，邏卒不女貸。』盗愧謝而去。河朔歲饑，民爭襁負趨河南，無所歸，師館穀唯恐後，被掠者購而歸之，明年秋成，或歸或留，或願入爲道士，惟其欲。大德中，待選行省者，歲久食盡來謁，師悉不拒，日就食者數百人。一日當祝釐，羣官咸在，師設齋坐衆人堂下，相君驚曰：『此何爲者？』師告之故，且曰：『食此數月矣。』相大感動，即調遣之。」此其畸行惠澤，尤令人感德不已。全真家好結納，前章詳之，然不獨對士流然也，對凡人皆然。遺山集三一圓明李志源墓表言：「全真家樂與過客餌，道院所在，至者如歸。嘗歲飢，資用乏絶，先生辟穀數旬，以供給來者，其先人後己類此。」此誠人所難能，其得人信服宜也。

秋澗集六一提點彰德路道教事寂然子霍君道行碣銘，言：「國朝甲辰乙巳間，鹿庵先生教授共城，不肖亦忝侍几杖，時有爲全真學者重玄李練師自相下來，買田於卓泉，立棲真別館。既而重玄北歸，委紀綱士霍君明道爲之營建，不數年刱堂殿廊廡，焕然一新，際泉兩涘，盡植巨竹，陰翳數百畝，中搆筠溪亭，招致吾徒徜徉笑傲其上，由是卓泉道院聞於遠邇，雖重玄創始之勤，而霍君明道實有力焉。師諱志真，號寂然子，禮重玄子爲門人。全真家禁睡眠，謂之消陰魔，服勤苦，而曰打塵勞，以折其强梗驕吝之氣，師從事於此者閱三十寒暑，略無憚色。重玄諗其爲受道器，命主治玄門事，挺志誠確，措畫井井有法。及卜築蘇門，委之鋪敦教基，弘演宗緒，俾特達而有所樹立焉。師披荆榛，掇瓦礫，攻苦食淡，擴充師志。復闢農畝，創水磑，廣資生理，培植教本，致遠邇尊禮，學者日衆。至於齋廬深靜，井竈修潔，遊人過客如歸而仰給焉。道俗推舉，任輝之威儀，師滌除玄覽，痛自澄治，務正己以格物，有辨訟者率用理遣，不知官府爲何事。羽流敬安，一方凝重，至二十載之久。」

嗚呼！全真家能攻苦，能治生，又能輕財仗義，濟人之急，人民信服，至於訟獄者不之官府而之全真，斯其效大矣。全真家蓋深得財聚民散，財散民聚之奥者也。彼守財奴日以聚斂植産爲事，惡得不府天下之怨乎！甲辰乙巳者，乃馬真后稱制之三四年，時秋澗才十七八。鹿庵者王磐，重玄者李志方。寂然子與秋澗有夙宿之雅，此銘又爲太一六祖李全祐所介，知全真與太一，尚無黨同伐異之嫌也。

山東鄒縣有重修集仙宫碑，國子助教陳繹曾撰，繹曾見元詩選癸之丁，南士也，而能窺全真立教之微旨，蓋隱然以汴宋之亡，欲與完顔、奇渥温氏分河北之民而治也。碑立於後至元二年，其文未見著録，吾得其拓本，曰：「予聞全真之道，以真爲宗，以朴爲用，以無爲爲事，勤作儉食，士農工賈，因而器之，成功而不私焉。質而不俚，文而不華，灝灝乎三皇之風，非所謂大道者耶。在金之季，中原板蕩，南宋孱弱，天下豪傑之士，無所適從，時則有若東平嚴公，以文綏魯；益都李公，以武訓齊。而重陽宗師、長春真人，超然萬物之表，獨以無爲之教，化有爲之士，靖安東華，以待真主，而爲天下式」云云。春秋之義，民所歸往謂之王，豈必端冕垂旒始謂之王乎！宗教家所尚，在彼不在此。嚴實、李恒，皆見元史，佐奇渥温氏統治東華者也。

婦女之歸依第八

曩讀道藏全真家集，類多與某姑某姑之詩詞，心竊異之。如劉長生仙樂集有馬姑，譚長真水雲集有楊姑，王三姑姑，丘長春磻溪集有濰陽唐括姑，博州戰姑，王玉陽雲光集，有徐福店小宮姑，福山柳姑，姜姑，隨姑，萊陽高姑，棣州張姑，馬丹陽金玉集神光燦尤多，如耀州梁姑，鄠縣劉姑，長安王姑，涇陽縣二女姑，又有松溪散人薛姑，霜溪散人顏姑，吉祥散人王姑，通明散人魏姑之屬，不可勝數。於以知全真女冠之盛，見諸文字者如此，其不見於文字者，何啻三千七十乎！自昔女學不興，利禄之途又不行於閨閫，故女子聰明無所用，惟出家學道，則必須誦經通文義，方能受度。金史五五百官志禮部注：「凡試道士女冠童行，念道德、救苦、玉京山、消災、靈寶度人等經，以誦成句，依音釋爲通，中選者試官給據，以名報有司。」夫然，故最低限度，女冠無不識丁者，是儒家無女學，道家有女學也。禮失求野，文教之保存，每不在黌舍而在寺觀。巍巍宫牆，稽首者無女子也，莘莘俎豆，問字者無女子也，遑論修心養性，舉族信從乎！而全真家則何如者：

李俊民莊靖集八重建澤州修真觀聖堂記云：「按圖經，修真觀在東門内街南，值貞祐甲戌兵火而毁，煨燼之餘，瓦礫堆積，二十八年間，無一人刮目。女冠張守微與弟德忠因逃難四方，俱獲生還，欣然有起廢之念，乃求訪本觀遺跡，道士李君淨歷歷告之，既得其詳，於是首建聖堂三間，爲修敬之地，復夷荒壤，剃惡草，出牆根而築之，經始於辛丑十月，次年三月工畢，始終其事者，郡侯段公，暨夫人衛氏。守微晉城縣人，幼婦趙氏，夫亡，正大甲申五月，捨俗出家，禮太原榆次縣玉真庵洞妙散人楊守玄爲師，師乃長春真人門下寧神子所引度者也。傳授有源，故其信道也篤，守志也確，肅而莊，强而敏，新故而潔污，蕭爽峻逸，雖在城市，有林下風。弟德忠，及妻王禮善，益加歸向，皆生無上道心，同證妙果。壬寅年五月初一日記之堂上，以警來者。」壬寅爲元乃馬真后稱制之元年，時金亡八年矣，喪亂之餘，信仰宗教之念愈切。張守微，及弟妻王禮善，段侯夫人，或出家，或在家，皆婦女之信仰全真者也。

秋澗集四十崇玄大師榮君壽堂記云：「先妣夫人靳氏，系出安陽，不肖亦嘗提按兩河，相即臬司理所，故知鄴中人物風俗頗詳。聞之姻戚間，女冠榮鍊師者，志行修潔，祭醮精嚴，以道價重一方，緑髮童顏，風度飄飄，有出塵之想。大德丁酉，予方供職館閣，師寄示西溪、紫山傑作，以壽堂記文見屬。且曰：『翰林先生，文學名德，與二公伯仲間爾，儻遂所請，貧道藉之，儘不朽矣。』二公之文，載四披讀，其稱揚與向所聞見者，脗合無異。今二公已矣，其文章氣節，尚可振衰懦而傳無窮，得篕名其列，固所願也，乃爲筆之。師諱守玉，相之農家女，自幼貞静，視紛華泊如，聞道家言喜之。國朝甲午歲，中虚魏大師以全真學主盟彰德之修真觀，時師方齠齓，出家往事焉。既笄，經明行修，披戴爲道士，復研精正一科式法籙，號稱習熟。至元乙亥，嗣主觀事，淵默内修，聲光外著，貴族豪宗，欲謝愆過而資冥福者，召請無虚日，風動遠邇，學徒踵至，迺光昭先業，擴充增飾，截然一新。御史中丞西溪王公爲述觀記，稱師興緣弘教，落落自拔，有壯夫不能及者。年踰六秩，特構静室，於焉棲息，晨起理玄務，課學者畢，焚香垂簾，痛自滌除，湛慮澄心，而虚室生白矣。容齋總尹，夙承摩拊，仰挹真風，榜曰信齋，紫山憲使勒銘於石，其爲名賢賞識如此。大德戊戌，壽六十有八，乃營是堂爲他日復真寧神之所，道俗咸謂：『師振清風，開後學，纂懿流光，福壽未涯，何遽如許！』今師不爲虚誕荒唐之説所惑，能以生死外形骸，追蹤曠達，較夫烹煉呼吸，期於飛升不死，僥倖萬一者，可謂賢也已。」

西溪王博文，見元詩選癸之丙，紫山則胡祗遹也。紫山大全集十一有榮鍊師信齋記，云：「女冠榮煉師，自髫齓而離母，以禮師得道者服，笄歲而爲黄冠師，今六十歲矣，清淨謹嚴，猶一日也。容齋提刑，幼蒙摩撫，長知敬奉，一日同過新齋曰：『古人有云，愛及屋上烏，人好烏亦好，齋不可以無名，扁曰信可乎？』在坐者皆曰可，請書門楣。」即此事也。容齋徐琰，見起源章，雪樓集廿四有書王西溪中丞徐容齋參政手墨後，即此人也。榮守玉以農家女爲全真師，而能揚譽於搢紳間，必有過人者。所謂壽堂，生壙也，能不以死生爲芥蔕，可以覘所養矣。

紫山集十七尚有集真觀碑，曰：「彰德衙城外康樂坊，道宫一區，實女冠楊守和之創始也。守和年四十有一，夫死，携一女受道服，後得弟子曰守真，同師天慶宫重玄真人爲黄冠，癸丑受道號於真常真人，曰純素散人，庵曰集真觀，年七十有二，怡然而逝。守真既主嗣事，克紹先烈，亦受無爲散人之號于誠明真人，守真仙去，龐守正繼之。守正自七歲服道衣，於今將中年，信道篤，戒行愈嚴。純素散人之夫家父母家皆無後，守正感慕師德，二家墳壠，歲時伏臘，封樹祭祀不廢，手植墓木，合抱成列，鄉人嘉之。」散人爲全真女冠通號，馬丹陽妻孫不二，稱清淨散人，是也。真常李志常，誠明張志敬，皆全真掌教。紫山集同卷又有守真元靜散人女冠左鍊師墓碑，則紫山之妻母也。曰：「鍊師姓左氏，世爲安陽陵岳人。故孝弟力田業進士左某之女，彰德路權府事兼安陽縣令王信之妻，安陽縣丞王鐸之母，奉訓大夫荆湖北道宣慰副使、武安胡祗遹之妻母。以道行清真，嘉號於長春宮，曰守真元淨散人，壽踰八十，視聽筋力不衰，八十有八無疾而逝」云。全真與當時社會之接近如此。遺山集紫微觀記言：「東平左副元帥趙侯天錫之太夫人既老矣，棄家爲全真師。」亦左鍊師之儔也。蔣正子山房隨筆言遺山妹爲女冠，其言本不足據，施北研駁之，云：「遺山無妹，當爲其女之訛，遺山墓碑固明著次女嚴爲女冠也。」然嚴是否爲全真無明文，今不録，而録其確爲全真者。

劉將孫養吾齋集十七汴梁路棲雲觀記，言李妙元母女爲全真。曰：「全真教，汴朝元宮爲盛，去宮數百步，當城西北隅，大寧坊迎秋門街左，觀曰棲雲，女冠居之，皆祖重陽真人。宮有姚翰林碑，觀創於姬志真之徒李妙元，南宮人，父蚤没，與母王氏俱入道。中統癸亥，至汴禮姬爲師，姬號文醇德懿知常真人，棲雲則姬之師王所號也，教行於汴。棲雲爲朝元開山，觀以棲雲名，不忘所以興也。重陽六子，棲雲父郝太古，從丘長春，遂爲嗣祖，棲雲之是似者，姬與李志居，徐志根也。全真徒滿天下，道派此爲嫡，觀由妙元母子以起，至元甲子，知常名妙元母曰守志，授地三畝，卓庵居之，日闢以至爲觀，凡三十年矣。」姚翰林當爲姚燧，王棲雲、徐志根皆見前章。

劉敏中中庵集十二神霄萬壽宮記，對全真劉慧秀，尤備極推許。曰：「濟之任城神霄萬壽宮，女師所居也，舊爲神霄觀。歲己未，師妙清始以州將肅君請葺而居之，妙清傳之守淨，守淨歿，傳之慧秀，能謹師承，嚴戒律，作於衆先，苦於自修，行高而人益信。凡觀宇之內，弊者以更，闕者以營，殿廡一新，於是用掌教玄逸真人命，易觀以宮，而加名焉。且假慧秀以提點之號，使振其宮事，實至元庚寅歲也。慧秀謂其徒：『其爲我謀上有以侈先師之報，下有以付後人之托者。』遂以其事走京師，請記於予。予惟老氏之言曰：『大丈夫處其厚不處其薄，居其實不居其華。』大約以禮制爲薄，以智謀爲華也。故黜聰明，絕巧利，寡欲少私，抱一守朴，其究歸於無爲。而後之學者，遂乃去有生之樂，割天倫之愛，巖棲野處，衣草食木，百困而不反，吁，尤難能矣，孰謂女子而亦能之乎！易稱坤至柔而剛，至靜而方，夫苟能充其剛方之實，則丈夫之所能者，或亦可以至矣，嗚呼，凡女子之學爲老氏者，其皆剛方者乎！慧秀姓劉氏，任城人，大德壬寅夏五月記。」中庵集近發見元刻本，廿五卷，先文後詩，與四庫本詳略迥殊，今所據者仍爲四庫本。玄逸真人，張志僊也，大德六年壬寅，正值張志僊掌教。凡此所舉，皆婦女之出家爲全真者，有不出家而熱心捐款建教堂者，今舉一人爲例。

遺山集三五太古觀記，言：「全真師郝君，初自寧海來趙州，坐州南石梁下六年。姪壻郭長倩爲真定少尹，過州問知師處，率家人致謁，師瞑目不爲答，長倩夫婦流涕而去。州人始知敬之，請師住真定之太古觀，不之許，及長倩赴召，乃往居之。師東歸不五六年，而觀廢于貞祐之兵，歲丁酉，師之高弟范鍊師自東原來，裴回遺址，有復修之意，而未暇也。幕府參佐趙侯國寶之夫人冀氏，出奩中物，直百金，起中殿，堂廡齋廚，下及用器，無所不備，堂衆歲費，亦時給之。癸卯冬，予自燕都南歸，鍊師館予于慶源道院，爲予言：『冀今歿矣，致力於吾門者宜不可忘，子幸以文記之。』是家自皇統以來，起于丘劉譚馬諸師，而郝君于諸師爲方外眷屬，今太古集所載言詞，往往深入理窟，世人知君之道蓋寡，冀特女士，乃能知之，至捐所甚愛，爲起庭宇，治場圃，若營其居室然者，豈以名取之乎。冀氏龍山大族，名士京甫之伯姨，鍊師説其誠實知義理，中歲受道書，即有所得，其尊師重道，蓋有所本」云。郭長倩見金史文藝傳，范鍊師即范圓曦，冀京甫見中州集六，與遺山有昆弟之誼，詳太一四祖章，伯姨似當作伯姊，然吾所見本皆作姨。冀女士雖未出家，然可謂全真教之熱心教徒矣，太古觀固其出資所建也。

官府之猜疑第九

王制：「執左道以亂政殺。」後世律文多因之，故欲於專制之時，創一教，立一說，以移易天下者，恒有左道惑衆之嫌，言殊見疑，行殊得辟，由來久矣。倘統治者爲非類，其猜忌尤甚，不知全真諸教何以能崛興於完顏之代也。且金人既據河北，中國民情不服，亂言伏誅之事，史不絕書。兹將金史世宗紀三十年間所書，鉤稽如下，書必有其事，有事未必書也。

大定三年二月，趙景元等以亂言伏誅。

又東京僧法通以妖術亂衆，都統府討平之。

九年六月，冀州張和等反伏誅。

十一年四月，歸德府民臧安兒謀反伏誅。

右見卷六

大定十二年三月，北京曹貴等謀反伏誅。

九月，鄜州李方等謀反伏誅。

十一月，同州民屈立等謀反伏誅。
十二月，冀州王瓊等謀反伏誅。
十三年九月，大名府僧李智究等謀反伏誅。
十八年三月，獻州人殷小二等謀反伏誅。
十九年七月，密州民許通等謀反伏誅。
八月，濟南民劉溪忠謀反伏誅。

右見卷七

大定廿一年三月，遼州民宋忠等亂言伏誅。
閏三月，恩州民鄒明等亂言伏誅。
廿三年三月，潞州涉縣人陳圓亂言伏誅。
八月，大名府猛安人馬和尚謀叛伏誅。

右見卷八

凡此所鉤，皆平民也，官吏不與；皆漢人也，非漢人不與。金世宗號稱小堯舜，固爲史官諛詞，然其時金據中原已五六十年矣，諸人豈有愛於宋乎，愛中國耳！平民何獨愛國，以金人待遇不平，時感國非其國耳！金史八八石琚傳云：「時民間往往造作妖言，相爲黨與，謀不軌，事覺伏誅，上問宰臣曰：『南方尚多反側，何也？』琚對曰：『南方無賴之徒，假託釋道，以妖幻惑人，愚民無知，遂至犯法。』上曰：『如僧智究是也。』智究大名府僧，假託抄化，誘惑愚民，潛結姦黨，議以十一年十二月十七日先取兗州，會徒嶧山，分取東平諸州府。及期嚮夜，使逆黨胡智愛等刼旁近軍寨，掠取甲仗，軍士擊敗之。會傅戩、劉宣亦於陽穀、東平上變，皆伏誅，連坐者四百五十餘人。」

此一事也，紀書於大定十三年九月，傳書於十一年十二月，傳言其始，紀言其卒也。所謂南方，指宋故地，大名、東平之屬是也。石琚雖以釋道並舉，然紀中僧人屢見，道士無一，豈道流愛國不若僧人乎，抑老氏寬柔以教，不報無道乎。然全真嘗被禁斷矣，至元辯僞録三注，言：「金世宗章廟，禁斷其風，使楊尚書就海州杖斷丘公八十，世所共聞」云云，此出忌者之口，未可遽信也。金史九章宗紀：「明昌元年十一月，以惑衆亂民，禁罷全真及五行毗盧。」則明著於史矣。不獨全真，太一亦嘗被禁斷，章宗紀：「明昌二年十月，禁以太一混元受籙私建庵室者。」然則大道恐亦不免，特史有紀有不紀耳！

遺山集三五紫微觀記，言：「貞元正隆以來，又有全真家之教，咸陽人王中孚倡之，譚馬丘劉諸人和之，本於淵靜之說，而無黃冠禳襘之妄；參以禪定之習，而無頭陁縛律之苦。畊田鑿井，從身以自養，推有餘以及之人，視世間擾擾者差爲省便然。故惰窳之人，翕然從之，南際淮，北至朔漠，西向秦，東向海，山林城市，廬舍相望，什百爲偶，甲乙授受，牢不可破。上之人亦嘗懼其有張角斗米之變，著令以止絶之，當時將相大臣，有爲主張者，故已絶而復存，稍微而更熾，五七十年以來，蓋不可復動矣。貞祐喪亂之後，蕩然無紀綱文章，蚩蚩之民，靡所趣向，爲之教者獨是家而已。今河朔之人，什二爲所陷没，是家何爲者，乃人敬而家事之，殆攻劫爭奪之際，天以神道設教，以弭勇鬬嗜殺者之心耶。抑三綱五常將遂湮滅，顛倒錯亂，人與物胥而爲一也。」

所謂上之人懼其有張角斗米之變，著令絶之，即指明昌禁令。觀爲東平左副元帥冠氏令趙天錫建以奉其母，記爲遺山客冠氏時撰。天錫以元太宗十二年庚子卒，見元史一五一本傳，與遺山集二九趙侯神道碑同。而記言「觀以乙巳九月落成，請予爲記」，乙巳，天錫卒後五年矣。李恢垣廣元遺山年譜下謂乙巳爲誤，是也，然謂當爲乙未之訛，則無所依據。佛祖通載卅一載此記，作癸巳九月，當得其實。蓋落成於癸巳，而撰記於遺山客冠氏後，時在元太宗八九年丙申丁酉之間也。通載乃繫此記於宋嘉泰四年甲子，時遺山才十五耳，記明言作於「貞祐喪亂之後」，嘉泰先於貞祐者垂十年，何以謬誤至此，後閱輟耕録三十，其誤亦同，始知所據者爲全真紀實，皆未之考耳。通載之載此，本欲以傾全真，而不知適足以見全真之不可復動也。

盩厔有姚牧庵撰重修玉清萬壽宫碑，高五尺五寸，廣三尺餘，二十八行，行四十九字，完整無闕。汧陽述古編下及金石萃編未刻稿一，已録全文，吾嘗見拓本，其言全真之力大於三軍，故敢爲上之抗，可與遺山之言相參證。曰：「全真之名，重陽以道德性命之學實倡之金正隆大定間，自是以來，爲其言者，雌從雄鳴，百千爲曹。而縣官懼其摇世，欲錮其説，以叛涣其羣，勢如風火，逾撲逾熾，獨何自而然哉？亦嘗思之，羣斯人之難也，未若涣之，而人不小有創焉，又羣之之難也。今夫帥三軍之衆者，操斧鉞之威，懸爵賞之欲，投之所向，無不如意，脱有崩挫，衆氣一歸，輒鳥散而不能軍。是威能必民之懼，不能得其驩心，欲能鬭民之貪，不能得其死力也，況無二者乎。以貴則一夫，以富無尺田，非明識高世，强力出物，能鼓舞其下者，不若是敢爲上之抗，而曰凡民能之乎！然猶未及夫生人之功也。一傳而爲長春，函夏陽九，適遭其時，哀斯民將膏砧鑕，大闢玄門，爲趨生之塗，實拯億兆於滄海横流之下。於戲！事不要其終，徒始之究者，殆不得而見天之所以昌斯教者，其用以就斯乎。宜羽服琳宫，日新月盛乎金之世，星羅纆分於我有元之坤輿也。」牧庵言全真之勢似火，逾撲逾熾，吾言全真實似水，水至柔弱，故天下莫比其堅强也。此碑爲四庫本牧庵集所未收，輯佚者當注意。然仙源録載姚撰王處一、高道寬兩道行碑，牧庵集亦未收也。

元文類廿二有元貞元年姚撰長春宫碑銘，則見今牧庵集矣。曰：「長春癸未至燕，年七十六矣。而河之北南已殘，首鼠未平，鼎魚方急，乃大闢玄門，遣人招求俘殺於戰伐之際，或一戴黄冠，而持其署牒，奴者必民，死賴以生者，無慮二三鉅萬人。匹夫一言，鄉人信之，赴訟其門，聽直其家，爲有司者猶罪以豪傑以武自斷，而涣其羣，以二三鉅萬之人，散處九州，統馭其手，帝不疑之，斯必有以，豈屈子所謂名不可以虚作者耶。」其言似謂全真之勢，宜爲有司所忌，而帝竟不疑之，則有未盡然者。元初兩次焚毁道藏，戊午之役，勒令道士落髮者十七人，不可謂非大辱僇，下章詳之。元史一五三石天麟傳，言：「江南道觀偶藏宋主遺像，有僧素與道士交惡，發其事，將置之極刑，帝以問天麟，對曰：『遼國主后銅像在西京者，今尚有之，未聞有禁令也。』事遂寢。」西京今大同，道院藏故君遺像且有罪，猜疑極矣，幸天麟識大體，不然，將興大獄，道流尚有噍類耶。又元史一四九郭侃傳：「至元四年徙高唐令，五年邑人吴乞兒，道士胡王反，討平之。」然則元初道士未必皆順民也，其受猜忌固宜。

焚經之厄運第十

焚毁道藏之事，道家諱言，釋藏有專書載之，祥邁至元辯僞録是也，明藏五卷，清藏分六卷。何謂僞？謂老子化胡等經也。化胡經本寓言，自東晉以來，屢有損益，人知其僞久矣，何待於辯，即辯亦何與全真？ 曰全真雖不屬以前道教，然自宋披雲重刊道藏後，隱然纘承道教統緒，已詳前章。 元史本紀三：「憲宗元年，以僧海雲掌釋教，李真常掌道教。」是政府亦明認全真爲道教正宗也，既尸其名，應受其咎。 且其時全真遺民麕集，每以丘公之感化時主，爲應化胡之讖，遂造老子八十一化圖，以相慰藉。 祥邁辯僞録自序，謂：「丘處機妄言諂上，李志常矯飾媚時，萃逋役之罪徒，集排釋之僞典，令狐璋首編妄説，史志經又廣邪文。」即其事也。

然此特其副因耳，其主因在恢復侵地，不在辯論化胡也。 何謂侵地？ 自金南渡後，名藍精刹，半就荒蕪，全真代興，輒改爲觀，張伯淳辯僞録序謂有四百八十二所，此元太祖末年及太宗初年事，耶律楚材與丘公之隙末，亦緣此也。 張伯淳序，乙卯二字凡二見，其第一乙卯當爲乙酉，謂元太祖二十年，時丘公尚在，越三十年乙卯，爲憲宗五年，釋家聲勢漸復，萬松弟子少林福裕曾被召，乃訟其事於憲宗，西僧那摩大師等復爲之搘拄，遂有戊午辯論上都之役，大敗全真。 今將此事始末，分四節叙述如後：

一、初次辯論及焚經，在憲宗八年戊午，時掌道教李志常已先二年卒，掌釋教海雲亦先一年卒。 僧人爲頭者福裕，道士爲頭者張志敬，道教源流八謂海雲即福裕，誤也。 海雲名印簡，燕京慶壽寺僧，即今西長安街雙塔寺僧也，屬臨濟。 福裕號雪庭，嵩山少林寺僧，屬曹洞。程雪樓集六有海雲碑，八又有雪庭碑，是也。海雲乃號非名，史例稱名，而元史憲宗紀稱海雲者，不知其爲號也，稱李志常爲李真常，亦不知真常爲號耳。辯論僧道各十七人，結果，勒令道士落髮，恢復侵寺二百餘所，化胡等僞經及雕板，盡令焚毀。事並見道園學古録四八至温禪師塔銘。此一役也，道士受罵爲驢馬，爲畜類，均不之校也。

二、二次焚經在至元十八年辛巳，時張志敬已於至元七年卒，雪庭亦於至元十二年卒，南宋新亡，西僧氣燄更盛。會有言保定、真定、太原、平陽、河中府、關西等處道藏經板尚存者，復命僧録司教禪諸僧及文臣詣長春宫，偕正一天師張宗演，全真掌教祁志誠，大道掌教李德和等考證真僞，於十八年十月，百官集憫忠寺，即今法源寺，盡焚道藏僞經雜書，並遣使徇行諸路。此一役也，江南既平，道教加入正一天師派，又加入大道派，然勢力仍遠遜西僧，故又遭大敗。元史十一世祖紀：「至元十七年二月丙申，詔諭真人析志誠焚毀道藏僞妄經文及板。」又：「至元十八年十月己酉，張易等言參校道書，惟道德經係老子親著，餘皆後人僞撰，宜悉焚毀，從之。」即此事也。祁志誠，各本元史本紀皆作析志誠，字誤耳。十七年令自行選擇焚毀，十八年乃强制執行，令道德經以外，餘悉焚毀，殊無理由。諸臣仰西僧鼻息，不爲一言，祁志誠等則知榮守辱，任其所爲而已，此楊璉真加所以敢發宋會稽諸陵，且截頂骨以爲供器也。而張伯淳序辯僞録，猶盛誇「楊大師璉真佳大弘聖化，自至元廿二春至廿四春，恢復佛寺三十餘所」云云，豈不異哉。伯淳見元史一七八，杭州人，宋進士，雪樓集十七有伯淳墓誌銘。

三、撰焚毀僞道藏經碑在至元二十一年甲申，詔相哥諭翰林院撰文，記兩次焚經始末，頒布諸路刻石。相哥即桑哥，元史入姦臣傳。奉勅撰文，例一人署名，此碑署名者九人，辯僞録作七人，最末王磐，文稱「臣磐等」，則執筆者磐也，兹事體大，一人不敢專其責耳。潛研堂金石文跋尾十八有此碑跋，蓋據刻石泰安者，曰：「佛老之行於中國久矣，道經固多僞托，佛書亦華人所譯，往往竊取老莊之旨，而其徒常互相訾謷，人主又因一時之好尚而左右焉。魏太武信寇謙之而焚佛經，元世祖崇帝師而焚道藏，皆非卓然不惑者也。釋祥邁撰至元辯僞録，侈陳其事，意在排擯全真，適足供士君子之嗢噱爾。」

四、祥邁撰辯僞録，在至元二十八年辛卯。戊午之役，祥邁曾參與辯論，至元二年已撰有辯論之文，至是奉勅，始將前稿合十八年辛巳之事，彙爲一編，而以焚毀僞經碑殿其末。張伯淳、貴吉祥序，皆不著年月，張序蓋撰於至元末，貴序稱世祖爲先帝，則撰於世祖後矣。

佛祖通載卅三載焚毀僞經碑於至元廿二年乙酉，蓋據立石之年也。然何以將辯僞録張貴二序，及辯僞諸論，接連兩卷，並載於廿二年，又將十八年焚經下火文，及戊午焚經目録，對道士辯論僧人，皆載於廿二年，雜亂無章若是。夫辯僞録爲記事體，已有節目不清之弊，通載改爲編年，自應年分件繫，乃將前後相距三十餘年之事，混載於一年，其中復自顛倒錯亂，編年之謂何！僧人不諳著書體例，本無足怪，惟是書既入藏，又頗通行，清初費隱容撰五燈嚴統，且據之以與洞上諸人鬬，故不得不稍加彈射，俾後生知其不盡足據耳。

然道家史料載此事者殊寡，不能專據僧人一面之詞也。且其所述兩次辯論失敗者，張志敬、祁志誠皆全真傑出之士，志誠尤有高行。又其所載戊午道士落髮者，樊志應、申志貞、李志全等三人，晚節彰彰可考，以是知落髮事係一時受辱，不久即復。申見仙源録八張好古撰墓誌銘，李見前藏經刊行章，今從略，張志敬有王鹿庵撰道行碑，鹿庵即撰焚經碑之王磐也，樊志應有王秋澗撰真常觀記，祁志誠有虞道園撰白雲觀記，皆可考見其生平，今次第述之。

王撰誠明真人道行碑，見仙源録五，曰：「師姓張氏，諱志敬，字義卿，燕京安次人。幼清臞，寡言笑，不喜葷茹，見道士輒歡喜迎接，聞讀道經則諦聽不忍去。父母相謂曰：『此兒其有方外宿緣乎！』八歲送入長春宮，禮真常李真人爲師，給使左右。真常本儒者，喜文學，師性悟敏，善誦習，工書翰，又謹飭如成人，故真常愛之特異。恕齋王先生以詩名當世，而清高絶俗，棲止道宮，真常命師從之學。方丈西有堂曰萃玄，側有小樓，積書萬卷，人莫能到，真常以鎖鑰付師，恣所窺覽。師資禀既異，所以涵養成就之者又有本源，宜其所造超詣不凡也。至元七年冬十一月化，京師士大夫，遠方道俗，奉香火致奠者填塞街陌，累月不已。噫！全真之教，以識心見性爲宗，損己利物爲行，不資參學，不立文字，自重陽王真人至李真常，凡三傳，學者漸知讀書，不以文字爲障蔽。及師掌教，大暢玄旨，然後學者皆知講論經典，涵泳義理，爲真實入門。當嗣法之初，先輩師德存者尚多，師以晚進，躐出其上，中心不能無少望焉，師德度深厚，頹然處順，强悍者服其謙恭，驕矜者慚其退讓，故初雖少咈，久乃怗然。加以持身精謹，遇物通方，京師賢士大夫，及四方賓客，所與遊者，靡不得其歡心」云。恕齋王先生，名元粹，後止名粹，平州人，亦遺民入全真者，見中州集七，金史見文藝王鬱傳。

秋澗集四十真常觀記云：「重玄子樊君，晚節退休，與時消息，至元二十二載，易張侯故第爲幽棲所，榜曰真常觀。洒掃涓潔，廣植花木，境趣靖深，日端儼丈室，炷香撫琴，客至問何爲，曰：『吾方凝神坐忘，與造物者遊。』凡往來者皆一時名公，如李敬齋，趙虎岩，翰林王慎獨，左轄姚雪齋，鹿庵王承旨，少傅竇公，冀國王公，愛其風度才識，締方外交。太史公曰，視友知人，亶其然乎。元貞元祀正月五日晨興，召門弟子齊道亨、劉道安付以後事，怡然而逝，閱世四百五十六甲子，寧神於五華山僊塋。道亨純直有持守，祗承遺緒，朝夕惴惴，惟恐失墜，掌教玄逸真人與其進署宗門提點。一日介劉道録文甫請述觀記，予僚契雷若齋，與師昔同鄉校，夤緣有一日之雅，且重劉請，勉爲件右，竊有所感焉。乃爲之説曰：二氣氤氳，五行儲精，長材秀民，無世無之。當金季俶擾，綱常文物，蕩無孑遺，其時設教者，獨全真家，士之慕高遠，欲脱世網者，捨是將安往乎。嘗究其説，不過絶利欲而篤勞苦，推有餘而貴不爭，要歸清淨無爲而已。如重玄子扶翊道紀，綜覈玄務，公材吏用，藹然見於脱穎游刃之外，不謂之長材秀民可乎。向使率性以明當然之理，務學以廣通變之方，列周行，握事樞，以投功名之會，樹立巉絶，恐不如是而止也，撫卷懷人，爲一慨惜。師諱志應，字順甫，出平陽汾西官族」云。

敬齋李治，虎岩趙著，慎獨王鶚，雪齋姚樞，鹿庵王磐，少傅竇默，冀國王善，大半元史有傳。玄逸真人張志僊，元貞初繼祁志誠掌教，亦見元史本紀。竇默、姚樞，戊午僧道辯論時，曾共證義，見辯僞録三。王磐則焚經碑執筆者，已見前。志應卒於元貞元年，閲世四百五十六甲子，當爲七十五歲，初次焚經時，當三十八歲，其卒在辯僞録撰成之後，未嘗終身落髮爲僧，辯僞録一面之詞不盡足據。秋澗之意，深惜志應之才，不奮志功名，而甘心隱遯，夫士各有志，不能强同，亦各行其是而已，豈非做官不可哉！秋澗集廿一又有挽樊君道録詩：「每歎玄門道有綱，樊君扶翊冠簪裳，公材絶似張嵩岳，術異初非費長房。樽酒笑談才宿昔，玉棺飛墮便蒼茫，仙遊久厭人間世，華表歸來意未量。」

道園學古録四六白雲觀記云：「雲州之西，有山曰金閣，洞明祁真人擇勝修真，得地於山之谷中，谷口在州南十餘里官道傍，宛轉深入，乃得至其處。真人之道，其宗曰全真，道行於州里，遠邇嚮從。至元六年，故丞相忠憲王安童過雲州，問州之父老曰：『此有高道之士乎？』衆以真人對，丞相屏騎從見之，問以修身治世之事，丞相感焉，故其相世祖皇帝，以清靜忠厚爲主，既而罷相，退然若無與於世者，人以爲多真人之説云爾。泰定元年五月，予馹過雲州，道中聞異香，數十里不絶，心甚異之，而莫知其説。後四年之過也，適與玄教夏真人偕，偶及之，夏真人曰：『祁真人居此山，素有道術，或者其有没而不亡者耶。』六月自上都還，舍驛騎，步入谷，觀祁真人隱處，風雨之聲，與山木澗泉並作，凛不可久留，遂去之。天曆二年六月，被召上都，又過之，爲僚吏從者言昔事，言未既，香大至，數十人共聞，咸用嗟嘆，欲書其事於金閣未可，併識諸此，使觀者知洞明之所以能神靈者，其論道蓋有足傳者」云。

元史釋老傳記祁志誠事，悉本此記，夏真人文泳，吴全節弟子，亦見釋老傳。道園録三有雲州道中數聞異香詩云：「雲中樓觀翠岧嶢，載道飛香遠見招，非有芝蘭從地出，略無煙霧只風飄。玉皇案側當霄立，王母池邊向日朝，却袖餘薰散人世，九天清露海塵飄。」秋澗集廿三跋祁真人畫像云：「何處人間有洞天，青藜曾探寶珠玄，柱頭留語疑遼鶴，物外孤吟覓閬仙。木食草衣元澹泊，竹風松月自清圓，壽宫舊有燒丹竈，空憶靈砂漬夜泉。」雪樓集二八洞明祁真人像云：「箬笠簑衣七尺翁，掀髯猶似舊相逢，只今無路隨青竹，自昔疑君是赤松。明月在天元不老，精金藏火豈能鎔，七真岩谷長春境，唯有浮雲盡日封。」同卷又有題祁提點秋山圖云：「仙人縮地古今同，何處移來水外峰，我與白鷗曾有約，可憐相見畫圖中。」凡此詩文，皆在二次焚經之後，而人之景仰高風，依然如昨，何嘗有損道價分毫，彼恃新勢逼人者可以休矣。

不獨此也，當時政府一方徇西僧之請，立碑焚經，一方對全真之褒崇，亦未嘗少減也。張伯淳撰辯僞録序，不載今本養蒙集，然今養蒙集一，反有贈祁真人制，蓋作於辯僞録序之後，雖奉勅代言，不由自主，而毁譽同出一人之口，亦難乎其爲言矣。制曰：「有道之朝，以清靜寧一爲治，全真之教，非聲音笑貌可名。粤若異人，宜加美謚，故玄門掌教大宗師洞明真人祁某，生呈瑞彩，長慕玄風，詞翰出性真頓悟之餘，力量見事會方殷之頃，有感必應，何施不宜。功行越二十年，極雲中之參訪，生死皆十一月，與天運以始終，圓定數而莫逃，凛高風之如在。噫！自東華紫府而下，爾克茂於前修，從西崑赤子而升，朕永懷于遺跡，尚其英爽，歆此寵光。」志誠何年卒，史文蓋闕，寰宇訪碑録十一有李謙撰祁真人道行碑，大德三年立，在宣化，余訪之十年無着，近知其在赤城縣北雲州金閣山靈真觀，道阻仍未拓致爲憾。元史十六世祖紀：「至元二十八年十二月，遣真人張志仙持香詣東北海嶽濟瀆致禱。」未明言志僊爲掌教也。十八成宗紀：「元貞元年二月，以醮延春閣，賜天師張與棣，宗師張留孫，真人張志僊等十三人玉圭各一。」以志僊與正一張與棣、張留孫並稱，其爲長春掌教明矣。志僊掌教在元貞初，則志誠之卒，當在至元末。

附記：始余考祁志誠卒年，以未見祁真人道行碑爲憾，後從膠西柯氏假得拓本，祁蓋卒於至元三十年十一月，年七十五，余所考幸無大誤。惟焚經事碑仍未明言，祇云：「十八年道門多故，真人挺身直前，百阻而不撓，或謂宜及時謝事，曰：『方玄風隆盛，則以師長自居，少遇屯厄，則退身爲隱士，人其謂我何。』」此可見志誠任道之勇。至元十八年，時年六十三矣。

姚牧庵集十一長春宮碑銘，撰於元貞元年九月，亦稱張志僊爲嗣教。曰：「臣又思之，宮之與碑，宜一其時，太定憲三宗，日不暇給，嗣教真人尹志平、李志常，不請則宜。以世祖之聖，在位之久，其培樹擁衛斯學之力，而張志敬、王志坦、祁志誠不一言焉。及僊今請而輒報可，豈天固存列聖未究，以待陛下爲終之耶！又虞自經厄以還，禁爲醮祠，今雖開之京師，而外未白也。乃下詔萬方，其旨若曰：『先皇帝令，江之北南，道流儒宿，衆擇之，凡金籙科範，不涉釋言者，在所聽爲。』若然，先皇之開醮祠者有成命也，爲犯法臣所不愛，竟柅而止，自今其惟以先皇成命從事，是世祖獨未究者，陛下又終之也。嗚呼！事之開也有門，而來也有途，其就也有時，而成也有候，方是詔下，四海之人，感激奮言。始吾以爲經厄之餘，丘氏之學熄矣，陛下噓而然之，俾屯者以亨，塞者以通，梗其道者除之，取其業者還之，叢是數美于僊之身。又冠之以寶冠，薦之以玉珪，被之以錦服，皆前嗣教者所亡。嗚呼！僊之求以報盛德，疇至恩者，當何如也。」

此文關係經厄之後，全真能復振之由，至爲重要，其所引詔旨，蓋焚經後轉圜詔旨也。曰「道流儒宿，衆擇之」，許其信仰自由也。曰「凡金籙科範不涉釋言者，在所聽爲」，以不涉釋氏爲限也。此所引者爲詔旨大意，非詔旨元文，其頒發當在至元二十八年前。曰「爲犯法臣所不愛，竟柅而止」，當指姦臣相哥，相哥與西僧比，厄全真，故詔雖開禁，止限於京師，未頒行各路。二十八年正月相哥罷，七月誅，全真事漸解。成宗即祚，乃遵成命大弛禁，全真於以復蘇。曰「梗其道者除之，取其業者還之」，可見經厄以後，僧人不獨恢復侵地，且反侵道家之地，至是又還之也。輟耕録十三言：「至元間釋氏豪橫，改宮觀爲寺，削道士爲髡，各處陵墓，發掘殆盡」云云。史料不全，非牧庵此文，幾莫得其往復之跡也。

末流之貴盛第十一

貴盛非道者所宜言也，道者以安貧守賤爲尚，志意修則驕富貴，道義重則輕王公，而全真末流何如者，仙源録九王鹿庵真常觀記嘗論之矣。曰：「夫道宮之有别院，非以飾壯麗也，非以助遊觀也。賢者懷高世之情，抗遺俗之志，道尊而物附，德盛而人歸，欲高舉遠引而不可得焉，故即此近便之地，閑曠之墟，以暫寄山林棲遁之情耳。南華有言，『聖人鶉居而鷇食』，今掌玄教者，蓋與古人不相侔矣。居京師，住持皇家香火，徒衆千百，崇墉華棟，連亘街衢，通顯士大夫，洎豪家富室，慶弔問遺，水流而不盡，天下州郡黄冠羽士之流，歲時參請堂下者，踵相接而未嘗絶也。道宮雖名爲閑静清高之地，而實與一繁劇大官府無異焉，故長春之有别院，所以爲避喧撥冗之地也歟。」嗚呼！此鹿庵之微詞也。夫全真之興，其初不過欲溷跡囂埃，深自韜晦，以俟剥復之機而已，豈期巫祝之術，爲幼稚民族所歡迎，竟得其國王大臣之信仰，尊之以宗師，崇之以冠服，侈之以宮觀臺榭，如是其盛乎！

虞道園撰宮觀碑記最多，學古録四六紫虚觀記亦嘗慨乎言之。曰：「今爲道家之教者，爲宮殿樓觀門垣，各務極其宏麗，象設其所事神明而奉祠之，曰爲天子致福延壽，故法制無所禁，惟其意所欲爲。自京師至外郡邑，有爲是者多以來告而求識焉，大抵侈國家宗尚賜予之盛，及其土木營繕之勞而已。蓋嘗執筆而嘆曰：世俗之卑隘沉溺甚矣，安得遺世獨立奇倜之士，可以發予言哉。」則其厭惡不悦之情，概可見矣。吾叙全真至天樂道人李道謙而止，以道謙以後，教史不能詳也。道謙有弟子曰孫德彧，延祐初召爲全真掌教，其銜爲「特授神仙演道大宗師，玄門掌教，輔道體仁文粹開玄真人，管領諸路道教所，知集賢院道教事」，凡三十七字，與同時正一教張留孫、吴全節之貴盛相等。嗚呼！此市朝鬻道之徒，非山林樂道之士矣。

學古録五十孫德彧墓誌銘云：「真人道行著于天下，其最可傳信者，延祐二年夏，禮部尚書元明善代丞相禱雨長春宫，真人曰：『明日雨徵至，須丞相上章，自言憂民報國之意。』小得雨，尚書即爲章往白丞相，丞相病在卧内，使人取章入，署名付還，真人一見，告尚書曰：『章觸婦人手，且得罪，寧敢望雨乎。』使人問丞相門下，果然，二人恐懼，拜伏請罪。久之，退齋宫俟命，夜半，真人曰：『上帝念民無辜，賜之雨三日。』果雨三日，尚書儒者盛貴人，不覺屈膝拜之。後建法主殿于宫西，朝廷命國工塑像，而元公爲之碑，五年夏，中書參知政事王公桂禱雨亦如之。興聖宫遣重臣醮雨長春，七日正醮，雨大至，所遣重臣憂懼，真人曰：『勿憂也。』比祭酒雨止，月星粲然，皆以聞。後上見真人，目迎送之，曰真仙人也。命圖其像，屬翰林學士承旨趙公孟頫爲贊，以璽識之。終南山重陽宮者，全真之祖庭也，真人居之，始大修飾，天子爲出尚服賜之，鎮其宮。甘河，祖師遇仙處也，真人奉詔建橋，以寓度濟來者之意，其役甚大，又詔元公明善製碑文。七年得請歸終南，優禮送之，至治元年秋化去，壽七十九。」

盩厔有孫德彧道行碑，鄧文原撰文，趙孟頫書，金石萃編未刻稿一曾録全文，内容與墓誌銘同，惟無章觸婦人手事，文爲今四庫本巴西文集所未收。潛研堂金石文跋尾十九云：「德彧没于至治元年，文稱今上者，謂英宗也。松雪於至治二年六月卒，碑末云『元統三年九月吉日建』。蓋二公撰書之後，又十餘年而始勒之石，碑末所題年月，及完顔德明題名，皆後人續書，非松雪筆也。篆額者爲趙世延，其署銜云『前中書平章政事，翰林學士承旨，知制誥，兼修國史，奎章閣大學士，魯國公』，此天曆以後世延所歷之官，松雪未及見也，亦後人追書。」而孫月峰書畫跋跋二，謂：「孫德彧以一道流，而能令翰苑諸名公爲撰文，爲寫碑，彼時道教之重如此，今時不能爾」云。則未知元時道教末流所謂大宗師者胥如此，不獨德彧然也。禱雨而應，如射覆之倖中，屢中可以致貴盛，亦猶博徒之可以致富豪也。「章觸婦人手，且得罪」，是何言，而當時國王大臣信之，此其道所以大行也。道者以不婚不仕爲標榜，若孫德彧等之所爲，雖曰不仕，而仕已多矣。炎炎者滅，隆隆者絶，其貴不在己而在人，人亡而已安得不黜哉！故全真自孫德彧掌教以後，已失其本色，吾不欲言，惟道教源流六，考全真歷任掌教，謂繼張志僊者爲孫德彧，繼德彧者爲孫履道，至苗道一而止，與余所考不同，今分三節附論如後：

一、繼張志僊者爲苗道一，繼苗道一者爲孫德彧。張志僊掌教在元貞初，卒年無考，然余所得至大加封七真聖旨碑拓本，不止一通，有在陝西耀州者，有在甘肅秦州者，有在山東掖縣者，碑末均稱「右付玄門演道大宗師掌教，凝和持正明素真人苗道一收執，准此，至大三年二月日」。道教源流八所引仙源像傳録亦同，是繼張志僊者爲苗道一也。

二、繼孫德彧者爲藍道元，繼藍道元者爲孫履道。孫德彧掌教在延祐初，至治元年卒，元史二八英宗紀：「至治二年十二月戊辰，以掌道教張嗣成、吴全節、藍道元，各三授制命銀印，勅奪其二。」以藍道元與正一張嗣成、吴全節並稱，其爲全真掌教無疑。道園學古録廿五河圖仙壇碑，言：「泰定元年，長春掌教真人闕，上因公薦，以汴梁朝元宫孫公履道主之。」所謂公者，吴全節也，長春掌教何以闕，必藍道元以事免也，元史三十泰定紀：「泰定三年八月，長春宫道士藍道元以罪被黜，詔道士有妻者悉給徭役。」據此，則藍道元免去掌教在先，至是並黜其道籍也。所謂罪者何罪，史雖闕文，而與「道士有妻者悉給徭役」之詔同時並書，則其罪必與末流之貴盛有關，蓋憔悴枯槁之徒，已染驕奢淫佚之習矣。元史一七五張珪傳：「泰定元年，以災異詔百官集議，珪奏二十餘事，其中有曰：僧道出家，屏絶妻孥，蓋欲超出世表，是以國家優視，無所徭役，且處之官寺，宜清淨絶俗爲心，誦經祝壽。比年僧道往往畜妻子，無異常人，如蔡道泰、班講主之徒，傷人逞欲，壞教干刑者，何可勝數，俾奉祠典，豈不褻天瀆神，臣等議僧道之畜妻子者，宜罷以舊制，罷遣爲民。」此即泰定三年詔所本也。珪奏僧道並舉，而詔特罷道士，僧有妻者不禁歟，何優僧而劣道也。蔡道泰是否全真不可知，而藍道元之爲全真，及曾爲掌教，則無疑義。故吾謂繼孫德彧者當爲藍道元，藍道元之後，方爲孫履道。吴草廬集四四有封孫真人制，當撰於泰定元年，曰：「大道先天地而混成，至德正性命而順受，其能凝神守一，則可保身全生。我家啓運之初，異人乘時而出，素行上孚於睿鑑，元功下濟於寰區，繼繼逮今，繩繩嗣教。以爾泰定虚白文逸真人孫履道，恬淡抱朴，謙冲葆光，方外從遊，早逍遥於冀北，環中善應，晚楷式於豫南。屬長春之席暫虚，幸太古之傳未泯，遠尋支派，丕闡宗風。可特授神仙玄門演道大宗師，泰定虚白文逸明德真人，掌管諸路道教所，知集賢院道教事。於戲，心齋而有吉祥，爾懋明於寧極，年熟而無疵癘，朕永賴於蕃釐。宜令孫履道，准此。」孫履道之貴盛，不亞於孫德彧也。

三、繼孫履道者復爲苗道一，繼苗道一者爲完顔德明。夫苗道一至大三年既掌教矣，何以越二十年復爲掌教，則須知全真掌教，習慣與大道、太一不同，大道、太一有第幾代第幾祖之稱，全真自王利用撰馬丹陽碑稱爲第二代，弋轂撰尹志平碑稱爲六世，高鳴撰王志坦碑則又以元數之，稱爲五代，餘鮮稱某代某祖也。大道、太一嗣教，如祖宗傳世，昭穆森然，全真掌教，如宰執任免，時可復命，明乎此，則苗道一之再任，藍道元之罷黜，不足奇矣。元史三三文宗紀：「天曆二年十月癸卯，命道士苗道一建醮于長春宮。」未明著爲掌教也。三四文宗紀：「至順元年閏七月，鑄黄金神仙符命印，賜掌全真教道士苗道一。」則明著爲掌教矣。道教源流六所引續文獻通考，即本於此。中州名賢文表二九孛朮魯翀奉元明道宫碑，言：「元統元年，特進神仙掌教凝和大真人苗宗師，召太清提點趙道真來京。」是元統元年全真掌教猶爲苗道一。元統三年九月，建孫德彧道行碑時，掌教則爲完顔德明矣，其結銜稱「特進神仙玄門演道大宗師，重玄藴奥宏仁廣義大真人，掌管諸路道教所，知集賢院道教事」，其貴盛亦與孫德彧等。邵亨青野處集三，有潘鍊師松庵序，言：「五祖七真之緒，其學盛於北方久矣，國朝混一區宇，特設全真掌教宗師以領袖之，而天下學者無問其源所自出，靡不以得承七真先緒，逮事當今宗師爲足也。維揚潘鍊師仲華，自幼爲儀真瞿老師門人，掌教大宗師完顔公，嘉其能循道誠，翛翛然有古高士風，期可與入老子之道，號之曰通真明義靜德大師玄中子，命主領益都路嶧陽山碧雲宫香火。」序未知作於何年，然邵亨青爲至正間南士，其所云當今掌教大宗師完顔公，即完顔德明也。完顔爲金國姓，全真至是始有女直人掌教。今爲全真歷任掌教表冠於卷首，以補道教源流未備焉。

元遺山之批評第十二

遺山集全真碑銘最多，與秋澗集之太一碑銘等，顧秋澗於太一，多可而少怪，遺山於全真，則與者半不與者半，大略散見前章，兹復列爲專章者，欲推究遺山何以不滿於全真也。遺山有宗人明道，爲濟源奉仙觀道士，屢見於集，不知其是否全真也。遺山次女嚴爲女冠，號浯溪真隱，見碑本墓銘。遺山年四十五，撰南冠録引，曾手寫千秋録一篇付女嚴，時子幼，長女已嫁，嚴在盧氏縣，故以付之也。廣元遺山年譜所據本作文嚴，遂不知文嚴爲何人，集十一有寄女嚴詩，云「聞道全家解禪理，擬從香火問無生」，即指其學道也。嚴是否爲全真亦不可知，然遺山固不反對其學道。遺山有小功兄寂然爲全真，則明著於集卅五太古觀記。全真名士如范圓曦，孫伯英，秦志安等，皆遺山至契，遺民不仕元而入全真者，遺山所識尤多，故當日文人中，了解全真者，宜莫遺山若。然遺山言論每不喜全真，反全真者每借其言以爲重，至元辯僞録三，謂：「元裕之曾作重陽真人碑，曲成其美，全真輩謂不光，故好問之文，立而復毁。」遺山紫微觀記，爲趙天錫太夫人作，見官府猜疑章，與釋家何涉，而佛祖通載特載之，亦因其中有不滿全真之言耳。

遺山集不滿全真之言，尚不止此，卅五通仙觀記云：「玄學之廢久矣，惟玄學廢，故人以學仙爲疑。今夫居山林，棄妻子，而以黄冠自名者，宜若可望也，然叩其中，則世間事人所共知者，且不能知，況出世間乎。倀倀之與游，憒憒之爲曹，未嘗學而曰絶學；不知所以言而曰忘言；囚首喪面，敗絮自裹，而曰君子盛德，容貌若愚。嗚呼！靈都真境，自昔閎衍博大真人之所往來，乃今求自拔於流俗者而不可得，於此可以觀世變矣。因併及之，以爲素隱行怪，欺世盜名者勸。」卅八太古堂銘云：「廣寧全道太古真人寧海郝君，初入道，習所謂以苦爲樂者，塊坐趙州南石梁下六年，羽化之後，高弟范鍊師，復來趙州，築環堵而居之，官吏士民請住州之天寧觀，後十年，起堂於天寧，名之曰太古。真人平生篤於大易之學，以古道自期，蓋天性然，余嘗讀太古集，見其論超詣，非今日披裘擁絮囚首喪面者之所可萬一」云。凡厭惡其人者，輒形容其言貌，故墨子之非儒也，曰「高拱下視，會噎爲深」。荀子之非子游氏也，曰「偷儒憚事，無廉恥而耆飲食」。今遺山之非全真，「囚首喪面，披裘擁絮」之言，屢見不一見，果何所指耶。又曰「叩以世間事，人所共知者，且不能知，況出世間乎」。則全真修士中不諳世故者必多，豈能得人敬仰，遺山之言，何其沉痛也。雖然，全真既爲當時顯學，惰窳之徒，溷入其中，以謀衣食，亦奚能免者。

金史一一九烏古論鎬傳云：「烏古論先生者，本貴人家奴，爲全真師，裸顛露足，綴麻爲衣，人謂之麻帔先生。宣宗嘗召入宮，問以祕術，因出入大長主家，有穢跡，上勑有司掩捕，已逃去。正大末，從鎬來官汝南，鎬爲營道宇使居之，車駕將至蔡，生欲遁，無所往，因自言能使軍士服氣，不費糧，右丞完顏仲德知其妄，乃奏欲如田單假神師退敵意，授以真人之號，旋出奇計，北兵信巫，必駭異之，或可有功，參政張天綱以爲不可，遂止。復求入見，長揖不拜，且多大言，欲出說太師噴盞爲脱身計。時郎中移剌克忠，員外郎王鶚具以向者麻帔爲言，上怒，殺之。」此一事也，金史蓋本之汝南遺事四，王百一鶚則目擊其事，書之以備史館採擇者，此全真敗類也。辯僞録四言：「金朝末代，有烏骨崙先生，常披麻被，咄空罵衆，詐號神仙，哀帝惑之，頗信鄙術。」即此人。焚毁道藏碑亦言：「金末年，復有麻被先生，鐵笠李二人，以姦謀祕計，出入時貴之門，肆爲淫污之行。」則此事在當時殆無人不知者，遺山自必知之。其後又有孝義某生之事，見藕香本敬齋古今黈十，云：「孝義有某生者，宗丘劉學，主太原城西一民家，塊坐環堵者幾十年，主氏翁媪奉事勤篤。庚子春正月望，翁與生坐久，倒寢其傍，丙夜生遽取案上菜刀亂斫翁死，媪駭愕，起救，生又斫殺之，有婢竊視，噤不敢動。生復瞑目端坐，鄰者縛生詣有司，府掾范貞之謂曰：『汝善人，寧有害物心，恐鄰者殺翁媪，而以汝當之，可實語我。』生曰：『我固殺翁媪，雖夢中不知所爲，尚能記其彷彿，此殆宿債，豈可濫及無辜，其亟刑我。』竟棄市。」此則癡坐成頑，學全真而誤入魔道者，亦足貽人口實也。遺山所謂「敗絮自裹，憒憒爲曹」者，其斯人之流歟。然億萬信徒中，僅有三數惰窳之徒，見於記載，抑亦微矣。

全真立觀度人，所收過濫，王百一撰棲雲王志謹道行碑，曾發爲疑問，文見仙源録四。曰：「予於師鄉里也，同宗也。昔予待罪翰林，稔師之名，限以南北，未之獲見，北渡後始識，予不知宗屬近遠，以年長一紀拜之，師亦荅拜。比年數數會晤，時辱見臨，情話終日，予乘間問之曰：『師年八十，宜深居簡出，坐以傳教，使問道之人香火來，不亦重乎。顧區區普受人請，車無停轍，人無寧跡，毋乃涉於輕易耶。』師應之曰：『凡在交際，宜有分別，我全真者流，不敢失前輩遺躅，富貴者召之往，貧賤者召之亦往，一日十請亦往，千里來請亦往，急欲利人，不敢少安以自便耳。』又問：『師所至，日書法名，不知其數，不詢其人，不考其素，其中豈無惡少博徒爲累乎？』師曰：『全真化導，正在此耳，使朝爲盜跖，暮爲伯益，則又何求，雖千百一人，亦化導之力也。』予聞之喜甚，知師之心，天地父母之心也」云云。嗚呼！上宫來竊屨之譏，互鄉負難言之目，苟以是心至，斯受之而已矣，唯何甚。王百一之於棲雲，深諒之矣，然遺山之於全真，終未釋然也。

山東長清有五峰山重修洞真觀記，遺山爲全真王志深撰，今集未收，山左金石志廿一跋云：「史稱好問爲文有繩尺，備衆體，今觀此碑，平衍無出色處，或託名者爲之。」而未録全文，吾得其拓本，亦忠告全真者。曰：「吾友東光句龍英孺，盛談洞真幽寂古澹，欲予一到其處，予以客游未暇也。丙午春二月，志深之法兄張志偉，以洞真始末謁予以記請，且言志深昆仲，皆出於廣川真靜大師崔道演。道演道行孤峻，嘯座林間，於世無所與合，崑嵛普照范鍊師特慎許可，每一見必留語彌日。志深外質而内敏，苦己利物，往時避兵布山，鄉人被重創者狼藉道路，志深扶傷救死，親餽粥藥，惻然有骨肉之愛。祭酒以來，連起茇舍，凡有徒老，與夫環處無供者，皆厚爲調護之，是不獨於營運爲有勞，其人亦可記也。予因爲張言：承天以寇謙之顯，華陽以陶貞白顯，草堂以盧徵君鴻顯，中巖以司馬子微顯，境用人勝，良不虚語。雖然，吾何敢望於今之人，必也自拔於流俗，居山林，木食澗飲，甘足枯槁，無爲此山之羞，斯可矣，若崔與王，是無爲此山羞者非耶。他日飄然而東，當以吾言扣之。九日己巳記。」

句龍英孺名瀛，爲遺山寄耶律書所舉五十四人之一。句龍河北姓也，在南宋則避高宗嫌名，去句存龍矣，然紹興十八年進士題名録尚有姓句龍者三人。丙午元定宗元年，二月辛酉朔，故九日己巳也。崔道演，劉長生弟子，五峰山有杜仁傑撰真靜崔先生碑，文見仙源録五。張志偉即張志純，號天倪子，崔道演弟子，詳見仙源録八杜仁傑撰泰安阜上張氏先塋記，固山左著名道士也。王奕玉斗山人集二有和遺山呈泰山倪布山真人詩，元詩選癸之壬以爲即此人。而山左金石志跋徐世隆贈天倪子詩刻，竟不知天倪子何名，是惡足爲人志山左金石乎，且惡足以辨遺山文之真僞也。夫辨遺山文真僞，應據遺山集，豈能據史稱「遺山文有繩尺，備衆體」，遂斷此碑爲不類耶！且集中全真碑多矣，持論皆與此碑合，果託名者，應盛誇碑中主人，今乃期碑主「自拔於流俗，無爲此山羞」，非遺山安得此直諒之言，遺山蓋始終爲全真諍友也。秋澗集十三題甘河遇仙詩卷云：「嵱山文最雅，略不見諛詞。」不爲諛詞，必爲直詞，是遺山尚有題甘河遇仙詩文，惜今集未載，而仙源録亦未收也。

南宋初河北新道教考卷三

大道篇

大道教之起源及戒目第一

元史釋老傳：「真大道教始自金季道士劉德仁，其教以苦節危行爲要，而不妄取於人，不苟侈於己。五傳至酈希誠，居燕城天寶宮，見知憲宗，始名其教曰真大道。」元史此傳，大抵取材於吳草廬撰天寶宮碑，及虞道園撰岳德文碑。今須先辨者二事：一所謂金季也，金據河北凡百年，以吾所考，劉德仁生宋宣和，卒金大定，其畢生在金之前半，不得云金季。二所謂元憲宗時始名其教曰真大道者，非其先無名，至是始名真大道也。耶律楚材西遊録序作於元太宗元年己丑，即金正大六年，而排斥全真、大道、混元、太一，以爲皆老氏之邪，則大道之名早已有之，不過先名大道，至元憲宗時始稱真大道耳，豈有創教百年，而無名稱者乎。第一事自元史類編以來，皆襲謬沿訛，未爲辨正。第二事則因各家皆同是説，未能於元憲宗以前尋出大道教之名，故每以爲其先無名，至是始名真大道也。

吴草廬集廿六天寶宫碑云：「泰定二年春，予以養疾，寓天寶宫之别館，其宫之道士合辭言曰：吾教之興，自金人得中土時，有劉祖師，避俗出家，絶去嗜慾，屏棄酒肉，勤力耕種，自給衣食，耐艱難辛苦，朴儉慈閔，志在利物，戒行嚴潔，一時翕然宗之。繼劉而陳，陳而張，張而毛，毛而酈，酈始居天寶宫，際遇國朝，名吾教曰真大道，自爲一支，不屬在前道教所掌。酈之後有孫，有李，有岳，而吾之師嗣焉。」草廬此碑爲大道教九祖張清志作，所謂吾師，即張清志也。宫在大都南城，而碑則不獨大都有之，吾嘗見許州天寶宫碑，金石萃編補正卷三著録，文與此同，而頗有誤字，如泰定二年誤三年，不知二年八月吴已出都也。碑言劉祖師出家於金人得中土時，又言自爲一支，不屬在前道教所掌，其説至明，元史金季之説，可不攻自破。

道園學古録五十真大道教第八代崇玄廣化真人岳公碑，於大道教起源，尤能道出真髓。曰：「國家禱祠禬禳之事，有屬諸道家者，其别數宗，而真大道以苦節危行爲要，不妄求於人，不苟侈於己，庶幾以徇世夸俗爲不敢者。金有中原，豪傑奇偉之士，往往不肯嬰世故，蹈亂離，輒草衣木食，或佯狂獨往，各立名號，以自放於山澤之間。當是時師友道喪，聖賢之學，泯滅澌盡，惟是爲道家者，多能自異於流俗，而又以去惡復善之説勸諸人，一時州里田野，各以其所近而從之。受其教戒者，風靡水流，散於郡縣，皆能力耕作，治廬舍，聯絡表樹，以相保守，久而未之變也。國朝之制，凡爲其教之師者，必得在禁近，號其人曰真人，給以印章，得行文書視官府。而真大道教者，則制封無憂普濟開微洞明真君劉德仁之所立也，以弟子嗣守其業，治大都南城天寶宫，又嘗得郡置道官一人，領其徒屬，與全真、正一之流參立矣。」正一爲道教舊派，全真與大道爲宋南渡後新教。觀其所謂不肯嬰世故，蹈亂離，佯狂獨往於山澤之間，力耕作，治廬舍，聯絡表樹，自相保守，非遺民生活而何，然自來録宋遺民者多忽之，抑又何也。

宋學士文集五五有書劉真人事一篇，條其戒目有九，皆遺民柔巽之人生觀也。曰：「劉真人德仁，滄州樂陵人，始生有光照室，及長，讀書通大義。會宋靖康之亂，徙居鹽山太平鄉。一日晨起，有老叟乘犢車相過，摭道德經要言授之，曰：『善識之，可以修身，可以化人。』仍投筆一枝而去。自是玄學頓進，從游者衆，真人乃取所授書，敷繹其義以示人。一曰視物猶己，勿萌戕害凶嗔之心。二曰忠於君，孝於親，誠於人，辭無綺語，口無惡聲。三曰除邪淫，守清靜。四曰遠勢力，安賤貧，力耕而食，量入爲用。五曰毋事博弈，毋習盜竊。

六曰毋飲酒茹葷，衣食取足，毋爲驕盈。七曰虛心而弱志，和光而同塵。八曰毋恃强梁，謙尊而光。九曰知足不辱，知止不殆，學者宜世守之。金大定初，詔居京城天長觀，賜號東岳真人，傳其道者幾徧國中。且善於劾召之術，趙氏爲狐所祟，真人劾之，里中瑩兆自焚，狐數百嗚嘯赴火死，人尤神之。然其養母如禮，及亡，喪祭一遵世教，無愆度者。史官曰，道喪千載，諸子之言人人殊，德仁在宋金之間，髣髴老子遺意以化人，人亦多從之者。蓋其清修寡欲，謙卑自守，力作而食，無求於人，實與天理合也，天理人心所同，固足以感召歟。」元史出宋景濂手，今此文明謂德仁會靖康之亂，在宋金之間，則元史金季道士之言，爲一時失檢可知矣。

草廬、道園、景濂皆著作名家，其言已可信據。然吾於大道教書本史料之外，尚有實物史料，作者之名雖不著，其文又繁冗無法，然其所載事跡，往往質實如簿記，猶是史氏之遺，不得以文家法度繩之也。今河南偃師有大道教碑，高尋丈，寬四五尺，三十九行，行百餘字，名洛京緱山改建先天宮記，元至元十五年立，蓋本名賓天觀，至是改爲先天宮，而俗又名爲昇仙宮也。撰人杜成寬，書者張瑜，成寬銜稱「真大道門人，崇道廣演大師，休庵老人，前進士」，文凡三千餘言，字畫完整，予所知現存大道教碑，以此爲最古。碑於大道教七祖以前之授受源流，及行教年歲，詳載無闕。卷首大道教祖師傳授表，其年壽及行教年，即據此碑而作。今節其文如下：

「我祖師東嶽真人劉君，生居滄州樂陵縣之北界，首以愛敬事母，清靜處身，由正念之克存，感聖師之臨御，復駕青犢，來抵其家，授以宗乘，傳以經筆，俾興大道正教，以度末世黎民。其教見素抱朴，少思寡欲，虛心實腹，守氣養神。及乎德盛功成，濟生度死，以無爲保正性命，以無相驅役鬼神。行教三十八年，住世五十九載，以法傳付二祖大通真人陳君。二祖既掌天權，弘宣祖道，度人罔極，設化無方，闡教一十五年，法壽莫得而識，以法傳付三祖純陽真人張君。三祖稟質不凡，行法好古，敷宣聖教，克肖先師，處世五十五年，闡教二十五載，以法傳付四祖元陽真人毛君。四祖見性達聰，罔愆成法，心厭塵世，不永斯年，掌教五星有奇，得年三十八歲，以法遜與五祖太玄真人酈君。五祖當教之日，值大元立國之初，法令未行，逆魔亂起，始終一十五載，遭逢十七大魔，以五祖道德崇高，威靈顯赫，魔不勝道，尋乃自平。自戊戌以來，化因以洽，南通河嶽，北極燕齊，立觀度人，莫知其數。真人尊太玄之號，教門得真假之分，闡教三十六年，享壽七十八歲，將法傳付六祖通玄大師孫君。六祖得法之後，德感宸旒，名聞朝野，君王眷顧，卿相主持，秉統轄諸路之權，受通玄真人之號，嗣承宗教，轉見輝光，敷化一十五年，享壽五十六歲，於至元癸酉四月念，以微疾而終。雖與歷代同示坐亡，其應現威儀有異，於預先七日，將法傳付七祖頤真大師李君，其傳受事意，又極昭彰，道俗官民，咸稱殊異。」

此文可注意者，前有「俾興大道正教」，後有「教門得真假之分」二語，足證其教本名大道，後加真字，吾上文辨釋元史之言爲可信也。此碑前未經人重視，畢秋帆撫汴，物色得之，始著其目於中州金石記，名改建昇仙宫記。寰宇訪碑録十一因之，十二又重出先天宫記，蓋誤至元爲至正，而不知其即一碑也。武虚谷記偃師金石，始録其全文，予於藝風堂藏石中得其拓本，始利用之，以考大道教，物之顯晦有時，固如是也。藝風所藏尚有大道延祥觀碑，在平東平谷縣，天寶宫知書趙清琳撰，頭陁逸人劉元杲書，至元二十六年立，其全文未見著録。其略曰：「我祖師東嶽先生，劉公無憂，得法上聖，以大道名，於今八葉矣。其教以無爲清靜爲宗，真常慈儉爲寶，其戒則不色，不慾，不殺，不飲酒，不茹葷，以仁爲心，卹困苦，去紛爭，無私邪，守本分，不務化緣，日用衣食，自力耕桑贍足之。有疾者符藥針艾之事悉無所用，惟默禱虚空以至獲愈，復能爲人除邪治病。平日恬淡，無他技，彼言飛昇化鍊之術，長生久視之事，則曰吾不得而知，惟以一瓣香朝夕懇禮天地，故遠近之民，願爲弟子，隨方立觀者不少焉。」

此文可注意者，在不務化緣，自力耕桑以足衣食，夫緣且不化，更何求於人，而蠅營狗苟以干利禄乎！所謂不降其志，不辱其身，夷齊之所以稱高，逸民之所以可貴者此也。房山西五十里復盛寺有重修隆陽宫碑，亦大道教，其文未見著録。碑高六尺五寸，廣三尺，三十五行，行七十七字，田璞撰，銜稱宣授管領本位下隨路諸色户計總管。嚴忠翰書丹並篆額，銜稱前東平路行軍萬户，兼管軍民總管，江浙等處行中書省右丞。蓋即嚴實子，一名忠濟者也，元史一四八附嚴實傳。碑立於至元二十八年，完整無闕。其略曰：

「真大道祖師無憂子之闡教門也，衣取蔽形，不尚華美，目不貪於色也；祈禱不假鐘鼓之音，耳不貪於聲也；飲食絶棄五葷，口不貪於味也；治生以耕耘蠶織爲業，四體不貪安逸也；纖毫不乞於人，情不貪嗜慾也。夫如是清靜其心，燕處超然，默契太上衆妙之理，其真大道教門也哉。師姓劉氏，諱德仁，滄州樂陵人。生汴宋宣和四年春正月十有八日，夙喪其父，不喜與兒輩嬉戲，見螻蟻避而不履。有金皇統二年冬十一月，既望遲明，似夢而非，有老人鬚眉皓白，乘青犢車至，授玄妙道訣而别，不知所之。繇是鄉人疾病者遠近來請治，符藥鍼艾弗用，效如影響焉。示門徒誡法，其目有九，俱造次不忘。及大定七年，賜東嶽真人之號。二十年仲春既望，瞻拜太虛，安然而逝。」

曰「纖毫不乞於人」，與延祥觀碑之「不務化緣」同，此大道教之特色也。碑有祖師劉德仁生卒年月，爲他碑所無，尤可寶貴。據京畿金石考上，有玉虛觀大道祖師傳授碑，楊果撰，商挺書，在礶兒胡同，至元七年立。又有制贈大道正宗四世稱號碑，李謙撰，崔彧書，元貞元年立，在舊城春臺坊，皆大道教碑。楊李元史有傳，其文若存，必有可觀，恨未得見，然孫淵如亦並未見之，蓋據元一統志書之耳，春臺坊即天寶宮所在也。

五祖酈希成八祖岳德文之道行第二

大道教初祖以後事跡可考者，據宋景濂書劉真人事：二祖陳師正，幼漁於河，德仁挈以入道，能預知吉凶。三祖張信真，有詩文數百篇，號玄真集，傳於世。四祖毛希琮，當金之亡，兵戈俶擾，能以柔自存而已，其詳不可得聞也。玄真集余未見，盧金錢三家補金元史藝文志亦未著録。毛希琮遭金亡國，與初祖遭北宋亡國，滋味相同，以柔而存，遺民所應爾。至元辯僞録三，醜詆丘長春，謂爲毒痢發作，據厠而卒，當時大道四祖有「一道流來兩道流，長春一旦變爲秋」之語，輕薄殊不足信。大道教因無李道謙其人，不能如全真之有甘水仙源録，祖庭内傳，大道教史遂不著。乾隆間開三通館，續纂鄭氏金石略，以政府之力，檄各省拓呈碑刻，而大道、太一教拓本無片楮焉。平谷房山，近在京畿，地方官玩愒因循，至延祥、隆陽巍然之二碑，亦瞠目不見，吾生晚近，竟得摩挲而迻録之，亦云幸矣。隆陽碑撰者田璞，與大道教夙有因緣，碑述五祖酈希成事頗詳，足注元史，雖語涉迷信，然其時社會程度若此，正鍼芥相投也。希成，吴虞碑及此碑皆作成，宋集及元史作誠，今以碑爲正。碑曰：

「五祖太玄真人酈君，諱希成，嬀川水峪人也。降日祥光滿室，金末道業已隆，聖朝創業之初，爲教門舉正，闡教山東。四祖毛君，暑月病劇，速召來燕，既承其法，拂袖有深山之隱，慕道之徒，翕然而從，不召自來，不言自應，於是出整頽綱，道風大振，巨觀小庵，四方有之。嘗行教泰安州，路經郡邑留止，師曰：『吾不到泰山不雨。』時夏旱，官吏信之，送別而去。璞先人寂然老人，時從行焉，私謂舉師田公曰：『師言不亦過乎，天道幽遠，安得必然。』舉師曰：『師至誠，感應不測，豈敢懸料哉。』師至岱嶽觀，召觀主謂曰：『速迓行李，恐雨來，無雨具耳。』師於方壺之西，面西北立，以椶扇蔽面默禱，片雲從所向之方起，須臾，密布長天，雷鳴電掣，澍雨飜盆。師坐方壺中，以扇指寂然謂衆曰：『此子弗信吾言，其誠然矣。貧道嘗夜起，不知履之所在，而問侍童焉，豈知天道必應乎，吾以至誠懇禱而應，天其許教門之暢也。』道衆再拜而謝。師自泰安還，到處扶病抱疾者，祈治即愈。或出家，或在家爲弟子者，殆無曠日矣。師經中山，過易水，至奉先縣之懷玉鄉，愛其山奇秀，欲建觀宇，適有三祖時舉師趙希元輩墳塔在，土人云，其地嘗爲大道庵，名曰靈泉。師益喜，於是運石啓地，剪荆構屋，築垣栽棗，植桑墾田，載離寒暑，已成其趣。屬王舉師德昌領院門事，歲歲興功弗輟，蔬圃水碾，井池碓磑，莫不完置。今掌教大宗師崇玄廣化真人，八祖岳君，總角時修行於斯有年，仙翁道友，晨昏參禮，無虛日，後敬奉勢都兒大王令旨，特賜隆陽宮額。本宮舉師田德進從教門舉正王德道造弊廬而言曰：隆陽宮，都西名處也，自始經營及今，幾六十年矣，欲刻豐碑，俾遊者知真大道之教，並示後人遵守勿怠，禮也。來請文，璞幼時聞先人暨田舉師之言，又重二師之請，弗敢辭，遂爲文而銘之。」

五祖道行見稱於世者如此，吾極愛其覓履之喻，世人每以所未見者爲無，適形其武斷而已。秋澗集五有遊嫣川水谷太玄道宮詩，「雲封石上鉢」，注：「初大道酈五祖者，逃難此山，衆追及，棄衣鉢石上而匿，其物重，衆莫能舉，異焉，遂請主其教，今道院蓋酈所創」云。五祖卒時，秋澗年已三十餘，爲時甚近，而所流傳神話，已騰播士夫之口，其得民衆之信仰可知也。又大道教宮觀，始亦稱庵，墓亦稱塔，法物有衣鉢，與釋氏同。其初固介乎釋道之間，不專屬道教，均可於此碑及詩注見之。

酈之後爲孫德福，孫名見元史釋老傳：「至元五年，統轄諸路真大道。」孫之後爲李德和，李名見元史八世祖紀：「至元十二年三月，命怯薛丹察罕不花，侍儀副使關思義，真人李德和，代祀嶽瀆后土。」又卷九世祖紀：「至元十四年五月，命真人李德和代祀濟瀆。」又至元辯僞録五，焚毁諸路道經碑，有李德和名。蓋至元十八年第二次焚毁道經，預其役者正一天師張宗演，全真掌教祁志誠，大道掌教李德和、杜福春也。説見前卷焚經章。李之後即爲岳德文，岳有虞道園爲之碑，雖元史不著其名，而岳祖祖之稱，至今猶掛涿州人之口，則文之爲力大也。碑云：

「真大道第八代師岳真人，諱德文，父曰得慶，故家絳州翼城縣，娶澤州王氏，兵間，遷涿之范陽，今爲涿州人，生三子，真人其季也。將生時，母夢老人皓鬚長身，冠劍壯偉，告之曰：『當蹔寄母家矣。』明日州人見有青氣西北起，若自天來者，奔從氣所往視之，則岳氏家也，氣止而真人生，歲乙未之九月十九日，距今九十三年矣。生而雄渾，稍長不爲兒嬉，性不嗜酒食，肉亦絶不啖，年十六，辭親入道隆陽宫。其父愿慤人也，事稼穡惟謹，心甚是之。而長兄興方以才勇爲百夫長，疑其惰也，驅而置之行伍之間，非其志也。是時五代師太玄酈希成真人，居懷來水峪之太玄宫，往依焉。十八受教，被其冠服，漸領其文書穀帛之事，又主四方之來受戒誓者，太玄甚重之。而其父母且老，從真人於水峪事太玄，後皆泊然委蜕，其徒稱之。太玄之化去也，密告六代師玄通孫德福真人曰：『岳生其八代乎。』第七代師頤真李德和真人之掌教也，署爲法師，充教門諸路都提點，以副己也。至元十九年十月，真人所焚香，爐中有異徵，方怪之，而李師升堂集衆，以教事付真人曰：『先師之囑如此。』

遂以二十一年宣授崇玄廣化真人，掌教宗師，統轄諸真大道教事，又賜璽書褒護之，自是眷遇隆渥。安童丞相嘗病，真人視之立差，時甚神之，諸王邸各以其章致書，爲崇教禮助者，極多至五十餘通。而實都而王又爲創庫藏，修宫宇，廣門牆，充田畝，治冠與衣，間飾金寶，極其精盛。元貞元年，加封其祖師，賜賚尤厚，使人立碑棣州冠劍所藏處。是年奉詔修大内延春閣，賜予徧及其徒，而真人以大德三年二月化去矣。始涿有童謡，云『涿有八岳』，父老莫之解也，後真人號岳祖祖，蓋其徵云。而岳氏由真人父子入道，其自仲兄得元以次，子孫女婦，從其教數十人焉。吾聞其徒云：西出關隴，至於蜀，東望齊魯，至於海濱，南極江淮之表，奉其教戒者，皆攻苦力作，嚴祀香火，朔望晨夕望拜，禮其師之爲真人者如神明然。信非有道行福德者，不足當其任。而真人時常使人行江南，録奉其教者，已三千餘人，庵觀四百，其他可知矣。」

德文之生，即金亡之明年，亦兵亂中生人也。碑作於泰定四年丁卯，時德文卒二十有八年矣。實都而王即隆陽宫碑之勢都兒王。元貞元年加封其祖師，即李謙撰之贈大道正宗四祖稱號制。江南録奉其教者已三千餘人，隆陽宫碑陰題名所以有臨安府道録法師之名也。見下文宫觀章。京畿金石考上，有劉賡撰崇玄廣化岳真人道行碑，在涿州，亦岳德文道行碑也，未見。

九祖張清志之高風第三

張清志元史釋老傳作志清，類編及元書因之，獨新元史改爲清志，然吴虞宋三家記大道教事，均作清志，金石萃編補正載許州天寶宮碑亦作清志，而跋語仍誤作志清，可見先入爲主之力之大，而能如新元史之探校史源者鮮也。元史清志傳，本出吴虞二碑，然不詳，今可以二碑爲注。清志乾州奉天縣人，其譜則横渠族姓也，吴碑稱其「長身古貌，聸耳美鬚，肅然埃壒之表」，聸耳者垂耳也。馬易之金臺集南城詠古詩，玉虚宮注：「大道教以供薪水之勞，爲其張本，宮主張真人，其貌甚清古。」即指清志。玉虚、天寶，皆大道教宮。清志年十六出家，從天寶宮李師學道，李師死，師事岳師，謙沖損抑，繼岳師掌教將二十年，教風日盛。吴草廬既爲撰天寶宮碑，歷舉其孝親敬師持身濟人達命諸端，其徒爭以刻諸石，遠近且十餘所，清志聞而啃之曰：「始吾學道，豈求名哉！」遽止之不可，乃曰：「吾師隱德，未傳聞於世，而吾獨以吴公之文行，非所以對吾師也。今吴公歸老臨川之上，念不可復以强之。」乃請虞道園爲岳公碑，即前章所述者是也。其後虞又有吴張高風圖序，見道園録六。其略曰：

「泰定二年春，翰林學士臨川先生吳公移疾，寓南城天寶宮之别館，宮之人因爲先生言其教之因起，與今第九代掌教玄應張真人之制行堅白也。先生曰：『世乃有斯人耶！』乃盡出真人家世鄉里，苦節高行孝慈之跡，神明之異，求先生爲文。先生言而天下後世信之，未嘗有不試之譽，獨於真人欣然命筆，具道其所立之難，所至之峻，且有儆於時俗焉。他日病愈，返乎史館，思真人之爲人，乘輿巾車，從以門生兒子，即天寶而見焉。及門，童子辭曰：『真人深居至静，自中朝貴人大官至者，未嘗敢以報，先生勿訝也。』先生顧謂從者曰：『是其人視走高門縣簿唯恐失一夫者有間矣。』即命迴車，不唯不以爲忤，而更歎重其不可及。自是夏多雨潦，規再往，未能也。而真人曰：『秋氣且清，吾不可不往謁吳先生。』因著芒屩，戴臺笠，策木杖，布褐短才至膝，從弟子一人，服亦如之，步至國史院門上馬石上踞坐。弟子告閽人曰：『真大道張真人上謁吳學士。』閽人相顧嘻曰：『他日見真人者至，容服不若是。』疑不爲通，而先生方修實録，與同官坐堂上，不知也。先生之子偶出門，見而識之，進問真人何來，真人曰：『吳學士子耶？』以杖畫地作『誠』字示之，曰：『還語若翁，吾來報謁。』先生聞之，亟出見，真人去矣，獨地上字畫在耳，咨嗟久之，使追及於麗正門南三里所，長歌徐行，音韻清暢，上出林表，追者不敢致辭而返。好事者高二公之風，畫爲圖以傳觀，而托僕叙其事如此。或曰：昔孟子與南華翁生並世，而未嘗相見，二子之書具在，莊氏之辯，莫或嬰其鋒，惜乎其不見孟子也。今吳張實相知，又相求，而卒不相遇，遂無一言可以發其蘊者，其何以一道德乎。僕曰：觀其風致，思過半矣，何言之待乎，子必以其言求之，真人畫地之一字，不爲少也。」

試嘗論之，張之得名，誠有藉於吳文，然吳有愧於張者多矣。大道教諸人，百年之間，兩遭亡國之痛，均能守西山之節，危行言遜，從容於亂離兇暴之中。蓋自初祖以來，即深信「夷狄無百年之運」，故相率攜持而去，其第四戒目曰：「遠勢力，安賤貧，力耕而食，量入爲用。」使子孫三四世不仕，則劫運必剥而復矣。張之所謂「誠」，即孔子之「居處恭，執事敬，與人忠，雖之夷狄，不可棄也。」而吳爲天寶宫碑，但據其徒所自述，雖予以讚歎，而實致微詞。曰：「子之教自託於老氏，其源蓋深遠矣，其流之别，教各不同，予未暇細論，惟我朝列聖之於二教，其恩至厚，其禮至隆，前古未之有也。而子之師皎然獨清於衆濁之中，口絶葷羶之味，身絶穢污之行，可謂獨立不羣者矣。若夫客塵不入而心常虚，主珍不出而腹常實，神氣合一，如夫妻母子之相戀而不離，長生久視，以閲生生滅滅之衆，此則老氏之末流，所謂神仙之伎也。予學孔氏，不足以知此，然或罔克究竟，而欺世盜名者，蓋亦不無。若子之師，崇尚質素，泊然自守，庶可與遊方之外者哉。」吳蓋以孔氏自居，而與張有道不同之憾也。昔者顧涇陽嘗論之矣，明儒學案五八顧涇陽劄記：「或問魯齋、草廬之出仕何如，曰在魯齋則可，在草廬則不可。曰得非以魯齋生於其地，而草廬故國人，嘗舉進士歟，曰固然，亦尚有説。考魯齋臨終謂其子曰：我生平爲虛名所累，不能辭官，死後愼勿請謚，但書許某之墓四字足矣。此分明表所仕之非得已，又分明認所仕爲非，媿恨之意，溢於言表也，草廬則居之不疑，以爲固然矣。故魯齋所以爲不可者，乃吾之所謂可，草廬所自以爲可者，乃吾之所謂不可，自其心論之也。」嗚呼！吴有愧於張者多矣。或引元太祖告耶律楚材之言爲吴解嘲，曰「遼金世仇，朕爲汝雪之」，亦可曰「宋金世仇，朕爲汝復之」，則吴之於元，當感恩圖報之不暇，可以挾孔孟之時義，程朱之名理往歸之矣。此大道教諸人所睥睨而竊笑者也。嗚呼吴張高風！

九祖十一祖疊出之稽疑第四

禪宗洞上有疊出五代删削五代之爭，已詳拙著清初僧諍記。而道家之大道教，亦有疊出三代之事，此教史難題也。大道教第九祖爲張清志，吴虞宋三家記載無異詞，然程雪樓集十七有鄭真人碑，述大道教祖師，八祖以前與各家同，而稱趙真人爲第九祖，某真人爲第十祖，鄭爲十一祖，鄭之後乃爲普濟大師張君，此可疑者一也。鄭既爲十一祖矣，而道園録廿二又有大道教十一祖張真人制，此可疑者二也。第二疑易解，第一疑則頗費鈎稽矣。

鄭真人碑曰：「猶龍氏之寶三，曰慈儉不爭，今之所謂大道者，其守慈儉不爭之寶者與。大道之流，予不能探其源，其見於紀述者已十世，其十一世之祖曰鄭君名進元，以宋咸淳三年五月十四日生於永嘉，家本儒也，幼值亂離，至於輝州，悟真大師党君器其穎異，留使之學，遂通孔老二氏言，時年十三矣。明年，大道第七祖李真人祠岳過輝，一見許爲道器，且謂党曰，吾二人皆弗及見，後一紀當至堂下也，党亦不諭。既而李党二師俱逝，至元庚寅，君從衛輝道録賈師來燕，抵天寶，居堂下，適十二年，第八祖岳真人異之，授以戒牒道名，留之不可。賈師逝，君喪之如所生，進嗣其職，第九祖趙真人，於君彌屬意，而早逝。大德六年，第十祖某真人，召之者三，至則以爲都提舉，付以祖師經筆琴劍，爲詞一篇授之，師再辭不獲，遂嗣焉。十祖逝，喪之如賈師而加毁，益昌平之阡，爲地七十畝，樹而周垣之。碑第五祖太玄真人之功於龍山，又創衆真堂於天寶，以祠傳教諸師，買園畝百餘於故都之東，種柳於宮陰古河之堧，歲用以裕。八年有旨命君設金籙大齋於天寶宮，明年又命設大齋於玉虛宮，又明年再命設於天寶，一日召左右告語，若將留訓者，弟子咸以謂年方强，豈遽如許。十二月命召普濟大師張君於秦中，明年四月，當朝上京，未至疾作，謂侍者曰：『歸期至矣，普濟當嗣。』遂以五月朔，終於龍山，弟子奉封於五祖之兆之左，其勤者又封衣冠於初祖之兆之右，又封於輝，蓋以君所自也。」

雪樓與草廬同歲，而先卒十餘年，鄭卒於大德末，此碑亦當先吳碑十餘年。惟吳碑模刻者廣，今存者許州碑外，尚有涿州碑，見寰宇訪碑録十二，又有道園録諸文數數稱道之，故吳碑之名獨著。吾人先入爲主，以張清志繼八祖岳爲九祖乃當然，而不虞其有異詞也。

大道教十一祖張真人制曰：「朕慨觀古昔，有懷大道之淳，歷考聖神，悉尚至誠之本，緣名而設教，論世以嗣宗，其説之興，於今兹久。張某淵乎授受，遠有師承，結宇丹臺，仍載皇人之筆，奉祠黄石，蓋由老父之書。惟神物之猶存，乃嘉名之是錫，率由其舊，眷渥維新。噫，與天下而爲公，朕用敷於至意，居域中而同大，爾毋斁於真風。」制不注作於何年，然在道園録制誥類末，封張真君制之後。張真君者，正一派宗師張留孫，至治元年卒，天曆元年贈真君，則此制宜亦在天曆。然泰定時張清志已稱九祖，何以天曆時又稱十一祖，據制文當爲嗣教未久時語，據吳碑清志進號在仁廟時，則此制當作於延祐，在程碑之後，吳碑之前。其稱十一祖者，一爲二之譌耳。以張繼鄭，固當稱十二祖，此疑之易解者也。

然何以其後又稱九祖，史料脱落，不易鈎稽，吾爲此事，研攻者凡三晝夜，至第四日拂曉，始全部解決，仍以吳虞二碑解釋之，殊可紀也。吳撰天寶碑曰：「岳師死，清志還喪之，喪畢潛遁，復歸華山舊隱。而天寶宮二趙一鄭，攝掌教事，五年之間，相繼殞滅，鄭臨終語其徒曰：『天降凶災，死亡荐臻，得非教條有違逆與。吾聞張清志躬受岳師囑咐，蓋仁人也，可奉之掌教，庶有豸乎。』於是宮之徒衆尋訪清志，得之於華山巖谷，既至，衆皆悦服。乃諭徒衆曰：『吾教以慈儉無爲爲寶，今聽獄訟，設刑威，若有司然，吾教果如是乎，繼今以始，凡桎梏鞭笞之具盡廢之。』衆曰：『諾。』自是衆安害息，五年宿弊，一旦息除」云云。

細研此文，則清志曾有延陵季子之行者也。以此文釋程碑，與當日情事適合，程碑之普濟，蓋即清志，八祖岳大德三年卒，清志當嗣，遁而之華山舊隱，二趙一鄭，攝掌教事。二趙者，一即程碑所謂第九祖趙真人，二即程碑所謂第十祖某真人也，程碑某字，可以吳碑補之，一鄭者即鄭進元也。鄭既稱十一祖，繼鄭之張清志，何以復稱九祖，則以二趙一鄭，五年之間，相繼殞滅，而終致位於張，是攝也，閏也，非正也。此疑之不易解而終可解者也。

虞撰岳碑亦曾露其意矣，曰：「今第九傳掌教真人張清志，制行堅峻，嘗掌教矣，厭謁請逢迎之煩，逃去之，久無克充其任者。朝廷重其名實，遣使尋訪，給驛致之。既見度不可辭，即舍所賜傳，徒步入京師，深居寡出，人或不識其面，貴人達官來見，率告病伏卧内，雖有金玉重幣之獻，漠如也。」曰逃去，曰久無克充其任者，即指攝政時事。吳碑言宫之徒尋訪清志，此言朝廷遣使尋訪清志，實一事，無衝突。且由此可見大道教至有元中葉，亦盛極而衰，與前卷全真教相似。如吳碑所説，教門竟可聽訟，設刑具，如有司，即此一端，已失創教本旨。教起於國亡以後，遺民自相保聚，有爭端聽教長調解，不肯赴有司，此美俗也。因仍數世，教長乃儼如官長，坐堂皇，逞威福，此張清志所痛疾而不屑爲，故遁而歸舊隱者也。及被迫嗣位，猶不肯乘驛騎，步行而前，雖似矯情，實以勵俗。既至京，即首以廢除刑具爲急務，深居簡出，不與貴人達官相見，一洗時下真人之習，恢復山中遺逸之風，宜乎國史院闇人不相識也。兹根據各家記載爲傳授表，冠於卷首。

大道教宫觀一斑第五

欲觀一教之盛衰，必觀其教堂之多寡，蓋教堂之數，恒與教徒之數爲比例，惜記載有傳有不傳耳。南宋初河北新興三教，全真爲盛，凡有宫觀，十之七皆屬全真，故不必特爲著録。若太一則所存宫觀史料太少，不足成章。惟大道上不及全真，下有餘於太一，輯而存之，可見其教區之廣狹及組織也。

大都南城之天寶、玉虚，平谷之延祥，房山之隆陽，緱山之先天，許州之天寶，皆爲大道宫觀，已見前章。然有不明著爲大道，而實爲大道宫觀者，余昔考元也里可温教，曾搜拓有關也里可温之聖旨碑數十通，其中即有泰定三年許州天寶宫聖旨碑，並未明著爲大道教，止稱「汴梁路許州天寶宫裏住持的明真廣德大師提點王清貴爲頭先生每根底」而已，後讀吳草廬天寶宫碑，始知天寶實爲大道宫。又有元統三年輝州頣真宫聖旨碑，則明著爲大道教矣，曰：「衛輝路輝州真大道頣真宫裏，圓明德政普照大師提點于進全，明真葆玄志道大師法師金圓真，真常善應大師提點高真祐爲頭兒先生每根底，執把行的聖旨與了也。」其詞與他聖旨碑同，然頣真宫上，特冠以真大道，此僅有之史料也。至元辯僞録三，列舉道教侵占佛教寺宇，凡數十處，有明著爲大道教占者二處，一憫忠寺東塔院，爲大道信道姑占守住坐，一順州年豐龍泉寺麻地棗園，並餘白地，被馬法師占定，改爲大道觀，此亦難得史料。至各方志中之寺觀類，雖有宫觀之名，然僅載建置年代，及所在村里，元屬道教何派，並不詳注，無由考核。惟今存隆陽及天寶二碑陰，有道衆題名，詳載各宫觀道衆師號職掌。隆陽碑皇慶二年立，天寶碑天曆二年立，固不啻皇慶二年及天曆二年之兩次大道教堂教士調查表也。天寶碑金石萃編補正曾載之，隆陽碑前此未經發表，今迻録如後。其只有道士姓名，而無地名宮觀師號職掌者不録，以予所重在知各地宮觀之散布及其組織，而非爲道流作點鬼簿也。

房山隆陽宮碑陰

尊宿師德名號

舉師清真大師閻希和　　舉師通真大師石有寶

法師于有昌　　舉師清真大師王德昌

諸路真大道教門舉正兼大都路都舉師賜紫清和大師王德道

宣授諸路真大道教都提點清真大師劉德川

宣授諸路真大道教提點崇真演道大師趙德祥

諸路真大道教所知書葆真大師趙清琳　　知書武進榮

大都路舉法師名號

順州舉師居德用　　大興縣舉師李德惠

昌平縣舉師□德順　　法師何德清

涿州道正法師宋德宣
房山縣威儀黄德元
范陽縣龍泉觀法師張成善
易州舉師閻德閏
易州道正李德廣
大都路前道録崇教沖和大師陳德元
前道録葆真大師劉成和
道録明真大師張成善

大都在城天寶宮師德名號

本宮提點法師劉德閏
法師玄明大師王德昌
法師圓明大師陳元
前知宮葆真大師賈成寶
副宮張清善
知客張清淵

房山縣太陽宮提點法師李德山
固安州道正法師張成禄
雄州道正法師趙德興
舉師梁德用
前道判廣善大師楊德閏
前道録葆真大師馬成善
道判李成仙
法師明照大師王德和
法師敬善大師胡德定
提舉沈成仙
知宮劉成照
隨教門侍者淨明大師劉成法
侍者姚進善

侍者劉進明　侍者胡進明

侍者馬進□　侍者張壽童

本宮道衆

授臨安府道録法師田清志　知宮張進明

副宮員進寬　副宮兼知客譚進江

道士王進明　道士李進良

道士秦進壽　道士馬進道

許州天寶宮碑陰

司門宿德

宣授明真洞照大師南陽府桐柏山淮瀆廟提點蘇清信

賜紫錦襴悟真崇素明德大師教門都舉正李成貴

大都大天寶宮賜紫金襴通玄明德大師從教門都提點高進明

賜紫金襴通玄明德大師從教門提點党天忠

賜紫錦襴素真大師河南府緱山賓天宮舉師王清寶
賜紫錦襴頤神持正大師本宗教門提點謝進榮
賜紫錦襴崇妙葆真大師汴梁路方下法師蔡進榮

諸方道衆

汴梁路在城紫微觀法師檀進喜
萬壽觀提舉王天和
清寧觀知觀彭天良
尉氏縣在城天寶觀知觀沈天然
通許縣在城上清觀葆光大師知觀蘇進寶
杞縣義陽固紫陽觀賜紫悟真大師提點李清光
圉鎮明道觀明道大師提舉張天祐
許州在城頤真觀賜紫真常大師提舉魏天和
桃杖村上清觀賜紫錦襴崇文妙演大師提點張進喜
郾城縣在城龍泉觀知觀張道紀
襄城縣在城崇真觀明素大師提舉余天静

景福觀真素大師提舉王天素
壽寧觀提舉朱天祐
封丘縣太黄寺太玄觀知觀高天祐
西陳保修真觀知觀萬天素
長社縣趙莊村神寶觀知觀屈天祐
洞真庵提舉金進寶
長葛縣玉清龍泉宫知宫沈和童

鈞州在城紫微觀知觀梁天妙
密縣土關玉溪宮賜紫錦襴葆真通和大師提點楊進春
陽子臺陽子臺宮提點郭天然
密縣平陌靈陽觀賜紫體常大師提舉張天祐
玄應觀提舉□天元
宛清玉清庵知觀李進昌
鄭州在城天聖觀□□□□□
滎陽縣柏樓村延慶觀知觀趙天常
宛丘縣丁□寶光觀提舉王進貴
南陽府唐州東鄉平市店頤真觀提舉李進福
裕州方城縣古莊保三清觀提點張進福
汝寧府潁州太和縣太橋村太清觀賜紫葆真大師提點張進福
龍泉觀知觀華天素
天寶觀知觀王保童
本宮道衆

陽翟縣方陂村崇玄觀提舉曹天驛
邵家河白雲觀法師印進信
悟真庵知觀吳進道
新鄭縣在城軒轅觀知觀丁進用
管城縣中郭村龍泉觀提點王進貴
陳州商水縣天寶觀提舉孫清貴
西華縣清水鎮玉清觀知觀崔天妙
昆陽鎮雙鳧觀提舉劉天淨
天仙觀知觀李天良

賜紫明素大師沈進淵
賜紫真常大師陳天祥
賜紫真一大師田天和
宮門知宮楊天和

賜紫葆真大師劉進寬
賜紫純一大師王天真
純素大師司天常
宮門副宮張金童

南宋初河北新道教考卷四

太一篇

太一教之起源第一

元史釋老傳：「太一教始金天眷中道士蕭抱珍，傳太一三元法籙之術，因名其教曰太一。」太一之祠，自古有之，然以太一名教，則自蕭抱珍始。史不言抱珍爲何許人，抱珍汲郡人也。金元之交，汲郡文人無過王秋澗，秋澗祖母韓，爲太一第二代祖師蕭道熙姪女，故秋澗知太一教掌故特詳，今秋澗集有關太一教詩文凡二十通，考太一教者舍是莫屬矣。前篇言全真因有李道謙撰甘水仙源録，祖庭内傳，而全真歷史獨顯，今太一有秋澗集，其文獻亦賴以不亡，秋澗不啻太一之太史也。太史公曰：「伯夷叔齊雖賢，得夫子而名益彰，巖穴之士若此類，名堙滅而不稱者衆矣，非附青雲之士，惡能施於後世哉。」言史之重要也，毗盧、糠禪、混元等教，亦盛於金元，今皆無考，非其明驗歟！

秋澗之先，有滹南遺老撰一悟真人傳，即太一初祖蕭真人傳也，然今滹南集不載其文，僅卷四二有太一三代度師蕭公墓表，及清虚大師侯公墓碣而已。侯名元仙，趙州人，其大父澄爲抱珍初期弟子，閱之略可見太一教之起源。曰：「澄以胥吏起身，至河北西路漕司掾，才幹既優，行己無玷，尤以孝友著稱，議者謂不見用于時，則必有得于道。母歿，慨然曰：『所以區區塵土間者，爲親故也，今不侍養，復何爲哉！』聞淇上蕭真人立太一大教，因往參爲門弟子，真人一見愛之，授名道淨，傳太一三元法，得以便宜行化，乃即本州及真定之第，各建太一堂，奉持香火，以符藥濟人。大定二年，凡釋道之居，無名額者，許進輸賜之，公遂投牒，以在州道院爲太清觀，而在府者爲迎祥。真人每批經籙，必先授公而後傳，前後千品，公曰：『天寶下降，要當永劫流行，一日去世，誰其保之。』密禱上真，願于私屬生繼嗣，其後男琳得子，相貌殊常，即師也。」

師謂侯元仙，見下人物章。大定二年，凡釋道之居，無名額者，許進輸賜之，此河北新興三教得推行其道之一因也。金史五十食貨志，入粟鬻度牒條，言：「大定五年，上謂宰臣曰：頃以邊事未定，財用闕乏，自東南兩京外，命民進納補官，及賣僧道尼女冠度牒，紫褐衣師號，寺觀名額，今邊鄙已寧，其悉罷之。」知五年以前，可以進輸得觀額也。故侯澄以趙州之第爲太清觀，真定府之第爲迎祥觀，是爲衛州以外太一有教堂之始，其始固名太一堂也。太一與全真、大道殊異者，全真、大道不尚符籙，而太一特以符籙名，蓋以老氏之學修身，以巫祝之術御世者也。今汲縣有至元三年重修太一廣福萬壽宫碑，極稱太一之神靈，至擬爲天神下降，則其術有異人者。碑高八尺，廣三尺五寸，三十二行，行八十六字，撰書人篆額姓名均剥落矣，惟文中有「臣鶚」字，知爲王百一鶚撰，固衛州最早之太一觀也。碑立於五祖李居壽嗣教之時，記太一教授受源流頗悉。鮚埼亭集卅八有此碑跋，惟其文未經著録，特爲介紹如後。曰：

「至元三年二月乙丑，皇帝遣中書左丞張文謙，傳旨翰林學士院，衛州重修太一廣福萬壽宫成，當有文以識諸石，臣鶚聞命，謹按故金待制王若虚所著一悟真人傳：初真人既得道，即以僊聖所授祕籙濟人，祈禳訶禁，罔不立驗，天眷初其法大行，因名之曰太一教，蓋取元氣渾淪，太極剖判，至理純一之義也。尋以所居湫隘，不可以竭香火齋潔之虔，迺於州東三清院故址，葺茆而庵。皇統八年，熙宗聞其名，遣御帶李琮驛召赴闕，悼后尤加禮敬，賞賚不貲，共爲奏乞觀額，勑以太一萬壽賜之。真人既厭世，傳之重明，重明傳之虚寂，虚寂傳之中和，中和實爲教門四代祖。貞祐被兵南遷，觀亦隨毁，後二十年來歸，惻然傷之。乃涓日庀工，爲大殿者三，爲壇殿者五，離壇之東隅，有法水井，清冷甘潔，療人疾輒愈，迄今號太一泉。歲丙午，今上皇帝居潛邸，欽挹真風，以安車見徵，既至，雍容問答，精神會合，雖葛稚川之於晉，陶通之於齊，司馬子微之於唐，未能遠過也。錫號太一中和仁靖真人，仍陞觀爲宫，加廣福二字。始祖諱元昇，二祖諱道熙，三祖諱志沖，四祖諱輔道，李居壽者今爲五祖云。臣嘗考之書，天佑下民，作之師，有人焉，出萬物之表，建非常之事，卓然自成一家，使人崇奉而厭服之，决非偶然者。必上天明神，降生下土，藉名以救世，不然，何神通靈應，恍惚變化，如雷霆，如風雨，而不可測也。皇帝清心省事，諱兵哀刑，所以濩育百姓之道甚備，然猶推尊道家之教。意若曰，解人之厄，蠲人之疫，福人之善良，求諸冥冥中，舍方外法門，將何所據依，此始終信敬而不怠者也。」

曰丙午者，元定宗貴由元年，今上者，元世祖忽必烈也。汲縣萬壽宫尚存有忽必烈大王令旨碑，末書壬子年九月，又有蒙古字一行，壬子者元憲宗蒙哥二年也。碑漫漶不盡可辨，惟順治衛輝府志十五仙釋類，曾隱括其文入蕭抱珍傳，以校拓本，尚可得其髣髴，今迻録之。曰：「長生天底氣力裏，蒙哥皇帝福蔭裏，忽必烈大王令旨，衛州太一萬壽觀，羽昇微妙大師蕭抱珍，道成一悟，籙闡三元，創興太一之門，密毗治化，潛衛邦家，雖漢張道陵，魏寇謙之，無以過也。宜追贈太一一悟傳教真人，及改太一萬壽觀爲太一廣福萬壽宫。」此即鷃碑所謂「陞觀爲宫，加廣福二字」也。然令旨明言大師爲蕭抱珍，何以鷃碑云「始祖諱元昇」，豈本名抱珍，道名元昇耶，不可解也。

汲縣又有萬壽宫方丈記，碑凡二十八行，剥蝕已甚，幸其文見秋澗集三十八，集本無年月，可以拓本補之。曰：「天下事得人則興，否則萎薾而不振，此必然理也。維太一教興於金初，始祖垂創，植根豐末，濬源衍派，傳無窮於後者，惟恐其不弘且博也。逮重明嗣法，至創靈章，峻僊品，有充類至極者，大定一水，漂泛無幾。再傳而得虚寂，堂宇齋壇，刻期而復，貞祐之兵，燼爲飛煙。四代中和仁靖真人，披荆榛，掇瓦礫，成難於易，不十年略皆完具。貞常師持守成業，光揚恢廓之志未竟，而奪之遽。今六代純一師，感其如此，思有以大慰先志，八年之間，一新而改觀，誠可謂善繼善述者矣。然道修爲教，有體有用，體雖具而用不彰，其爲道也亦以微矣。嗚呼！嗣音而來者，固當惴惴焉以思道生之本。至元廿五年戊子秋八月，秋澗老人王惲記。」秋澗與五祖李居壽，六祖李全祐爲方外友，上及見四祖，下及見七祖，記中貞常，即五祖也。將於下章詳之。

二祖蕭道熙三祖蕭志沖之道行第二

二祖行狀，王秋澗撰，三祖墓表，王濘南撰，其文尚存，故始末獨備。狀見今秋澗集四七，其詞曰：「師諱道熙，字光遠，本姓韓氏，其先汴州人。五代祖銀青榮祿大夫璹，自唐季來隸于衛，曾祖奕山舉茂材，祖渤，進士第，父矩，隱德不仕，度師其仲子也。師爲人英偉，豐下，美鬚髯，三歲識字，六歲能書，棲心教法，儼然注蕭門二葉之望。金正隆間，始祖一悟真人，以神道設教，所在翕然從風。韓氏舉族清修，師母閻，尤極信心，深入法海，既孕苦病，父請禱於真人，真人曰：『汝韓氏素植善根，當産異人，且昭陽報，將來必佐吾法門，可服吾丹書，以安胎息。』久之，母感異夢，既寤，師生，果稟奇相，充閭之氣肅如。纔免懷，留養道宮，受度爲道士，再命而受清虛大德之號。大定六年，冬十有一月，真人羽化於萬壽丈室，師縗絰哀感，如喪考妣，於是相宅兆，具葬儀，及殯，整整有法，時師甫滿十祀耳。既窆，乃陳寶籙法物，具香火陞堂，以二代嗣事諭衆，有門弟子芊道省、劉道固等，思有以大厭衆心，稽首求頌，且問師，它生云何賢聖？師即走筆批曰：『明月清風大德，頗訝愚人未識，忉忉詢吾爲誰，只是從來太一。』衆遂讋服歸心焉。九年，朝廷歆其行異，勅立萬壽額碑於本觀，是後聲教大振，門徒增盛，東漸于海矣。門人鉅鹿李悟真者，造請『何爲仙道？』師曰：『做仙佛不難，只依一弱字便是，曰弱者道之用也。』廿六年秋，師忽思棲真巖壑，因密謂蕭道宗曰：『吾門衆萬數，試經具戒者，完顏志寧、王志沖而已，然志沖特純精廉潔，可屬後事。』遂設大醮，告禰廟，畀之傳代祕籙，曰：『君太一第三祖也。』又銘所付法具云：『有德輔德，天孰可欺，慎之敬之，永保教基。』居無何，棄几席謝去，或問安所之？曰：『吾將遍禮名山，與心君作天遊耳。』遂去，後不知所終。師風儀瀟爽，德宇沖粹，博學善文辭，動輒數百言，樂與四方賢大夫游，談玄論道，造極精妙，書畫矯矯，有魏晉間風格。嘗自題畫像云：『來自無中來，去復空中去，來去總一般，要識其間路。』其明達如此。生平好振施，養老卹孤近百人，人月給鏹伍千爲率，死乃已，貧者喪不能舉，衣被棺椁，爲俱具之。至於持行法籙，捕逐鬼物，風聲肅肅，除治户庭間，殆古之能吏然。精一之誠，貫達幽顯，降度之功，洋溢一世矣。師之玄孫某，以貞常温裕，爲五代人天之師，服膺先訓，追遠盛德，心藏不忘，越乙卯春，具大招之禮，葬衣冠於祖塋之側。今皇帝登極之三祀，光崇玄化，貞常師以祖德範圍，請謚於朝，追贈嗣教重明真人。」

道熙五代祖韓璹，今乾隆汲縣志九有傳，疑亦本於秋澗，蓋秋澗曾撰汲郡志十五卷，見元史一六七本傳。道熙父矩，秋澗集有墓碣，爲太一教早期信徒，見下人物章。初祖蕭抱珍，何年卒，前此未詳，據二祖行狀，則初祖大定六年卒，先於全真王重陽者四年，雖不知其壽數，假定爲六十，當生宋徽宗大觀初。河北之亡，抱珍已二十，復經僞齊之戲，抱珍殆三十，當劉豫傀儡登場之日，正抱珍醖釀新教之時，此可補前此未及者。道熙稚年嗣教，殆如天授，其學以老氏爲宗，故曰「弱者道之用」。其治事有申韓遺法，故又似「古之能吏」。道人而「樂與賢大夫游」，知其好學。遯世而莫知其所往，見其不爭。遊心翰墨，有魏晉間風格，或與書符有關，此陳寅恪先生天師道與書法關係之説也，而書史上無道熙名。其所著頌銘像贊，詞理可觀，録金文者又未之及也。今濟源縣有蕭真人碑，蕭道熙道行碑也，碑高七尺，廣三尺，三十五行，行七十九字，徒單公履撰，王惲書，王博文篆額。徒單公履見秋澗集三九碑陰先友記，字雲甫，遼海人。學問該貫，善持論，世以通儒歸之，元文類曾選其文三首。博文王西溪，見前卷婦女章。始予得此碑，以爲有蘄新史料，既展讀之，知其即據秋澗狀而作，顧前有引詞，後有結論，亦可參證。其引曰：

「太一嗣教重明真人，謝事後七十餘年，寵謚賁臨，祝册將告，其玄孫蕭居壽與其提點張善淵，相拉直弊廬以幣言曰：師之德博矣，今茲得請于朝，唯所以表襮之者，本末未具，是殆闕然，並以同郡王惲狀請爲師銘刻諸石。」下即録狀全文，而爲之論曰：「金天眷間，始祖一悟真人，是生衛郡，遠法漢儀，近追前代，上稽下考，乃立教焉。本之以湛寂，而符籙爲之輔，于以上格圓穹，妥安玄象，度羣生于厄苦，而爲之津梁，跡其沖靜玄虛，與夫祈禳禱祀者，並行不悖。然苟非其人，道不虛行，師其二代嗣法者也。而能增光爾德，玄風溥扇，己不居其功，付畀得人，退守孤竹子臧之節，所謂激衰俗之頹波，隆百世之師者矣，是可銘也。中統五年二月十二日，嗣第五代度師，太一演化貞常真人賜紫蕭居壽立石。」

由大定廿六年丙午遯去，至中統五年甲子，相距七十九年矣。初祖傳及三祖墓表，四祖時已請滹南遺老爲之，二祖傳狀獨闕，至是始請秋澗、徒單補撰也。三祖墓表見今滹南遺老集四十二，其詞曰：「太一之教，興於金天眷間，衛郡蕭真人，其始祖也，一再傳而得師焉。師諱志沖，字用道，博州堂邑人。本姓王氏，祖某，父某，並受真人法籙。師幼穎悟，日誦千言，年十六，父兄議婚，師曰：『性喜出家，不願娶也。』强之不可，因逃去，詣衛州參二代師爲弟子，始事尊宿霍子華。子華故有淹疾，師侍奉惟謹，前後十年，無倦色，或衣不解帶者數月，人以爲難。大定十六年，普試僧道，師初密誦經文，而人不知，一旦中選，儕類甚驚。十七年授度，保充衛州管内威儀，領教門事。二代師將退席，乃以爲法嗣而改姓，凡法嗣皆從蕭氏，祖師之訓也。師素不爲辭章，及升堂諭衆，隨意而言，悉成文理，勸戒深切，聽者聳然，内外相慶，以爲宗門得人。居無何，有司選奏高德之士，補住中都天長觀，師首應之。既而河犯郡城，居人他徙，本觀道衆亦旅寓蘇門，師聞而還，聲望既隆，求教者接跡，歲所傳無慮數千人。明昌間，前尚書右丞劉公偉自大名移鎮河中，道出淇上，謁師甚恭。州倅移剌者，先以常流待師，見劉加禮，心疑之。其後數屏人獨往，而師常靜坐無爲，因問『先生于此有何受用？』師曰：『靜中自有所得，非語言可以形容，若無得者，雖片時不能安，況終身乎。』其人乃服曰：『劉公誠有知矣。』泰和初，章廟春秋高，皇嗣未立，設普天大醮于亳之太清宫，間歲報謝，師皆與焉。五年，河南道士籍少，以再祈皇嗣被召，過師問之，師曰：『向來作醮，例遣重臣，所在供擬，多傷物命，其違天意甚矣，自今宜罷之。至于與醮官吏，皆須禁止葷酒，務行善事，雖然，再三則瀆，亦恐徒勞耳。』籍至闕，以勿遣重臣爲言，上可之，而令籍詣太清行事如初，師與俱往。既又同赴中都太極宫，誦經百日，時户部侍郎胥鼎方提控寺觀，恐師南還，率朝士十餘候之，曰：『今明主臨朝，尊玄重道，天長纔廢，隨建此宫，如師者人天眼目，不容遽去也。』會宫衆亦堅挽之，遂勉爲留。衛紹即位，特賜上清大洞法服一襲，當時榮之。師嘗謂人生貴適意，顧名雖尊顯，而身甚勞，浩然有休息志，乃因胥公舉汾西李大方以自代，實大安二年之春也。一日集衆曰：『祖師立教，代代相承，如續燈然，無有窮盡，今弟子中蕭輔道者，祖師再從孫，吾當付之。』於是退處西堂，高拱淵默，不復以世務關意。貞祐二年，四代師主亳之太清，師亦從焉。四年閏七月丙午，忽謂門人曰：『速具湯沐，吾將歸寂。』門人亟加冠履，未畢而逝。八月庚申，權殯于宫之塋，送者幾萬人。師平生無喜愠，恂恂似不能言，至遇事而發，雖衆所難決者，三數語輒定。老、莊之外，兼通諸史諸書，而尤長于左氏春秋，其智識有大過人者，享年六十六歲，戒臘四十，自號玄朴子云。四代師，字公弼，既返河朔，將復迎師骨以祔于真人，而求所以表其墓者，俾予文之。公弼一世偉人，所交皆天下之士，而竊幸與之游，昔已嘗爲作真人傳矣，而又有兹命，是不以蕪陋見鄙也。義不得辭，則據其事狀而具著焉。」

二祖韓氏，三祖王氏，其先世皆受初祖蕭真人法籙，然既嗣法，則必改從蕭氏，此太一教特例也。右丞劉偉，金史九五本傳作劉瑋。泰和初設醮亳州太清宮，疊載於金史十一章宗紀，及六四章宗元妃李氏傳，九三章宗諸子忒隣傳，供給繁苛，甚爲民害。元妃傳言：「帝以繼嗣未立，遣近臣詣諸岳觀廟祈禱，詔司空襄往亳州禱太清宮，既而止之，遣刑部員外郎完顔匡往焉。」知志沖勿遣重臣之言已有效也。而九四丞相襄傳，仍載「泰和元年春，承命馳禱亳州太清宮」者，蓋承命在先，因志沖之言而止，實未嘗往，而史據前詔書之也。胥鼎見金史一〇八本傳。李大方非太一，亦非大道、全真，蓋舊派道士，而與太一諸人接近者，元遺山集三十一有通玄大師李君墓碑，即李大方也。滹南此文，爲太一四祖蕭輔道所請撰，遺山李大方碑，亦大方族孫持蕭輔道所録事跡求文。諸道流蓋深知非附青雲之士，不能施於後世歟！

四祖蕭輔道之重望第三

一教之興，必有龍象爲之後先疏附，然後能致其光大，有創而無述，不一二世而亡，則適成其爲素隱行怪而已。全真之丘處機，大道之酈希成，太一之蕭輔道，皆所謂龍象也。輔道字公弼，號東瀛子，賜號中和仁靖真人，太一嗣教，例須蕭姓，輔道則初祖再從孫也。輔道負天下重望，然無始末完具之傳狀碑銘，其行跡散見於石刻及題詠中，亦可窺其涯略。汲縣萬壽宮有唆魯古唐妃懿旨碑，十八行，其文剥蝕不可讀矣，然賜蕭輔道字樣尚存。吾又得趙州太清觀懿旨碑拓本，文與汲縣碑同，僅衛州萬壽觀五字易爲趙州太清觀而已。文曰：

「長生天的氣力裏，谷裕皇帝福廕裏，唆魯古唐妃懿旨：趙州太清觀住持道士蕭輔道，寔太一一悟傳教真人枲裔之曾孫，繼承之四葉。才德兼茂，名實相符，清而能容，光而不耀。富文學而重氣節，謹言行而知塞通，體一理而不偏，應衆機而靡戾。復以闡揚法事，紹述宗風，道助邦家，澤濡幽顯，是可尚也。要光前業，宜錫嘉名，用傳不朽者，右賜中和仁靖真人號，傳度太一法籙事蕭輔道，准此，丁未年二月日。」丁未定宗二年，定宗即谷裕皇帝也，元史本紀作貴由。唆魯古唐妃爲睿宗妃，即忽必烈之母，后妃表作唆魯忽帖尼。汲縣此碑，與前章所載之憲宗二年忽必烈大王令旨碑同在一處，而此碑先立，現存太一教石刻之最古者也。秋澗集有記二篇，曰清蹕殿記，專記輔道見知世祖事，其石亦在汲縣；曰堆金塚記，專記輔道收葬枯骨事，其石不存，文見集三九。曰：「國朝癸酉歲，天兵北動，奄奠中夏，明年分道而南，連亘河朔，衛乃被圍，粤三日，城破，以州旅拒不即下，悉驅民出泊近甸，無噍類殄殲。初星妖下流淇上，羣兒氣吐成謡，闋歌里陌間，曰『團欒冬，半破年，寒食節，絶人煙』。尋罹厄，實貞祐二年春正月十有二日也。時太一度師蕭公，當危急際，以智逸去。是年冬十一月，師自河南來歸，睨其城郭爲墟，暴骨如莽，惻然哀之。遂刮衣盂所有，募人力斂遺骸，斷溝智井，攓蓬披塞，掇拾罔漏，迺卜州西北二里許，故陳城地，鑿三坎，瘞而丘之。仍設醮祭，以妥厥靈，游魂褫魄，薤露菪蒿，同歸一窾，而師之掩覆仁心，於鄉梓之義極矣。今其封，俗呼爲堆金塚，言人骨久而化金石也。每歲清明後一日，邦人聚奠，以信些孺，本宮爲尸而祝之。六代師全祐，懇予文紀其事，以昭先德，師生平以道濟衆，力苟可及，不忍以一物失所類如此。初師既葬，主柘之延祥觀，壬辰冬，大兵至城下，師懲前日河朔兵兇之慘，復以一言活萬家於鋒鏑之下，古稱澤及枯朽，矧生人乎，師之謂也。向使師遭時得位，其仁民愛物之功，豈如是而已耶，因併及之。至元十九年壬午，窮臘日記。」

癸酉元太祖八年，即金之貞祐元年，百年之間，河北兩度淪陷，中原之禍亟矣。此碑可與李致堯葬枯骨碑參照，李碑見乾隆汾州志廿八及金文最六五，述靖康元年汾州城破之慘狀，不忍卒讀。由靖康至貞祐，不過八十八年，前創甫平，後創又烈。識者生當其際，痛深創鉅，埋首飲泣之不暇，豈復有榮華軒冕之思！傳曰：「天地閉，賢人隱。」又曰：「邦無道，富且貴焉，恥也。」況出家學道之人耶！秋澗乃以不遭時得位爲輔道惜，豈知道之言哉！

清蹕殿記見秋澗集三八，殿即衛州萬壽宮之一殿，其石雖存，亦剥蝕不可讀，以集校之，曰：「衛州太一廣福萬壽宮，既落成，嗣師蕭全祐以其事上聞，賜名曰清蹕。全祐將文諸貞石，以傳不朽，謂臣嘗忝屬太史，於法得書，迺具其本末來請。臣謹按初上之在潛也，思得賢俊，以裨至理，聞太一四代度師蕭輔道弘衍博大，則其人也。於是以安車來聘，既至，詢所以爲治者，以愛民立制，潤色鴻業，用隆至孝者，數事爲對，上喜甚，錫之重寶，辭不受，曰：『真有道士也。』賜號中和仁靖真人，冠帔尊崇之禮，前後有加。迨己未春，鑾輅南駕，次牧之野，時師僊游已邈，上以隱居所在，特枉駕來幸，周覽殿廡，儀享丈室，詢慰宿昔者久之，所以欽悒真風，懷思不忘，且從五代嗣師居壽之請也。及登大寶，復降璽書，追寵師德，有『清而能容，光而不曜，富文學，知變通，嚮朕在潛，與之同處，何音容乍遠，冠履遽遺，殊用悵然』之歎。居壽等以遭際聖明，顯異家教，其臨幸之榮，又爲前代希闊之遇，顧惟丈室罔稱淵躍，思丕御天之構者，念兹在兹，繼承詔住燕之齋宫，致有待而未遑焉。逮六代度師全祐，既主法席，首以繼述先志爲切，始克丕建，實至元廿三年丙戌歲冬十一月也。」

記撰於至元，石立於大德二年五月，劉遜書，王復篆。輔道憲宗二年壬子卒，己未憲宗九年，世祖至衛州，輔道卒已七年矣。居壽至元十七年庚辰卒，大德二年戊戌立石時，居壽亦卒十八年矣。文中侈言輔道知遇，詞臣應制之體應爾，固不足爲輔道榮，輔道之重望，在不事王侯，高尚其事，有嚴光、周黨之風，爲天下士林所傾仰，不在新朝區區之尊崇也。王滹南撰三祖墓表，稱「輔道爲一世偉人，所交皆天下之士，竊幸而與之游」，推挹極矣。

元遺山集三有贈蕭鍊師公弼七古云：「吾家阿京愛公弼，吾家澤兄敬公弼，半生夢與公弼游，豈意相逢在今日。春風和氣在眉宇，玉壺冰鑑藏胸臆，人間萬事君自知，未必君材人盡識。蘇門水木無纖埃，聞君家近公和臺，仙家近日多官府，黄帽青鞋歸去來。」注：「時汰佛老家甚急，故云。」遺山此詩，作於元太宗九年丁酉，時在衛州。輔道未經新朝禮遇，且汰僧道甚急，而時人之傾仰輔道已如此，可知輔道之重望，不在政府之尊崇也。澤兄謂王渥仲澤，太宗四年歿。阿京謂冀禹錫京父，太宗五年歿。施北研箋遺山詩，謂阿京爲劉京叔，非也，遺山詩阿京二字凡三見，卷一贈答劉御史，「阿京吾所畏」，此指京叔也，卷三贈蕭鍊師及卷五南冠行，「阿京風調阿欽才」，皆指京父。中州集六，冀都事禹錫小傳云：「禹錫字京父，龍山人。在京師時，希顔，仲澤，欽叔，京父，相得甚歡，升堂拜親，有昆弟之義。而不肖徒以文字之故，得幸諸公間，希長予六歲，澤長四歲，欽與京少予二歲。」此所以有吾家之稱也。若京叔則少遺山十三歲，生平持論，排斥佛老，見歸潛志十二，未必獨愛公弼，且與遺山無昆弟之義，又因崔立碑事，與遺山有互相諉過之嫌，未合親之曰吾家也。遺山與公弼本爲修史同志，玉堂嘉話八金史條，言「元裕之、蕭公弼奏用銀二千定，今即編修書寫」，是也。

李庭寓庵集二有送蕭鍊師公弼赴北庭之召二首，其一云：「誰使蒲輪下九天，希夷政自日高眠，白雲未信能留住，青海情知也有緣。今代中原猶汗馬，古人遺戒若烹鮮，衝風萬里龍沙雪，好護囊書上細氈。」又有蕭公弼鍊師生朝云：「遊戲銅駝不記春，漆瞳閱盡世間人，詩中放浪陶彭澤，教外風流賀季真。九轉丹成聊應物，五噫歌罷更憂民，掀髯一笑南華老，欲向逍遥説大椿。」卷三又有蕭公弼生朝水龍吟一首。庭字顯卿，華州奉先人，與麻信之、楊焕然爲友。其集四庫未收，宣統末，藕香零拾始據鈔本刻入，然甘水仙源録之寓庵詩文，仍未掇拾也。

秋澗集廿一和曲山題太一宫詩韻云：「蒼精宫闕五雲高，千劫塵緣謝世勞，太一旂常王母使，真官裘被吉光毛。仙家功行何多品，人物中和第一曹，近日蓬壺到清淺，獨留春色醉仙桃。蕭爽神庭積翠高，東瀛修復堵宫勞，法傳四葉光前後，望重層霄一羽毛。粉飾皇圖開治道，庇庥廣厦到吾曹，慇懃太一池邊月，曾照銀觥醉露桃。」注：「粉飾皇圖，謂初見今上時，首陳修國史，立臺省等事。醉露桃，謂四十年前陪諸公讌集方丈前除。庇庥廣厦，謂接禮士夫也。」能接禮士夫，士夫又能容其結納，其非不學可知。所云「四十年前陪諸公讌集方丈前除」者，即指輔道赴召時，秋澗有送蕭四祖北上一首，見集十四，曰：「丹鳳銜書下紫庭，秋宵光動少微星，蒲輪再起秦遺逸，天意將新漢典型。長策正勞黄屋夢，故山從使白雲扃，中原有幸經綸了，天外高鴻本自冥。」又序云：「壬子夏六月，陪蕭徵君飲方丈南榮，同會者烏大使正卿，董端卿經歷，學士徒單雲甫，張提點幾道，王秀才子初，洎家府，小子惲隅侍席末」云。烏古正卿謂烏古論貞，董端卿謂董民譽，徒單雲甫即徒單公履，張幾道則太一道士張善淵也，均見秋澗集碑陰先友記，所謂一時之雋也。是年冬蕭輔道卒，秋澗有蕭徵君哀詞，見集廿四，序云：「東瀛先生，有道之士也，予以里閈故，獲展履綦之拜，蓋十有一年矣。今兹云亡，謹摭其見聞之實，作追懷詩六首，姑達乎感慨云耳。」其末二首云：「萬事生平委自然，竹風松月共清圓，衣塵才拂朝元去，忍向人間久棄捐。樓觀才成人已非，身前毫髮恨無遺，空餘讀易壇邊竹，露葉青青若淚垂。」集廿九又有太一宫四絶，前二首云：「華表人歸鶴未來，空從雲氣望蓬萊，西南一望娑娑樹，猶記中和手自栽。露濕庭松偃蓋青，一聲幽磬隔疏欞，多應金簡朝元罷，自炷爐香讀道經。」輔道雖負重名，然正式史料缺乏，只可以詩作史，即詩而觀，所謂「人物中和第一曹」者，固可與滹南「公弼一世偉人」之語相印證，其得王仲澤、冀京父、元遺山之愛敬宜矣。劉靜修集十七洺水李君墓表，亦言「蕭鍊師公弼有重名，所與遊皆當世名士」，其風度可想。表見後章。

五祖李居壽之寵遇第四

全真孫德彧之貴盛，吾嘗目爲市朝鬻道之徒，非山林樂道之士。三教惟大道張清志深自貶損，愈見其高，若太一李居壽亦復未能免俗，甚矣國王大臣之不可親近也。居壽行跡，有秋澗所爲行狀，首尾完具，不如蕭輔道史料之鱗爪僅見。元史釋老傳：「太一教四傳至蕭輔道，世祖在潛邸聞其名，召對稱旨，以老，請授弟子李居壽掌其教。至元十一年，建太一宮于兩京，命居壽居之，領祠事，且禋祀六丁，以繼太保劉秉忠之術。十三年，賜太一掌教宗師印。十六年十月辛丑，月直元辰，勅居壽祠醮，奏赤章于天，凡五晝夜。事畢，居壽請間曰：『皇太子春秋鼎盛，宜參預國政。』且又因典瑞董文忠以爲言，世祖喜曰：『行將及之。』其後詔太子參決朝政，庶事皆先啓後聞，居壽爲之先也。」

始吾尋此傳所自出，惟繼劉秉忠禋祀六丁事見行狀，而請太子參預朝政事，文與卷十世祖紀同，疑其採自本紀也。然同是一書，何至疊出，細研求之，知其與本紀均採自世祖實録耳。何也？據李善長進元史表，元史本出自十三朝實録，而世祖實録即王秋澗等所修。秋澗與居壽同里閈，深相知，故今元史世祖紀，居壽之名屢見，卷五「至元元年十一月辛卯，召衛州太一五代度師李居素赴闕。」卷八「至元十一年十二月癸亥，賜太一真人李居素第一區，仍賜額曰太一廣福萬壽宫。」卷十「至元十六年十月辛丑，以月直元辰，命五祖真人李居壽作醮事。」以下詞與釋老傳同，「十二月命李居壽告祭新歲。」卷十一「至元十八年正月丁巳，制以六祖李全祐嗣五祖李居壽祭斗。」

元世道士衆矣，何居壽之名獨屢見於紀，其爲實録原文無疑也。世祖實録二百十卷，纂爲世祖紀者不過十四卷，而殘留李居壽史料已有五條，則實録元文之有關居壽者當不止此。居壽至元十七年七月卒，故十八年正月以六祖李全祐嗣，今世祖紀不見其卒，而見其嗣，知其有所刊落也。兩作李居素者，字之譌耳。秋澗曾進承華事略於太子，居壽亦頗與東宫結納，隱然以四皓自居，道人干預人家國事，危矣，幸而先卒，不然，不知其何極也。

劉秉忠至元十一年卒，危太樸文集八送郭真人還玉笥山序，言：「世祖時，常山劉文正王，以沉機大略，最爲親幸，且通祕術，用兵之際，役使鬼神，多著奇效。乃作祠宇于宛平之西山，開平之南屏山，以祠太一六丁之神，俱號曰靈應萬壽宫。常山王既薨，嗣居之者非操履貞白，明於道術者，不得與茲選。」靈應萬壽宮，即釋老傳所謂太一宮，世祖紀所謂太一廣福萬壽宮也。宛平、開平，即釋老傳所謂兩京，一大都，一上都也。秉忠卒後，以居壽繼其術，然太一之祀，泰定紀及文宗紀猶間見之，至明初已不可考。元史祭祀志序，言：「五福太乙有壇畤，以道流主之，皆所未詳云。」憑時主一時之好惡，寵遇不能久而不衰，據危太樸送郭真人序，至順至正間，祠太一者已非太一教人，而爲正一天師派，則其時太一之法雖存，恐亦合併於正一矣。兹將秋澗集四七居壽行狀節録如後：

「師姓李氏，諱居壽，字伯行，道號淳然子，衛之汲縣西晉里人。自幼喜道家之學，年十三，拜太一四代祖中和仁靖真人爲師，旦夕給侍左右，容度詳謹，中和知其可教，甚善待之。戊戌歲，受戒爲道士，命典符籙科式等事。壬子歲，聖主居潛邸，駐驛嶺上，以安車召中和於衛，既至，燕見之次，薦師才識明敏，請傳嗣爲五代祖，仍從誓約，易姓爲蕭，即蒙允可，賜號貞常大師，仍授紫衣。其年冬，中和謝世，中和人品道價，高际一世，師嗣挈玄綱，以簡重堅潔，持守成規，若恐失墮。及其張皇道紀，醻酢事宜，其應如響，由是徒衆厭服，聽約束惟謹。己未春，上南巡，駐驛淇右，重師之請，幸所居萬壽宮，悵真仙之倏去，喜付畀之得人，周歷殿廡，詢慰者久之。師敷對誠款，允協睿意，眷顧光寵，於焉伊始。明年庚申，中統建元，春正月，命師即本宮設黄籙靜醮，冥薦江淮戰殁一切非命者，迎奏際，陰風凄凜，若有趨赴慘泣之狀。秋九月，詔赴闕下，上親諭修祈祓金籙醮筵，翼日，特賜號太一演化貞常真人。二年冬，上命禜斗於厚載門，親詣祝香，仍賚錦紋綾帔。四年秋，遣近侍護師頒香岳瀆等祠，仍賑濟貧乏。至元三年，以京師劉氏宅賜師，爲齋潔待問之所。大内青宫肇造之初，皆詔師按太一符法禳鎮方所。十一年特旨於奉先坊創太一廣福萬壽宫，中建齋壇，繼太保劉秉忠禋六丁神將。十七年七月二十六日，羽化於西堂方丈，享年六十，治命令觀妙大師李全祐嗣主法席。訃聞，上嗟悼久之，儲皇賻楮幣三十定，仍諭中書省給威儀祖送，其年十月，遣使護喪歸葬衛州汲縣四門村祖塋之次。師丰儀秀偉，謙虚篤實，不事表襮，混然與物無忤，而胸中風鑒，殊皜皜也。與人交，誠款有藴藉，所談率以忠信孝慈，爲行身之本，未嘗露香火餘習。生平問學，不斯須離，如飢渴之於飲食，其易傳、皇極、三式等書，皆通究其理。晚節德量，弘衍博大，不可涯涘，宜其爲聖皇挹真風，屬祕祀，留宿宫禁，參預庭議，因方便而霈德澤之庬，即詢訪而裨時政之闕，横覆道蔭，成敷錫之美者多矣。惟其玄默不出，叵得而詳。論者謂師雖方外士，其至誠上感，有君臣慶會之契，古人稱上士學道輔世主，師其有焉。既窆之二年，嗣教真人將以師言行請於朝，植碑神門，以慰華表歸來之想。以不肖惲與師義同里閈，交且款，知師爲頗詳，以事狀見託，謹按綱首楊某等所具行實，勉爲件右，庶幾太史秉筆者得採擇焉。至元十九年十二月，王惲謹狀。」

紀言至元元年十一月召赴闕，狀言中統元年九月召赴闕，非記載有訛，即兩次赴召也。狀極言居壽寵遇，本非道人所重，惟言其德量弘衍博大，好問學，未嘗露香火餘習，則固非庸俗道流也。紀傳載其曾請太子參政，狀未明言，蓋撰狀時世祖與太子尚存，臣下不便居其功，而云「留宿宮禁，參預庭議」，則已微露其意矣。至修實録時乃明著其事於録，遂爲後來紀傳所採，吾謂秋澗不啻爲太一教太史，非妄言也。

六七祖傳授之推測第五

太一教祖師可考者至七祖止，然六七祖傳授之間，書闕有間，故考六七祖事跡，亦如考四祖，只可得其鱗爪，不能首尾畢具也。秋澗集有關太一教之文，十之九爲六祖所請作，而六祖本身之傳狀碑銘未聞焉，秋澗蓋卒在六祖前也。秋澗集九有紫藤花歌，序云：「癸未歲三月二十八日，宋賓客乘澤車過道宫訪余，時庭中紫藤花盛，爛若錦摛，道師蕭公邀宋與余坐藤陰下，尋友人張明之亦至，酒數行，開口笑粲，殊適然。」癸未至元廿年，時五祖居壽已卒，所謂道師蕭公，當爲六祖全祐也。宋道，字弘道，終太子賓客，見中堂事記下。集二十有寄六祖真人詩云：「涉世筋骸百不堪，只堪打坐老書龕，眎難遠矚目全眊，聽不能聰耳謾耽。臂痛帶來梅嶺濕，心煩漸染瘴江炎，客來問訊承佳意，蓄縮其如向老蠶。」至元廿六年秋，秋澗授福建閩海道提刑按察使，廿七年冬，以疾得告北歸，此詩當作於按察閩海時，故有梅嶺瘴江之句，時年六十四，故有老態也。集廿一有「十一月十八日壽宮小集，與六祖真人，牛教授伯祥，張按察鵬飛」詩，壽宮，太一萬壽宮也。「十稔相望不易逢，一樽誰料此宵同，笑談偶得陶元亮，賓主不分龐德翁。竹葉添春冬後緑，燭華留喜夜深紅，鼎邊句就東方白，却恐彌明笑不工。」則至元廿九年壬辰作。同卷又有喜答李六祖病後見憶云：「詩韻鄉心兩疊稠，竹宮長記半冬留，橘房嬉戲有真樂，鵬背逍遥忘遠遊。清夢偶便旬月寢，巖花空抱一春愁，朝來好得平安報，香滿經臺紫氣浮。」此則六祖自病也。秋澗與六祖往還之密，於此可見。

集四十有太一集仙觀記述：「五代度師居壽至京師，特建琳宇，勅額太一廣福萬壽宮，命主祕祀，香火衣粮之給，一出内府。逮今承化純一真人全祐，繼奉祀事，十載間，以受業者衆，國之經費日廣，堅辭廪料，至于再三，有司上議，禱祀重事，供給所需，不可闕也，全祐謙撝之請，亦不可違也。良田菓植，隸大司農者，量宜頒賜，置爲恆產，遂賜順之坎上故營屯地四千餘畝，復慮未臻豐贍。元貞改號，歲七月，載生明之二日，平章政事，領大司農，臣怙哥等言，宛平縣京西鄉馮家里，隸農司籍栗林，叢茂川谷間，以株而計者約五千數，若盡畀全祐，庶幾資廣道廕，永昭祀事，制可。全祐榮被恩賚，乃自諗曰：吾道家者流，清心繕性，歸潔一身，何以仰答恩私，惟有廣開福田，朝香夕火，祈天永命而已。明年丙申春，相栗林隙地，重崗環抱，主峰面其北，下毖寒泉，泓澄碧瀲，旁地衍沃，可引灌溉。既奠厥居，中構正殿三楹，前翼兩廡，下至寮舍廚庫，莫不備，四周繚以石垣，前啓玄門，榜曰太一集仙觀。工既訖功，以不肖猥同井閈，且承乏太史，求文諸石，大德元年九月望日記。」順者順州，今河北順義縣，五祖居壽與秋澗同爲汲縣人，而此記又言與六祖同井閈，吾始疑六祖亦汲人，讀劉靜修集十七洛水李君墓表，始知其不然，則臆測時有不穩也。

洛水李君，即六祖之父，表云：「君諱守通，字彦誠，姓李氏，其先中山人。五世祖從太，宋靖國間仕至朝散大夫，因宦游至洛水，愛其風土衍沃而占籍焉，遂爲洛水人。曾祖智靜，避靖康之亂，隱居不仕。祖德遷，考道元，讀書有立志，動止以禮，年五十，即斷家事關白，就太一翁受道籙，開别第以居，二子，長守進，君其次也。君資樂易，與物無忤，喜施予，善談論，年九十，以至元九年十月，無疾而逝。子三人，長全福，季全安，皆早世，中子曰全祐。初東瀛先生蕭鍊師公弼，有重名，所與游皆當世名士，今上在潛邸，屢以安車徵之，至則待以客禮，其前後條對，及所薦舉，皆天下之選，蓋奇特之士，厭於世故，而以方外自隱者也。君以全祐幼有羸疾，不任婚宦，乃命棄家師事之，今以學識清修，先賜號觀妙大師，再加純一真人，深爲上及皇太子所眷顧。二十五年春，純一遣使持君世次行事，請於予曰：『予家自朝散公起家，兩世貴顯，後漸卑下，爰至先考，方圖遠紹先業，尋又棄去。今全祐老矣，雖兩被璽書，奉祠宮觀之秩甚隆，而不能追及先世，又旁無支屬可以後吾親者，思所以慰吾親，惟有旌紀丘隴之一路耳。平昔願交吾子，凡以是故，今敢以是累吾子，吾子其毋辭。』嗚呼！吾純一託跡玄虛，既老而能不忘其親，雖其天彝之秉，自不容已。然予於是益信東瀛爲奇特之士，而其門人之所觀感而得之者固如是，乃爲叙其始終，且系之辭，以識吾純一之悲焉。」

洺水與汲縣，金時均屬河北西路，故與秋澗同井閈。此爲六祖父守通墓表，然記守通事僅兩行，餘皆記守通先世，及蕭四祖事，並全祐求文之詞而已，然吾於此得六祖爲人之大略矣。靜修，河北高士也，生平以不仕見稱，而全祐獨識之貧賤中，以爲可以慰吾親者，非靜修之文莫屬，平昔納交亦爲此，則其識誠有過人者。孫夏峰集八，重修靜修祠記，謂：「自中夏陷於金，百年而後元，河北爲金元域，而先生之先世，爲金元人，百世後以不仕元高先生，非以先生爲有宋之孤臣也。崔文敏銑有言，管寧之避魏，存漢也，靜修之辭元，存中國也。先生以元人不仕元，則元不得而有之」云。嗚呼！此李卓吾所以置靜修於藏書外臣傳也。全祐與靜修生並世，而同情於靜修，靜修亦極推許東瀛，以爲奇特之士，而門人之所觀感而得之者如此。豈不以太一諸人，抱瓌瑋殊異之資，相率而逃於方外，其志與靜修同耶，世以不仕元高靜修，則方外士之不仕金元者高矣。雖然，全祐爲人，既可於靜修之文見之，而其晚年傳授源流，終莫可考。表作於至元廿五年，時秋澗六二，靜修四十，而全祐已稱「老矣」，靜修亦以爲「老而能不忘其親」，假定爲六十，則與秋澗年相若，即後有新證，亦當不遠也。

道園學古録三，有「次韻伯庸尚書春暮遊七祖真人庵，兼簡吳宗師」詩，伯庸馬祖常，也里可温世家，見拙著元西域人華化考。吳宗師全節，玄教大宗師也。詩云：「賞心不作三春過，高興都爲百事牽，願解蘭舟溪水汎，思携藜杖野雲穿。真人舘在無塵界，太尉詩如絶行仙，花下共遊仍獨往，不辭泥醉晚朝天。」玄教由正一教分出，實一教而二名，若太一則別爲一教，今遊七祖庵，而兼簡玄教宗師，此何教七祖耶？謂爲正一，則元季正一已傳至四十代，謂爲玄教，則玄教是時新立，以張留孫爲一世，全節爲二世，夏文泳爲三世，未能有七祖也。然同卷又有「奉同吳宗師賦蔡七祖新齋」詩，則此七祖實蔡姓。詩云：「城南煙樹聽鶯啼，石上莓苔覓舊題，自有琴心傳内景，更將書帙事幽棲。晚來相鶴風生竹，雨過籠鵞水滿溪，蜀客草玄成底事，蕭條白髮愧青藜。」此詩不知作於何年，然泰定初道園正在大都，數與方外士遊，方外士亦能與士夫接近。潛研堂金石文跋尾十九，載泰定元年周天大醮投龍簡記，中有太一嗣教七祖蔡天祐之名，則道園録之蔡七祖，爲太一嗣教蔡天祐無疑也。然六祖何年卒，天祐何年嗣教，文獻脱落。吾於此碑之外，復發見一同類之碑，額稱大元投奠龍簡之記，亦在濟源，延祐三年立石，只稱太一真人蔡天祐，而無嗣教七祖之文，則其時蔡天祐未嗣教，六祖李全祐未卒也。碑爲潛研堂所未收，今録如下：

「延祐二年乙卯冬十月，上示星芒，下儆鑾御，聖天子皇太后省躬警誡，特命玄教大宗師，特進上卿，志道弘教冲玄仁靖大真人張留孫，玄門掌教真人孫德彧等，於大都長春宫，設建金籙普天大醮，列位三千六百。肇自十二月十一日，凡九晝夜，事已告成，尋遣集賢侍讀學士中奉大夫李倜，太一崇玄體素演道真人蔡天祐，賫持寶香，玉刻符簡，玄璧金龍，敬詣濟瀆靈源投奠。丙辰春二月甫達祠下，初七日庚辰，恭建清醮六十四位，翼日投奠玉簡金龍，越三日立石」云。上文假定至元廿五年，六祖李全祐六十，則延祐二年，八十七矣，雖健在，恐不能參預九晝夜之大醮，故此碑無全祐名，然蔡天祐未稱嗣教，則其時六祖當未謝事也。

又泰定碑稱：「泰定改元甲子春正月，詔玄教大宗師玄德真人吳全節，太一崇玄體素演道真人，嗣教七祖蔡天祐，五福太一真人吕志彝，正一大道真人劉尚平，玄教嗣師真人夏文泳，率法師道士幾千人，修建金籙周天大醮于大都崇真萬壽宫，爲位二千四百，晝夜凡七。受釐之日，天顔甚愉，重封香幣，遣太一七祖真人蔡天祐，承德郎郊祀署令馬懷吉，捧刻玉寶符，玄璧龍紐，馳詣濟瀆清源投奠。五月初三日至祠下，醮祭如禮，質明沉龍簡於水府，禮成而退，謹記。」延祐三年丙辰，至泰定元年甲子，中間相距八年，玄教張留孫，全真孫德彧，均以至治元年卒矣，故此碑無留孫、德彧之名，而蔡天祐則已稱七祖，其嗣教當在延祐丙辰之後，泰定甲子之前，六祖之壽，殆將九十，與其父守通相等也。若七祖，則前後兩役，均奉命馳赴濟瀆，宜未甚老，道園録既數以蔡七祖與吳宗師並稱，此碑亦吳蔡並舉，時吳年五十八，蔡年當亦不相上下。似此推測，未敢云無誤，姑待將來之發見。

太一教人物一斑第六

吾述大道教，只述其祖師，不述其人物，述太一教人物，不述其宫觀，非謂大道無人物，太一無宫觀也，以其史料流傳者少，不足成章也。大道幸存有兩碑陰，故可見其宫觀散布之大略。太一則有滹南、秋澗等文集，故可得其祖師以外之人物。劉靜修集之李道元守通父子，舉家崇奉太一教，已見前。滹南集清虚大師侯公墓碣，其大父澄，爲抱珍初期弟子，亦見前。「師諱元仙，字子真，趙州人。生不茹葷，始學語，能辨三官像，少長嬉戲，則教羣兒禮北斗，澄大喜，會朝廷鬻祠牒，度爲道士。年十四，已克主大醮，詞音清亮，迥出一時，儕輩翕然推服。明昌初，以高德應詔，入住中都天長觀，白泰和改元，國家事祈禳，連設大醮，羽流極天下之選，師皆與焉。已而拂袖棲遲于洧川，正大庚寅正月，爲道士左崇等作醮于鈞臺，法事勝絶。既畢將還，忽示微疾，衆欲召醫候之，師不許曰：『世緣已盡，安用療爲。』越三日日中，命置高座，面處之，顧至未刻，口占一頌，舉首端坐而逝，時年六十九。遠近士庶，炷香拜禮者累日，神色如生，乙酉，焚化於郭西，送者幾萬人，丙戌，塔於潁濱之崇真觀。予素知師名，而不及識，每以爲恨，然嘗與其門人□悟詮游，悟詮業履清修，讀書好事，亦落落不凡者。以大元辛丑年正月改葬師于平棘縣明信鄉之鄭村原，屬予銘其墓，渠意既堅，竊亦樂爲之道也。乃叙而銘之曰：其生也爲賢，其没也爲仙，人而如此足矣，又何加焉，著之琬琰，以永其傳。」此太一教現存最古之史料也。讀之可見太一教徒之修養，用能臨去坦然，且嘗施行火葬，墓亦名塔。正大庚寅正月甲子朔，乙酉廿二日，丙戌廿三日也，大元辛丑者，太宗十三年。侯君門人悟詮，集闕其姓矣，滹南稱其「讀書好事，落落不凡」，則不獨侯君賢也，其門人亦雅士也。天下豈有不讀書之教士，而能張大其教者乎。滹南樂爲之銘，有以也。

右侯元仙

秋澗集六一，有太一教碣銘四篇，皆應六祖而作，其一爲二代度師先考韓君碣銘，重明蕭道熙之父也，道熙行狀，秋澗作，已見前，道熙父母亦太一教初期弟子也。曰：「君諱矩，字某，其先爲大梁望族。曾祖璹，五季時，官司諫，以銀青榮禄大夫致仕，避地北渡，遂占籍爲衛人。君自少以疾不仕，資慈祥，家故饒財，心樂施與，凡親舊貧窶，里喪有不克襄事者，至傾刮囊篋以賙其急，或者來謝，曰非初心也，鄉黨以長者稱。天眷間，太一始祖真人，以神道設教，遠邇嚮風，受籙爲門徒者歲無慮千數，君舉族清修，信禮尤至，香火之奉，雖寒暑風雨，不爽厥德。君既殁，重明躬葬君於四門里祖塋之次，母閻氏祔焉，禮也。六代度師全祐，顧惟傳嗣之重，是師真所從出者，其潛德幽光，表而銘之，中心庶獲少安，乃以刻文來請。師於某祖妣妙清君，列叔父行，義不可辭，遂叙而系之銘。」太一嗣教，例須改從蕭姓，吾始以謂他人父疑之，繼思其效釋氏耳。自古宗教類能以忠孝爲本，動謂異教爲無父無君者，迂腐之談耳。六祖愛其親，並推其愛於二祖之親，可謂老吾老以及人之老者矣，宜劉靜修之稱其孝也。二祖於秋澗祖妣爲叔父行，於此明言之，故秋澗述太一教之言，尤詳而可信。

右韓矩

其二爲三代度師先考王君墓表，虚寂蕭志冲之父也。曰：「君姓王氏，諱守謙，字受益，博之堂邑人。世以播種爲業，資産豐阜，田以井而計者九，桑以株而會者萬焉，遂爲里中鉅家。然闔門善良，薄於世味，奉道之心，亟若饑渴，聞太一教以符籙度世厄，所在奔走惟恐後。君乃與其配李氏，欽挹真風，不遠千里，求爲門弟子，量家歲費外，悉以贏餘爲本宫香火。有子曰志冲，即太一三代度師也。六代度師全祐嗣教之七年，自燕命提點張居祐等以禮幣來謁，且致其意曰：『道家者流，雖崇尚玄默，而太一教法，專以篤人倫翊世教爲本。至於聚廬託處，似疎而親，師弟子之間，傳度授受，實有父子之義焉。今三代師真，其在宗門，表墓有碑，嗣法有傳，可謂光且顯矣。然物之在天壤間，未有無本而出者，今末有餘榮，而本爲寂然，豈厚人倫輔世教之理哉，敢百拜以表辭爲屬，幸憲使無拒。』予以師之言，爲知所本，遂諾而作之表。」太一教之興，其徒類能薄世味，舉室清修，傾資産以奉教會，得人信仰若此，奇也。三代度師墓表，滹南遺老撰，已足不朽，六代師生八九十年後，復能推錫類之仁，不遠千里求文以顯三代師之父，抑何其有合聖人追遠之旨也，秋澗歎爲知本，諒哉。

右王守謙

其三爲真靖大師張公墓碣銘，曰：「道有綱紀，需人而後弘，如上承師真，下綜法務，以公材吏用而開玄佐之功者，其鍊師張公乎。公諱善淵，字幾道，趙郡平棘人。父溥，嘗任衛真縣酒坊使，時太一四代祖中和真人提點亳之太清宫，溥素挹真風，日侍師几席間，沾沾然喜曰：『吾兒知所於托。』遂參禮爲門弟子。中和人品高邁，道價重一世，動靜語默，皆中倫慮，公親炙既久，與之俱化，若時雨然。歲壬辰，河南大兵，公與中和隔離者久之，既而聞師北渡，税駕於趙，乃奔奉焉，師忻甚曰：『奔奏疏附，吾宗門有人矣。』即令知太清觀事。壬子夏六月，從中和北覲嶺邸，加號真靖大師，改題點衛輝路道教事。公資清峭貞幹，臨事敏而善斷，馭衆肅而有方，雖一言話，出人意表，不肯碌碌混常流中。生平憙讀書，於老子最有得，故行己接物，多掇其微妙，至於禱禳醮祭，内嚴外辦，綽有餘裕，兩從中和北上，沈幾先物，往返萬里，無不如志。壽七十，委蜕於太一順事齋室，實至元乙亥正月廿五日也。後八年，六代祖純一真人，念公有力宗門，在玄士爲傑出，有不當泯於後者，丐予文以識墓竁，因摭其行實而系之辭。」善淵，太一教中幹材也，秋澗集五九碑陰先友記，言：「善淵性機警，有幹局，表表爲玄門綱。」遺山集三八有張幾道鍊師真贊，即此人，曰：「玄學爲家，平實中和，靜焉而不譁。孫龍、田巴，其書五車，吾知爲盜夸。若夫自後而先絶素隱之累，方外而内無多歧之差。語有之，人之生也直，然則若人之所以敦龎耆艾者，其未有涯也。」遺山不輕許人，對道流尤多責備，其贊善淵如此，則非秋澗一人之私言矣。

右張善淵

其四爲凝寂大師張公墓碣銘，曰：「師諱居祐，字天錫，世爲汲郡人。早失怙恃，兄居仁，訓育有方，甫長，愿立如成人，然向慕玄風，亟若飢渴，思得大宗師依歸，以果其腹。歲壬辰，天兵下河南，時太一四代度師，自柘城北渡，應大將撒吉思請，主新衛昭順聖后祠，居仁舉家崇奉，遂命師爲門弟子。居無何，度師住趙之太清宫，以師童侍有年，謹敬不怠，度爲道士，俄命掌觀之廩料，出納詳明，儉而中禮，曾無撮龠之愌，度師稱其能。時衛之祖觀，兵後燬廢掃地，度師遣提點張善淵詣衛興復，且請師佐理，師爲戮力從事，小大之役，率以身先之。至元十九年，六代純一真人，以師道行純粹，勤恪有功，言於朝，宣授凝寂大師，衛輝路道教都提點，七年間，道流推服，教門增重焉。廿六年二月五日得寒疾，再宿，談笑而逝，及斂，予臨視，面如生，吁亦異哉！　享年七十有二。越七日，提點范全定等，葬師於四門里祖塋之側，禮也。師爲人樂易，無機械，苟有過，須問之人而無憚於改，不然，咽若有物。歷事三師，前後五十餘載，護道服勤，始卒德不爽。純一真人以予鄉曲故，持狀來謁銘。因憶十九年冬，予寓大都道宫，適師與會，宵永無寐，龕燈爐火，尊俎談舊，嘗及萬靈坑事，悲世故之無常，悼逝者之如是，凄然動華表歸語之感。故師每歲例清明後一日，丐斂酒肴楮幣等物，斗量車載，展祭塚次，以慰鄉梓冥漠之魂，猶恐其心之不盡也，其於存殁兩間，亦追遠歸厚之意也歟。」居祐，秋澗鄉人，生有連牀之誼，卒有臨視之儀，其蹤跡之密可想也。歷事三師，謂四五六祖，前後五十餘載，服勤不倦，居祐殆太一教最忠誠之修士哉。萬靈坑者，即前章之堆金塚，四祖叢葬戰亂枯骨處。國亡之痛，人有同情，每歲清明致祭，亦紀念亡國云爾，誰謂出家人忘世也。

右張居祐

安陽上清正一宫有聖旨碑，碑分四層，上三層皆元時語體聖旨，下層則賜太一嗣師劉道真騈體聖旨也。旨云：「上天眷命皇帝聖旨，鑄金象物，古聞不若之歐，藴藻薦芬，上有克誠之享。咨爾光□演道通妙法師，本宗三代宗師，太一嗣師劉道真，□標霞室，召應飈車，行乎世祖之淵衷，祀復漢家之毖典。姑射所居無疵癘，漆園之語可徵，壺翁以術役鬼神，玉府之符斯驗。灼著祈禳之效，允惟衆庶所推，雨暘屢應於雩壇，祆異莫逃於犀燭。正一五雷之法，自南土既克闡於芳猷，太一五福之位，蒞中央尚丕承於靈貺。特頒異數，庸進仙階，賜號演道妙應玄一真人，本宗三代宗師，主太一祀事如故，主者施行，大德三年五月日。」安陽金石録九載此碑，引元史釋老傳，謂劉道真爲太一教徒黨，是也。謂史皆佚而不書，則元史十一世祖紀，至元十八年十一月乙亥條，大書「召法師劉道真問祠太一法」矣，碑稱「行乎世祖之淵衷，祀復漢家之毖典」，指此也，何謂史佚不書耶，跋者未讀本紀耳。大德三年，六祖全祐掌教，何以碑稱本宗三代宗師，豈以四祖爲本宗乎，不可知也。安陽録謂「碑在今西關白龍王廟，世人久無知者，遂致方志疎漏可慨」云云，則方志之疎漏也多矣。

右劉道真

嘗讀危太樸文集六，山庵圖序，知有道士張彥輔善畫，不知爲何派道士也。曰：「彥輔君，國人，隱老子法中，善寫山水。鄉者侍臣有進其畫於延閣，余數從講官入直，與古畫並觀，幾莫可辨。然其畫人所罕得，魯國大長公主好名畫以自娱，張君終不肯與，他人可知已。」陳基夷白齋稿外集下，亦有跋張彦輔畫拂郎馬圖，盛許之，圖繪寶鑑五，稱爲六一道士。道園學古録三，則作「太一道士張彦輔，族本國人，從玄德真人學道，妙齡逸趣，特精繪事」云。玄德，吴全節也，太一道士何以從正一派宗師學道，觀前章蔡七祖與吴宗師之關係，亦不足疑矣。述太一教人物，因並及之，以見其教之多材，且已化及蒙古也。

右張彦輔

徵引書目略

金史　元史　甘水仙源録　祖庭内傳
七真年譜　宮觀碑誌　長春道教源流　長春真人西遊記
耶律楚材西遊録　汝南遺事　敬齋古今黈　輟耕録
至元辯僞録　佛祖通載　安陽金石録　偃師金石遺文
汧陽述古編　山左金石志　山右石刻叢編　京畿金石考
寰宇訪碑録　金石萃編　金石萃編補正　金石萃編未刻稿
潛研堂金石文跋尾　書畫跋跋　圖繪寶鑑　順治衛輝府志
乾隆汲縣志　乾隆汾州志　劉長生仙樂集　譚長真水雲集
丘長春磻溪集　王玉陽雲光集　馬丹陽金玉集　王若虛滹南遺老集
李俊民莊靖集　于道顯离峰老人集　姬志真雲山集　元好問遺山集
元遺山詩箋注　廣元遺山年譜　楊奂還山遺稿　王惲秋澗集
李庭寓庵集　胡祗遹紫山大全集　王奕玉斗山人集　姚燧牧庵集

吳澄草廬集　　程鉅夫雪樓集　　劉因靜修集　　張伯淳養蒙集

魏初青崖集　　劉將孫養吾齋集　　劉敏中中庵集　　虞集道園學古録

道園遺稿　　邵亨青野處集　　迺賢金臺集　　陳基夷白齋集

危素太樸文集　　宋濂學士文集　　中州集　　中州名賢文表

金文最　　元文類　　元詩選　　石刻拓片若干種

重印後記

此書繼明季滇黔佛教考而作，但材料則早已蓄之三十年前，一九二三、二四年間，作者曾輯有關道教碑文千餘通，自漢迄明，按朝代編纂道家金石略百卷，以爲道教史料之一部份，藏之篋衍久矣。蘆溝橋變起，河北各地相繼淪陷，作者亦備受迫害，有感於宋金及宋元時事，覺此所謂道家者類皆抗節不仕之遺民，豈可以其爲道教而忽之也。因發憤爲著此書，闡明其隱，而前此所搜金元二代道教碑文，正可供此文利用，一展卷而材料略備矣。諸人之所以值得表揚者，不僅消極方面有不甘事敵之操，其積極方面復有濟人利物之行，固與明季遺民之逃禪者異曲同工也。此書刊行後，不久即告罄，今因研究宋金元史者之需要，特重印以請教國人。

一九五七年七月　陳　垣

〔最初作爲輔仁大學叢書第八種於一九四一年十二月排印出版。此據一九六二年中華書局本排印，并據拓本對少數引文作了校訂。〕